W0047352

BR 04-2024

Philipp Kufferath
Jürgen Mittag

GESCHICHTE DER ARBEITERWOHLFAHRT (AWO)

Philipp Kufferath
Jürgen Mittag

GESCHICHTE DER ARBEITERWOHLFAHRT (AWO)

Bibliografische Information der Deutschen Nationalbibliothek

Die Deutsche Nationalbibliothek verzeichnet diese Publikation
in der Deutschen Nationalbibliografie; detaillierte bibliografische
Daten sind im Internet über http://dnb.dnb.de abrufbar.

ISBN 978-3-8012-4265-7

Copyright © 2019 by
Verlag J. H. W. Dietz Nachf. GmbH
Dreizehnmorgenweg 24, 53175 Bonn

Umschlaggestaltung: Hermann Brandner, Köln
Gestaltung und Satz: just in print, Bonn
Druck und Verarbeitung: Westermann Druck Zwickau GmbH, Zwickau
Alle Rechte vorbehalten
Printed in Germany 2019

Besuchen Sie uns im Internet: *www.dietz-verlag.de*

INHALT

VORWORT

Die Arbeiterwohlfahrt feiert am 13. Dezember 2019 ihr 100-jähriges Bestehen. Mit tiefer Bewunderung für den großen Einsatz unzähliger Menschen, allen voran Marie Juchacz, blickt die AWO auf das in der vorliegenden Publikation skizzierte Engagement von vielen. Möge dieser Geschichtsband dazu beitragen, dass eine Würdigung der Engagierten stattfindet, die nicht in erster Reihe am Aufbau und an der Weiterentwicklung der AWO gewirkt haben, ohne die der Verband allerdings nicht das geworden wäre, was er heute ist.

Mit der Vorlage dieser Publikation wird eine Lücke in der bisherigen Verbandsarbeit geschlossen, die 2011 mit der Gründung einer »Historischen Kommission« des Bundesverbandes intensiviert worden war. Die Erschließung und Sicherung der Archivbestände in enger Zusammenarbeit mit dem »Archiv der sozialen Demokratie« der Friedrich-Ebert-Stiftung, historische Konferenzen und seit 2014 die Veröffentlichung einer Schriftenreihe zur Geschichte der AWO, in der verstärkt Biografien aufgearbeitet werden, haben tiefere Einblicke in die Entwicklung unseres Verbandes geschaffen. Da ältere Publikationen zur AWO-Geschichte bis dato eher Sammelwerk- oder Chronikcharakter hatten, regte der AWO Bundesverband eine fachlich fundierte, kritische Aufarbeitung der nunmehr 100-jährigen Geschichte an.

Die AWO ist dem Autorenteam außerordentlich dankbar, dieses ambitionierte Forschungsprojekt erfolgreich umgesetzt zu haben. Es wurden neue Archivalien identifiziert und bisherige, häufig unreflektierte Quellen analysiert. Im Rahmen der Arbeit zu dieser Publikation wurde ein konstruktiver Dialog mit zahlreichen AWO-Gliederungen geführt, der die Vielfalt der regionalen Entwicklungslinien seit Verbandsgründung verdeutlicht und die Veröffentlichung diverser regionaler Chroniken und Studien befördert hat.

Der AWO Bundesverband wünscht sich, dass der Prozess zur Aufarbeitung der Verbandsgeschichte mit der Herausgabe dieses Buchs nicht abgeschlossen ist, sondern einen Impuls für die künftige Forschung setzt. Die weiterführende Beleuchtung zahlreicher im Buch genannter Entwicklungen, beispielsweise im Kontext von Spezialstudien, wäre überaus begrüßenswert. Ferner hoffen wir, dass diese Publikation die Sichtbarkeit der Arbeiterwohlfahrt und ihrer Geschichte in der Öffentlichkeit und in einschlägigen Kreisen der Sozial- und Wohlfahrtsgeschichte fördert.

Wilhelm Schmidt
Vorsitzender des AWO Bundespräsidiums

Wolfgang Stadler
Vorsitzender des Bundesvorstands

1

EINLEITUNG: MITGLIEDERORGANISATION – SOZIALANWALT – DIENSTLEISTUNGSUNTERNEHMEN

Die Geschichte der Arbeiterwohlfahrt

Als der Parteiausschuss der SPD am 13. und 14. Dezember 1919 zusammentrat, traf er auf Vorschlag von Marie Juchacz die Entscheidung, eine eigenständige sozialdemokratische Wohlfahrtsorganisation ins Leben zu rufen: die Arbeiterwohlfahrt. Auch wenn in der Sitzung genau genommen zunächst nur vereinbart wurde, einen »Zentralausschuss« auf Reichsebene zu bilden, während lokale und regionale Organisationsstrukturen erst später etabliert wurden, hatte man einen der bedeutsamsten und weitreichendsten Beschlüsse in der langen SPD-Geschichte überhaupt getroffen.

Was vor mehr als 100 Jahren aus bescheidenen Anfängen und dem Gedanken der Solidarität in der Not als lockeres Netzwerk entstand, ist heute zugleich Mitgliedsorganisation, Spitzenverband der freien Wohlfahrtspflege und professionelles Dienstleistungsunternehmen im Sozialbereich. Was 1919 mit Kinderbetreuung, Notspeisungen und Nähstuben begann, erstreckt sich heute über alle Felder der Wohlfahrts- und Sozialpolitik und umfasst auch Bereiche wie Gesundheit, Alter und Behinderung oder Migration. Was 1919 als Teil der sozialdemokratischen Arbeiterbewegung mit dem Anspruch »Teilhabe statt Almosen« seinen Anfang nahm, ist heute ein parteipolitisch unabhängiger, gleichwohl immer noch wertgebundener und politisch ausgerichteter Verband. Was 1919 im Kern von einer begrenzten Anzahl sozialdemokratischer Frauen initiiert wurde, stützt sich heute auf rund 320.000 Mitglieder sowie 230.000 hauptamtliche Mitarbeiterinnen und Mitarbeiter, die in rund 18.000 Einrichtungen tätig sind. Und was 1919 – im Vergleich zu anderen Wohlfahrtsverbänden – als nachholende Gründung und gegen viele Widerstände auf den Weg gebracht wurde, agiert heute in einem engen Netz von Wohlfahrtsakteuren mit hoher Akzeptanz. Unter dem Kürzel AWO ist die Arbeiterwohlfahrt heute nicht nur allgemein bekannt, sondern fest in der Mitte der Gesellschaft verankert und eine wichtige Stütze des sozialen Zusammenhalts.

Von der Idee zur Großorganisation

Obwohl sich die Arbeiterwohlfahrt ihre von Anfang an verfolgten Grundwerte »Solidarität, Toleranz, Freiheit, Gleichheit und Gerechtigkeit« bis heute auf die Fahnen schreibt, hat sie in ihrer über 100-jährigen Geschichte einen grundlegenden Wandel erfahren. Staatliche Umbrüche und gesellschaftliche Modernisierung haben ebenso zu Veränderungen geführt wie die von der Arbeiterwohlfahrt immer wieder neu unter Beweis gestellte Bereitschaft, einem immer größeren Kreis von bedürftigen Menschen in den unterschiedlichsten Notlagen Hilfe zu leisten. Von dieser Hilfe, aber auch von den vielfältigen Veränderungen erzählt das vorliegende Buch, das überblicksartig die Geschichte der Arbeiterwohlfahrt von ihrer Gründung bis zur Gegenwart beleuchtet. Die Darstellung folgt dabei der historischen Chronologie: Aufbauend auf einer einführenden Betrachtung der Vorgeschichte der sozialdemokratischen Wohlfahrtspolitik, die bis zu den Anfängen des 20. Jahrhunderts reicht, wird gezeigt, wie vor allem Sozialdemokratinnen unter schwierigen Umständen während des Ersten Weltkriegs sich als Fürsorgerinnen für Arme und Notleidende engagierten.

Das Kapitel zur Entwicklung in den 1920er Jahren veranschaulicht, wie die Arbeiterwohlfahrt in der Weimarer Republik ein umfassenderes Geflecht an Einrichtungen aufbaute und vielfältige Aktivitäten vor Ort entwickelte. Zugleich dokumentiert es aber auch, dass die Arbeiterwohlfahrt weiterhin eine Vorfeldorganisation der

SPD blieb, die vor allem auf politische Veränderungen in der Gesetzgebung der jungen Republik zielte. Die Arbeiterwohlfahrt kümmerte
sich um Kinderbetreuung, Nähstuben und Beratungsangebote, organisierte aber auch die Aus- und Weiterbildung ihrer Mitglieder
und Angestellten. Ihr vordringliches Ziel blieb es, den Rechtsanspruch auf umfassende soziale Absicherung durchzusetzen und primär die staatlichen Angebote auszubauen – was in Krisenzeiten allerdings immer schwieriger umzusetzen war.

Die Nähstuben
der Arbeiter-
wohlfahrt
waren wichtige
Institutionen der
Selbsthilfe und
Weiterbildung.

Die sozialdemokratische Wohlfahrtsarbeit wurde 1933 jäh unterbrochen, als sich die Nationalsozialisten der Organisation bemäch-
tigten. Mit der nationalsozialistischen Diktatur wurde die Arbeiterwohlfahrt ebenso wie andere Organisationen der Arbeiterbewegung
zerschlagen. Ihr Vermögen wurde beschlagnahmt, ihre Einrichtungen enteignet. Zahlreiche Aktive der Arbeiterwohlfahrt wurden verfolgt und verhaftet, andere passten sich an oder zogen sich in die
innere Emigration zurück. Die *Nationalsozialistische Volkswohlfahrt*

übernahm das Inventar und die Einrichtungen, die von der Arbeiterbewegung in den Jahren zuvor mühsam aufgebaut worden waren und stellte sie in den Dienst des NS-Regimes.

Nach der NS-Diktatur musste die Arbeiterwohlfahrt im Jahr 1945 wieder von vorn beginnen. Bereits unmittelbar nach dem Ende des Zweiten Weltkriegs engagierten sich angesichts der Nöte der Zusammenbruchsgesellschaft zahlreiche ehemalige Mitglieder und Aktive erneut in der Wohlfahrtspflege. Die Arbeiterwohlfahrt wurde von ihnen als Organisation von unten wiederaufgebaut, unterschied sich aber durch ihren dezentralen Charakter und die formale Unabhängigkeit von der SPD in wesentlichen Bereichen von den Strukturen der 1920er Jahre. In der DDR erhielt die Arbeiterwohlfahrt hingegen bis 1990 keine Zulassung; hier wurde die Volkssolidarität als zentrale und staatlich gelenkte Wohlfahrtsorganisation etabliert.

Aus der »Fürsorge in Ruinen« entwickelte die Arbeiterwohlfahrt in den 1950er und 1960er Jahren umfassende wohlfahrtsstaatliche Aktivitäten, zu denen eine immer größere Anzahl von Einrichtungen und ein immer breiteres Spektrum an Dienstleistungen bei-

Nach dem Zweiten Weltkrieg engagierten sich Ehrenamtliche für die Nothilfe und den Wiederaufbau der Organisation.

trugen. Als professioneller sozialer Dienstleister baute die Arbeiterwohlfahrt eine Vielzahl von Einrichtungen und Diensten auf: von
der Kinderbetreuung über die Jugendsozialarbeit und das Essen auf
Rädern bis hin zur Müttergenesung und Altenpflege. Darüber hinaus entwickelte der Verband eine rege Tätigkeit als Sozialanwalt
für benachteiligte Gruppen der Bevölkerung. Die Arbeiterwohlfahrt
begleitete die Sozialgesetzgebung, sie meldete sich bei öffentlichen
Anhörungen und mit eigenen Publikationen zu Wort und vertrat
in Ausschüssen und in den zahlreichen übergeordneten Strukturen
der Wohlfahrtspflege sozialdemokratische Grundwerte.

In den 1970er und 1980er Jahren hielt der Ausbau der Sozial- und
Wohlfahrtspolitik an und bezog auch verstärkt den Bereich der
nichtexistenziellen Risiken ein. Die Arbeiterwohlfahrt kümmerte
sich, wie in der Ausländerpolitik, einmal mehr um Klienten, die ansonsten kaum Ansprechpartner und Repräsentanten in der Gesellschaft fanden. Sie erwies sich in dieser Zeitphase aber auch vielfach
als innovativer Impulsgeber. Sie entwickelte – häufig in Modellprojekten wie bei der Schwangerschaftskonflikt- oder Suchtberatung –
neue Konzepte und Zugänge, die bis heute wirksam sind. Zugleich
kam es zu einem Wandel im Selbstverständnis der sozialen Arbeit.
Eine neue Generation von sozialpädagogischen Praktikerinnen und
Praktikern sowie zunehmend mehr studierte Sozialarbeiterinnen
und -arbeiter wurden im Rahmen der Arbeiterwohlfahrt tätig. Angesichts anhaltender Kostensteigerungen im Gesundheits- und
Rentenbereich musste sich auch die Arbeiterwohlfahrt verstärkt
mit Effizienzkriterien auseinandersetzen und die Finanzierung
durch Leistungsentgelte, feste Kostenbudgets und befristete Projektförderungen bewerkstelligen. Fürsorgerische Tätigkeiten, vor
allem beim Betrieb von Einrichtungen, wurden jetzt in erster Linie
als professionelle Dienstleistungen von Fachkräften erbracht, während das Konzept der solidarischen ehrenamtlichen Hilfe in den
Hintergrund trat.

Bis zum Anfang der 1990er Jahre erlebte die Arbeiterwohlfahrt
ein ungebrochenes Wachstum. In ihren Reihen fanden sich zu diesem Zeitpunkt über 600.000 Mitglieder und zahlreiche ehrenamtliche Helferinnen und Helfer. Der Fall der Berliner Mauer und das
Ende der DDR führten ab 1990 zur Gründung von ostdeutschen

Die Verbindung
zur SPD war in
allen Phasen der
Geschichte sehr
eng.

Kreis-, Regional- und Landesverbänden der Arbeiterwohlfahrt und
einer territorialen Ausweitung der Aktivitäten. Die Anzahl der Beschäftigten stieg seit den 1990er Jahren weiter an, während sich
die Mitgliederzahl in der Folge beständig verringerte. Der Verband
trug gewachsenen Anforderungen an wirtschaftliche Kompetenz
noch stärker Rechnung; neben den ehrenamtlichen Vorständen
gewannen die Managementaufgaben der Geschäftsstellen zunehmend an Bedeutung. Die Ausgründung einzelner Bereiche als gemeinnützige GmbHs verstärkte diese Entwicklung. Parallel dazu
verschoben sich die Rahmenbedingungen mit der Öffnung des
europäischen Binnenmarkts. Als Konkurrenten traten nun private
Dienstleister auf den Plan, insbesondere im Bereich von Gesundheit und Pflege. Angesichts dieser Herausforderungen musste die
AWO, die dieses Kürzel seit 1993 auch offiziell verwendet, fortwäh-
rend Aushandlungen und Kompromisse finden und sich perma-
nent neu erfinden.

Auch im 21. Jahrhundert ist die Arbeiterwohlfahrt durch anhal-
tenden Wandel gekennzeichnet. Der verstärkte Wettbewerbs- und
Kostendruck konfrontierte sie mit neuen Herausforderungen. Die
AWO reagierte hierauf mit einer neuerlichen Ausweitung ihrer
Aktivitäten, vor allem im Pflegebereich, aber auch mit einer Rück-

besinnung auf die Werte und die Geschichte des Verbands. Im Spannungsfeld von unternehmerischen Aktivitäten und gemeinnütziger Wohlfahrtsarbeit zeigte sich die Arbeiterwohlfahrt weiterhin bestrebt, ihre drei tragenden Säulen der gesellschaftlichen Verankerung durch Mitgliedschaft und Ehrenamt, politische Lobbyarbeit als Verband und professionelle Sozialarbeit als Dienstleistungsunternehmen miteinander in Einklang zu bringen.

Zentrale Themenfelder

Neben der chronologischen Darstellung gibt dieser Band auch einen Überblick zu zentralen Themenfeldern der Geschichte der Arbeiterwohlfahrt. Zu diesen Feldern zählt, erstens, die Organisations- und Verbandsentwicklung der AWO. Gezeigt wird dabei nicht nur mit Blick auf Mitglieder, Finanzen und Einrichtungen wie etwa den *Immenhof* in der Lüneburger Heide, das *Jugendwerk Druhwald* oder das *Haus Sommerberg* bei Rösrath die innere Entwicklung der Arbeiterwohlfahrt, sondern auch der Auf- und Ausbau der Organisation zu einem immer ausdifferenzierteren Netzwerk an Organisationen, Institutionen und Unternehmungen. So wurden im Laufe der Zeit Institutionen wie das *Institut für Sozialarbeit und Sozialpädagogik*, das *Bundesjugendwerk der AWO* und *AWO International*, aber auch die *Marie-Juchacz-Stiftung* als eigenständige oder abhängige Einheiten aus den Reihen der Arbeiterwohlfahrt gegründet. Zur organisatorischen Entwicklung der Arbeiterwohlfahrt gehört aber auch die Kooperation mit anderen Verbänden der freien Wohlfahrtspflege, die bis 1933 eher distanziert verlief, nach dem Zweiten Weltkrieg aber im bundesrepublikanischen Wohlfahrtskorporatismus zunehmend engere Kooperations- und Abstimmungsprozesse aufwies. In den stark abgeschotteten Milieus des Deutschen Kaiserreichs und seiner Vorläufer waren – aufbauend auf einer umfassenden auf Wohltätigkeit ausgerichteten Vereinskultur – zunächst von der protestantischen und katholischen Kirche sowie aus den Reihen des Bürgertums Wohlfahrtsverbände gegründet worden: 1849 der *Centralausschuß für die Innere Mission der deutschen evangelischen Kirche* als Vorgänger der heutigen *Diakonie*, ab den 1860er Jahren die deutschen Landesverbände des *Internationalen Roten Kreuzes* und 1897 der *Charitasverband für das katholische Deutschland* als Wohlfahrtsverband der römisch-katholischen Kirche. Diese ersten drei Spitzenverbände der privaten Wohlfahrtspflege bestehen ungeachtet mancher Brüche bis heute als *Caritas, Diakonie* und *Rotes Kreuz.* Hinzu gekommen sind 1917 die *Zentralwohlfahrtsstelle der Juden in Deutschland* und 1924 der heutige *Deutsche Paritätische Wohlfahrtsverband.*

Ein zweiter thematischer Problembereich beleuchtet die wohlfahrts- und sozialpolitischen Leitbilder sowie die politischen Standorte der Arbeiterwohlfahrt. Mit ihrer Verankerung in der Arbeiterbewegung und ihrer Haltung zum Verhältnis von öffentlicher und privater Fürsorge unterschied sich die Arbeiterwohlfahrt programmatisch grundlegend von den anderen Wohlfahrtsverbänden Deutschlands. Der Gedanke der Solidarität, die Ausweitung rechtlicher Ansprüche und die Betonung öffentlicher Angebote prägten und leiteten die Aktivitäten der Arbeiterwohlfahrt von ihren Anfängen an maßgeblich. Bis heute verweist die AWO in ihrem Grundsatzprogramm auf den demokratischen Sozialismus, gleichwohl hat sie sich auch für Menschen geöffnet, die politisch weniger eindeutig Position beziehen. In den damit verbundenen Debatten und Kontroversen, die auf den Bundeskonferenzen und Fachausschüssen der Arbeiterwohlfahrt, aber auch in ihren Publikationen ausgetragen wurden, spiegelt sich nicht nur der Wandel des deutschen Wohlfahrtsstaats wider, sondern auch das Verhältnis von Arbeiterbewegung und Staat.

Als drittes zentrales Problemfeld behandelt der Band die sich verändernden Aufgaben- und Konfliktfelder sozialer Arbeit in der Arbeiterwohlfahrt. Standen am Anfang des Engagements Kinderschutzkommissionen und Suppenküchen für Arme und Notleidende, weitete sich schon in den 1920er Jahren das Tätigkeitsfeld mit beispielsweise der Fürsorge für erwerbslose Mädchen, der Hauspflege und Schwangerenfürsorge schrittweise aus. Nach 1945 kamen dann verstärkt Kindergärten und Seniorenheime, aber auch Hauspflegedienste und Beratungsstellen hinzu. Seit dem Ende der 1950er Jahre rückte – jenseits der deutschen Landesgrenzen – die Hilfe für die Entwicklungsländer verstärkt in den Fokus der Arbeiterwohlfahrt,

der bei Katastrophen wie Hungers-
nöten oder Erdbeben besondere Bedeutung zukam. In den 1960er Jahren
begannen die Unterstützungsaktivitäten für ausländische Arbeitnehmer
und Migranten in der Bundesrepublik, aber auch für Menschen mit Behinderung. Mit psychiatrischen Klini-
ken und Drogenhilfeeinrichtungen,
aber auch mit der Schulsozialarbeit
und der Schwangerschaftsberatung
wandte sich die Arbeiterwohlfahrt in
den 1970er Jahren abermals neuen Tätigkeitsfeldern zu. In den 1980er und
1990er Jahren avancierten dann der
Pflegebereich und die erweiterte Kin-
dertagesbetreuung zu einem wichtigen Aktivitätsfeld.

Wie stark die Arbeiterwohlfahrt
durch ihre Führungspersönlichkeiten und durch das Engagement ihrer
Mitglieder sowie Mitarbeiterinnen und Mitarbeiter getragen wird, Lotte Lemke und
zeigt das vierte Themenfeld, das sich den Persönlichkeiten und Kurt Partzsch
Menschen in der AWO widmet. Neben Pionieren und Führungs- führten die
persönlichkeiten der Reichs- und Bundesebene wie Marie Juchacz, Arbeiterwohl-
Hedwig Wachenheim, Lotte Lemke, Robert Görlinger, Heinrich Al- fahrt als Vor-
bertz, Kurt Partzsch oder Hermann Buschfort finden auch stärker sitzende auf
im regionalen Raum wirksame Charaktere der Arbeiterwohlfahrt Wachstumskurs.
wie Elisabeth Frerichs oder Marta Schanzenbach Beachtung.

Schließlich fragt der vorliegende Band in einem fünften systematischen Themenbereich auch nach den Wirkungen und den Erinnerungsorten der Arbeiterwohlfahrt. Neben einzelnen Einrichtungen, Arbeitsbereichen, Medien und Persönlichkeiten finden
dabei auch Bilder, Publikationen und Plakate aus der Geschichte
der Arbeiterwohlfahrt Berücksichtigung.

Forschungsstand und Quellenlage

Um sich der Geschichte der Arbeiterwohlfahrt zu nähern, sind die umfangreichen Forschungen zur Arbeiterbewegung, zum Sozialstaat und zur allgemeinen Sozial- und Wohlfahrtsgeschichte ein unverzichtbarer Ausgangspunkt. Editionen wie die »Quellensammlung zur Geschichte der deutschen Sozialpolitik 1867 bis 1914«, Überblicksdarstellungen wie die vierbändige »Geschichte der Armenfürsorge in Deutschland« von Florian Tennstedt und Christoph Sachße sowie vor allem die vom Bundesministerium für Arbeit und Soziales und dem Bundesarchiv herausgegebene Reihe zur »Geschichte der Sozialpolitik in Deutschland seit 1945«, die elf voluminöse Bände mit Texten von Sozialhistorikern und Sozialwissenschaftlern nebst digitalen Quellensammlungen umfasst, zeigen die beträchtliche Vielfalt der sozialpolitischen Themenfelder und Fragestellungen. Darüber hinaus gibt es insbesondere an Fachhochschulen eine stark ausdifferenzierte sozialwissenschaftliche und historische Forschung, die sich intensiv mit einzelnen Tätigkeitsfeldern befasst.

Die Geschichte der Arbeiterwohlfahrt als reichs- beziehungsweise bundesweite Organisation ist erst in Ansätzen erforscht, es fehlen sowohl Gesamtdarstellungen als auch detaillierte Untersuchungen zu einzelnen Perioden und Arbeitsfeldern. Eine Ausnahme markiert die wegweisende Studie von Christiane Eifert, die 1993 eine erste umfassende wissenschaftliche Untersuchung mit Fokus auf die Rolle der Frauen vorgelegt hat. Mit Blick auf einzelne Städte und Regionen liegen hingegen bereits zahlreiche Studien, Festschriften, Chroniken, Biografien und Aufsätzen vor, die eine gute Orientierung für weitere Forschungen ermöglichen. Viele von ihnen entstanden als Auftragsarbeiten für regionale Gliederungen und aus dem Umfeld der Arbeiterwohlfahrt selbst. Auf Fachliteratur und Quellennachweise wird dabei zumeist verzichtet. Auf die entsprechenden Arbeiten wird an einzelnen Abschnitten dieses Buches verwiesen.

Publikationen, offizielle Dokumente und weitere archivalische Quellen zur Arbeiterwohlfahrt sind in zahlreichen Bibliotheken, Archiven und Geschäftsstellen zu finden. Die verbandseigenen

Zeitschriften, Jahrbücher und Geschäftsberichte sind lediglich in einigen Bibliotheken erhalten, jedoch nur selten vollständig. Die *Bibliothek der Friedrich-Ebert-Stiftung* in Bonn ist hier eine wichtige Anlaufstelle, da sie neben dem gedruckten Bestand, der größtenteils aus der ehemaligen Bibliothek des AWO Bundesverbands übernommen wurde, auch über zahlreiche digitalisierte Angebote verfügt, darunter unter anderem die Zeitschrift *Arbeiterwohlfahrt* und viele verbandseigene Dokumente, seltene Broschüren und sozialpolitische Stellungnahmen.

Für ungedruckte Materialien ist die *Friedrich-Ebert-Stiftung* ebenfalls eine zentrale Adresse. Das *Archiv der sozialen Demokratie* (AdsD) in Bonn betreut die Akten sowie ein umfangreiches Bildarchiv des AWO Bundesverbands. Ein detailliertes Findbuch erleichtert die Suche, zudem wurde eine ganze Reihe von Dokumenten, unter anderem Briefe von Marie Juchacz und Lotte Lemke, Vorstandsprotokolle, Presseerklärungen und Fotos, bereits digitalisiert. In vielen regionalen Geschäftsstellen lagern zahlreiche weitere Akten. Die fachliche Lagerung und der Nutzerzugang sind allerdings oft nicht ideal.

Dafür findet man in staatlichen Archiven, zum Beispiel im *Bundesarchiv* und in vielen Landesarchiven, die mittlerweile gute Online-Suchfunktionen bieten, ebenfalls aus allen Zeitphasen

Die Protokolle von Vorstandsitzungen und Bundeskonferenzen und weitere Dokumente sind im Archiv der sozialen Demokratie zugänglich.

Dokumente, oft indirekt durch Ministerien oder Dachorganisationen überliefert. Auch in den Archiven anderer Wohlfahrtsorganisationen, etwa im *Archiv des Deutschen Caritasverbandes* oder im *Archiv des Evangelischen Werkes für Diakonie und Entwicklung,* hat die Arbeiterwohlfahrt Spuren hinterlassen. Ein besonderer Bestand zum Verbot der Arbeiterwohlfahrt 1933 befindet sich im *Geheimen Staatsarchiv Preußischer Kulturbesitz.* Zur Geschichte der AWO vor Ort lassen sich sowohl in den Stadtarchiven als auch in den archivierten Lokalzeitungen eine Vielzahl von Fundstellen finden. Insgesamt gibt es also vielerorts reichhaltiges, größtenteils noch nicht ausgewertetes Material für weitere Forschungen, das darauf wartet, von der Wissenschaft, den jeweiligen Gliederungen der Arbeiterwohlfahrt und der interessierten Öffentlichkeit entdeckt zu werden.

Aufbau und Zielsetzung

Das vorliegende Buch beabsichtigt, die Geschichte der Arbeiterwohlfahrt als Ganzes darzustellen, ohne dabei auch nur ansatzweise einen Anspruch auf Vollständigkeit zu erheben. Die Texte der chronologisch aufeinander folgenden acht Hauptkapitel sind in thematische Sinnabschnitte unterteilt. Sie werden ergänzt durch Abbildungen, Tabellen, Infografiken und Kästen zu Personen, Medien, Orten und Organisationen, um dem netzwerkartigen Charakter der Organisation Rechnung zu tragen und die Orientierung zu erleichtern.

In der Geschichte der Arbeiterwohlfahrt spiegeln sich die politischen, wirtschaftlichen und gesellschaftlichen Veränderungen der deutschen Geschichte. Das Kaiserreich, der Erste Weltkrieg, die Revolution von 1918/19, die erste Republik, die Diktatur, die Besatzungsherrschaft sowie die zweite so unterschiedliche Demokratie mit ihrem nicht zuletzt erheblichen gesellschaftlichen Wandel sorgten im 20. Jahrhundert für eine dichte Abfolge von Umbrüchen und Veränderungsprozessen. Dieser Wandel hinterließ deutliche Spuren in den Strukturen und Aktivitäten der Arbeiterwohlfahrt. Zugleich hat die Arbeiterwohlfahrt aber auch selbst Einfluss auf die

Gestaltung deutscher Wohlfahrtsgeschichte genommen. Mit dem anhaltenden Engagement für Solidarität, Toleranz, Freiheit, Gleichheit und Gerechtigkeit steht die Arbeiterwohlfahrt für progressive soziale Werte, die immer wieder neu erkämpft werden mussten, die aber auch von Rückschlägen und Niederlagen begleitet waren.

Wenn heute, im 21. Jahrhundert, auf die wohlfahrtsstaatliche Entwicklung Deutschlands zurückgeschaut wird, dann ist die Geschichte der Arbeiterwohlfahrt im Spannungsfeld von Mitgliederorganisation, sozialpolitischer Interessenvertretung und professionellem Dienstleistungsunternehmen ein wichtiger Eckpfeiler. Der vorliegende Band beleuchtet diese vielfältigen Erscheinungsformen und Wandlungen des Verbands und ordnet sie in allgemeine politische und sozialgeschichtliche Entwicklungslinien ein.

Marie Juchacz und ihre Schwester Elisabeth (Kirschmann-)Röhl gehörten zu den Wegbereiterinnen der Wohlfahrtsarbeit innerhalb der SPD.

2

VON DER PRIVATEN ARMENFÜRSORGE ZUR ÖFFENTLICHEN WOHLFAHRTSPOLITIK

Die Vorgeschichte der Arbeiterwohlfahrt bis 1919

*[Otto] Wels: Wir kommen nun zum Punkt Organisationsangelegen-
heiten. Dabei behandeln wir zunächst den Vorschlag des Parteivorstandes, eine besondere ›Sozialdemokratische Wohlfahrtspflege‹ einzurichten. Die Begründung wird die Genossin Juchacz geben.*

*Frau Juchacz: Ich habe Ihnen heute auch einen neuen Organisa-
tionsvorschlag zu machen. Vor dem Krieg war es in unserer Partei
nicht in großem Umfange üblich, die Parteigenossen und vor allem
Parteigenossinnen zu irgendwelchen Wohlfahrtsarbeiten hinzuzulas-
sen. Auch im kommunalen Dienst waren die Frauen nicht dazu berufen, als Waisenpflegerinnen, Armenpflegerinnen usw. tätig zu sein. [...]
Nun geht mein Vorschlag mit Billigung des Parteivorstandes dahin,
daß wir innerhalb der Parteiorganisation eine sozialdemokratische
Wohlfahrtspflege konstituieren. Ich schlage vor, daß wir zunächst
eine Zentralinstanz schaffen, einen Ausschuß, und daß wir dann im
Rahmen unserer Bezirke Landes- und örtliche Organisationen, Wohlfahrtsausschüsse, bilden, zu denen wir alle die Personen hinzuziehen,
die in der Wohlfahrtspflege tätig sind, in der kommunalen Wohlfahrtspflege oder in den verschiedenen halbamtlichen und amtlichen
Wohlfahrtsvereinen. Ich bitte Sie, in den nächsten Tagen schon zur
Gründung solcher Wohlfahrtsausschüsse der Partei zu schreiten. [...]*

*Heinrich Schulz: Das von Genossin Juchacz angeregte Problem
verdient ernstliche Beachtung. Wir als Partei haben uns bisher um
die Wohlfahrtspflege wenig gekümmert. [...] Wir müssen deshalb aus
unserer Mitte eine Organisation schaffen, die dem entspricht, was
auf bürgerlicher Seite mit der Bezeichnung »freie Liebestätigkeit«
belegt wird. [...] Wir müssen unterscheiden zwischen der staatlichen
Wohlfahrtspflege, die jetzt organisiert wird, und der privaten. [...]
Dazu bedarf es der Organisationen, die es in bürgerlichen Kreisen in
Menge gibt, während wir sie bisher nicht haben. Es handelt sich dabei
aber meist um Fragen, die die Arbeiter und Arbeiterkinder angehen.
Das wurde bisher geleitet von bürgerlichen Damen, die die Sache als
Wohltätigkeit ansahen, während jetzt die Sache zur Wohlfahrtspflege
geworden ist. [...] Es handelt sich hier um eine neue große Aufgabe. [...]*

*Vorsitzender Bartels: Ein Widerspruch gegen den Vorschlag liegt
nicht vor. [...]*[1]

Der hier wiedergegebene Auszug aus den Verhandlungen der Sitzung des SPD-Parteiausschusses vom 13. und 14. Dezember 1919 dokumentiert den eigentlichen, etwas schmucklosen Gründungsakt der Arbeiterwohlfahrt. Die Mitglieder des Parteiausschusses der SPD waren in Berlin zusammengekommen, um über ein ganzes Bündel von drängenden Problemen zu beraten. Als Bindeglied zwischen Parteivorstand und Parteitagen traf der Parteiausschuss in dieser Situation den weitreichenden Beschluss, eine eigene sozialdemokratische Wohlfahrtsorganisation zu gründen. Infolgedessen markiert die Sitzung des SPD-Parteiausschusses die Geburtsstunde der Arbeiterwohlfahrt.

Zugleich kennzeichnet dieser Beschluss aber auch das Ende einer langen Vorgeschichte sozialdemokratischen wohlfahrtsstaatlichen Engagements, das bis zu diesem Zeitpunkt – ohne eigenständige organisatorische Verankerung – stark in der Alltagspraxis verankert war und bis zur Jahrhundertwende zurückreichte. Die SPD vollzog mit dem Gründungsakt im Dezember 1919 einen eindeutigen Kurswechsel. In den Jahrzehnten zuvor hatte sie stets offiziell bekundet, keine parteinahe wohlfahrtsstaatliche Organisation aufbauen zu wollen. Mit dieser Haltung hatte sich die Sozialdemokratie bewusst gegen die vorherrschende Auffassung in weiten Teilen der deutschen Gesellschaft gestellt, die Wohlfahrtspflege als Ausdruck freiwilliger Mildtätigkeit verstand, die in privater Verantwortung liegt. Seitens der protestantischen und katholischen Kirche sowie verschiedener Kreise des Bürgertums waren bereits im 19. Jahrhundert mit dem *Centralausschuß für die Innere Mission der deutschen evangelischen Kirche* als Vorgängerorganisation der heutigen Diakonie, mit den deutschen Landesverbänden des *Internationalen Roten Kreuzes* und mit dem *Charitasverband für das katholische Deutschland* eigene Wohlfahrtsverbände aufgebaut worden. Die Sozialdemokratie hatte diese Form privater Unterstützungsleistung jedoch stets abgelehnt. Gefordert wurde von der SPD, die zwar rhetorisch an der Zielperspektive der Überwindung des Kapitalismus auf revolutionärem Wege festhielt, aber in der Praxis immer stärker gegenwartsbezogene Reformpolitik betrieb, dass sich der Staat umfassender in der Armenfürsorge engagieren müsse, um allen Bürgerinnen und Bürgern würdige Lebensumstände zu garantieren. Zugleich sollte das Prinzip der Solidarität zum maßgeblichen Leitbild der Wohlfahrtsarbeit erhoben werden. Auf Almosen wollte man hingegen weder angewiesen sein noch gewährte Gnadenleistungen entgegennehmen, die man als eine Form politischer und gesellschaftlicher Diskriminierung zurückwies.

Die Entscheidung der sozialdemokratischen Arbeiterbewegung, einen eigenen Wohlfahrtsverband einzurichten, wurde im Dezember 1919 vergleichsweise spät getroffen; zudem fand sie unter den Funktionsträgern in Partei und Gewerkschaft zunächst nur begrenzte Unterstützung. Vor diesem Hintergrund wird die Gründung der Arbeiterwohlfahrt im historischen Rückblick vielfach als verspätet oder nachahmend beschrieben,[2] aber auch als »Neuorientierung« und »Einstellungswandel« bewertet.[3] Warum aber erfolgte die Institutionalisierung dieser wichtigen sozialen »Vorfeldorganisation« der Arbeiterbewegung so spät? Was waren die wichtigsten Triebkräfte, die zu ihrer Gründung beitrugen? Und warum stieß die Arbeiterwohlfahrt in der Arbeiterbewegung zunächst nur auf begrenzte Gegenliebe? Diese Fragen stehen im Mittelpunkt des folgenden Kapitels zur Vorgeschichte der Arbeiterwohlfahrt, das nicht zuletzt auch ein Abschnitt sozialdemokratischer Parteiengeschichte ist.

Das Aufkommen der sozialen Frage im 19. Jahrhundert

Mit dem Beginn der industriellen Revolution, die in England im Zeitraum zwischen 1760 und 1830 einsetzte und sich von der Insel in den nachfolgenden Jahrzehnten über Westeuropa und die USA ausbreitete, war es zu tiefgreifenden wirtschaftlichen und sozialen Veränderungen gekommen. Die industrielle Revolution, die in Deutschland seit den 1830er Jahren zunehmend an Dynamik gewann, hatte Erfindungen wie die Dampfmaschine und Eisenbahn hervorgebracht. Sie führte aber auch zu einem Wandel von der Agrar- zur Industriegesellschaft und zur arbeitsteiligen Massenproduktion in Fabriken. Zugleich setzte sich eine kapitalistische Wirtschaftsordnung durch, die eine Verschärfung der Klassengegen-

sätze sowie der Trennung von Besitzenden und Besitzlosen nach sich zog, aber auch Akkord- und Fließbandarbeit sowie Arbeitszeiten von oftmals weit mehr als 60 Stunden in der Woche zur Folge hatte. Sichtbarer Ausdruck des umfassenden Wandels, der mit der industriellen Revolution einherging, waren ein starker Bevölkerungsstrom in die Städte und ein sprunghaft wachsender Anteil von Arbeiterinnen und Arbeitern an der Bevölkerung. Angesichts karger Löhne und beengter Wohnunterkünfte, harter Frauen- und Kinderarbeit sowie weit verbreitetem Hygiene- und Ernährungselend in den Industriestädten avancierte die soziale Frage zu einer der wichtigsten gesellschaftlichen Herausforderungen der zweiten Hälfte des 19. Jahrhunderts. In einigen Fällen führten die Verhältnisse in den Elendsquartieren sogar zu Massenerkrankungen und Epidemien.

Die Arbeit in den Fabriken des 19. Jahrhunderts, die dieses Gemälde von Adolph von Menzel zeigt, war hart und gefährlich.

In den vielfach leidenschaftlich geführten Debatten über den sinnvollsten Weg zur Linderung der Not standen sich unterschiedliche politische Ansätze und Leitbilder gegenüber: Während das katholische Sozialdenken mit konservativer Tendenz zunächst für die Einbettung der immer größer werdenden Schicht der Arbeiter-

schaft in organisch-ständische Gesellschaftsformen eintrat, betonten liberale Konzepte die Unterschiede von Arbeitskräften und
Arbeitsunfähigen. Unterstützung im Sinne der Armenfürsorge
sollte dabei nur bedürftigen Arbeitsunfähigen wie Kranken, Invaliden und alten Menschen zuteilwerden.

Im Zuge dieser Debatten zeichnete sich eine zunehmende Trennung von Sozial- und Wohlfahrtspolitik ab. Während die Sozialpolitik vor allem auf die arbeitende Bevölkerung ausgerichtet ist, die
in der Regel einer abhängigen Erwerbstätigkeit nachgeht, zielt die
Wohlfahrtspolitik stärker auf die Sicherung der Grundbedürfnisse
jener Menschen ab, die Not leiden. Unter dem Einfluss des liberalen
Bürgertums entstand in Deutschland zur Mitte des 19. Jahrhunderts
eine einflussreiche sozialreformerische Bewegung, die ihre Ergänzung in Initiativen mit christlichem Hintergrund fand. Die Sozialre-
former traten im Rahmen der Sozialpolitik für eine Anpassung und
Regulierung der bestehenden marktwirtschaftlichen Verhältnisse
im Sinne einer Verbesserung der Arbeits- und Lebensverhältnisse
der Arbeiterinnen und Arbeiter ein. Es entstanden wissenschaftliche Zusammenschlüsse wie der *Verein für Socialreform* und zahlreiche Wohltätigkeitsvereine für spezifische Notlagen, oft mit einem
lokalen Aktionsradius. Viele dieser Initiativen waren auf eine
pragmatische Verbesserung der Lage der arbeitenden Bevölkerung
gerichtet. Mit den drei von Reichskanzler Bismarck eingebrachten
Sozialversicherungsgesetzen fanden entsprechende Forderungen
ihren Niederschlag in der Politik des Deutschen Kaiserreichs: Sowohl Kranken- (1883) und Unfallversicherungsgesetz (1884) als auch
Invaliditäts- und Altersversicherungsgesetz (1889) basierten dabei
auf dem Prinzip einer beitragsfinanzierten Sozialversicherung, die
in der Regel an die Erwerbsarbeit gekoppelt war.[4]

In der Folge wurden in Deutschland weitere staatliche Gesetze
und Maßnahmen in die Wege geleitet, die dem Wohl der Arbeiterschaft zugutekamen. Insbesondere im Bereich des Arbeitsschutzes
wurde dies auch von einem Teil der Unternehmer, die an der Gesundheit oder zumindest an der Arbeitsfähigkeit ihrer Beschäftigten interessiert waren und die zugleich die Beiträge für die Unfall-
versicherung gering halten wollten, unterstützt. Die Bedeutung des
individuellen Bedürfnisses nach Sicherheit und körperlicher Unver-

sehrtheit im Zuge der Arbeit fand unter anderem ihren Ausdruck in der ab 1903 gezeigten »Ständigen Ausstellung für Arbeiterwohlfahrt« in Charlottenburg, die über die staatlichen Regelungen zum Arbeitsschutz informierte.

In der Textilindustrie war Kinderarbeit weit verbreitet.

Der Aufstieg der sozialdemokratischen Arbeiterbewegung

Die deutschen Sozialversicherungsgesetze besaßen weltweit Vorbildcharakter bei der Ausgestaltung des Sozialstaats, sie waren zugleich aber gegen die aufkommende sozialdemokratische Arbeiterbewegung gerichtet. Bismarck strebte mit ihnen eine Befriedigung einzelner Forderungen aus der Arbeiterschaft an, um eine potenzielle Arbeiterrevolution und einen Umsturz der bestehenden Strukturen des Kaiserreichs zu unterbinden. Sozialdemokraten und Gewerkschafter wurden weder bei den sozialreformerischen Entscheidungen noch an der Ausarbeitung der Sozialversicherungsgesetze beteiligt. Dass es angesichts dieser Bedingungen zu Formen der Selbsthilfe und zu Protesten kam, die letztlich zu einem anhaltenden Bedeutungszuwachs der sozialdemokratischen Gewerkschaften und der Partei führten, war nicht zwangsläufig, wie der Vergleich mit anderen Ländern oder heutigen Formen von Armut und Ausbeutung zeigt. Es bedurfte einer Kultur berufsständischer Interessenvertretung und Arbeiter verschiedener Branchen, die über Erfahrungen von Selbstorganisation und das notwenige Selbstbewusstsein verfügten, wie es etwa Zigarrenarbeiter oder Buchdrucker zum Ausdruck brachten.

Dieser Form kollektiver Organisation und Gegenwehr, die sich zum Beispiel in Arbeitskämpfen widerspiegelte, wurden von staatlicher Seite immer wieder Grenzen gesetzt. Das »Gesetz gegen die gemeingefährlichen Bestrebungen der Sozialdemokratie«, also das Verbot der SPD zwischen 1878 und 1890, ist das bekannteste Beispiel für den staatlichen Kampf gegen die sozialdemokratische Arbeiterbewegung. Die SPD selbst vertrat in dieser Zeitphase programmatisch zwar eine revolutionäre Haltung, ging aber nicht gegen den Staat selbst vor. Karl Kautsky zufolge, einer der führenden Denker der Partei, war die SPD zwar eine revolutionäre, aber nicht eine Revolution machende Partei. In der Sozialdemokratie herrschte die weit verbreitete Überzeugung vor, dass die ökonomische Entwicklung absehbar zum Ende der herrschenden Klasse führen werde; einen Zukunftsstaat ohne Obrigkeit konnte man sich aber nicht vorstellen.

Die Strategie der Regierenden, die organisierte Arbeiterbewegung durch Ausgrenzungen und Verbote klein zu halten, war letztlich zum Scheitern verurteilt und führte zum Gegenteil. Als das Sozialistengesetz nicht mehr verlängert wurde, bahnte sich der Aufstieg der deutschen Arbeiterbewegung endgültig den Weg.[5] Die Sozialdemokratie erzielte bei den Reichstagswahlen 1890 – noch vor Auslaufen des Gesetzes – mit 19,7 Prozent der Stimmen ihren bis dahin größten Wähleranteil und den höchsten Stimmenanteil aller Parteien. Fortan gewann sie beständig an Wählerstimmen – jedoch aufgrund des Wahlsystems nicht in gleichem Maße an Mandaten – hinzu. Zugleich gelang den sozialdemokratisch orientierten Freien Gewerkschaften ein beträchtlicher Zuwachs an Mitgliedern.

— 351 —

Reichs-Gesetzblatt.

№ 34.

Inhalt: Gesetz gegen die gemeingefährlichen Bestrebungen der Sozialdemokratie. S. 351.

(Nr. 1271.) Gesetz gegen die gemeingefährlichen Bestrebungen der Sozialdemokratie. Vom 21. Oktober 1878.

Wir Wilhelm, von Gottes Gnaden Deutscher Kaiser, König von Preußen ꝛc.

verordnen im Namen des Reichs, nach erfolgter Zustimmung des Bundesraths und des Reichstags, was folgt:

§. 1.

Vereine, welche durch sozialdemokratische, sozialistische oder kommunistische Bestrebungen den Umsturz der bestehenden Staats- oder Gesellschaftsordnung bezwecken, sind zu verbieten.

Dasselbe gilt von Vereinen, in welchen sozialdemokratische, sozialistische oder kommunistische auf den Umsturz der bestehenden Staats- oder Gesellschaftsordnung gerichtete Bestrebungen in einer den öffentlichen Frieden, insbesondere die Eintracht der Bevölkerungsklassen gefährdenden Weise zu Tage treten.

Den Vereinen stehen gleich Verbindungen jeder Art.

§. 2.

Auf eingetragene Genossenschaften findet im Falle des §. 1 Abs. 2 der §. 35 des Gesetzes vom 4. Juli 1868, betreffend die privatrechtliche Stellung der Erwerbs- und Wirthschaftsgenossenschaften, (Bundes-Gesetzbl. S. 415 ff.) Anwendung.

Auf eingeschriebene Hülfskassen findet im gleichen Falle der §. 29 des Gesetzes über die eingeschriebenen Hülfskassen vom 7. April 1876 (Reichs-Gesetzbl. S. 125 ff.) Anwendung.

§. 3.

Selbständige Kassenvereine (nicht eingeschriebene), welche nach ihren Statuten die gegenseitige Unterstützung ihrer Mitglieder bezwecken, sind im Falle des

Reichs-Gesetzbl. 1878. 67

Ausgegeben zu Berlin den 22. Oktober 1878. F 85 0898

Durch das »Sozialistengesetz« wurde die Sozialdemokratie zwischen 1878 und 1890 verboten.

Einhergehend mit Wahlerfolgen der SPD und ihrer Entwicklung zu jener Massenpartei, die 1912 fast ein Drittel der Mandate auf sich vereinigen konnte und erstmals auch die stärkste Fraktion im Reichstag stellte, formierte sich im Wilhelminischen Kaiserreich ein regelrechtes Arbeitermilieu. Das zuvor vorwiegend agitato-

Im Wahlkampf thematisierte die SPD die soziale Not und die politischen Forderungen der Arbeiterschaft im Kaiserreich.

risch bei Wahlen oder Streiks mobilisierte Anhängerpotenzial wurde nunmehr dauerhaft erreicht. Um die Partei und die Gewerkschaften formierten sich eine Kultur der Arbeiterbewegung und ein sich über das ganze Land erstreckendes Organisationsgeflecht. Im Jahr 1914 gab die SPD über 90 täglich erscheinende Zeitungen heraus, die insgesamt 1,5 Millionen Käufer fanden. Die verschiedenen (Wirtschafts-)Unternehmen der Partei hatten einen geschätzten Gesamtwert von 21,5 Millionen Mark und beschäftigten eine beträchtliche Zahl an Arbeitern und Angestellten. Die Partei selbst zählte 1914 über eine Million Mitglieder und konnte sich unter anderem auf eine starke Frauenbewegung und eine aktive Jugendbewegung stützen.

Den Gewerkschafen gelang im Kaiserreich ebenfalls der Durchbruch zu Massenorganisationen. Vor allem nach der Jahrhundertwende stiegen die Mitgliederzahlen in den sozialdemokratisch orientierten Freien Gewerkschaften rasant an. Zählten die Gewerkschaften 1890 noch knapp 300.000 Mitglieder, so waren es 1914 bereits über 2,5 Millionen, die meisten davon im Metallarbeiterverband. Das Mitgliederwachstum der Gewerkschaften verlief damit noch schneller als das der Partei. Im Jahr 1913 waren durchschnittlich 28 Prozent aller zwischen 16 und 60 Jahre alten Arbeiter in einer Freien Gewerkschaft organisiert. Die sozialdemokratische Arbeiterbewegung umspannte im Kaiserreich mit Partei und Gewerkschaften, aber auch mit weiteren Vorfeldorganisationen wie unter anderem den Arbeitergesangs- und Arbeiterturnvereinen

oder den »Naturfreunden« ein dichtes Netzwerk an Organisationen. Dieses bildete ein eigenes Milieu aus, das sich erst Jahrzehnte
später unter dem politischen Druck der Nationalsozialisten und
dem gesellschaftlichen Wandel aufzulösen begann.

Auf den zentralen Parteitagen der SPD diskutierten die Delegierten der Bezirke strategische Antworten auf die soziale Frage.

Die mit dem Namen Bismarck verbundenen Sozialversicherungsgesetze, die zwischen 1883 und 1889 verabschiedet wurden, hatten
zu einer zunehmenden Trennung von Arbeiter- und Armenfrage
in der Gesetzgebung geführt. Die begrenzte finanzielle Ausgestaltung der neuen Sozialgesetze führte in der Praxis aber weiterhin zu
Überlappungen zwischen Sozial- und Wohlfahrtspolitik.[6] So fielen
beispielsweise die Alters- und Invalidenrenten derart gering aus,
dass sie nicht ausreichten, um den Lebensunterhalt zu gewährleisten. Dass es zudem keine Absicherung gegen Arbeitslosigkeit
gab, wurde als empfindliche Lücke empfunden, die insbesondere
in wirtschaftlichen Krisenzeiten der Arbeiterschaft erhebliche Probleme bereitete und manche Familie durch das weitmaschige Netz
der Unterstützungsleistungen des Kaiserreichs fallen ließ.

In den Wohnungen der Arbeiterfamilien lebten und arbeiteten oft mehrere Personen in einem Raum.

In dieser Situation waren es vor allem Frauen, die in der sozial-demokratischen Arbeiterbewegung forderten, soziale Not und unzumutbare Lebensbedingungen durch wohlfahrtsstaatliche Leistungen zu lindern. Damit stießen sie jedoch auf Widerstand. Eine eigenständige Wohlfahrtspolitik stand den Vorstellungen und Leitbildern von weiten Teilen der Arbeiterbewegung entgegen, da man auf erkämpfte Rechte und nicht auf gewährte Gnade setzte. Man monierte, dass mit der Wohlfahrtspolitik nicht die Ursachen von Bedürftigkeit bekämpft, sondern nur Symptome gelindert wurden, während der Staat und das kapitalistische Wirtschaftssystem als Verursacher noch gefestigt wurden. Wie Marie Juchacz, die im Dezember 1919 den Antrag zur Gründung der Arbeiterwohlfahrt stellte, rückblickend notierte, »war es in der Familie des organisierten Arbeiters verpönt, ›Armenfürsorge‹ anzunehmen«.[7]

Vielmehr trat die SPD in ihren Programmen und Erklärungen für ein vom Staat garantiertes Recht auf menschenwürdige Arbeits- und Lebensbedingungen ein. Um diese zu sichern, sollten ein angemessener Lohn, staatliche Versorgungs- und Betreuungseinrichtungen sowie das allgemeine und gleiche Wahlrecht dauerhaft rechtlich verankert werden. Wenn Menschen trotz der neuen sozialstaatlichen Errungenschaften dann doch in Not gerieten, sollte sozialdemokratischer Überzeugung zufolge weniger die Fürsorge als vielmehr ein Netz von Solidaritäts- und Selbsthilfevereinen des eigenen Milieus zum Tragen kommen. Die Traditionslinien dieser Sichtweise lassen sich bis zu den Anfängen der Arbeiterbewegung zurückverfolgen, als der Ansatz der solidarischen Hilfe in Form von Unterstützungskassen, Genossenschaften oder Hilfsvereinen organisatorisch verankert wurde. Mit diesen Einrichtungen hatte die Sozialdemokratie einen Gegenpol zur bürgerlichen Almosenpolitik etabliert. Verfolgt wurde die Zielsetzung, nicht vom Wohlwollen der Arbeitgeber oder reicher Gönner abhängig zu sein, sondern vielmehr Krisen und Not durch wohl erworbene Ansprüche in einem dichten Netz von Hilfsorganisationen der eigenen Solidargemeinschaft abzufedern.

Die Armenfürsorge als Nukleus der Wohlfahrtspolitik

In Deutschland lag die Armenfürsorge traditionell in privater Hand. Waren im frühen Mittelalter neben der eigenen Familie des Bedürftigen die Pfarreien die wichtigsten Akteure der Armenfürsorge, so engagierten sich seit dem Hochmittelalter verstärkt Klöster und Bruderschaften, aber auch Vereine und Stiftungen in diesem Bereich. Deren Fürsorge wurde umso notwendiger, als sich im 16. und 17. Jahrhundert die gesellschaftliche Haltung zur Armut deutlich veränderte.[8]

An die Stelle eines religiös motivierten Gebots zur milden Gabe, zum Almosen, als Ausdruck von Nächstenliebe oder Schulderlass, trat zunehmend das Bild des lästigen Bittstellers als Gefahr der öffentlichen Ordnung. Betteln stellte in dieser Phase weiterhin eine wichtige Erwerbsquelle der Bedürftigen dar, allerdings mit erheblichen regionalen Unterschieden. Während man das Betteln im katholischen Raum zumindest für Ortsansässige oftmals duldete, wurde es in protestantisch dominierten Kommunen polizeilich verfolgt und in der Regel auch verboten. Seitens der Städte versuchte man dem Armenwesen durch eine verstärkte Kontrolle und bessere Organisation Herr zu werden. Im Zuge dessen kam es

Ein Holzstich aus dem 16. Jahrhundert zeigt Nonnen beim Verteilen von Almosen an Bedürftige.

zunächst zur Errichtung von städtischen Spitälern für Kranke und Alte. Seit dem 16. Jahrhundert wurden im Rahmen der kommunalen Armenfürsorge zunehmend Waisenhäuser eingerichtet.

Nicht nur in Preußen, sondern auch in England und Frankreich führten verfassungsrechtliche Reformen ab dem Ende des 18. Jahrhunderts zu einer übergreifenden Anpassung der Städteordnungen und kommunalen Selbstverwaltungsrechte. In diesem Zusammenhang wurde auch dem Staat eine Verantwortung für die Armenfürsorge zugeschrieben.[9] Entsprechende Regelungen sahen den Staat aber lediglich in der Rolle eines Ausfallbürgen; die konkrete Ausgestaltung der Armenfürsorge vor Ort oblag weiterhin der kommunalen Ebene. Der überwiegende Teil der Armenfürsorge wurde infolgedessen im 19. Jahrhundert weiterhin vor Ort von privaten Einrichtungen und Kirchen sowie zunehmend von den Städten – in der Regel nach strenger Prüfung und bisweilen auch in Form von Naturalien – geleistet.

Im Zuge der tiefgreifenden Veränderungen der industriellen Revolution stieß dieses System aber an seine Grenzen. Die Angebote der Armenpflege boten in Fällen von individueller Not, Arbeitslosigkeit oder Verarmung nur unzureichende Unterstützung. Die Kommunen entwickelten vor diesem Hintergrund neue Formen der Armenfürsorge. Eine verbreitete Variante war das 1853 eingeführte »Elberfelder System«: Das Stadtgebiet wurde in Bezirke beziehungsweise Quartiere mit ehrenamtlichen »Vorstehern« aufgeteilt, die Kontrollfunktionen ausübten. Die Vorsteher kamen in der Regel aus bürgerlichen Kreisen. Zunehmend häufiger wurde das Amt dabei von Frauen wahrgenommen, die durch ihre »freie Liebestätigkeit« – wie diese Form von privater bürgerlicher Fürsorge allgemein bezeichnet wurde – eine der wenigen Möglichkeiten zur formalen Teilhabe am öffentlichen Leben erhielten. Unter den bürgerlichen Frauen bildete die Armen- und Wohlfahrtspolitik im Zuge der zum Ende des 19. Jahrhunderts einsetzenden Verberuflichungsprozesse ein willkommenes Tätigkeitsfeld. Immer mehr gesellschaftliche

Aufgaben wurden im Rahmen einer formellen Berufstätigkeit erbracht und basierten auf einer zunehmenden Systematisierung des Wissens und entsprechender Qualifikation. Hierzu trug auch die Gründung von Frauenschulen für soziale Arbeit bei, die gerade auf die Sozialreformerinnen aus dem aufgeklärten Bürgertum große Anziehung ausübten. Alice Salomons Schule in Berlin ist sicherlich die bekannteste. Vor dem Ersten Weltkrieg wurde sie unter anderem von Hedwig Wachenheim besucht, die nach dem Kriegsende zu einer der wichtigsten Protagonistinnen der Arbeiterwohlfahrt wurde. Als Schriftleiterin der Fachzeitschrift *Arbeiterwohlfahrt* leitete Wachenheim in den 1920er Jahren die von ihr initiierte Wohlfahrtsschule und nahm zudem den Vorsitz der Fachkommission »Ausbildung« wahr.

Auch wenn die kommunale Armenpflege ab 1890 in vielen Regionen des deutschen Kaiserreichs schrittweise ausgeweitet und – vor allem im Bereich der Arbeitslosen-, Wohnungs-, Gesundheits- und Jugendfürsorge – in Richtung einer staatlichen Wohlfahrtspflege entwickelt wurde, blieb ein Grundproblem bestehen: Es existierte kein Rechtsanspruch auf Leistungen; die Höhe und Ausgestaltung lag im Ermessensspielraum der Gemeinden. Zudem gingen mit dem Bezug von Armenhilfe oftmals Einschränkungen der Bürgerrechte und damit gesellschaftliche Stigmatisierungsprozesse einher. Die gewährte Hilfe stellte einen Kredit dar, der zu einem späteren Zeitpunkt oder durch Angehörige zurückgezahlt werden musste. Schließlich wurde den Bedürftigen in der Regel auch nur eine kurze Unterstützungszeit gewährt, während zugleich das Verhalten der Betroffenen kontrolliert, bisweilen sogar erzieherisch berichtigt wurde.

Eine Neuausrichtung erfuhr diese weitgehend auf Freiwilligentätigkeit basierende Form der Armenfürsorge durch das zum Ende des 19. Jahrhunderts eingeführte »Straßburger Modell«, bei dem die Bedürftigkeit verstärkt durch staatliche Instanzen geprüft und das Amt beziehungsweise der Beruf des Armenpflegers etabliert wurde. Das vielerorts weitgehend ungeregelte Nebeneinander von privater Wohltätigkeit, konfessionellen Angeboten und staatlicher Armenpflege wurde zunehmend als Problem wahrgenommen. Gremien wie der 1880 gegründete – und bis heute bestehende –

DEUTSCHER VEREIN FÜR ARMENPFLEGE UND WOHLTHÄTIGKEIT

Der 1880 gegründete *Deutsche Verein* (DV) stellt mit heute über 2.500 institutionellen Mitgliedern das zentrale Forum für den Austausch zwischen den öffentlichen und privaten Trägern der sozialen Arbeit dar. In seinen Anfängen bündelte er vor allem die Interessen der bürgerlichen Fürsorgeakteure, während die Arbeiterbewegung ihm kritisch gegenüberstand. Durch die Aufnahme von Städten, Landkreisen und Regierungsbehörden vollzog der DV bis 1919 einen strukturellen Wandel. Die neugegründete Arbeiterwohlfahrt war nun durch Marie Juchacz und sozialdemokratische Kommunalpolitiker im DV-Vorstand vertreten. Im Frühjahr 1933 wurde der Verband »gleichgeschaltet«, sozialistische und jüdische Mitglieder wurden hinausgedrängt. Mit Wilhelm Polligkeit und Hans Muthesius leiteten zwei Akteure nach 1945 einen demokratischen Neuaufbau ein, die zuvor in die nationalsozialistische Fürsorge verstrickt waren. Die Arbeiterwohlfahrt beteiligte sich in der Folge aktiv an der Vereinsarbeit und an den Fachausschüssen, Fürsorgetagen und Publikationen. Mit Otto Fichtner (1978–1989) und Wilhelm Schmidt (2006–2015) stellte die AWO sogar zwei langjährige DV-Vorsitzende.

Deutsche Verein für Armenpflege und Wohlthätigkeit (seit 1919: *für öffentliche und private Fürsorge*) oder die von Wilhelm Merton ins Leben gerufene *Centrale für private Fürsorge* in Frankfurt am Main dienten dem Austausch lokaler Erfahrungen und der Diskussion über Reformen. Die 1891 gegründete *Centralstelle für Arbeiter-Wohlfahrtseinrichtungen* forcierte ebenfalls die Verständigung zwischen Behörden, Vereinen und sozialpolitischen Experten, hatte aber mit der späteren Arbeiterwohlfahrt nichts zu tun und wurde 1907 in *Zentralstelle für Volkswohlfahrt* umbenannt.

Die Sozialdemokratie war in diese Prozesse zunächst nur am Rande eingebunden, was auf die Prioritätensetzung der Partei selbst zurückzuführen ist. Die Schwerpunktsetzung von SPD und Gewerkschaften auf die Sozialpolitik und den verfassungsrechtlichen Rahmen des Kaiserreichs hatte dazu geführt, dass der Blick vor allem auf die Reichs- und Länderebene gerichtet war. Hier kämpften Frauen wie Ottilie Baader und Clara Zetkin mit Leidenschaft für die Gleichberechtigung der Geschlechter.

Die von Ottilie Baader (3. V. L.) geleitete erste Konferenz der sozialdemokratischen Frauen tagte im September 1900 in Mainz.

Die kommunale Ebene, die mit der Armenpflege und -fürsorge in Deutschland betraut war, wurde hingegen eher nachrangig behandelt. Erst 1899 richtete man ein kommunalpolitisches Zentralbüro unter Leitung des führenden kommunalpolitischen Vordenkers der SPD, Hugo Lindemann, ein. Und erst 1904 verständigte sich die Partei im Rahmen ihres Bremer Parteitags überhaupt auf ein reichsweites kommunalpolitisches Programm. Da den Kommunen und der Kommunalpolitik im Kampf um die Überwindung der Klassenfrage keine zentrale Rolle zugeschrieben wurde, verfolgte die SPD in erster Linie das Ziel, auf Reichsebene die absolute Mehrheit zu gewinnen, um auf dieser Grundlage dann auf dem Weg der Gesetzgebung sozialistische Zielvorstellungen zu verwirklichen. Die anhaltenden Wahlerfolge der SPD in den 1910er Jahren trugen jedoch ebenso wie der Ausbruch des Ersten Weltkriegs dazu bei, dass diese Haltung in der Praxis zunehmend ins Wanken geriet und die SPD sich verstärkt in der Kommunalpolitik engagierte.[10]

Im Vorstand
der SPD vertrat
Luise Zietz die
Positionen der
sozialdemokra-
tischen Frauen-
bewegung.

Der Kinderschutz als Praxisfeld
sozialdemokratischer Wohlfahrtspolitik

Seitens der Arbeiterbewegung wurde die private bürgerliche Armenfürsorge auch deswegen grundsätzlich abgelehnt, weil die
wohlfahrtspflegerischen Aktivitäten bürgerlicher Frauen als eine
Form von »geistiger Mütterlichkeit« galten, die nicht mit dem
emanzipatorischen Gedanken der Sozialdemokratie vereinbar war.
Vor allem sozialdemokratische Frauen vertraten die Position, mehr
Hilfe zur Selbsthilfe zu leisten; zugleich verschlossen sie den Blick
nicht vor den vielfältigen Nöten der Bevölkerung in den Städten. An
der politischen Basis vor Ort setzte sich verstärkt die Anschauung
durch, dass sich der Sozialismus nicht nur in theoretischen Debatten und Erwartungen auf den Zukunftsstaat erschöpfen dürfe, sondern dass vielmehr die drängendsten Probleme durch tatkräftige
Mitwirkung in Angriff genommen werden müssten. Besonderes
Augenmerk wurde dabei dem Kinder- und Jugendschutz gewidmet.

Als die Verabschiedung des Reichsvereinsgesetzes von 1908 Frauen erstmals formal politische Betätigungsmöglichkeiten zugestand, eröffnete dies zahlreichen sozialdemokratischen Frauen die Gelegenheit, verstärkt eigene politische Akzente im öffentlichen Raum zu setzen.

BIOGRAFIE

MARIE JUCHACZ (1879–1956)

 Marie Juchacz kam eine zentrale Rolle bei der Gründung und beim Aufbau der Arbeiterwohlfahrt zu. Aufgewachsen im ländlich geprägten Landsberg an der Warthe war Juchacz nach dem Besuch der Volksschule als Dienstmädchen, Fabrikarbeiterin und Krankenpflegerin tätig, bevor sie eine Lehre als Schneiderin abschloss. 1906 kam sie nach Berlin und trat der SPD bei. Ihr Talent als Rednerin wurde bald entdeckt. 1913 wurde sie Frauensekretärin für den Bezirk Obere Rheinprovinz. Während des Ersten Weltkriegs engagierte sie sich in der Heimarbeitszentrale in Köln im Rahmen der Kriegsfürsorge. Nach der Abspaltung der USPD wurde sie zur Frauensekretärin des SPD-Vorstands und Schriftleiterin der Zeitschrift *Die Gleichheit* in Berlin berufen. Nach der Novemberrevolution drängte sie als sozialdemokratische Abgeordnete und Mitglied des Parteivorstands auf die Gründung einer eigenen Wohlfahrtsorganisation. Sie wurde die erste Vorsitzende der Arbeiterwohlfahrt und blieb dies bis zum Verbot 1933. Nach der Machtübernahme der Nationalsozialisten emigrierte sie nach Saarbrücken, 1935 weiter ins Elsass, wo sie jeweils Unterstützungsangebote für Emigranten organisierte. Im Juni 1940 floh sie über Paris und Pau nach Marseille. Dank eines US-Notvisums konnte sie im März 1941 ein Schiff in Richtung Martinique besteigen, um von dort weiter nach New York zu reisen. Sie blieb nach Kriegsende in den USA und organisierte mit der Arbeiter-Wohlfahrt New York Hilfspakete für den Wiederaufbau. 1949 kehrte sie nach Deutschland zurück und trug als Ehrenvorsitzende zur organisatorischen Festigung bei.

Unter diesen befand sich auch Marie Juchacz, die nach Tätigkeiten als Dienstmädchen, Fabrikarbeiterin und Krankenpflegerin sowie der Trennung von ihrem Mann in Berlin einen Neuanfang suchte.[11] Durch ihren Bruder kam sie in Kontakt mit der Arbeiterbewegung, engagierte sich in der in Preußen noch verbotenen Frauenbewegung und wurde 1908 in den lokalen Parteivorstand der SPD gewählt; zu-

nächst in Neukölln, das damals unter der Bezeichnung Rixdorf vor
der Eingemeindung nach Berlin zu einer der bevölkerungsstärksten
Großstädte in Deutschland zählte. Hatte bei Juchacz und anderen
Sozialdemokratinnen zunächst die Frauenpolitik und der Kampf
für das übergeordnete Ziel der Einführung des Frauenwahlrechts
im Mittelpunkt gestanden, rückte in der Folge das Engagement für
die Armenfürsorge immer stärker ins Blickfeld.[12]

Bereits im März 1903, als der Reichstag das sogenannte Kinderschutzgesetz mit dem Ziel des Schutzes von Kindern vor gewerb-
licher Arbeit verabschiedete, hatte die SPD infolge der Vielzahl von
Ausnahmebestimmungen und des Ausschlusses der Landwirtschaft
begonnen, sich für die Einrichtung von Kinderschutzkommissionen
einzusetzen. Diese sollten angesichts der unzureichenden Umsetzung und der Lücken des Gesetzes Fälle von Kinderarbeit kontrollieren und gegebenenfalls melden.[13] Anlass dazu gab es reichlich. Luise
Zietz, im Parteivorstand der SPD später für Frauenpolitik zuständig,
dokumentierte in einer Publikation zahlreiche Missstände, die sie
aus den Berichten der Kommissionen zusammengetragen hatte:
Dazu zählten Kinder, die früh am Morgen Zeitungen austrugen
oder spät am Abend in Gastwirtschaften arbeiten mussten und infolgedessen übermüdet zum Unterricht erschienen. Andere Kinder
wurden körperlich anstrengender Arbeit ausgesetzt, so etwa beim
Steineklopfen und in Ziegeleien, aber auch in Fabriken und Gewer-
behallen. Das Unfallrisiko war ausgesprochen hoch. Zietz verwies
auch auf die Landwirtschaft; die Unfallstatistik des Jahres 1909
wies unter den Schwerstverletzten 1.792 Jungen und 589 Mädchen
unter 16 Jahren aus. Dass die schulischen Leistungen von arbeitenden Kinder oftmals mangelhaft waren, wurde ebenfalls betont;
in Berlin Neukölln waren zu Beginn des Jahrhunderts unter den
Nichtversetzten der zweiten Klasse 75 Prozent arbeitende Kinder.[14]
Vor allem in den Großstädten machte Luise Zietz Tendenzen zur
Vernachlässigung aus und warb für die »Errichtung kommunaler
Kindergärten und Kinderhorte«. Ausdrücklich forderte sie »Einrichtungen, die der Verwahrlosung vorbeugen und die einen erzie-
rischen Einfluss auf die schulpflichtigen und vorschulpflichtigen
Kinder ausüben. Was heute an solchen Einrichtungen vorhanden
ist, ist an Zahl viel zu gering, zudem ist es meistens der Privatinitia-

Eine zeitgenössische Karikatur der sozialdemokratischen Satirezeitschrift *Der Wahre Jacob* thematisiert die Rechtfertigung von Kinderarbeit auf dem Land durch konfessionelle Organisationen.

Kinderſchuß auf dem Lande.

Lehrer (zu den Kindern): Zum Dank für die geſunde leibliche Arbeit und um unſere Freude an der herrlichen Natur auszudrücken, laſſet uns das ſchöne Lied anſtimmen: Wer nur den lieben Gott läßt walten u. ſ. w.!

tive entsprungen, es haftet ihm zum Teil der Charakter der Wohltätigkeit an und es steht nicht selten im Dienste des Muckertums und Hurrapatriotismus.«[15]

Die in den Kinderschutzkommissionen tätigen Frauen beschränkten sich in den zahlreichen Fällen, in denen Kinder einer Erwerbstätigkeit nachgingen, nicht darauf, Vergehen zu melden sowie Kinder und Eltern davon zu überzeugen, dass der Schulbesuch wichtiger als der Gelderwerb sei. Vielmehr versuchten sie angesichts bisweilen drastischer Zustände, selbst mit Unterstützungsleistungen in Form von Geld, Nahrungsmitteln oder Kleidung zur Linderung von Not und Armut beizutragen. Die Kinderschutzkommissionen avancierten damit zu einem wesentlichen Wegbereiter der Arbeiterwohlfahrt. Das hier eingebrachte Engagement wurde umso wichtiger, als sich zeigte – wie Luise Zietz bereits 1906 in der Zeitschrift *Die Neue Zeit* betonte –, dass das Kinderschutzgesetz »in sehr vielen Gegenden fast ein toter Buchstabe geblieben«[16] sei. Mehrere Frauenkonferenzen der SPD kritisierten den bestehenden Kinderschutz als unzureichend und erhoben die Forderung nach einem grundsätzlichen Erwerbstätigkeitsverbot für schul- und vorschulpflichtige Kinder. Zugleich weitete man das wohlfahrtsstaatliche Engagement aus, selbst wenn die Frauen damit nicht auf der offiziellen Parteilinie der SPD lagen. Sie begannen, Schulungen abzuhalten und das Thema in der Parteipresse zu erörtern. In der Folge engagierten sich nicht nur zunehmend mehr Frauen aus der Arbeiterbewegung, sondern es übernahmen auch immer mehr Genossinnen den Vorsitz in denjenigen Kommissionen, in denen die Sozialdemokratie pragmatisch mit Bürgerlichen zusammenarbeitete.[17] Daneben gab es aber auch eigene Kommissionen der Sozialdemokratie. 1911 berichtete *Die Gleichheit* bereits von reichsweit 135 Kinderschutzkommissionen der SPD.

Die erfolgreiche Arbeit der Kinderschutzkommissionen entfaltete in der Sozialdemokratie eine zunehmende Eigendynamik und bildete die Grundlage für weitere Aktivitäten, so etwa für Kinderferienspiele und Ferienwanderungen, die für jene Kinder angeboten wurden, die keine Möglichkeit hatten, in die beliebter werdende Sommererholung, die sogenannte Sommerfrische, zu reisen. Von ersten Kinderferienwanderungen wurde in Dresden bereits 1909 berichtet. Sozialdemokratinnen in weiteren Kommunen folgten dem Beispiel. So engagierte sich Meta Quarck-Hammerschlag, die zuvor bereits an der Spitze mehrerer bürgerlicher Frauenrechtvereine gestanden hatte, ab 1911 in der neu gegründeten Frankfurter Kinderschutzkommission, die seitens der lokalen SPD-Parteiorganisation eingerichtet wurde. Meta Quarck-Hammerschlag zählte dort

META QUARCK-HAMMERSCHLAG (1864–1954)

Die Tochter eines Gelatinefabrikanten engagierte sich ab 1891 als Mitglied des *Hauspflegevereins*, des *Bundes für Mutterschutz* und des *Frauenbildungsvereins* in Frankfurt am Main für die Rechte von Arbeiterinnen. 1911 trat sie in die SPD ein. 1920 gründete sie zusammen mit ihrem Mann, dem Reichstagsabgeordneten Max Quarck, mit Johanna Tesch, Henriette Fürth und vielen weiteren die *Arbeiterwohlfahrt* in Hessen-Nassau. Als weibliche Stadträtin im Frankfurter Magistrat und als Mitglied des Wohlfahrts- und später des Fürsorgeamts wirkte sie auf vielfältige Weise an der städtischen Sozialpolitik mit. 1933 wurde die 69-Jährige von den Nationalsozialisten aus diesen Funktionen gedrängt. Noch im hohen Alter nahm sie als Mentorin Einfluss auf die Neugründung der Arbeiterwohlfahrt in ihrer Heimatstadt.

auch zu den Initiatoren eines Kinderspaziergangs, der als Ganztagsveranstaltung durchgeführt wurde.[18] Sie steht damit stellvertretend für die parteiübergreifende Kooperation in der Wohlfahrtspolitik.

Der *Volksfreund,* das Presseorgan der Braunschweiger SPD, berichtete am 7. Juli 1913 über die Motive für die bald als »Ferienfahrt« bezeichneten Aktivitäten: »Die Sprößlinge der Besitzenden reisen mit Papa und Mama ins Seebad oder ins Gebirge. Sie lernen dort die Wunder der Natur kennen und finden Erholung, die ihnen voll vergönnt sei. Proletarierkinder versteigen sich zwar nicht soweit. Immerhin ist auch manches von ihnen in der glücklichen Lage, beneidet von Spielkameraden, einige Wochen auf dem Lande mit seinen Herrlichkeiten für ein Kinderherz zu verbringen. Dann kommen aber die Kinder, und das ist die große Mehrzahl, die daheim bleiben müssen. Ihr Spielplatz ist während der Ferien in den stinkenden Höfen der Altstadt oder auf der Straße und bei schlechtem Wetter in den engen, unzureichenden Wohnungen, womöglich bei schwerer, geistlähmender Munterkeit tötender Erwerbsarbeit. Anstatt in würziger Waldluft und Seeluft die schwachen Lungen stärken zu können, müssen sie, die es meist am allerbedürftigsten sind, von körperlichen und sittlichen Gefahren umringt, sich in den schmutzigen Straßen aufhalten. Tod und Krankheit aus den ekel-

Bereits vor 1914 richtete die Arbeiterbewegung Betreuungsangebote für Kinder ein. Das Bild zeigt ein Kinderfest im Park Volkswohl in Hamburg.

haften Miasmen der Kloaken, dem Unrat der Straßen, den dumpfen Wohnungen, in sich aufnehmen.«[19]

Die praktische Umsetzung der Ferienwanderungen erfolgte durch vorangegangene Spendenaufrufe und Sammlungen, um so Fahrtgeld und Verpflegung zu finanzieren. Unterstützt wurde die Arbeit, wie sich Marie Juchacz und Johanna Heymann im Rückblick erinnerten, durch »Naturfreunde, Arbeiterturner, Parteigenossen, die für die Arbeit der Jugend ein besonderes Interesse hatten, vor allem aber die Arbeiterjugend«.[20] Trotz der Betonung der Organe der Arbeiterbewegung zeichneten sich die sozialdemokratischen Ferienfahrten durch eine Besonderheit aus: Im Gegensatz zu den Aktivitäten der konfessionellen Wohlfahrtsorganisationen wurden sie nicht nur für das eigene Milieu durchgeführt, sondern sie standen grundsätzlich allen Bedürftigen offen.

Die ausschließliche Ausrichtung an der Bedürftigkeit wurde auch in der Parteipresse immer wieder hervorgehoben. Während die Wohlfahrtspolitik sowohl in der sozialdemokratischen Reichstagsfraktion als auch auf sozialdemokratischen Parteitagen in diesen Jahren weiterhin ein Schattendasein fristete, setzte in sozialdemokratischen Organen wie *Die Gleichheit* und *Die Neue Zeit* eine eingehendere Beschäftigung mit dem Themenfeld ein. So veröffentlichten Autorinnen wie die aus einem sozialdemokratisch geprägten Elternhaus stammende Minna Todenhagen oder Helene Simon, Tochter einer Bankiersfamilie aus Düsseldorf, nach ihrem Gaststudium in Berlin zahlreiche Beiträge zur sozialen Frage.[21] Gefordert wurde in den Beiträgen vor allem, dass die Kommunen die Trägerschaft wohlfahrtsstaatlicher Leistungen übernehmen sollten. Zugleich sollte das Verschuldungsprinzip entfallen und damit auch die Unterscheidung in unverschuldete oder verschuldete Armut.

Der Erste Weltkrieg als Wegbereiter zur Gründung der Arbeiterwohlfahrt

Schien sich am Vorabend des Ersten Weltkriegs allenfalls ein langsames Heranwachsen der Arbeiterbewegung in die Wohlfahrtspolitik abzuzeichnen, stellten der Ausbruch des Weltkriegs und seine sozialen Folgen Beschleunigungsmomente dar, denen verstärkte Wohlfahrtsaktivitäten der Sozialdemokratie folgten.[22] Im Zuge der Zustimmung der SPD zu den Kriegskrediten und ihrer Bereitschaft, in der Ausnahmesituation des Kriegs prinzipielle ideologische Positionen zugunsten einer umfassenden nationalen Koalition des Burgfriedens hinten anzustellen, kam es zu einem verstärkten Engagement von sozialdemokratischen Frauen sowie zu Kooperationen mit dem Bürgertum in der Wohlfahrtspolitik. Parallel dazu erfuhr die Institutionalisierung der Armen- und Wohlfahrtspolitik beziehungsweise das Zusammenspiel von öffentlicher und freier Wohlfahrtspflege mit fortschreitender Kriegsdauer eine neue Dynamik: An die Stelle der Armenämter traten in vielen Teilen Deutschlands Kriegsfürsorgeämter und kommunale Unterstützungskommissionen. Die Berliner Historikerin Christiane Eifert spricht in diesem Zusammenhang von einer »halbamtliche[n] Kriegsfürsorge«[23], der Kasseler Historiker Wilfried Rudloff beschreibt eine Art Allzuständigkeit der Verwaltung für die elementaren Lebensbedürfnisse der Bevölkerung.[24] Der Krieg brachte ein neues Ausmaß an Not der Zivilbevölkerung mit sich: Versorgungsprobleme, vor allem bei Nahrungsmitteln, gesundheitliche Beeinträchtigungen, ausgelöst durch chronische Unterernährung und hygienische Probleme, die zudem

Städtische Armenspeisung in Frankfurt am Main während des Ersten Weltkriegs.

die Ausbreitung von Infektionskrankheiten wie Tuberkulose begünstigten. Der Weltkrieg führte aber auch zu einer Umschichtung der sozialen Verhältnisse: Der Anteil der Industriearbeiterinnen stieg, um die Einkommensverluste der Familien etwas auszugleichen und den Rüstungsbetrieb aufrechtzuerhalten.

Angesichts der allgemeinen Not der Gesamtbevölkerung erwies sich das traditionelle System der Armenpflege als völlig unzureichend. Der Krieg war somit ein Schrittmacher der Sozialpolitik.[25] Die umstrittenen Bedingungen des Burgfriedens führten somit zu einer ganzen Reihe von sozialpolitischen Neuerungen, die den Vorkriegspositionen von Sozialdemokratie und Gewerkschaften entgegenkamen, wenngleich unter autoritärer bürokratischer Herrschaft. Im Bereich der Versorgung und Fürsorge erfolgte eine Ausweitung der staatlichen Kontrolle. Das Kriegsernährungsamt setzte eine staatliche Zwangsrationierung und Verteilung der knappen Lebensmittel durch. Das Kriegsamt griff durch die Einrichtung einer »Frauenarbeitszentrale« unter Leitung von Marie Elisabeth Lüders und einer »Kommission für Kinderfürsorge« unter Leitung von Anna von Gierke erheblich in die Arbeitsverhältnisse ein, richtete Krippen, Horte und Pflegestellen ein und schuf hauptamtliche Stellen für Fürsorgerinnen. Die Familienunterstützung für Ehefrauen und Kinder von Soldaten und die Wochenhilfe waren erste Fürsorgegesetze auf Reichsebene, die sich sowohl materiell als auch konzeptionell deutlich von der Armenpflege abhoben. Sie beruhten auf einer wohlwollenden Bedürftigkeitsprüfung, bei der beispielsweise auch kleineres Eigentum nicht berücksichtigt wurde, und legten einen Mindestsatz fest, der während des Krieges mehrfach angepasst wurde und zusätzlich von einigen Kommunen erheblich aufgestockt wurde, in Frankfurt und Berlin zum Beispiel verdoppelt. Flankiert wurde dieser Anspruch durch die freiwillige kommunale Kriegsfürsorge, die aus der Abgabe von Naturalien bestand, vor allem Lebensmittel, Kleidung und Brennmaterial, aber teilweise auch Mietunterstützung und Arbeitslosenfürsorge umfasste. Für Kriegsversehrte und für Hinterbliebene von Soldaten wurden Leistungen

ORGANISATION

NATIONALER FRAUENDIENST

Die bürgerlichen Frauenrechtlerinnen und Sozialpolitikerinnen Gertrud Bäumer und Hedwig Heyl initiierten im Juli 1914 den *Nationalen Frauendienst* (NFD), um für die Mitarbeit der Frauen in der Kriegsfürsorge zu werben. Im ganzen Land gründeten sich Ortsgruppen, die es als ihre Aufgabe begriffen, die deutschen Kriegsaktivitäten an der »Heimatfront« zu unterstützen. Gleichzeitig sahen sie mit ihrer Tätigkeit die Chance, als gesellschaftlich unverzichtbare Akteure zukünftig auch politischen Einfluss zu erlangen. Sie sammelten Spenden und organisierten Beratungsangebote, Lebensmittelverteilungen, Pakete an die Front und vielfältige Fürsorgeleistungen für die Notlagen der Kriegsgesellschaft. Auch Sozialdemokratinnen wie Marie Juchacz, Helene Simon, Hedwig Wachenheim und Gertrud Hanna betrachteten die Mitwirkung im NFD als Möglichkeit, um die Lebensbedingungen der Arbeiterfamilien und die Stellung der Sozialdemokratie zu verbessern. Es gab jedoch auch sozialistische Frauen, die wie Luise Zietz, Matthilde Wurm und Toni Sender die Burgfriedenspolitik ablehnten und für den Widerstand der Arbeiterbewegung gegen den Krieg und eine internationale Zusammenarbeit warben. Die SPD spaltete sich schließlich 1917 über diese Frage.

jenseits der Rentenansprüche eingeführt, die nach Kriegsende rechtlich präzisiert wurden.

Die private Fürsorge wurde während des Krieges unter die Aufsicht des Staates gestellt. Um Missbrauch zu vermeiden, waren private Sammlungen für Wohlfahrtszwecke nur noch mit behördlicher Genehmigung erlaubt. Neben den beiden großen konfessionellen Verbänden gewannen mit den *Vaterländischen Frauenvereinen vom Roten Kreuz* und dem *Bund deutscher Frauenvereine* insbesondere zwei Frauenorganisationen an Bedeutung. Auf Initiative von Gertrud Bäumer wurde im August 1914 der *Nationale Frauendienst* ins Leben gerufen, der aus verschieden bürgerlichen Frauenvereinen entstanden war und seinerseits wiederum eng mit den Kommunen zusammenarbeitete. Zahlreiche später in hervorgehobener Position für die Sozialdemokratie tätige Frauen wie Dorothea Hirschfeld oder Hedwig Wachenheim fanden über das Engagement im *Nationalen Frauendienst* den Weg zur Arbeiterwohlfahrt. In 29 von 39 Parteibezirken der SPD kam es zu Kooperationen mit dem Nationalen Frauendienst. In Berlin reichte der Einfluss so weit, dass die Unterstützungsstellen paritätisch von bürgerlichen und sozialdemokratischen Frauen besetzt wurden. In manchen Städten schlossen sich die Sozialdemokraten aber auch anderen Hilfsorganisationen an, so etwa in Bremen dem *Zentral-Hilfsausschuss vom Roten Kreuz*. Die Formen und das Ausmaß der wohlfahrtstaatlichen Aktivitäten waren letztlich stark von den Rahmenbedingungen der jeweiligen Kommune geprägt.[26]

In Berlin war es vor allem Luise Zietz, die zu »Hilfsaktionen der Proletarierinnen« aufrief: »Angesichts der unsäglichen Not und dem furchtbaren Jammer, die der Krieg mit sich bringt, gilt es, den verzweifelten Frauen, den verwaisten Kindern, den Arbeitslosen, den Kranken und Leidenden mit Rat und Tat beizustehen.«[27] Zietz nannte vier Bereiche, in denen Sozialdemokratinnen nun primär aktiv werden könnten: als Auskunftsstelle, in der kommunalen Arbeit, in der Kinderfürsorge sowie in der Kranken- und Wöchnerinnenhilfe.

Die spezifischen Rahmenbedingungen der Kriegsgesellschaft übten wesentliche Wirkung auf die Haltung der Sozialdemokratie zur Wohlfahrtspolitik aus. Für viele SPD-Mitglieder ergaben sich

LUISE ZIETZ (1865–1922)

Luise Zietz gehörte im Kaiserreich zu den bekanntes-
ten Sozialdemokratinnen. Als Kind musste sie in der
Wollweberei des Vaters mitarbeiten, später erfuhr sie
als Dienstmädchen, Tabakarbeiterin und Kindergärtnerin die soziale Not der Arbeiterschaft. Sie engagierte
sich im *Verband der Fabrik-, Land- und gewerblichen
Hilfsarbeiter* in Hamburg. Aufgrund ihres rhetorischen
Talents trat sie bald reichsweit als Rednerin für
Frauenrechte und Kinderschutz in Erscheinung. Nach
Änderung des Vereinsrechts 1908 übernahm sie als »Referatsleiterin für
Frauenbewegung und staatsbürgerliche Frauenbildung« Führungsaufga-
ben in der SPD. Als erste Frau wurde sie in den Parteivorstand gewählt,
zudem schrieb sie regelmäßig Beiträge für die Zeitschrift *Die Gleichheit*
und weitere sozialdemokratische Publikationen. Aus Protest gegen den
Krieg trat sie 1917 zur Unabhängigen Sozialdemokratischen Partei (USPD)
über, für die sie als Vorstandsmitglied und Abgeordnete bis zu ihrem
plötzlichen Tod Anfang 1922 wirkte.

im Zuge des von Partei und Gewerkschaften mitgetragenen Burgfriedens neue Handlungsfelder und neue Möglichkeiten zur gesellschaftlichen Mitwirkung. Über ihre praktische Tätigkeit erfuhren
vor allem Sozialdemokratinnen eine Form von Integration in die
Kriegsgesellschaft, die ihnen neue Wege sozialer Teilhabe eröffnete.

Kinderfürsorge, Kranken- und Wöchnerinnenhilfe, aber auch
Arbeitsvermittlung und Lebensmittelverteilung markierten die
Bereiche, in die sich die Sozialdemokratinnen einbrachten. Auch
die Kinderschutzkommissionen, die sich mittlerweile in 252 Orten
des Deutschen Reiches befanden, setzten ihre Tätigkeit nach Kriegs-
beginn zunächst fort, erweiterten teilweise sogar ihren Tätigkeits-
bereich.[28] Über die entsprechenden Aktivitäten in Berlin heißt es:
»An bestimmten Sammelstellen fanden sich die Kinder zusammen. Opferfreudige Helferinnen, selber mit der Not des Lebens
kämpfend, widmeten sich den armen Kindern. Vom Spielen allein
wurden die Kinder aber nicht satt; man musste ihnen auch Essen
geben. Der Verein der Kindervolksküchen lieferte Mittagsmarken
und Milch, für das andere sorgte die Kinderschutzkommission. Die
Kinder fühlten sich bald heimisch. Der Andrang zu den Sammel-

Im Rahmen der Kriegsfürsorge wurden auch in vielen Städten Kindergärten eingerichtet, in denen Frauen aus der Arbeiterschaft die Betreuung übernahmen.

stellen wuchs. In letzter Zeit war die Anzahl der Kinder auf 3.000 in 21 Sammelstellen gewachsen.«[29]

Mit dem Kälteeinbruch im Winter 1914/15 war man jedoch gezwungen, eigenständige Fürsorgeangebote einzustellen, da die Kosten für Räumlichkeiten, Strom und Heizung nicht mehr aufgebracht werden konnten. Als dann mit zunehmender Dauer des Krieges immer mehr bedürftige Angehörige von verletzten oder gefallenen Soldaten zu versorgen waren, weitete sich das Feld der Wohlfahrtspolitik im Sinne einer Kriegswohlfahrtspflege nochmals deutlich aus.

Das Engagement der sozialdemokratischen Frauen erfolgte in der Regel aus eigener Initiative. Auch wenn reichsweit zum Teil erhebliche Unterschiede bestanden, erfolgte das Engagement ohne unmittelbare Rückbindung an den Parteiapparat der SPD. Dass ungeachtet aller Bereitschaft zur Kooperation Grundsatzpositionen aber nicht über Bord geworfen wurden, dokumentieren zahlreiche

Stellungnahmen, die in dieser Zeitphase zur Legitimation der Wohlfahrtsarbeit abgegeben wurden. So erklärte Luise Zietz: »Den größten Gewinn unseres Mitwirkens sehe ich jedoch in dem sittlichen Einfluß auf die Hilfesuchenden. Unermüdlich haben wir dieses wieder und wieder eingeprägt: ›Es ist kein Almosen, das ihr empfangt, sondern ein soziales Recht, das ihr in Anspruch nehmt.‹«[30]

Mit der Spaltung der SPD 1917 kam es zu verstärkten Diskussionen in der Arbeiterbewegung über die Haltung zur Wohlfahrtspflege. Zahlreiche sozialistische Aktivistinnen und auch die Mehrzahl der Kinderschutzkommissionen tendierten zur USPD; auch Luise Zietz wechselte zur USPD. Mit ihrem Ausscheiden aus der (M)SPD mussten Ämter und Funktionen neu besetzt werden. Das Frauensekretariat der SPD und die Leitung der Zeitschrift *Die Gleichheit* wurden Marie Juchacz übertragen, die insbesondere von Heinrich Schulz, dem Reichstagsabgeordneten und Geschäftsführer des zentralen Bildungsausschusses der Partei, protegiert und gefördert wurde.

MEDIEN

DIE GLEICHHEIT (1892–1923)

Im Januar 1892 erschien im Dietz Verlag die erste Ausgabe der Zeitschrift *Die Gleichheit. Zeitschrift für die Interessen der Arbeiterinnen*. Herausgegeben wurde sie von Clara Zetkin im Auftrag des SPD-Parteivorstands. *Die Gleichheit* wurde das wichtigste Medium der sozialdemokratischen Frauen, die sich in Kinderschutzkommissionen engagierten. Alle zwei Wochen berichtete sie über die soziale Situation von Arbeiterinnen und die politischen Programmpunkte der Sozialdemokratie. Im Ersten Weltkrieg diente sie anfangs als Sprachrohr der Kriegsgegner, bis 1917 Marie Juchacz und Heinrich Schulz mit der Herausgabe der Zeitschrift betraut wurden. Nun wurden auch erste Ideen zur Gründung einer Wohlfahrtsorganisation der SPD in ihren Spalten diskutiert. Seit der Gründung der Arbeiterwohlfahrt bildete *Die Gleichheit* das zentrale Organ für Berichte über Programmatik und Aufbautätigkeit. In der Inflation 1923 wurde die Zeitschrift eingestellt. Ihr Ende verstärkte den Ruf nach einer eigenen Fachzeitschrift für Wohlfahrtspflege – eine Forderung, die erst drei Jahre später mit der Herausgabe der *Arbeiterwohlfahrt* erfüllt werden konnte.

Heinrich Schulz war es auch, der im *Vorwärts*, dem *Central-Organ der Sozialdemokratie Deutschlands*, im August 1917 Vorschläge für eine sozialdemokratische Wohlfahrtspolitik in Friedenszeiten ausbreitete.[31] Schulz skizzierte einen Plan, um Frauen, die erst durch den Krieg in das Erwerbsleben gestoßen waren, eine berufliche Perspektive zu sichern. Die Partei müsse diese Situation für sich nutzen. Schulz nannte die Tätigkeit der bürgerlichen Wohltätigkeitsvereine und der konfessionellen Wohlfahrtsverbände als Vorbild: »In vielen, vielleicht in den meisten Einzelheiten werden wir uns in unserer Arbeit kaum von den bürgerlichen unterscheiden.« Er plädierte für den Aufbau von eigenen Einrichtungen und eine sorgfältige Finanzplanung, in die sowohl eigene Mittel, Beiträge von Staat und Gemeinden als auch Spenden von finanzstarken Unterstützern einfließen sollten. Als erste organisatorische Maßnahme schlug er vor, Ausschüsse aus interessierten Vertretern und Vertreterinnen von Partei und Gewerkschaften zu bilden, die sich in Form konzentrischer Kreise umeinander gruppieren sollten, um Schritt für Schritt das große Gebiet der Fürsorge für die Arbeiter zu erschließen. In diesem Vorschlag vom August 1917 waren bereits Gedanken enthalten, die dann zwei Jahre später bei der Gründung der Arbeiterwohlfahrt umgesetzt werden sollten.

BIOGRAFIE

HEINRICH SCHULZ (1872–1932)

Durch seine Tätigkeiten als Lehrer, Journalist und Reichstagsabgeordneter gewann der aus Bremen stammende Heinrich Schulz ein Profil als sozialdemokratischer Bildungspolitiker und Vordenker. Von 1906 bis 1919 leitete er den zentralen Bildungsausschuss der SPD. Beim Aufbau einer demokratischen Regierung nach 1918 war er als Geschäftsführer der Reichskanzlei ein wichtiger Verbindungsmann zwischen Friedrich Ebert und den verschiedenen Behörden und Ministerien. Durch seine Kontakte zu Marie Juchacz, mit der er in der Redaktion der *Gleichheit* zusammenarbeitete, war er unmittelbar in die Prozesse eingebunden, die zur Gründung der Arbeiterwohlfahrt führten. Als Staatssekretär im Reichsministerium des Innern und als Leiter der Kulturabteilung bereitete Schulz das Reichsjugendwohlfahrtsgesetz federführend vor.

In der Politik betrachteten Teile der SPD den Übergang vom Konstitutionalismus zur parlamentarischen Regierungsform bereits im November 1918 als erfolgreich vollzogen. Die Gewerkschaften sahen das Stinnes-Legien-Abkommen vom 15. November 1918, eine Vereinbarung zwischen Arbeitgeberverbänden und Gewerkschaften über künftige Formen formaler Interessenvertretung, als Fundament neuer sozialer Mitwirkungsmöglichkeiten. Und auch die Sozialdemokratinnen schienen ihren Platz in der Gesellschaft gefunden zu haben. Bereits mit fortschreitender Dauer des Weltkriegs waren die sozialdemokratischen Frauen immer stärker in die Wohlfahrtsarbeit hineingewachsen, die sie auch ein gutes Stück weit in den Staat integrierte. Auf lokaler Ebene wurde dies bisweilen sogar in Resolutionen festgehalten. So beschloss die bereits von der Parteispaltung in USPD und (M)SPD geprägte Sozialdemokratie in Bremen in seltener Einmütigkeit eine Mitarbeit in der künftigen Armenpflege nach dem Krieg.[32]

Als dann aber mit dem Ende des Weltkriegs und der Revolution die sozialen Nöte infolge von Nahrungsmittelmangel und Kriegsfolgen kaum geringer wurden, monierten Sozialdemokratinnen immer häufiger das Fehlen einer eigenen Organisation. Dies taten sie umso mehr, weil sich durch das Ende des Krieges für die SPD eine völlig neue Situation ergab. Sie war nun nicht nur an der Reichsregierung und an vielen Landesregierungen beteiligt, sondern hatte nun auch in zahlreichen Städten und Kommunen die Regierungsgewalt inne. In den Parlamenten, Kommissionen und Ausschüssen gab es einen rasant wachsenden Bedarf an qualifiziertem Personal. Dies wiederum erforderte eine rasche Qualifikation auch von Arbeiterinnen für die soziale Arbeit durch kurzfristige staatliche Bildungsangebote. Immer mehr Frauen meldeten sich nun in Parlamenten, Vereinen und Kommissionen selbstbewusst zu Wort und suchten aktiv nach Tätigkeitsfeldern.

Sozialdemokratische Ambivalenzen bei der Hilfe zur Selbsthilfe

Im Gründungsakt der Arbeiterwohlfahrt zum Jahresende 1919 spiegeln sich mehrere Ambivalenzen: Die Einrichtung eines sozialdemokratischen Wohlfahrtsverbands erfolgte vergleichsweise spontan und für Teile der Partei überraschend; der Gründungsakt war jedoch weder überraschend noch ohne Anknüpfungspunkte. Vielmehr stand er in Kontinuität zu verschiedenen organisatorischen und programmatischen Traditionslinien der sozialdemokratischen Arbeiterbewegung, so etwa zu den Selbsthilfevereinen und Unterstützungskassen des 19. Jahrhunderts, aber auch zu den Kinderschutzkommissionen und Naherholungsaktivitäten der ersten Dekaden des 20. Jahrhunderts. Neben den unmittelbaren Notlagen des Alltags, die ihren Ursprung in der vor allem durch die Industrialisierung hervorgerufenen sozialen Frage hatten, erwies sich auch die Ausnahmesituation des Ersten Weltkriegs als wichtige Triebkraft. Obwohl sich die SPD wiederholt und grundsätzlich gegen private Wohlfahrtsangebote ausgesprochen hatte, setzten sich in den Reihen der Sozialdemokratie Frauen vor Ort für pragmatische Hilfs- und Unterstützungsleistungen ein, in erster Linie für Kinder. Die von Sozialdemokratinnen angebotenen lokalen Ferienwanderungen und -freizeiten markieren damit neben dem Engagement in Kinderschutzkommissionen damit den Beginn wohlfahrtsstaatlicher Aktivitäten der Arbeiterbewegung, die im Ersten Weltkrieg dann auf andere Weise fortgesetzt wurden.

Ambivalenzen zeigen sich auch bei der Einordnung des Gründungsaktes durch die historische Forschung: Von Anneliese Monat ist in einer der ersten Arbeiten zur Geschichte der Arbeiterwohlfahrt das Engagement der Frauen als Ausdruck unmittelbarer Betroffenheit und verstärkter pragmatischer kommunalpolitischer Aktivitäten dargestellt worden.[33] In jüngeren Arbeiten ist der Einsatz der Frauen hingegen stärker als eine instrumentelle Dimension sozialdemokratischer Frauenpolitik interpretiert worden, die von Ute Gerhard als »Wohlfahrtsfeminismus« beziehungsweise als »feministischen Maternalismus« bezeichnet wird.[34] Dieser Sichtweise zufolge kam der Wohlfahrtspolitik gewissermaßen eine Vehikelfunktion zu, mit deren Hilfe Frauen im Sinne einer Selbstmobilisierung ihren eigenen Weg in die Politik fanden. Über die Wirkung, die seitens der sozialdemokratischen Frauenbewegung im Zusammenspiel mit der Gründung der Arbeiterwohlfahrt entfaltet wurde, liegen ebenfalls höchst unterschiedliche Einschätzungen vor: Während Christiane Eifert vor allem die »Grenzen des Politisierungsmodells für sozialdemokratische Frauen« betont,[35] verweisen andere auf den erheblichen Einfluss, den die Frauen auf die Entwicklung der städtischen Sozialpolitik beziehungsweise der Kommunalpolitik ausübten. Dazu zählte auch die Gleichberechtigung der Geschlechter.[36] Jenseits dieser Forschungskontroversen kann die Arbeiterwohlfahrt in ihrer Gründungsphase aber als soziale Bewegung charakterisiert werden, in der sozialdemokratische Frauen die spezifischen Gelegenheitsstrukturen von Kaiserreich und Weltkrieg nutzten, um im Zusammenspiel von Frauen- und Wohlfahrtspolitik kreativ und systematisch für bessere Daseinsbedingungen einzutreten.

Dass die SPD sich gegenüber den vorherrschenden Vorstellungen von Wohlfahrtspolitik zurückhaltend, vielfach sogar ablehnend verhielt, kann auf ideologische und politische Gründe zurückgeführt werden. Da der kapitalistische Staat nicht durch wohlfahrtsstaatliche Unterstützungsleistungen noch gestärkt werden sollte und die Sozialdemokratie die Verteilung von Almosen für willkürlich und würdelos hielt, lehnte man diese grundsätzlich ab. Stattdessen richtete die SPD den Blick stärker auf die Sozialpolitik und eine generelle Verbesserung der Lage der abhängig Beschäftigten. Trotz eines allmählichen Hineinwachsens der Arbeiterbewegung in das Feld der Wohlfahrtspflege blieb diese somit zunächst weitgehend dem Bürgertum vorbehalten. Erst als die Arbeiterbewegung nach der Revolution 1918/19 umfassenderen Einfluss auf die staatliche Politik nehmen konnte und die Wohlfahrtspolitik auf nationalstaatlicher Ebene in ihren Kompetenzen gestärkt wurde, engagierte sich die SPD stärker und sichtbarer in deren Ausgestaltung.

Im Rückblick wird sich hinsichtlich der Vorgeschichte der Arbeiterwohlfahrt vor allem der Frauen erinnert, die eine zentrale Rolle bei der Vorbereitung der Arbeiterwohlfahrt als Organisation innehatten.[37] Die Erinnerung weist mit Blick auf einzelne Persönlichkeiten allerdings unterschiedliche Ausprägungen auf: Marie Juchacz kommt angesichts ihrer Rolle beim Gründungsakt der Arbeiterwohlfahrt und als erste Frau, die in einem deutschen Parlament das Wort ergriff, sowohl im sozialdemokratischen als auch im wohlfahrtspolitischen Erinnerungsraum eine herausgehobene Rolle zu. Als Namensträgerin zahlreicher Kinder- und Seniorenzentren ist sie auch heute noch einem größeren Personenkreis bekannt und gilt als Symbolfigur der Arbeiterwohlfahrt. Demgegenüber ist ihre Vorgängerin als »Referatsleiterin für Frauenbewegung und staatsbürgerliche Frauenbildung«, die 14 Jahre ältere und bereits 1922 verstorbene Luise Zietz, die zeitgenössisch auch als »weiblicher [August] Bebel« bezeichnet wurde, aus dem heutigen Erinnerungskanon der Arbeiterwohlfahrt weitgehend verschwunden.

Quellen und Literatur

1 Sitzung des SPD-Parteiausschusses vom 13/14.12.1919, in: Dieter Dowe/Friedhelm Boll (Hrsg.): Protokolle der Sitzungen des Parteiausschusses der SPD 1912 bis 1921, Bd. II, Bonn 1980, S. 699–753, hier S. 742–744.

2 Vgl. Heinrich-August Winkler: Der Schein der Normalität. Arbeiter und Arbeiterbewegung in der Weimarer Republik 1924–1930, 2. Aufl. Berlin/Bonn 1988, S. 356 und Anneliese Monat: Sozialdemokratie und Wohlfahrtspflege. Ein Beitrag zur Entstehungsgeschichte der Arbeiterwohlfahrt, Stuttgart 1961.

3 Christiane Eifert: Frauenpolitik und Wohlfahrtspflege. Zur Geschichte der sozialdemokratischen »Arbeiterwohlfahrt«, Frankfurt am Main/New York 1993, S. 22 und Dietmar Niemann/Franz-Josef Göbel: Die Düsseldorfer Arbeiterwohlfahrt von ihren Ursprüngen bis zur Gegenwart. 1904–1980. Ein Beitrag zur Sozialgeschichte der Stadt Düsseldorf, Düsseldorf 1981, S. 13.

4 Vgl. grundlegend Gerhard A. Ritter: Der Sozialstaat. Entstehung und Entwicklung im internationalen Vergleich, München 1989; Christoph Sachße: Der Wohlfahrtsstaat in historischer und vergleichender Perspektive, in: Geschichte und Gesellschaft 19 (1990), S. 478–490; Wilfried Rudloff unter Mitarbeit von Gisela Rust-Schmöle (Bearb.): Aufbau und Differenzierung der Sozialpolitik seit Beginn des Neuen Kurses (1890-1904). 7. Bd.: Armenpflege und kommunale Wohlfahrtspolitik, Mainz 1916.

5 Gerhard A. Ritter (Hrsg.): Der Aufstieg der deutschen Arbeiterbewegung, Sozialdemokratie und Gewerkschaften im Parteiensystem und Sozialmilieu des Kaiserreichs, München 1990.

6 Vgl. Christoph Sachße/Florian Tennstedt (Hrsg.): Soziale Sicherheit und soziale Disziplinierung, Frankfurt am Main 1986.

7 Marie Juchacz: Die Arbeiterwohlfahrt 1919–1949. Herausgegeben aus Anlaß der 30. Wiederkehr des Gründungstages vom Hauptausschuss für Arbeiter-Wohlfahrt Hannover, o.O., o.J., [Hannover 1949], S. 6.

8 Wolfgang von Hippel: Armut, Unterschichten, Randgruppen in der frühen Neuzeit, München 1995.

9 Vgl. Peter Hammerschlag: Kommunale Selbstverwaltung und kommunale Sozialpolitik – ein historischer Überblick, in: Heinz-Jürgen Dahme/Norbert Wohlfahrt (Hrsg.): Handbuch Kommunale Sozialpolitik, Wiesbaden 2011, S. 21–40.

10 Vgl. Dieter Rebentisch: Die deutsche Sozialdemokratie und die kommunale Selbstverwaltung: Ein Überblick über Programmdiskussion und Organisationsproblematik 1890–1975, in: Archiv für Sozialgeschichte 25 (1985), S. 1–78.

11 Vgl. zur Biografie die Selbstdarstellung von Marie Juchacz in Fritzmichael Röhl: Marie Juchacz und die Arbeiterwohlfahrt, Hannover 1961 sowie AWO Bundesverband e.V. (Hrsg.): Marie Juchacz 1879–1956. Leben und Werk der Gründerin der Arbeiterwohlfahrt, Berlin 1979 und Lydia Struck: »Mir geht so vieles durch den Kopf und durchs Herz«. Marie Juchacz. Briefe und Gedanken zum Neuanfang der AWO, 2. Aufl., Berlin 2014.

12 Vgl. Christl Wickert: Von der Hausarbeit zur Sozialarbeit. Sozialdemokratische Frauenpolitik und »Arbeiterwohlfahrt« in Berlin 1919–1933, in: Gert-Joachim Glaessner/Detlef Lehnert/Klaus Sühl (Hrsg.): Studien zur Arbeiterbewegung und Arbeiterkultur in Berlin, Berlin 1989, S. 117–145.

13 Vgl. zum Hintergrund Annika Boentert: Kinderarbeit im Kaiserreich 1871–1914, Paderborn 2007.

14 Siehe L[o]uise Zietz: Kinderarbeit, Kinderschutz und die Kinderschutzkommissionen, Berlin 1912, S. 3–10.

15 Ebd., S. 51.

16 L[o]uise Zietz: Die Wirksamkeit des Kinderschutzgesetzes, in: Die Neue Zeit: Wochenschrift der deutschen Sozialdemokratie 18 (1906), S. 587–594, hier S. 588.

17 Vgl. Dieter Eckhardt/Hanna Eckhard: Selbsthilfe in Notzeiten. Die Entstehung der Arbeiterwohlfahrt Wiesbaden aus dem Elend der beiden Weltkriege, Wiesbaden 2009; Josef Mancal/Heinz Münzenrieder: Freie Wohlfahrtspflege vor Ort. 70 Jahre Arbeiterwohlfahrt Bezirksverband Schwaben 1927–1997, Augsburg 1997; Dietmar Niemann/Franz-Josef Göbel: Die Düsseldorfer Arbeiterwohlfahrt von ihren Ursprüngen bis zur Gegenwart, 1904–1980. Ein Beitrag zur Sozialgeschichte der Stadt Düsseldorf, Düsseldorf 1981.

18 Vgl. Hanna Eckhardt/Dieter Eckhardt: Meta Quarck-Hammerschlag. Eine Biographie, Frankfurt am Main 2015, S. 115–129.

19 Volksfreund (Braunschweig) vom 7.7.1913.

20 Maria Juchacz/Johanna Heymann: Die Arbeiterwohlfahrt. Voraussetzungen und Entwicklungen, Berlin [1924], S. 13

21 Vgl. Walter Friedländer: Helene Simon. Ein Leben für soziale Gerechtigkeit, Bonn 1962.

22 Vgl. mit Blick auf die Arbeiterwohlfahrt grundlegend Wolfgang C. Müller: Wohlfahrtsstaat und Sozialdemokratie. Bemerkungen zur Geschichte der Arbeiterwohlfahrt in der ersten deutschen Republik, Heidelberg 1992; Heinz Niedrig: Arbeiterwohlfahrt. Verband für Soziale Arbeit – Geschichte, Selbstverständnis, Arbeitsfelder, Daten, Wiesbaden 1987.

23 Eifert: Frauenpolitik und Wohlfahrtspflege, S. 15.

24 Vgl. Wilfried Rudloff: Die Wohlfahrtsstadt. Kommunale Ernährungs-, Fürsorge- und Wohnungspolitik am Beispiel Münchens 1910–1933, Göttingen 1998, S. 171 ff.

25 Vgl. hierfür und das Folgende: Christoph Sachße/Florian Tennstedt: Geschichte der Armenfürsorge in Deutschland, Bd. 2, Fürsorge und Wohlfahrtspflege 1871 bis 1929, Stuttgart 1988, S. 46ff.

26 Vgl. Hans-Ulrich Thamer/Jochen-Christoph Kaiser: Kommunale Wohlfahrtspolitik zwischen 1918 und 1933 im Vergleich (Frankfurt, Leipzig, Nürnberg), in: Jürgen Reulecke (Hrsg.): Die Stadt als Dienstleistungszentrum. Beiträge zur Geschichte der »Sozialstadt« in Deutschland im 19. und frühen 20. Jahrhundert, St. Katharinen 1995, S. 325–370.

27 Zit. nach: Die Gleichheit vom 28.8.1914.

28 Vgl. Vorwärts vom 15.8.1914.

29 Vorwärts vom 18.10.1914.

30 L[o]uise Zietz: Die sozialdemokratischen Frauen und der Krieg, Stuttgart 1915, S. 6.

31 Heinrich Schulz: Die Erziehungsaufgaben der Arbeiterbewegung, in: Vorwärts vom 19.8.1917, Beilage »Sonntag«.

32 Vgl. Jürgen Blandow: Von Friedrich Ebert bis Ella Ehlers. Die Vorgeschichte und Geschichte der bremischen Arbeiterwohlfahrt, Bremen [1995], S. 20.

33 Vgl. Monat: Sozialdemokratie und Wohlfahrtspflege.

34 So Ute Gerhard: Frauenbewegung und Feminismus: Eine Geschichte seit 1789, München 2009.

35 Siehe Eifert: Frauenpolitik und Wohlfahrtspflege, S. 228.

36 So Florian Tennstedt: Die Spitzenverbände der Freien Wohlfahrtspflege im dualen Wohlfahrtsstaat. Ein historischer Rückblick auf die Entwicklung in Deutschland, in: Soziale Arbeit 41 (1992), H. 10/11, S. 342–356 und zuletzt Rotraut Hammer-Sohns: Frauen in kommunaler Wohlfahrts- und Sozialpolitik: Biografische Wirkungspotenziale an der Basis von SPD und AWO (1920–2014), Diss. Univ. Hildesheim 2019.

37 Siehe etwa Andrea Brinckmann: Arbeiterwohlfahrt in Hamburg. Eine Idee setzt sich durch – exemplarisch dargestellt an bedeutsamen Frauen der AWO, Hamburg 2015.

WOHLFAHRTSSCHULE
DES HAUPTAUSSCHUSSES
FÜR ARBEITERWOHLFAHRT

Durch die Gründung einer eigenen Wohlfahrtsschule in Berlin stärkte die Arbeiterwohlfahrt ihr professionelles Profil auf dem Gebiet der sozialen Arbeit.

3

ENGAGEMENT FÜR DEN AUFBAU UND RINGEN UM ANERKENNUNG

Die Etablierung der Organisation
in den Jahren 1919 bis 1932

Wir fühlen uns jung als Arbeiterwohlfahrt. Und trotzdem haben wir stets das Bewußtsein, bei unserer Arbeit recht erfahren zu sein. [...] Wir wissen, daß wir unsere Ideen aus der Arbeiterbewegung geschöpft haben, daß die Idee, wie sie in der Arbeiterwohlfahrt ihren Ausdruck findet, seit langem – ja schon immer in der modernen Arbeiterbewegung lebendig ist. [...] Die Arbeiterwohlfahrt ist so, wie sie sich Ihnen heute nach zehn Jahren ihres Bestehens vorstellt, ganz das Kind der neuen Zeit. Wie wir heute sind, was wir sind – können wir nur sein in der demokratischen Republik. Erst im demokratischen Staat konnten wir die Kräfte entfalten, die am Ausbau des Wohlfahrtsstaates mitarbeiten wollen und können, die auch erst im neuen Staat gefördert werden. [...] Zehn Jahre haben genügt, um eine große Reichsorganisation zu gründen, zu festigen, auszubauen. Die Arbeiterwohlfahrt hat heute in jeder größeren, fast in jeder mittleren Stadt und in vielen Landkreisen ihre Unterorganisationen. Zehntausende von Helfern und Helferinnen stehen im Dienst ihrer Ideen. Die öffentliche Wohlfahrtspflege braucht heute nicht nur einen gut ausgebauten Verwaltungsapparat. Sie ist angewiesen auf die Hilfe aus der Bevölkerung. Die Arbeiterwohlfahrt schult in Theorie und Praxis ihre Helfer dauernd und intensiv für diesen Dienst. [...] Alle Einrichtungen, die wir in diesen zehn Jahren geschaffen haben, Kinderheime, Ausbau der örtlichen Kindererholung, Nähstuben, Beratungsstellen, Heilstätten, Heimstätten für Erwachsene und Heilstätten für Kinder, Einrichtungen der Berufserziehung, die eigene Wohlfahrtsschule und eine Zeitung, sie sind uns neben ihrer Zweckbestimmung zu gleicher Zeit Mittel zum Schulungszweck.[1]

Zum Jahresbeginn 1930 konnte die Arbeiterwohlfahrt auf ein beachtliches Wachstum in den ersten zehn Jahren ihrer Geschichte zurückblicken. Wie Marie Juchacz in ihrer Rede während der großen Feierstunde im Plenarsaal des Preußischen Staatsrates hervorhob, waren insbesondere vier Faktoren für den Aufbauerfolg ausschlaggebend: 1. Die Traditionen der Arbeiterbewegung, 2. die günstigen politischen Rahmenbedingungen, 3. der Einsatz der ehrenamtlichen Helferinnen und Helfer sowie 4. die Flexibilität und die Lernbereitschaft der gesamten Organisation. Eine weitere Besonderheit fällt ins Auge, wenn man das Foto betrachtet, das die versammelten Gäste aus dem In- und Ausland bei diesem Festakt

zeigt: Die Sitzreihen waren an diesem Tag mehrheitlich von Sozial-demokratinnen besetzt. Zehn Jahre zuvor, als Frauen in Deutschland mit der Einführung des Wahlrechts gerade erst die Möglichkeit zur gleichberechtigten Teilnahme am demokratischen Prozess erhalten hatten, wäre dies noch undenkbar gewesen. Und selbst im beweg-ten demokratischen Alltag der Weimarer Republik waren politisch engagierte Arbeiterinnen eher eine Seltenheit. In der Arbeiterwohl-fahrt stellten sie jedoch mit über 60 Prozent eindeutig die Mehrheit.

Feier zum 10-jährigen Jubiläum der Arbeiterwohl-fahrt im Plenar-saal des Preußi-schen Staats-rates in Berlin.

Neben der Vorsitzenden Marie Juchacz hatte sich eine ganze Reihe von Sozialdemokratinnen auf regionaler Ebene als Fürsor-gerinnen einen Namen gemacht. Sie bildeten das unverzichtbare Gerüst, ohne das der Aufbau einer tragfähigen Struktur nicht ge-lungen wäre. Starke Persönlichkeiten wie Minna Todenhagen in Berlin, Louise Schroeder in Hamburg-Altona, Marie Ansorge im niederschlesischen Waldenburg, Elisabeth (Kirschmann-)Röhl (die Schwester von Marie Juchacz) in Köln, Elisabeth Frerichs in Olden-burg, Meta Quarck-Hammerschlag in Frankfurt am Main oder Anna Blos in Stuttgart nutzten und gestalteten als Sozialpolitikerinnen die Handlungsspielräume, die ihnen die Weimarer Reichsverfassung er-öffnete. Hinzu kamen Vordenkerinnen wie Henriette Fürth, Helene

Simon, Dorothea Hirschfeld, Siddy Wronsky oder Hedwig Wachenheim, die in Aufsätzen, Broschüren und Vorträgen Konzeptionen und wissenschaftliche Debatten der Sozialen Arbeit erörterten. Sie stehen stellvertretend für viele. Das Fundament der Arbeiterwohlfahrt bildeten die unzähligen heute kaum mehr namentlich bekannten SPD-Mitglieder und Helferinnen, die sich nun in den neugegründeten Ortsausschüssen für Arbeiterwohlfahrt engagierten.

BIOGRAFIE

ELISABETH FRERICHS (1883–1967)

Die Arbeiterwohlfahrt im Nordwesten wurde über Jahrzehnte von Elisabeth Frerichs geprägt. Aufgewachsen im Harz, zog sie mit ihrem ersten Mann 1904 nach Kiel und 1914 weiter nach Wilhelmshaven. Ihre politische Karriere begann 1917 mit dem Eintritt in die SPD. Der Bezirksvorstand übertrug ihr als Frauenreferentin den Aufbau der Arbeiterwohlfahrt in Wilhelmshaven und Rüstringen. Bis 1933 war sie Vorsitzende des Bezirksausschusses Oldenburg-Ostfriesland Osnabrück. Nach der Machtübernahme der Nationalsozialisten wurde sie verfolgt, ihr zweiter Mann Friedrich Frerichs wurde 1944 verhaftet und starb kurz darauf. Nach 1945 engagierte sie sich für den Wiederaufbau von Partei und Arbeiterwohlfahrt. Bis 1959 übernahm sie parallel zu ihren parlamentarischen Mandaten das Amt als Vorsitzende des neuen Bezirks Weser-Ems.

Dass Frauen eine so bedeutende Rolle in der sozialdemokratischen Wohlfahrtspflege einnahmen, lag auch daran, dass sie sich zunächst in Bereichen engagierten, die ihnen im Rahmen der damaligen familiär-sozialen Rollenteilung näher lagen. Zugleich war das Feld der Wohlfahrtspolitik innerhalb der Partei noch weitgehend unbestellt. Viele männliche Mitglieder sahen Kinderbetreuung, Nähstuben, die Verteilung von Hilfsgütern, die Begrüßung von Kriegsheimkehrern oder Suppenküchen und Wärmestuben als politisch eher unbedeutend an. Daher überließen sie den Frauen bereitwillig diese Bereiche, solange sie mit wenig Prestige verbunden waren. Trotzdem war die Arbeiterwohlfahrt keine reine Frauenorganisation, sondern stark durch die lokalen Gegebenheiten geprägt. Mit Louis Korell in Hamburg, Max Pinkert in Dresden, Richard Böhlert in Leipzig, Friedrich Feldmann in Hannover, Robert Görlinger in Köln oder Clemens Högg in Augsburg waren es in einigen Regionen durchaus auch Männer, die die Leitung der Organisation von Anfang an in die Hand nahmen. Und bei der Herausbildung des fachlichen Profils erwiesen sich die sozialistischen Ärzte Julius Moses, Alfred Grotjahn und Raphael Silberstein sowie die jugend- und wohlfahrtspolitischen Experten Hans Maier, Johann (Hans) Caspari und Walter Friedländer als einflussreiche Ideengeber.

Es gab Bezirke wie Ostpreußen, wo fast ausschließlich Frauen mitwirkten, und wie Pommern, Oldenburg, Hessen-Kassel oder Württemberg, in denen sie eindeutig dominierten. In anderen Regionen, wie zum Beispiel Berlin, Dresden, Chemnitz, Brandenburg oder Hannover, waren Männer in der Überzahl.[2] Insgesamt präsentierte sich die Arbeiterwohlfahrt in der Weimarer Republik als vielschichtige Organisation, in der Männer und Frauen aus ganz unterschiedlichen Bereichen solidarisch zusammenarbeiteten. Wenn es beispielsweise eine sozialdemokratische Verankerung in den Kommunen gab, begegneten sich in den Ortsausschüssen für Arbeiterwohlfahrt Reichstags- und Landtagsabgeordnete, Stadt- und Gemeindevertreterinnen, Bürgermeister, Stadt- und Landräte, Beschäftigte von Jugend- und Wohlfahrtsämtern, Angestellte von Partei, Gewerkschaften und Krankenkassen, Armen- und Waisenpfleger, Sozialarbeiterinnen und Vertreter der Wohlfahrts- beziehungsweise Fürsorgeausschüsse.

Kriegsfolgen und Demokratiegründung

In den revolutionären Umbrüchen seit November 1918, die den Sturz der Monarchie erreichten und der parlamentarischen Republik den Weg bereiteten, hatte sich die Sozialdemokratie trotz manch heftiger Konflikte als eine der führenden Parteien im neuen demokratischen Staat behauptet. Mit dieser ungewohnten gesellschaftlichen Verantwortung musste sie sich den zahlreichen politischen und sozialen Herausforderungen stellen, die die industrielle Modernisierung, das untergegangene Kaiserreich und der Erste Weltkrieg hinterlassen hatten.

Die sozialpolitischen Probleme waren gewaltig: In einer Situation des Zusammenbruchs, angesichts noch unklarer Machtverhältnisse, musste das Überleben im Alltag bewerkstelligt werden. Die über 1,5 Millionen Kriegsversehrten benötigen besondere Betreuungs- und Versorgungsangebote, ebenso die Hinterbliebenen von gefallenen Soldaten. Daneben gab es auf deutschem Reichsgebiet rund zwei Millionen Kriegsgefangene und Zwangsarbeiter, die ebenfalls versorgt werden mussten. Die gesamte deutsche Wirtschaft musste wieder von der Kriegsmobilisierung auf eine Produktion für Friedenszeiten umgestellt werden. Dabei galt es, den sechs Millionen heimkehrenden Soldaten eine Integration in ein ziviles Nachkriegsleben zu ermöglichen. Außerdem drohten hohe Reparationsforderungen der Alliierten, um der deutschen Verantwortung beim Kriegsausbruch Rechnung zu tragen.

BIOGRAFIE

HEDWIG WACHENHEIM (1891–1969)

Hedwig Wachenheim gehörte zu den Führungspersonen der Arbeiterwohlfahrt. Sie stammte aus einer wohlhabenden Mannheimer Familie. Ab 1912 studierte sie an der Sozialen Frauenschule von Alice Salomon in Berlin. Während des Ersten Weltkriegs wurde sie im *Nationalen Frauendienst* aktiv. Im Rahmen der Kriegsfürsorge leitete sie bis 1919 die Milchversorgung in Berlin, anschließend war sie für die *Reichszentrale für Heimatdienst* und die Filmprüfstelle tätig. Sie gehörte dem Hauptausschuss für Arbeiterwohlfahrt an. Als Leiterin der Wohlfahrtsschule und Schriftleiterin der Zeitschrift *Arbeiterwohlfahrt* prägte sie die Bildungsarbeit. Sie emigrierte 1933 und wurde 1938 US-Staatsbürgerin. Nach Kriegsende kehrte sie als Expertin für Wohlfahrtsfragen der US-Militärregierung für einige Jahre nach Deutschland zurück.

Um diese Hinterlassenschaften des Ersten Weltkriegs zu bewältigen und das neue Staatswesen zu stabilisieren, das nur wenige überzeugte Unterstützer, dafür aber sehr viele Kritiker und Gegner hatte, benötigte es ein rechtliches Fundament und eine sozialstaatliche Unterfütterung. Die alten Eliten, die aus ihrer Abneigung gegen die Demokratie keinen Hehl machten, konnten kaum als verlässliche Stützen der Weimarer Republik angesehen werden. Aber auch aufseiten der Linken gab es Vorbehalte gegen den fragilen Machtkompromiss mit den alten Eliten. In vielen Bereichen, insbesondere in der Arbeitswelt und hinsichtlich der demokratischen Beteiligungsmöglichkeiten, erschienen von der Rätebewegung ausgehend weitergehende soziale und demokratische Reformen durchsetzbar. Unter diesen schwierigen Voraussetzungen war die Weimarer Reichsverfassung, die im August 1919 in Kraft trat, ein Meilenstein in der Entwicklung eines demokratischen und sozialen Rechtsstaats. Der Einfluss der Sozialdemokratie kam insbesondere in weitreichenden Formulierungen zum Arbeitsrecht, zur Tarifpartnerschaft und zu den Sozialversicherungen, zur Sozialbindung des Eigentums sowie bei den sozialen Grundrechten und politischen Partizipationsmöglichkeiten zum Tragen.[3]

Auf dem Gebiet der Wohlfahrtspflege hatten das Reich sowie einzelne Länder und Kommunen vielversprechende Ansätze geschaffen, die im Einklang mit der sozialdemokratischen Programmatik standen. Größere Städte wie Berlin, Frankfurt am Main, Braunschweig oder Magdeburg hatten noch während des Krieges Jugend- oder Wohlfahrtsämter eingerichtet. Sie übernahmen eine wichtige koordinierende Rolle für die öffentliche Fürsorge vor Ort. Sozialdemokratisch (mit-)regierte Länder wie Sachsen, Württemberg, Lübeck, Lippe oder Hamburg beschlossen ab 1918 eigene Wohlfahrtsgesetze, die Reichsregierung bereitete gleichzeitig Rahmengesetze für die Jugendpflege, für Kriegsheimkehrer, für Erwerbslose und für weitere Bereiche der Fürsorge vor, getragen von der breiten Überzeugung, dass die traditionelle Armenpflege den sozialen Anforderungen der modernen Industriegesellschaft nicht mehr gerecht werden konnte.[4]

Die Gründung des Hauptausschusses im Dezember 1919

Vor diesem Hintergrund hatte sich innerhalb der SPD-Führung allmählich die Überzeugung durchgesetzt, dass eine Bündelung der eigenen Strukturen und Aktivitäten auf dem Gebiet der Wohlfahrtspflege sinnvoll sein könnte, um die eigenen gesellschaftlichen Vor-

Unter ersten den weiblichen Reichstagsabgeordneten der SPD waren viele, die parallel auch in der Arbeiterwohlfahrt aktiv wurden.

stellungen wirkungsvoller politisch zu verankern. Zunächst galt es jedoch Vorbehalte zu überwinden. Auch wenn die Partei an ihrer skeptisch-distanzierten Haltung gegenüber der privaten Wohltätigkeit noch lange festhielt, hatten zahlreiche sozialdemokratische Akteure die Bedeutung dieses Politikfelds früh erkannt. Moritz Schlesinger, Heinrich Schulz, Johann Caspari und Marie Juchacz, die auf diesem Gebiet schon praktische Erfahrungen gesammelt hatten, warben bei den Parteivorsitzenden Otto Wels und Hermann Müller sowie bei Carl Legien, dem Vorsitzenden des *Allgemeinen Deutschen Gewerkschaftsbundes* (ADGB), um Zustimmung zu ihren Plänen. Neben allgemeinen politischen waren auch ganz konkrete praktische Erwägungen nicht unwichtig: Als Partei konnte die SPD keine staatlichen Zuschüsse für Wohlfahrtsaktivitäten erhalten. Sie musste auch aus diesem Grund eine eigenständige Struktur etablieren, die sich auf diesen weitgefächerten Bereich konzentrierte. Als organisatorisches Vorbild dienten die kirchlichen Verbände und bestehende karitative Vereine, deren gesellschaftliche Bedeutung in der Nachkriegssituation offenkundig war. Außerdem signalisierten Hilfsorganisationen aus dem Ausland, dass sie einer demokratischen Wohlfahrtsorganisation Lebensmittelspenden (»Liebesgaben«) und Ferienplätze für bedürftige Kinder zur Verfügung stellen würden, während das *Deutsche Rote Kreuz* (DRK) aufgrund seiner engen Bindungen an die Monarchie sehr kritisch gesehen wurde. Zu guter Letzt hatte Moritz Schlesinger als stellvertretender Leiter der *Reichszentralstelle für Kriegs- und Zivilgefangene* eine informelle Schlüsselstellung inne, um mit einem getarnten Vorschuss den Aufbau eigener Einrichtungen der Arbeiterwohlfahrt zu finanzieren.[5] Das beharrliche Werben für eine neue Ausrichtung der Wohlfahrtspolitik, aber auch die veränderten Machtverhältnisse hatten dazu beigetragen, dass sich auf der entscheidenden Sitzung des SPD-Parteiausschusses am 13. und 14. Dezember 1919, auf der die Gründung der Arbeiterwohlfahrt offiziell beschlossen wurde, großer Konsens hinsichtlich der Frage einer eigenen Wohlfahrtsorganisation zeigte. Die versammelten Vertreter und Vertreterinnen der Bezirke sprachen sich einmütig für den Vorschlag des Parteivorstands aus, die »Sozialdemokratische Wohlfahrtspflege« organisatorisch zu festigen. Die SPD war auch deshalb unter Zugzwang, weil die *Unabhängige Sozialistische Partei Deutschlands* (USPD) in Berlin und an einigen weiteren Orten die alten Kinderschutzkommissionen wiederbelebt hatte. Der spätere Name *Hauptausschuss für Arbeiterwohlfahrt* fiel jedoch noch nicht. In den einleitenden Bemerkungen von Marie Juchacz, die als Vorsitzende auserkoren worden war, wurden aber bereits die wesentlichen Merkmale der späteren Organisation skizziert: »Ich schlage vor, daß wir zunächst eine Zentralinstanz schaffen, einen Ausschuß, und daß wir dann im Rahmen unserer Bezirke Landes- und örtliche Organisationen, Wohlfahrtsausschüsse, bilden, zu denen wir alle die Personen hinzuziehen, die in der Wohlfahrtspflege tätig sind, in der kommunalen Wohlfahrtspflege oder in den verschiedenen halbamtlichen und amtlichen Wohlfahrtsvereinen. Ich bitte Sie, in den nächsten Tagen schon zur Gründung solcher Wohlfahrtsausschüsse der Partei zu schreiten.«[6] Marie Juchacz warb für eine Einbeziehung der Gewerkschaften und eine offizielle Anmeldung bei den regionalen Behörden. Dank der Fürsprache prominenter Vertreter des Parteivorstands wie Hermann Molkenbuhr, Heinrich Schulz, Elfriede Ryneck und Paul

Löbe fielen vereinzelte skeptische Stimmen wie die des Lübecker Senators William Bromme, der aufgrund der starken kommunalen Verankerung eine zusätzliche sozialdemokratische Struktur als überflüssig erachtete, nicht ins Gewicht.

Programmatisch trat die Arbeiterwohlfahrt in den Weimarer Jahren für eine »Demokratisierung der Wohlfahrtspflege« ein.[7] Die Verantwortung des Staates für den sozialen Zusammenhalt des Gemeinwesens sollte sich in einem öffentlichen Fürsorgesystem manifestieren. Hierfür waren zum einen die rechtliche Ausgestaltung des Wohlfahrtssystems und der damit einhergehende Rechtsanspruch auf soziale Leistungen, zum anderen die tatsächliche Bereitstellung entsprechender Angebote und Einrichtungen unter staatlicher Kontrolle und möglichst in öffentlicher Trägerschaft entscheidende Voraussetzungen. Um in diesem Sinne tätig zu werden, mussten insbesondere der Hauptausschuss und die entsprechenden Fachkommissionen ihren Einfluss innerhalb des parlamentarischen Gesetzgebungsprozesses und nach Möglichkeit auch direkt in den zuständigen Ministerien und Kommissionen geltend machen.

Ausbreitung in den Regionen

Nachdem die Parteispitze den Vorschlag zur Gründung einer sozialdemokratischen Wohlfahrtsorganisation gebilligt hatte, musste die Idee in der Partei verbreitet werden. Dies geschah nicht etwa über eine zentrale Pressemeldung, die ein großes Medienecho nach sich zog. Nein, die Anfänge sollten ganz bewusst bescheiden ausfallen, die Organisation musste erst einmal gefestigt werden, bevor man an das Licht einer breiteren Öffentlichkeit treten wollte. Am 30. Dezember 1919 wurden die SPD-Bezirke zunächst mit einem Rundschreiben über die Einrichtung des zentralen Ausschusses informiert, der die Aktivitäten auf dem Gebiet der Wohlfahrtspflege bündeln werde. Auf lokalen und regionalen Versammlungen berichteten die gewählten Vertreter des Parteiausschusses oder Abgeordnete über den Beschluss und riefen zur Gründung von Ortsausschüssen auf. Viele der Zusammenschlüsse, die nun vor Ort

entstanden und über deren Existenz die parteinahe Lokalpresse eher am Rande berichtete, beruhten auf bestehenden Strukturen, etwa auf den Kinderschutzkommissionen oder auf sozialdemokratisch geprägten Fürsorgevereinen.

In Stuttgart war man noch im Dezember 1919 zur Tat geschritten: Auf der Gründungsversammlung des *Vereins Arbeiterjugendhilfe Stuttgart und Umgebung* waren 23 Genossinnen und Genossen im Metallarbeiterheim anwesend, die eine Satzung verabschiedeten und einen siebenköpfigen Vorstand wählten.[8] Im Februar 1920 wurde dem Württembergischen Arbeitsministerium bereits ein »Bezirksausschuss für Arbeiterwohlfahrt« mit neun Personen gemeldet, im Juli 1920 erfolgte die Umbenennung zum »Landesausschuss für Arbeiterwohlfahrt«.[9] Die Gründung in Düsseldorf erfolgte Ende Januar 1920 unter dem vorläufigen Namen »Sozialdemokratische Wohlfahrtspflege«.[10] In Hamburg bildete sich im Februar 1920 mit dem *Hamburger Ausschuss für soziale Fürsorge* ein eingetragener Verein, der in den nächsten Jahren eine ganze Reihe eigener Einrichtungen ins Leben rief. Ein weiterer Verein »Sozialdemokratische Wohlfahrtspflege« bestand seit dem 17. Januar 1920

Louise Schroeder besucht den Ortsausschuss Rendsburg, um sich ein Bild von den regionalen Entwicklungen in Schleswig-Holstein zu machen.

im angrenzenden Altona, das zur preußischen Provinz Schleswig-Holstein gehörte.[11] Der übergeordnete Bezirksausschuss wurde im November 1920 in Kiel ins Leben gerufen.

Köln in der preußischen Provinz Oberrhein gehörte ebenfalls zu den Städten, die frühzeitig, am 14. Februar 1920, einen Ortsausschuss und einen Bezirksausschuss bildeten. Bekannte Mitglieder der ersten Stunde waren der spätere Bundesvorsitzende Robert Görlinger sowie die Reichstagsabgeordnete Elisabeth (Kirschmann-)Röhl. Mitte 1920 gehörten ihm schon über 100 registrierte Mitglieder an, die einen jährlichen Beitrag von drei Mark entrichteten.[12] In Berlin bildete sich am 16. Februar 1920 ein »Ausschuss für Arbeiterwohlfahrt«, der wiederum einen Bezirksausschuss wählte, dem unter anderem Minna Todenhagen und Hedwig Wachenheim angehörten.[13] Eine der ersten Aktionen war eine Unterstützung von bedürftigen Familien im Erzgebirge, die dank einer durch Adele Schreiber (-Krieger) vermittelten großen Spende der *Vereinigung für Kinderhilfe* von 100.000 Mark möglich wurde. Einen Monat lang erhielten 875 Kinder aus 30 Orten täglich einen halben Liter Milch.[14] In der sächsischen Bergbauregion herrschten Hunger und Armut. Mit der Hilfe aus Berlin bildeten sich hier im ersten Quartal 1920 Ortsausschüsse und ein Bezirksausschuss, die sowohl Kinderheime als auch die Ausgabe von Hilfsgütern dänischer Genossen organisierten.[15]

An den aufgeführten Beispielen wird deutlich, dass sich der Name »Arbeiterwohlfahrt« erst allmählich etablierte. Bis Mitte 1920 hatte er sich jedoch flächendeckend durchgesetzt. 1921 zählte die Organisation reichsweit schon 300 Ortsausschüsse in 28 Bezirken, drei Jahre später hatte sich die Zahl auf 1.260 vervierfacht.[16] 1932 existierten 35 Bezirke mit insgesamt 2.600 Ortsausschüssen, die ein engmaschiges Netz im gesamten Reich bildeten.[17] Neben bekannten Hochburgen wie Sachsen und Berlin gab es selbst in der Bergbauregion des Saarlands Ende der 1920er Jahre über 100 Ortsausschüsse! Und auch in Ostpreußen, im polnischen Ost-Oberschlesien und im Freistaat Danzig war die Arbeiterwohlfahrt aktiv.

Ab Juni 1920 erschien in der *Gleichheit*, der Zeitschrift der sozialdemokratischen Frauen, eine Serie von Artikeln aus der Feder von Marie Juchacz und der ersten Geschäftsführerin Johanna Heymann. Sie berichteten über die Gründung der Arbeiterwohlfahrt, den

strukturellen Aufbau und die Richtlinien des Verbands und schilderten Erfolgsbeispiele aus den Regionen. In den Beiträgen wurden sechs zentrale Handlungsfelder umrissen, denen sich die Arbeiterwohlfahrt zukünftig widmen wolle, um in der Wohlfahrtspflege »die soziale Auffassung der Arbeiterschaft durchzusetzen.« Von besonderer Bedeutung seien: »1. Zusammenfassung aller in der Wohlfahrtspflege tätigen Frauen und Männer, 2. Die Gewinnung neuer Kräfte, 3. Die Schulung der bereits tätigen und der neu herangezogenen Kräfte, 4. Stellungnahme zu allen Fragen der Wohlfahrtspflege in der Öffentlichkeit und ihre wissenschaftliche Durcharbeitung, 5. die Wahrnehmung der Interessen der Arbeiter bei der Besetzung von Stellen und bei der Vermittlung ehrenamtlicher Hilfskräfte für die öffentliche Wohlfahrtspflege, 6. Die Vertretung der Arbeiter-

Das erste Logo der Arbeiterwohlfahrt: ein Herz mit der Abkürzung AW.

schaft bei den Behörden des Reiches, der Länder und der Selbstverwaltungskörper, bei Zusammenschlüssen der Wohlfahrtsorganisationen sowie der Zusammenarbeit mit gleichartigen Organisationen.«[18]

Wie die oben genannten Beispiele aus einzelnen Regionen Deutschlands zeigen, starteten die Akteure beim Aufbau eigener Strukturen von spezifischen lokalen Gegebenheiten. Es gab dabei unterschiedliche Auffassungen, wer als »Mitarbeiter« oder »Mitglied« galt. In einigen Städten, zum Beispiel Köln, Nürnberg und Hamburg, wurden zur Finanzierung zu einem frühen Zeitpunkt schon Beiträge eingeführt, bei denen differenziert wurde zwischen Einzelmitgliedschaften und korporativen Unterstützern, etwa lokale Gewerkschaftsgliederungen, Kulturorganisationen aus der Arbeiterbewegung oder Konsumvereine. Als unverzichtbar erwies es sich, bei den zuständigen Behörden offiziell als Wohlfahrtsorganisation registriert zu sein. In Bayern mussten die Ortsausschüsse bereits als eingetragene Vereine existieren, bevor sie ihre Tätigkeit aufnahmen.

Die ersten Jahre waren eine Zeit der Erprobung, des Ringens um Akzeptanz und des Aufbaus einer reichsweiten Struktur. Mit Blick auf die bestehenden Wohlfahrtsorganisationen und die öffentlichen Fürsorgeinstitutionen musste die Arbeiterwohlfahrt um Gleichbehandlung bei der Vertretung in Gremien und der Zuteilung von Geldern ringen. Gleichzeitig musste sie praktisch unter Beweis stellen, dass sie trotz ihrer Bindung an die SPD keine politischen, sondern primär gemeinnützige, soziale Ziele verfolgte. Innerhalb der Sozialdemokratie war hingegen eine ganz andere Bewährungsprobe zu bestehen: Hier musste die Arbeiterwohlfahrt angesichts einer Vielzahl bestehender Unterorganisationen und parlamentarischer Mandate auf lokaler Ebene davon überzeugen, dass sie gebraucht wurde und keine Zersplitterung der Kräfte bewirke. Insbesondere in Kommunen mit sozialdemokratischen Mehrheiten traf Marie Juchacz' Idee auch auf Skepsis und Ablehnung: Wenn die SPD alle wichtigen Ausschüsse und Kommissionen dominierte, wozu brauchte es dann eine eigene Wohlfahrtsorganisation? Ein großer

BIOGRAFIE

MARIE ANSORGE (1880–1955)

Im niederschlesischen Steinkohlerevier um Walden-burg gehörte Marie Ansorge zu den exponiertesten Sozialdemokratinnen. Sie schrieb für die *Schlesische Volkswacht*, engagierte sich in der Kinderschutzkommission und in der Gewerkschaft der Textilarbeiter. 1919 wurde sie in den Reichstag gewählt, dem sie bis 1933 angehörte. Außerdem war sie in der Arbeiterwohlfahrt tätig, die in den kommunalen Ausschüssen fest verankert war. Vom NS-Regime wurde sie mehrfach verhaftet und inhaftiert, unter anderem 1944 im KZ Ravensbrück. Nach Kriegsende wurde sie in Niedersalzbrunn zunächst als Bürgermeisterin eingesetzt, dann aber 1946 von den polnischen Behörden ausgewiesen. Sie kam nach Marl in Westfalen und wurde dort noch einmal für Arbeiterwohlfahrt und SPD aktiv, von 1951 bis 1953 sogar als Bundestagsabgeordnete.

Teil dieser Einwände rührte sicher auch daher, dass die führenden Personen der ersten Stunde oft Frauen waren, die in der männlich dominierten SPD erst einmal um Respekt und Gleichberechtigung werben mussten.[19]

Ohne einen aktiven Stamm an engagierten und fachlich geschulten Mitarbeiterinnen und Mitarbeitern wäre der Aufbau von Organisationsstrukturen und eigenen Einrichtungen zum Scheitern verurteilt gewesen. Allerdings stand die gesamte Sozialdemokratie nach der demokratischen Revolution von 1918/19 vor der Herausforderung, dass sie nun auf allen Ebenen Ämter und Funktionen bekleidete, ohne über Vorerfahrungen als Regierungspartei zu verfügen. Auf dem Gebiet der Wohlfahrtspflege war der Mangel an ausgebildeten Kommunalbeamten und Sozialarbeiterinnen besonders augenfällig. Zwar hatten die Kinderschutzkommissionen und die in der Kriegsfürsorge tätigen Sozialdemokratinnen vielfältige praktische Erfahrungen gesammelt, es fehlte aber meist die tiefergehende fachliche Qualifikation, die als Vorbereitung auf ein zukünftiges Berufsfeld dienen konnte. Viele Mitglieder verfügten nur über wenige Erfahrungen in der Politik, allerorts gab es großen Bedarf an Schulungskursen, Vorträgen und sonstigen Beratungsangeboten. Eine der ersten Maßnahmen, die der Hauptausschuss beförderte, war deshalb die Weiterbildung und Schulung von Arbeiterinnen, damit diese entweder als ehrenamtliche Helferinnen oder beruflich als Sozialarbeiterinnen oder Erzieherinnen tätig werden konnten.

Konkurrenz und Kooperation mit anderen Verbänden

Die Arbeiterwohlfahrt musste sich in einem Feld behaupten, in dem sich bereits eine Vielzahl von Organisationen tummelte. Die Arbeiterbewegung hatte eine ganze Reihe von Kultur- und Freizeitorganisationen hervorgebracht, die sehr konkrete sozialpolitische Sorgen ihrer Mitglieder zu lösen versuchten. Die im ADGB zusammengefassten Gewerkschaften, die *Naturfreunde* und die *Kinderfreunde*, die *Sozialistische Arbeiter-Jugend* (SAJ) die *Konsumgenossenschaften*, der bereits 1888 gegründete *Arbeiter-Samariter-Bund* (ASB), der *Arbeiter-Abstinenten-Bund* und der *Verein sozialistischer Ärzte* sowie später das *Reichsbanner Schwarz-Rot-Gold* – all diese Organisationen standen der Sozialdemokratie nahe und leisteten mit Beratung, Bildungsarbeit und Freizeitgestaltung praktische Hilfe.[20] Viele Aktivitäten der Arbeiterwohlfahrt wären ohne eine Kooperation mit diesen und anderen Organisationen nicht möglich gewesen, darüber hinaus gab es eine Vielzahl von personellen Überschneidungen.

Es waren jedoch bei weitem nicht nur die befreundeten Organisationen, sondern das weite Feld der öffentlichen und privaten Fürsorge, zu dem die Arbeiterwohlfahrt sich positionieren musste. Eine der ersten Entscheidungen, die zu polarisierenden Wahrnehmungen beitrug, war der Entschluss des Hauptausschusses für Arbeiterwohlfahrt gewesen, der 1924 gegründeten *Deutschen Liga der Freien Wohlfahrtspflege* fernzubleiben. Die Arbeiterwohlfahrt beklagte die Vorabsprachen zwischen den konfessionellen Verbänden und dem *V. (Paritätischen) Wohlfahrtsverband* und weigerte sich deshalb, Satzung und Statut der Liga zu akzeptieren. Angesichts der Stärke des *Deutschen Caritasverbands* und des *Centralausschusses für die Innere Mission* sah der Hauptausschuss keine Vorteile in einer institutionalisierten Zusammenarbeit.[21] Diese Skepsis beruhte durchaus auf Gegenseitigkeit. Die konfessionellen Verbände betrachteten die

Arbeiterwohlfahrt bis 1933 als unliebsame Konkurrenz und befürchteten durch sie eine Politisierung der Wohlfahrtsarbeit und die Entmachtung der privaten Akteure zugunsten einer Verstaatlichung.[22]

Auch dem Paritätischen Wohlfahrtsverband begegnete die Arbeiterwohlfahrt kritisch, da er als reiner Interessensverband ohne fachliche oder sozialpolitische Grundsätze angesehen wurde.[23] Dafür gab es zur *Zentralwohlfahrtsstelle der deutschen Juden* auch dank zahlreicher sozialdemokratischer Sozialpolitikerinnen und Sozialpolitiker mit jüdischen Familienwurzeln wie zum Beispiel Siddy Wronsky, Jeanette Wolff oder Hanna (Grunwald-)Eisfelder enge Beziehungen.[24] Zu den kommunistisch gesteuerten Organisationen *Rote Hilfe*, *Internationale Arbeiterhilfe* und *Dissidentische Fürsorge* blieb die Arbeiterwohlfahrt als Organisation auf Distanz, es gab jedoch auch Sozialpolitikerinnen wie Meta Kraus-Fessel, Ella Ehlers oder Mathilde Wurm, die sich dazwischen bewegten.

Ungeachtet der prinzipiellen Haltung zum Beitritt in die Liga gab es eine Reihe von Arbeitsfeldern, auf denen sich eine Zusammenarbeit ergab. Bereits 1923 rief das Reichsarbeitsministerium (RAM) als Reaktion auf die Hyperinflation die *Hilfskasse gemeinnütziger Wohlfahrtseinrichtungen Deutschlands* (Hika, heute: *Bank für Sozial-*

Im Lehrlingsheim der Münchener Arbeiterwohlfahrt versammelten sich auch befreundete Organisationen wie hier das Reichsbanner Schwarz-Rot-Gold.

Bettenzahl Liga der freien Wohlfahrtspflege 1929 (ohne Arbeiterwohlfahrt)
(nach Deutsche Zeitschrift für Wohlfahrtspflege 5 (1929), H. 3, S. 155)

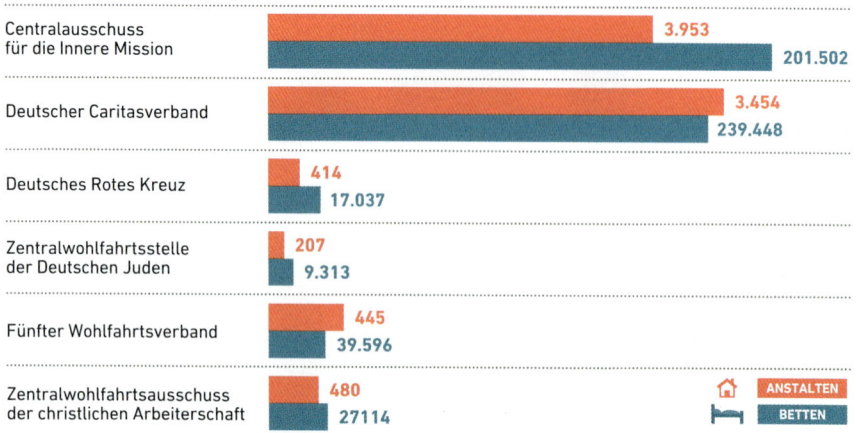

Centralausschuss für die Innere Mission	3.953	201.502
Deutscher Caritasverband	3.454	239.448
Deutsches Rotes Kreuz	414	17.037
Zentralwohlfahrtsstelle der Deutschen Juden	207	9.313
Fünfter Wohlfahrtsverband	445	39.596
Zentralwohlfahrtsausschuss der christlichen Arbeiterschaft	480	27114

ANSTALTEN
BETTEN

wirtschaft) ins Leben, um die Kreditfinanzierung der freien Wohlfahrtspflege zu gewährleisten. Die Arbeiterwohlfahrt übernahm
zwar keine Anteile an der neuen Wohlfahrtsbank, erhielt über sie
aber nun wie die übrigen Spitzenverbände Zuschüsse und Darlehen
aus Reichsmitteln. Die Vergabe erfolgte nach einem umstrittenen
»Bettenschlüssel«. Die Anzahl der vorhandenen Betten in Heimen,
Krankenhäusern und sonstigen Einrichtungen wurde als Grundlage für die prozentuale Verteilung der Gelder genommen: ein
Verfahren, das die Arbeiterwohlfahrt eindeutig benachteiligte. In
München hatte die Arbeiterwohlfahrt 1925 beispielsweise nur zwei
Anstalten der geschlossenen Fürsorge mit insgesamt 66 Betten vor-
zuweisen, während die Caritas auf 45 Anstalten (4.217 Betten), die
Innere Mission auf 12 Anstalten (684 Betten) und die Wohlfahrts-
stelle der christlichen Arbeiterschaft auf 11 Anstalten (1.188 Betten)
kamen.[25] In Verhandlungen mit dem RAM versuchte die Arbeiterwohlfahrt, ihren Anteil zu erhöhen, indem sie die Kapazitäten bei
Gewerkschaften, Naturfreunden und weiteren befreundeten Organisationen der Arbeiterbewegung in ihre Berechnungen einbezog.[26]

Bei vielen fachlichen Debatten und in übergreifenden Organisationen wurde die Begegnung von einzelnen Vertreterinnen und
Vertretern der Arbeiterwohlfahrt mit den übrigen Verbänden zu-

Reichszuwendungen 1924–1932 [Mio. RM]
(nach Didicher, Sozialpolitische Perspektiven und freie Träger, S. 332)

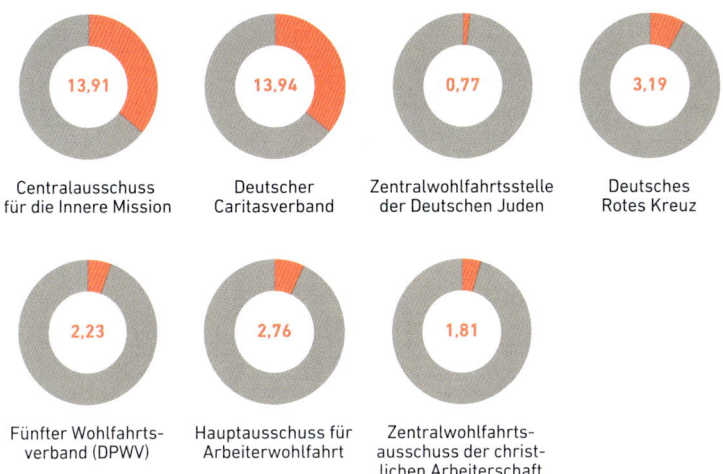

13,91	13,94	0,77	3,19
Centralausschuss für die Innere Mission	Deutscher Caritasverband	Zentralwohlfahrtsstelle der Deutschen Juden	Deutsches Rotes Kreuz

2,23	2,76	1,81
Fünfter Wohlfahrtsverband (DPWV)	Hauptausschuss für Arbeiterwohlfahrt	Zentralwohlfahrtsausschuss der christlichen Arbeiterschaft

nehmend alltäglich. Neben dem bereits im vorherigen Kapitel vorgestellten *Deutschen Verein* war der Hauptausschuss als anerkannte Spitzenorganisation in vielen weiteren Dachorganisationen und Körperschaften vertreten, unter anderem in der *Deutschen Nothilfe*, im *Deutschen Zentralausschuss für die Auslandshilfe* und bei der *Deutschen Zentrale für freie Jugendwohlfahrt*. Der Arbeiterwohlfahrt verbundene sozialpolitische Experten wie Hans Maier, Ruth Weiland, Hertha Kraus oder Clara Henriques schrieben auch für überparteiliche Zeitschriften wie *Soziale Praxis und Archiv für Volkswohlfahrt* sowie die *Deutsche Zeitschrift für Wohlfahrtspflege* und bewiesen somit, dass sozialdemokratische Positionen auch in der »bürgerlichen« Fachöffentlichkeit zur Kenntnis genommen wurden.

Mitwirkung bei der Gesetzgebung

Die Richtlinienkompetenz auf Reichsebene, auf der die SPD von 1918 bis 1923 (mit Unterbrechungen) und von 1928 bis 1930 an der Regierung beteiligt war, bot ein Handlungsfeld, um grundlegende

Viele lokale Gliederungen organisierten Ferienwanderungen für Kinder. Das Bild zeigt den Ortsausschuss in Gößnitz in Thüringen vor dem Ausflugslokal Spanner-Haus.

Rahmensetzungen vorzunehmen. Vor diesem Hintergrund war die Mitwirkung der Arbeiterwohlfahrt beim Reichsjugendwohlfahrtsgesetz (RJWG) bedeutsam, das am 9. Juli 1922 beschlossen wurde und am 1. April 1924 in Kraft trat. Es markierte einen Meilenstein in der öffentlichen Wohlfahrtspolitik. Seine langfristige sozialpolitische Bedeutung lässt sich unter anderem daran erkennen, dass es nach 1949 als rechtliche Grundlage für die Kinder- und Jugendfürsorge in der Bundesrepublik weiterhin Bestand hatte. Es regelte unter anderem die Aufgabenteilung zwischen den reichsweit vielerorts neu eingerichteten Jugendämtern auf kommunaler und regionaler Ebene und den freien Wohlfahrts- und Jugendverbänden. Das für Deutschland bis in die Gegenwart hinein prägende duale System mit öffentlichen und gemeinnützigen Trägern der Kinder- und Jugendpflege hat hier seinen Ursprung.[27] Das vorausgegangene mehrjährige Gesetzgebungsverfahren war Ausdruck der äußerst komplexen Entscheidungswege innerhalb demokratischer Gesellschaften. Neben dem federführenden Reichsministerium des Innern (RdI), den Reichstagsabgeordneten sowie den Vertretern

der Länder und Gemeinden meldeten sich auch die Wohlfahrtsverbände zu Wort. Die gerade erst ins Leben gerufene Arbeiterwohlfahrt bewies hierbei sowohl über ihre Kontakte in die SPD hinein
als auch über programmatische Erklärungen ihre mittlerweile
erreichte Stellung und ihre Kompetenz. Marie Juchacz als Reichstagsabgeordnete, Heinrich Schulz als zuständiger Staatssekretär
im RdI, Walter Friedländer als Leiter eines Berliner Jugendamts
sowie Johann Caspari als »Hilfsarbeiter« für die Ausformulierung
des Gesetzes wirkten als Sozialdemokraten zwar auf ganz unterschiedlichen Ebenen, nun aber vernetzt durch die Arbeiterwohlfahrt – eine charakteristische Brückenfunktion, die der Verband
bis in die Gegenwart behielt. Zudem wurden das Gesetz und seine
praktischen Ausführungsbestimmungen in der Organisation breit
diskutiert, unter anderem auf einer Fachkonferenz des Hauptausschusses am 30./31. Januar 1923 in Berlin mit 120 Teilnehmern.[28]

Mit der Reichsfürsorgepflichtverordnung (RFV) wurde im Februar 1924 ein weiteres Regelwerk auf Reichsebene zur Vereinheitlichung der zahlreichen, auf bestimmte Bevölkerungsgruppen
spezialisierten Fürsorgesysteme geschaffen. Diesmal war das
Reichsarbeitsministerium zuständig, das im Juli 1922 die Kompetenz für die Wohlfahrtspflege zugesprochen bekommen hatte. Der
langjährige Reichsarbeitsminister Heinrich Brauns gehörte dem
Zentrum an, die katholische Soziallehre war daher im Ministerium
prägend[29]. In den organisatorischen Grundstrukturen des Fürsorge-
systems, die durch die RFV ebenfalls geregelt wurden, spiegelt sich
der Einfluss der konfessionellen Wohlfahrtsverbände stärker wider.
Weitreichende Ausführungskompetenzen wurden den Ländern
übertragen, so etwa die Entscheidung, ob staatliche Wohlfahrtsämter eingerichtet wurden. Dem Subsidiaritätsprinzip wurde – auch
unter dem unmittelbaren Eindruck der Inflation von 1923 – ein hoher Stellenwert zuerkannt: Öffentliche Einrichtungen sollten erst
dann geschaffen werden, wenn keine geeigneten Einrichtungen
der privaten Wohlfahrtsverbände vorhanden waren. Gleichzeitig
wurde die Stellung der sieben Spitzenverbände inklusive der Arbeiterwohlfahrt ausdrücklich anerkannt.

Ein großer Anteil der Fürsorgeleistungen wurde also weiterhin
durch private Akteure bereitgestellt. Unter ihnen waren die kirch-

lichen Verbände Innere Mission, Caritas und Rotes Kreuz die einflussreichsten. Aufgrund ihrer jahrzehntelangen Erfahrungen, der Anzahl der vorhandenen Einrichtungen mit ausgebildetem und kostengünstigem Personal waren sie in der Lage, entsprechend ihrer Wertvorstellungen in den Freiräumen zu agieren, die das öffentliche Fürsorgesystem weiterhin nicht abdecken konnte. Aus Sicht der Sozialdemokratinnen und Sozialdemokraten, die infolge der neugegründeten sozialen Frauenschulen oder im Rahmen der Kriegsfürsorge Kompetenzen in der sozialen Arbeit erworben hatten, bestand jedoch eine systematische Schieflage bei den Angeboten. Eine sachliche Schwangerschafts- und Sexualberatung, neue pädagogische Konzepte für Kinderbetreuung und Heimerziehung sowie Möglichkeiten zur praktischen Mitwirkung und demokratischen Mitbestimmung von Arbeiterinnen und Arbeitern waren von den kirchlichen Trägern nicht zu erwarten.

BIOGRAFIE

WALTER A. FRIEDLÄNDER (1891–1984)

Sowohl praktisch als auch theoretisch gehörte der Sozialpädagoge zu den Impulsgebern einer sozialdemokratischen Fürsorgepolitik und Sozialpädagogik. Er leitete das Jugendamt Prenzlauer Berg in Berlin und nahm auch in der Arbeiterwohlfahrt wichtige Funktionen wahr: Er gehörte dem Hauptausschuss an, war Dozent an der Wohlfahrtsschule und Autor zahlreicher Stellungnahmen, Broschüren und Fachbeiträge. 1933 musste er ins Exil, zunächst nach Paris, wo er 1935 als Hilfsorganisation die *Arbeiterwohlfahrt Paris* ins Leben rief. 1937 erhielt er ein Einreisevisum für die USA, sodass er nun als Dozent für Social Welfare an den Universitäten in Chicago und Berkeley tätig sein konnte. Mit der Arbeiterwohlfahrt blieb er bis ins hohe Alter eng verbunden.

Praxisfelder in den 1920er Jahren

Die Voraussetzungen für die praktische Wohlfahrtstätigkeit hingen sehr stark davon ab, wie gut die SPD und die ihr nahestehenden Organisationen der Arbeiterbewegung in den jeweiligen Regionen verankert waren. Wenn die Naturfreunde oder die Arbeiterjugend beispielsweise über Bildungseinrichtungen oder Heime verfügten, konnten diese häufig auch von der Arbeiterwohlfahrt in Anspruch genommen werden. Ähnliches galt in einigen Kommunen für öffentliche Freizeit- oder Erholungsheime, die teilweise an private Wohlfahrtsorganisationen verpachtet oder unentgeltlich zur temporären Nutzung überlassen wurden. Insbesondere für die Kinderbetreuung in den Ferien waren diese bestehenden Strukturen unverzichtbar.

In manchen Städten wie Augsburg, Köln oder München, vor allem aber in ländlichen Regionen dominierten die konfessionellen Träger die Wohlfahrtsarbeit. Hier war die Arbeiterwohlfahrt früh vor die grundlegende Frage gestellt, wie sie eigene Akzente setzen könne. Die Überzeugung, dass die Wohlfahrtsarbeit eine kommunale Aufgabe sei und dass soziale Angebote durch den Staat bereitgestellt und finanziert werden müssten, ließ sich nur aufrechterhalten, wenn die staatlichen Haushalte auch entsprechend ausgestattet waren und die Regierungen willens, das vorhandene Geld auch für umfassende Fürsorge einzusetzen. In der Weimarer Republik überwogen jedoch die Phasen, in denen einerseits die soziale Not immer wieder akut und improvisiert bekämpft werden musste und andererseits die kommunalen Strukturen häufig damit überfordert waren, auch die entsprechenden Angebote zu finanzieren.

Schnell zeigte sich, dass die Arbeiterwohlfahrt nur bei pragmatischer Auslegung ihrer Prinzipien in der Lage war, in diesen Ausnahmesituationen zu handeln. Und noch ein weiterer Grund war ausschlaggebend dafür, dass die Arbeiterwohlfahrt ab Mitte der 1920er Jahre nach und nach eigene Einrichtungen gründete: Wenn man in der Praxis beweisen wollte, dass die eigenen Konzepte in der Fürsorgeerziehung, bei der Sexualberatung oder in der Jugendpflege die modernsten und besten Ansätze waren, dann musste man vorbildliche Einrichtungen ins Leben rufen und über ihre Tätigkeit berichten!

Fast alle Ortsausschüsse organisierten Beratungsangebote für die unterschiedlichsten Fragen des Fürsorgewesens, von Adoptionswünschen über Berufs- und Gesundheitsberatung bis hin zur Wohnungsfürsorge. Sie fanden meist zu festen Zeiten in Räumlichkeiten der SPD oder in den Nähstuben der Arbeiterwohlfahrt statt, die in der Wirtschaftskrise ab 1929 rasant an Bedeutung gewannen.

Die Waldheime waren eine Institution der Arbeiterbewegung in Württemberg. Auch die Arbeiterwohlfahrt veranstaltete hier ab 1920 Ferienfreizeiten mit pädagogischer Betreuung.

Die Arbeiterwohlfahrt war frühzeitig von ihrer Ausgangsüberlegung abgewichen, sich primär auf die öffentliche Wohlfahrtstätigkeit zu stützen. Aus der Tradition der Kinderschutzkommissionen und der sozialdemokratischen Jugend- und Freizeitorganisationen war ein praktisches Engagement in der Kinderbetreuung und Ferienerholung naheliegend. Die meisten dieser Aktivitäten kamen mit begrenzten Ressourcen aus. Sie beruhten auf der Kooperation mit den örtlichen Jugendämtern, der solidarischen Unterstützung durch andere Organisationen und dem ehrenamtlichen Einsatz fast ausschließlich von Frauen. Spenden und Hilfsangebote von befreundeten Organisationen aus dem Ausland, zum Beispiel die »Quäkerhilfe« nach dem Ersten Weltkrieg oder die Aufnahme von deutschen Kindern bei der Ruhrbesetzung 1923/24, legten eine weitere wichtige Grundlage für die Arbeit in den ersten Jahren.

Viele Ortsausschüsse intensivierten ihre Aktivitäten in diesem Bereich. Der Bezirk Dresden berichtete beispielsweise für 1922/23: »An 238 Halbtagswanderungen und Spielnachmittagen aus allen Bezirken beteiligten sich 18.000 Kinder. An drei Tagespartien, einem Waldfest und Herbstfest nahmen insgesamt 9.700 Kinder teil, die mit Kakao und Semmeln beköstigt wurden.« Auch in Stutt-

gart wurde eine große Nachfrage konstatiert: »2.144 Kinder erfreuten sich während der Ferientage eines sorgenlosen, freien Lebens
in den Waldheimen. 4.445 waren gemeldet. Über die Hälfte musste
abgewiesen werden, und zwar wegen der ungeheuren Kosten. Hätten die Konsumvereine Stuttgart, Botnang und Wangen sich nicht
in so selbstloser Weise für die Lieferung der Lebensmittel verbürgt,
es wäre für die Kinder in den Waldheimen nicht so gut gewesen.«[30]

Die größten Anstrengungen entfaltete aber der *Hamburger Ausschuss für soziale Fürsorge* auf diesem Gebiet: »Auf dem *Köhlbrand*
am Elbeufer besitzt die Arbeiterwohlfahrt Hamburg eine Tageser-
holungsstätte, die in den Monaten Juni, Juli, August täglich 3.000
Kinder aufnimmt. Große Wirtschaftsbaracken, Aufenthaltsräume,
Brause- und Waschanlagen sind im Laufe des zehnjährigen Bestehens der Kolonie geschaffen worden und gewährleisten einen
reibungslosen Ablauf des riesigen Betriebes. [...] Ganz besondere
Aufmerksamkeit schenkt die Verwaltung der Kolonie der Fürsorge
für das Kleinkind. Die Kleinkinderabteilung umfaßt etwa 200 Kinder. Die Kinder fahren mit der Hochbahn und auf Dampfern täglich
zur Kolonie und zur Stadt zurück.«[31]

Neben der Betreuung stand auch die Versorgung von bedürftigen
Kindern und Jugendlichen mit Lebensmitteln und Kleidung auf der
Tätigkeitsliste vieler Ortsausschüsse. Die Spendenbereitschaft von
Organisationen aus dem Ausland bot in einer Zeit von Mangeler-
nährung und weit verbreiteter Armut eine allseits willkommene
Grundlage für Volksküchen, Winterhilfe und Schulspeisungen. In
der Tradition der oft kritisierten bürgerlichen Wohltätigkeit beteiligte sich auch die Arbeiterwohlfahrt an diesen konzertierten
Hilfsaktionen, setzte darüber hinaus durch die Unterstützung von
Erwerbslosen, Senioren und Arbeiterfamilien unabhängig von Religion und Weltanschauung aber eigene Akzente. Der Ortsausschuss
Bernburg (Bezirk Magdeburg) berichtete: »Täglich gehen viele
unserer Genossinnen in die Schulen und Kleinkinderschulen, um
das Essen einzuteilen. Gewiß eine nicht zu unterschätzende Arbeit,
wenn man bedenkt, daß es alles Arbeiterfrauen sind, die schon ihr
gerütteltes Maß Arbeit zu Hause haben. Trotzdem traben sie täglich
bei Wind und Wetter, um mitzuhelfen, an der Gesundung unserer
unterernährten, durch den Krieg so arg gefährdeten Kinder.«[32]

Gymnastik im Freien wurde als reformpädagogischen Methode der Fürsorgeerziehung auf dem Immenhof gefördert.

Auch in der Schwangerschafts- und Mütterfürsorge betätigten sich viele Ortsausschüsse. Sie verliehen unentgeltlich Babykörbe mit einer Grundausstattung für die ersten Monate nach der Geburt, und boten Haushaltshilfe und Pflege für Schwangere und Wöchnerinnen an. In einzelnen Städten wie zum Beispiel im schlesischen Hirschberg, in Dessau oder in Hagen wurden sogar schon Müttererholungsheime betrieben.[33] Ein weiteres wichtiges Tätigkeitsfeld, auf dem sich mehr als die Hälfte der Ortsausschüsse betätigte, lag in der Hauspflege. Die Bremer Arbeiterwohlfahrt berichtete hierzu 1926: »Als wichtigste Hilfe betrachten wir auch jetzt noch unsere Hauspflege, in der wir mit kürzerer Dauer in 83 Fällen zusammen 742 Tage, und in längerer Pflege zum Teil in sehr schweren Fällen 332 Tage pflegten. Wir haben die Befriedigung, in gut geordneten Haushalten der erkrankten, beunruhigten Hausfrau, wenn sie ihr Krankenlager verließ oder vom Asyl oder Krankenhaus zurückkehrte, alles in bester Ordnung wieder übergeben zu können.«[34] Auch die Versorgung von älteren Menschen und Invaliden, mindestens durch symbolische Angebote der Teilhabe, stand für zahlreiche

Ortsausschüsse im Zentrum. Diese Angebote reichten von wöchentlichen Kaffeetafeln über Geschenkpakete und Weihnachtsfeiern bis zu offenen Tages- und Freizeitheimen.

Der Betrieb eigener Einrichtungen

Der Erwerb und Betrieb eigener Einrichtungen war innerhalb der Arbeiterwohlfahrt umstritten. Immer wieder warnte der Hauptausschuss vor den finanziellen Risiken und verwies auf bestehende Heime und die Verantwortung der öffentlichen Fürsorge. Trotzdem hatten sich schon Anfang der 1920er Jahre einige Ortsausschüsse auf dieses Gebiet gewagt, wie Johanna Heymann auf der Reichskonferenz 1924 konstatierte: »Die Arbeiterwohlfahrt hatte ursprünglich keineswegs die Absicht, eigene Anstalten, Heime irgendwelcher Art zu schaffen. Aber die Verhältnisse haben sie dazu gezwungen und werden sie in der Zukunft noch mehr dazu zwingen. [...] Die Bewegung, die innerhalb der Arbeiterwohlfahrt zu dem Erwerb eigener Heime in allen Teilen Deutschlands geführt hat, ist von der Zentrale in keiner Weise angeregt worden. Sie ist ganz aus den örtlichen Bedürfnissen heraus entstanden.«[35]

Der Betrieb eigener Einrichtungen war auch deshalb immer wieder Gegenstand kritischer Diskussionen, weil es vielerorts wenig Erfahrung bei der Finanzierung und Geschäftsführung eines stetig anwachsenden Tätigkeitsfelds gab. Der *Verein Arbeiterjugendhilfe Stuttgart und Umgebung,* der noch 1924 aufgrund seiner breiten Aktivitäten positiv hervorgehoben wurde, brachte den Hauptausschuss beispielsweise 1925 mit einem ambitionierten Projekt und eigensinnigem Vorgehen in große Schwierigkeiten. Beim Erwerb eines Fürsorgeheims für schulentlassene männliche Zöglinge in Rutesheim verschuldete sich der Verein so hoch, dass der Hauptausschuss einspringen musste. Der Konkurs des Vereins führte in Württemberg zu großen Zerwürfnissen und brachte neben der Schuldfrage die Forderung auf die Tagesordnung, dass der Hauptausschuss vor Übernahme einer Einrichtung informiert werden musste und die Bezirke die finanziellen Risiken des Betriebs vorab grundlegend reflektieren sollten.[36]

Das August-Bebel-Kinderheim in Gohrisch (Sächsische Schweiz) wurde vom Bezirksausschuss für Arbeiterwohlfahrt und Kinderschutz Berlin betrieben.

Zu den ersten lokalen Einrichtungen gehörten Kinderhorte und Kindergärten. Der Bezirksausschuss für Arbeiterwohlfahrt und Kinderschutz Groß-Berlin unterhielt beispielsweise schon 1924 im Prenzlauer Berg einen eigenen Kinderhort und war darüber hinaus an zwei Einrichtungen der *Kinderfreunde,* einer weiteren sozialdemokratischen Organisation mit vielfältigen personellen Überschneidungen zur Arbeiterwohlfahrt, beteiligt.[37] Auch in Baden sammelte man hier frühzeitig Erfahrungen: »Der Volkskindergarten Mannheim ist für 80 Kinder eingerichtet. Er ist täglich von 8–12 Uhr und von 2–5 Uhr geöffnet. Samstags schließt er um 12 Uhr. Mit Ausnahme des Samstags wird den Kindern täglich um 12 Uhr ein Mittagessen verabreicht. Die Kinder ruhen nach dem Essen bis 3 Uhr auf Liegestühlen, die im großen Spielzimmer oder im Garten bereitgestellt sind. Der Kindergarten ist das ganze Jahr geöffnet. Bedürftige Kinder erhalten Ermäßigung oder Freistellen.«[38] 1931 nannte die Arbeiterwohlfahrt reichsweit immerhin schon 20 Kindergärten, 2 Krippen, 14 Horte und 15 Kindertagesstätten ihr Eigen.[39] Eine äußerst bescheiden anmutende Zahl aus heutiger Sicht, angesichts der noch weitgehend fehlenden Infrastruktur für Kleinkinder aber bereits ein wichtiger Beitrag in der Kinderbetreuung, wenn man zusätzlich bedenkt, dass die Arbeit größtenteils ehrenamtlich geleistet wurde und die Arbeiterwohlfahrt auch an kommunalen Angeboten beteiligt war.

Die meisten Einrichtungen wurden jedoch als Erholungsheime für gesundheitlich geschwächte Kinder- und Jugendliche errichtet. Der Hamburger Ausschuss war auch auf dem Gebiet der »Heimverschickung« ein Vorreiter. Das *Dr. Ross Kinderheim* in Westerland auf Sylt diente seit Oktober 1922 als Heil- und Erholungsstätte für Hamburger Kinder. Das milde Nordseeklima bot fast ganzjährlich ideale Voraussetzungen für die mehrwöchige Unterbringung von 80 Kindern.[40] Auch der Bezirksausschuss Berlin nahm mit dem *August-Bebel-Kinderheim* in Gohrisch in der Sächsischen Schweiz ein Haus in seinen Besitz, um es ab März 1926 für die Erholung der Berliner Stadtkinder in der Natur zu betreiben.[41] Der Landesausschuss Sachsen konnte im Schloss Großsedlitz bei Pirna, das in den Besitz des Freistaats Sachsen übergegangen war, ab 1924 ein Kindererholungsheim betreiben. Und auch der Hauptausschuss selbst entschied sich Mitte der 1920er Jahre, eine eigene Modelleinrichtung in Betrieb zu nehmen. Das *Schwarzwaldheim Ludwig Frank* in Schönwald bei Triberg wurde im August 1926 als »Reichskinderheilstätte« für dreimonatige Kuren für Kinder und Jugendliche, die an Tuberkulose erkrankt waren, eingeweiht.

Eine ganze Reihe regionaler Gliederungen der Arbeiterwohlfahrt betätigte sich darüber hinaus mit eigenen Einrichtungen auf Spezialgebieten der sozialen Fürsorge. So hatte der Ortsausschuss Düsseldorf 1926 in Gerresheim ein Waisenhaus übernommen,[42] in Elberfeld-Barmen wurde im gleichen Jahr ein offenes Heim für »gefährdete« und arbeitslose junge Frauen ins Leben gerufen, der Kreisausschuss Köln richtete 1924 in Deutz in 27 Baracken eine Heimstatt für Obdachlose mit 330 Betten ein[43] und in Altona betrieb die Arbeiterwohlfahrt Betriebswerkstätten für Blinde und Erwerbsbeschränkte und in öffentlichen Parkanlagen Gaststätten ohne Alkohol.[44]

Die bedeutendste Einrichtung des Hauptausschusses war der *Immenhof* in Hützel bei Soltau in der Lüneburger Heide. Ein großes Waldgelände mit mehreren Gebäuden bot Raum für ein Berufserziehungsheim für Mädchen, Erholungsheime für Kleinkinder und für Schulabgänger zur Berufsvorbereitung, Ausbildungsstätten für

ORT

SCHWARZWALDHEIM LUDWIG FRANK,
SCHÖNWALD (SCHWARZWALD)

In der *Reichskinderheilstätte Schwarzwaldheim Ludwig Frank*, benannt nach einem badischen Sozialdemokraten, sollten durch Tuberkulose und andere Krankheiten stark geschwächte Kinder aus ganz Deutschland in einer Höhe von 1.100 Metern und unter der fachkundigen Aufsicht von Ärzten und Krankenschwestern Erholung finden. Mit dem Verbot der Arbeiterwohlfahrt ging das Heim 1933 an die NS-Volkswohlfahrt, die hier ebenfalls ein Kindererholungsheim betrieb. Im Herbst 1945 erhielt der Arbeiterwohlfahrt Bezirksausschuss Südbaden das Nutzungsrecht für das geplünderte Gebäude zurück. Es diente wieder als Kinderheim, später auch als Ferien- und Landschulheim. Nach mehreren Um- und Neubauten wurde auf dem Gelände im August 1982 das Familien- und Erholungszentrum *Katharinenhöhe* eingeweiht. Heute ist es eine spezialisierte familien- und kleingruppenorientierte Rehabilitationsklinik für krebs- und herzkranke Kinder, Jugendliche und junge Erwachsene, die vom AWO-Bezirksverband Baden betrieben wird.

sozialistische Erzieherinnen sowie Platz für Ferienzeltlager. Mit dieser multifunktionalen Ausrichtung verfolgte der Hauptausschuss das Ziel, die öffentliche Diskussion um eine Reform der Fürsorgeerziehung durch eigene praktische Modellversuche zu bereichern, weil man den Staat auf diesem Gebiet als »zu schwerfällig und zu konservativ« ansah.[45]

Aufbau und Professionalisierung der Verbandsstruktur ab 1924

Der Hauptausschuss war zwar bereits Anfang November 1920 vom Reichsarbeitsministerium als »Spitzenorganisation der freien Wohlfahrtspflege« bestätigt worden.[46] Diese offizielle Anerkennung hatte der Arbeiterwohlfahrt den Zugang zu staatlichen Zuschüssen für Kinderbetreuung, Weiterbildung und Fürsorgemaßnahmen eröffnet und ihr Mitspracherechte beim Gesetzgebungsverfahren und in übergeordneten Strukturen eingeräumt. Formell stand sie somit mit den übrigen Wohlfahrtsverbänden auf

Augenhöhe. Als Unterorganisation einer Partei, zumal einer Regierungspartei, musste sie jedoch immer wieder den Vorbehalten
anderer Verbände entgegentreten, dass sie von ihren Grundsätzen
her eine Verstaatlichung aller privaten Wohlfahrtsarbeit anstrebe
und daher kein eigenständiger Akteur sei. Damit auch der Hauptausschuss als eigenständige juristische Person auftreten konnte,
um zum Beispiel eigene Einrichtungen oder Lotterien betreiben zu
können, ließ er sich schließlich am 25. April 1925 auch als Verein ein-
tragen. Die allgemein gehaltenen Mustersatzungen für die Bezirks-
und Ortsausschüsse konnten von den lokalen Gliederungen leicht
übernommen und angepasst werden. Den regionalen Ausschüssen
blieben also viele Freiräume, gleichzeitig war der Hauptausschuss
im Sinne einer Dachorganisation bestrebt, die gesammelten Erfahrungen zu verallgemeinern, Rechtssicherheit zu schaffen und einen
gemeinsamen Lernprozess zu ermöglichen.[47]

Das Schwarz-
waldheim
Ludwig Frank
war die erste
reichsweite Kur-
einrichtung der
Arbeiterwohl-
fahrt für Kinder
mit Tuberkulose.

Das Jahr 1924 markierte einen Meilenstein in der Entwicklung.
Fünf Jahre waren seit der Gründung vergangen, die Organisation
hatte die Geldentwertung in der Hyperinflation überstanden und
schuf nun die Bedingungen für ein kontinuierliches Wachstum
und eine Professionalisierung der Organisation. Als erste größere

ORT

DER IMMENHOF,
HÜTZEL (LÜNEBURGER HEIDE)

Der Immenhof war eine multifunktionale offene Einrichtung des Hauptausschusses in der Lüneburger Heide, die von 1927 bis 1933 und von 1950 bis in die 1990er Jahre von der Arbeiterwohlfahrt ganz unterschiedlich genutzt wurde. Er wurde bis 1933 von der jüdischen Sozialpädagogin Hanna Grunwald-Eisfelder geleitet, ab 1950 von Eleonore Astfalck und ab 1969 von Erich Petersen, die jeweils eigene Akzente setzten. Auf dem weitläufigen und abgeschiedenen Gelände, das mehrfach baulich umgestaltet wurde, ergaben sich ideale Voraussetzungen für Modellversuche und Ferienaufenthalte. Im Mai 1933 wurde der Immenhof von den Nationalsozialisten geschlossen und in der Folge als Wehrertüchtigungslager der Hitlerjugend und als Schulungsheim der SA genutzt. Bei Kriegsende diente er als Lazarett, bis er der Arbeiterwohlfahrt zurückgegeben wurde. Der Schwerpunkt wurde nun auf Kinder mit Erziehungsschwierigkeiten gelegt, außerdem gab es ein Müttererholungsheim, ab 1969 wurden auch Erholungskuren für Kinder mit Behinderung angeboten. In den 1980er-Jahren erwies sich der Betrieb zunehmend als defizitär, sodass der Bundesverband ihn schließlich mit hohen Verlusten 1994 verkaufen musste.

Publikation der Arbeiterwohlfahrt erschien im sozialdemokratischen Verlag J.H.W. Dietz Nachf. ein umfassender Bericht über »Die Arbeiterwohlfahrt. Voraussetzungen und Entwicklung« der Organisation. Marie Juchacz und Johanna Heymann hatten im Vorfeld der zweiten Reichskonferenz in Hannover Berichte über die Aktivitäten aller Organisationseinheiten zusammengetragen. Es ist ein wichtiges historisches Dokument über die ersten Schritte des Verbands. Außerdem berichteten viele Bezirks- und Ortsausschüsse hier detailliert von ihren ersten praktischen Erfahrungen.

Dem Bericht ist zu entnehmen, dass sich mittlerweile eine funktionierende Verbandsstruktur etabliert hatte, deren Grundmerkmale bis in den gegenwärtigen Aufbau hinein erkennbar sind. Unter dem Oberbegriff »Hauptausschuss« verbargen sich mehrere Strukturen: Zum einen wurde die reichsweite Organisation mit ihrer Geschäftsstelle in der Lindenstraße 3 (später am Belle-Alliance-Platz 6/8) in Berlin so bezeichnet und bei den Behörden als Spitzenverband registriert, vergleichbar mit der heutigen Bezeichnung »Bundesverband«. Zum anderen trug aber auch das oberste

Auf dem weit-
läufigen Gelände
des Immenhofes
befanden sich
mehrere Ein-
richtungen. Das
Bild zeigt den
Jugendhof.

koordinierende Gremium diesen Namen. Es setzte sich – ähnlich
dem heutigen Bundesausschuss – aus einem Arbeitsausschuss
(Vorstand), regionalen Vertretern und Fachleuten zusammen. Der
von Marie Juchacz und Elfriede Ryneck als Stellvertreterin geleitete und vom SPD-Parteivorstand bestätigte *Arbeitsausschuss,* auch
»geschäftsführender Ausschuss« genannt, bestand aus elf Personen
und übernahm die Rolle eines Vorstands. Der Kassierer Friedrich
Bartels war gleichzeitig auch in dieser Funktion beim SPD-Parteivorstand tätig – eine charakteristische Doppelrolle, die Alfred Nau
nach 1945 fortsetzte. Auch die Gewerkschaften waren mit Gertrud
Hanna und Ernst Schulze im Arbeitsausschuss gut vertreten.

Der *Beirat,* in den zunächst eine »Reihe öffentlich bekannter
Persönlichkeiten« wie zum Beispiel Elisabeth Kirschmann-Röhl,
Heinrich Schulz oder Alfred Grotjahn berufen worden waren, wurde
ab 1925 zu einem demokratisch legitimierten Verbandsgremium
ausgebaut, in das die 32 bis 35 *Bezirksausschüsse* jeweils einen Vertreter entsandten. Außerdem gehörten ihm noch die Vorsitzenden der
7 bis 10 *Fachkommissionen* an. Sie kamen ein- bis zweimal jährlich
mit dem Arbeitsausschuss zu *Reichssitzungen des Hauptausschusses*
zusammen, um, darin vergleichbar dem späteren Bundesausschuss,
grundlegende Organisationsfragen zu beraten.[48] Der wachsenden
Bedeutung eines Bindeglieds zwischen der Zentralebene und den

SPD-ZENTRALE UND WOHLFAHRTSSCHULE,
BERLIN-KREUZBERG

Das Gelände zwischen dem heutigen Mehringplatz (bis 1946: Belle-Alliance-Platz), der Alten Jakobstraße und der Lindenstraße in Berlin-Kreuzberg war der historische Sitz zahlreicher sozialdemokratischer Einrichtungen. Der Parteivorstand der SPD hatte hier ebenso seine Zentrale wie die Zeitschrift und der Verlag Vorwärts und die Parteischule. Auch die Arbeiterwohlfahrt richtete in diesem Gebäudekomplex 1920 die Geschäftsstelle des Hauptausschusses ein. Zunächst in der Lindenstr. 3, ab 1925 dann unter der Adresse Belle-Alliance-Platz 6/8. In der Nr. 8 wurde 1928 die *Wohlfahrtsschule der Arbeiterwohlfahrt* eingerichtet, der ein Wohnheim für die Schülerinnen und Schüler angegliedert wurde. Das gesamte Gelände wurde im Mai 1933 von den Nationalsozialisten besetzt und beschlagnahmt. Im Zweiten Weltkrieg wurde ein großer Teil der Gebäude durch Bomben beschädigt. Später wurde der Platz, nun nahe der Sektorengrenze, durch den Architekten Hans Scharoun neugestaltet, der AWO-Landesverband Berlin bezog wenige 100 Meter entfernt, wo heute das Theater HAU 2 residiert, das *Haus der sozialen Arbeit*. Nach der Wiedervereinigung und dem damit verbundenen Umzug nach Berlin errichteten sowohl SPD als auch AWO ihre Zentralen in unmittelbarer Nähe ihrer alten Wirkungsstätte. Mehrere Gedenktafeln und das Denkmal für Marie Juchacz erinnern heute an die Geschichte dieses Ortes.

Ortsauschüssen trugen die Landes-, Bezirks- und Kreisausschüsse Rechnung, wobei die Kommunikation in der Regel zwischen dem Hauptausschuss und den Bezirksausschüssen erfolgte und letztere die Informationen in ihrem Gebiet verbreiteten.

Das formal höchste Gremium stellten aber die Reichstagungen beziehungsweise *Reichskonferenzen* dar. In den Jahren bis 1933 fanden insgesamt vier statt: 1921 in Görlitz, 1924 in Hannover, 1927 in Kiel und 1929 in Frankfurt am Main. Sie waren unterteilt in eine interne Delegiertenversammlung und eine öffentliche Tagung, die sich grundsätzlichen Fragen der Wohlfahrtspflege widmete. Darüber hinaus gab es Fachtagungen, etwa im September 1926 in Jena über »Sozialismus und Bevölkerungspolitik«. Hier wurde kontrovers diskutiert, wie eine sozialistische Haltung zu Prostitution, Säuglings- und Mutterschutz, Empfängnisverhütung, Schwangerschaftsabbrüchen und Geburtenkontrolle aussehen müsse.[49] Ab 1925 waren

die jährlichen »Pfingsttreffen der sozialistischen Fürsorger und Fürsorgerinnen« ein beliebter Anlass, um sich quer zu den Strukturen
über die spezifischen Sorgen und Probleme der sozialen Arbeit aus-
zutauschen und überregionale Kontakte zu knüpfen.

Gruppenbild auf der 1. Reichskonferenz der Arbeiterwohlfahrt 1921 in Görlitz.

Die wachsende Professionalität der Arbeiterwohlfahrt mani-
festierte sich insbesondere in der Arbeit der *Fachkommissionen.*
Sie wurden von exponierten Persönlichkeiten geleitet, die sich
durch Publikationen und Aktivitäten in ihrem Feld einen Namen
gemacht hatten: Dorothea Hirschfeld, Ministerialrätin im Reichsarbeitsministerium, leitete beispielsweise die Kommission für
allgemeine Fürsorge, die Reichstagsabgeordnete Louise Schroeder
übernahm die Kommission Sozialpolitik und Siddy Wronsky, jüdische Sozialarbeiterin und Leiterin des *Archivs für Wohlfahrtspflege*
(heute eingegliedert in: *Deutsches Zentralinstitut für soziale Fragen*),
verantwortete den Ausschuss für literarische Arbeiten und Archiv-
wesen. Die Fachkommissionen beschäftigten sich mit Gesetzesent-
würfen, etwa zur Fürsorgeerziehung oder zu Jugendgerichten, sie
gaben Stellungnahmen zu Fragen der Gesundheitsfürsorge oder
der Arbeitslosenversicherung ab und entwickelten Richtlinien und
Musteranträge für die sozialdemokratischen Gemeindevertreter.[50]

In Probstzella (Thüringen) veranstaltete die Arbeiterwohlfahrt Weiterbildungen und Pfingsttreffen für Fürsorgerinnen.

Ein weiterer Baustein zur Entwicklung einer Verbandsidentität konnte mit der Fachzeitschrift *Arbeiterwohlfahrt* geschaffen werden, die ab Oktober 1926 zweiwöchentlich von Hedwig Wachenheim herausgegeben wurde. Die Bündelung der Expertise wurde darüber hinaus in einem eigenen »Lehrbuch der Wohlfahrtspflege« deutlich, das der Hauptausschuss 1927 zur Unterstützung der Aus- und Weiterbildung herausgab.[51] Ein eigens produzierter 40-minütiger Dokumentationsfilm über die »Sozialistische Fürsorgeziehung« bot zudem neue Möglichkeiten für eine zeitgemäße Selbstdarstellung in der Öffentlichkeit.

Die Bemühungen um eine Verankerung der eigenen sozialpolitischen Vorstellungen gipfelten 1928 in der Einrichtung einer *Wohlfahrtsschule* in Berlin. Sie war das Ergebnis langjähriger Bemühungen, über eine staatlich anerkannte höhere Fachschule die Ausbildung sozialdemokratischer Fürsorgerinnen und Fürsorger zu gewährleisten und mittelfristig die Demokratisierung der Wohlfahrtspflege und der öffentlichen Verwaltungen zu erreichen. Durch Vorbereitungskurse für Volksschüler und qualitative Aufnahmekriterien, Stipendien und Studiendarlehen, Wohnheimplätze und bezahlte Praktikumsstellen wurde auch Menschen aus der Arbeiter-

PFINGSTTREFFEN DER SOZIALISTISCHEN FÜRSORGER UND FÜRSORGERINNEN

Zur Vernetzung der ihr nahestehenden beruflichen Fürsorger und Fürsorgerinnen organisierte die Arbeiterwohlfahrt auf Anregung von Hedwig Wachenheim zwischen 1925 und 1932 jährliche Pfingsttreffen. Die mehrtätigen Veranstaltungen fanden in abgeschiedener Umgebung statt und boten Raum für den überregionalen fachlichen Austausch und persönliches Kennenlernen. Ausgewiesene Experten hielten Vorträge zu zentralen Fragen der Wohlfahrtspolitik, zudem gab es ein gemeinsames Freizeitprogramm. Viele Kontakte, die hier geknüpft wurden, überdauerten den Nationalsozialismus. Nach dem Zweiten Weltkrieg wurde die Tradition dieses fachlichen Austauschs 1947 wieder aufgegriffen und von 1955 an unter dem Namen *Sozialarbeitertreffen* weitergeführt. Ab 1961 fand eine Differenzierung zwischen Sozialarbeitern und Sozialpädagogen statt, die zukünftig jährlich abwechselnd tagten. In den 1970er Jahren wurden die regelmäßigen Treffen zugunsten von zeitlich und thematisch flexibleren Fachtagungen aufgegeben.

schaft der Besuch der zweijährigen Lehrgänge ermöglicht.[52] Neben den beiden hauptamtlichen Dozentinnen Erna Magnus und Susanne (Schulze-)Hirschberg übernahmen weitere qualifizierte Vertreterinnen und Vertreter aus der Arbeiterbewegung den Unterricht.

Die Einrichtung von »Reichsschulungswochen« zur Weiterbildung blieb dagegen in Ansätzen stecken. Im Februar 1928 versammelte man sich erstmals im *Kurhaus Clausthal* im schleswig-holsteinischen Kellinghusen. Der Hauptausschuss hatte die Einrichtung zwei Jahre zuvor als Restauration und Kurbetrieb übernommen. Die Teilnehmenden beschäftigten sich nicht nur mit »sozialer Gerichtshilfe und Entlassenenfürsorge«, mit Familien- und Sexualberatung oder mit der Fürsorgeerziehung, sondern hatten gleichzeitig Gelegenheit, »einmal im engsten Kreise alle die auftauchenden Probleme, Wünsche und Hoffnungen durchzusprechen«. Nach der intensiven Woche, in der auch die Besichtigung von Einrichtungen in Hamburg und Altona auf dem Programm stand, betonte Geschäftsführerin Käthe Buchrucker den sozialen Mehrwert des Treffens für den überregionalen Zusammenhalt der Arbeiterwohlfahrt: »Jedes Beisammensein während der Mahlzeiten, Arbeitspausen und Spaziergänge wurde nicht nur zum Austausch von Arbeits- und Organisationsfragen benutzt, sondern diente auch der Verständigung zwischen den Teilnehmern aus den in manchem so unendlich verschiedenen Reichsgebieten. Die Bayern erfuhren unter fröhlicher Zustimmung aller, daß man auch mit den Preußen einmal eine Zeitlang recht kameradschaftlich und fidel zusammenleben kann, die Preußen erkannten, daß Bayern, Schwaben und Badener gar nicht so anders geartet sind als es oft in werktäglichen Zusammenkünften der Fall zu sein scheint. Die Norddeutschen von der Wasserkante fanden in den fidelen Rheinländern ein nützliches Gegengewicht und die Vertreter des Ostens, insbesondere die Sachsen, hatten prachtvolle Gelegenheit zu beweisen, daß auch mit ihnen eine Verständigung auf der Basis gemeinsamer Arbeit und gemeinsamen kameradschaftlichen Erlebens ganz ausgezeichnet möglich ist, eine Gelegenheit, von der sie zu aller Freude besonders reichlichen Gebrauch machten.«[53] Die organisatorischen Anforderungen, die mit einem wirtschaftlich erfolgreichen Dauerbetrieb einer größeren Einrichtung verbunden waren, erwiesen sich als große Belastung für den Verband. 1930

ARBEITERWOHLFAHRT (1926–1933)

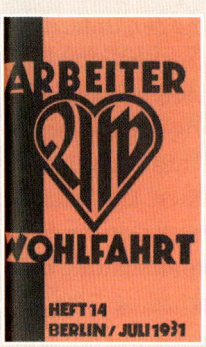

Mit der Herausgabe der Zeitschrift *Arbeiterwohlfahrt* ab dem 1. Oktober 1926 bündelte die Organisation ihre wohlfahrtspolitische Kompetenz für eine breitere Fachöffentlichkeit. Mit Hedwig Wachenheim übernahm eine ausgewiesene Sozialpolitikerin die Schriftleitung der 14-tägig erscheinenden Publikation. Sowohl grundlegende Aspekte der Wohlfahrtspolitik und Spezialfragen einzelner Fürsorgebereiche als auch neue Gesetzesregelungen sowie Berichte von Fachtagungen und aus dem Verband wurden von anerkannten Experten auf etwa 750 Seiten pro Jahr thematisiert. Die Auflage betrug etwa 10.000 Exemplare. Die letzte, von Fritz Schreiber verantwortete reguläre Ausgabe wurde unter Einschränkungen im Mai 1933 fertiggestellt, zeitgleich wurde das Verbot der Organisation durchgesetzt. Anschließend versuchte der nationalsozialistische »Bevollmächtigte« Erwin Kabitz vergeblich, das Blatt zu einem Propagandaorgan für die *Deutsche Arbeitsfront* zu machen.

Das Kurheim des Hauptausschusses in Kellinghusen wurde nach finanziellen Schwierigkeiten geschlossen.

musste das Kurhaus in Kellinghusen wieder verkauft werden, als der Hauptausschuss in finanzielle Schwierigkeiten geriet.[54]

Mit Problemen dieser Art sollte die Arbeiterwohlfahrt im Laufe ihrer Geschichte noch häufiger konfrontiert sein. Sie resultierten aus der Abhängigkeit von staatlichen Zuschüssen, der wachsenden Zahl von Aufgaben sowie der unzureichenden Ausbildung des größtenteils ehrenamtlichen Personals. Eigene Einnahmen ohne Zweckbindung generierte der Verband hauptsächlich aus Spendensammlungen, durch Lotterien sowie durch den Verkauf von Wohlfahrtsmarken. Auch die Geschäftsführung des Hauptausschusses erwies sich als herausfordernde Aufgabe. Sowohl Johanna Heymann als auch ihre Nachfolgerin Käthe Buchrucker (ab Juli 1925) waren mit der Aufgabe überfordert und wurden abgelöst, als Fehlentwicklungen des Verbands sichtbar wurden.[55] Erst mit Lotte Lemke fand sich 1930 in einer schwierigen Umbruchsphase eine dauerhafte Lösung für diese zentrale Position. Schon mit den ausführlichen Geschäftsberichten in den Jahrbüchern von 1930 und 1931, die Lemke zur Dokumentation der Verbandstätigkeit neu eingeführt hatte, legte sie angesichts des in der Wirtschaftskrise erstarkenden Nationalsozialismus eine besondere Arbeitseinstellung an den Tag, die sie über Jahrzehnte im Dienst der Arbeiterwohlfahrt unter Beweis stellen sollte.

Die Krise der Wohlfahrtspflege ab 1929

Die Weimarer Republik war gekennzeichnet von einem stetigen Spannungsverhältnis zwischen gesetzlichen Vorgaben und sozialpolitischen Ausnahmezuständen, die einer geordneten Umsetzung der programmatischen Ziele von Parteien und Verbänden oft im Weg standen. Nach dem Krieg mussten erst einmal rudimentäre Hilfsstrukturen etabliert werden, bevor an eine systematische Aufbauarbeit auch zu denken war. Es folgte die Geldentwertung in der Hyperinflation von 1923, die das Vermögen aller privaten Akteure zum Schmelzen brachte. Nur die Jahre zwischen 1924 und 1929 boten einigermaßen stabile Bedingungen für sozialpolitische Reformen und Experimente. Nicht ohne Grund fielen die meisten Neugründungen von Einrichtungen und Institutionen der Arbeiterwohlfahrt in diese Zeit.

Die Weltwirtschaftskrise vom Herbst 1929 beendete alle Hoffnungen auf eine kontinuierliche Verbesserung der sozialen Situation. Der Aufschwung der deutschen Wirtschaft ab 1924 war nur auf der Basis von Auslandskrediten möglich gewesen. Nach dem Börsencrash am 24. Oktober 1929 gingen die Investitionen merklich zurück, was unmittelbare Folgen für den Arbeitsmarkt zeitigte. Die Zahl der Arbeitslosen stieg bis Ende 1929 auf 2,85 Millionen an, ein Jahr später lag sie bereits bei 4,38 Millionen und Anfang 1932 erreichte sie mit über sechs Millionen Arbeitslosen einen dramatischen Höchststand. Hinter diesen offiziellen Zahlen, zu denen noch eine hohe Dunkelziffer nicht registrierter Arbeitsloser hinzukam, verbargen sich unzählige persönliche Schicksale und Notsituationen ganzer Milieus und Regionen, insbesondere in Großstädten und unter Industriearbeitern. Es gab zwar seit 1927 eine Arbeitslosenversicherung mit einem Rechtsanspruch auf Leistungen, das System war jedoch nach der kurzen Einzahlungszeit nicht auf eine so große Zahl an neuen Unterstützungsempfängern ausgelegt, weshalb die Zahlungen im Lauf der Krise mehrfach gekürzt werden mussten. Die kommunalen Wohlfahrtsämter und die Verbände wurden so zu ersten Anlaufstellen für Hilfsbedürftige, ohne dass die notwendige finanzielle Ausstattung ihrer Arbeit gewährleistet war.[56] Auch hier kam es zu Leistungskürzungen, ebenso bei den Kranken- und

Invalidenversicherungen, die präventive und freiwillige Angebote deutlich reduzierten.[57]

Angesichts dieser Verschärfungen der sozialen Not musste die Arbeiterwohlfahrt ihre Arbeit den neuen Gegebenheiten anpassen. An den Erwerb neuer Einrichtungen war nicht mehr zu denken, freiwillige Angebote und Modellversuche wurden eingestellt. Einzelne Einrichtungen wie zum Beispiel der Kindergarten im Eberthof in Altona mussten geschlossen werden.[58] Ein Teil der Erholungsheime für Jugendliche, die durch Zuschüsse von Kommunen und Krankenkassen finanziert worden waren, wurde für Weiterbildungen von Arbeitslosen umgewidmet. Die Notstandsküchen und Wärmehallen der Nachkriegsjahre wurden nun wieder benötigt. Da die öffentliche Fürsorge kaum noch das materielle Existenzminimum abdeckte, gewann die praktische Unterstützung mit Bekleidung eine neue Bedeutung. Die Arbeiterwohlfahrt reagierte auf diese Bedürfnisse, indem sie die Zahl ihrer Nähstuben deutlich ausweitete. Hatte es 1928 erst 300 Nähstuben mit insgesamt 800 Maschinen gegeben, waren es 1931 bereits 1.200 mit rund 3.000 Maschinen.[59]

Die wirtschaftliche Krise spiegelte sich auch in einer politischen Instabilität wider. Während die von Hermann Müller (SPD) angeführte Koalition aus SPD, Deutscher Volkspartei und Zentrum im

Abschlussfeier eines Nähkurses des Ortsausschusses Sonnenberg an der Nahe (Landkreis Birkenfeld) im Jahr 1929.

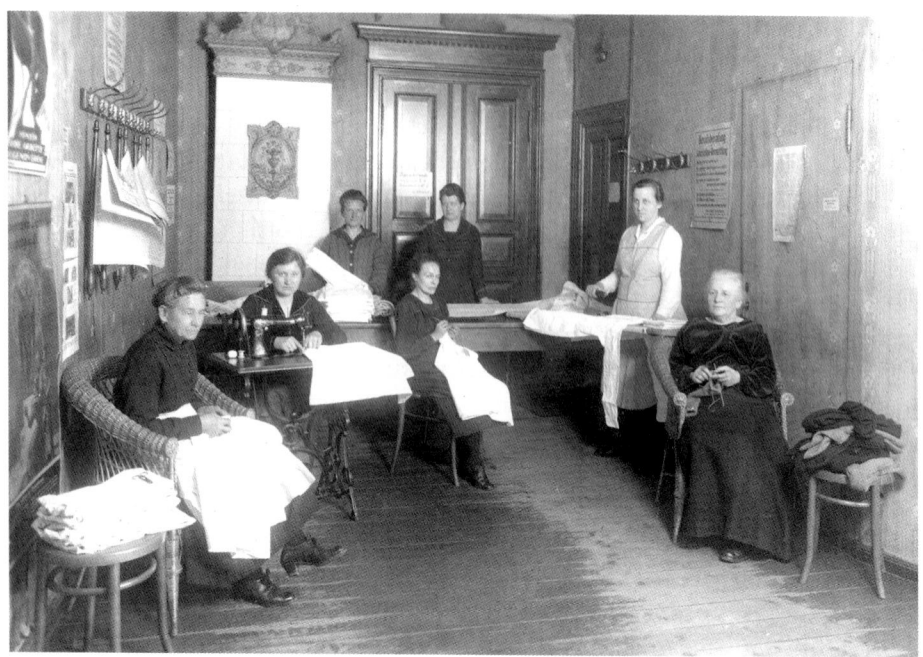

Die Nähstuben dienten auch dem politischen Austausch. Das Bild hält einen Besuch der Reichstagsabgeordneten Anna Simon in Brandenburg fest.

Streit über die Arbeitslosenversicherung im März 1930 auseinanderbrach, gewannen in der polarisierten Auseinandersetzung über die Ursachen und notwendigen Maßnahmen zur Bekämpfung der Arbeitslosigkeit die Nationalsozialisten und die Kommunisten rasant an Zulauf. Mit der Einsetzung von Heinrich Brüning als Reichskanzler begann die Zeit der Präsidialkabinette und Notverordnungen, die mit einer Entmachtung des Reichstags und harten Sparprogrammen einherging. Der umfassende Wohlfahrtsstaat und die Mitbestimmungsrechte und sozialen Forderungen der Arbeiterbewegung wurden als mitverantwortlich für die Krise angesehen. Hinzu kamen im öffentlichen Bewusstsein die Skandale um das äußerst riskante Finanzgebaren der Hika und die riesige *Deutsche Evangelische Heimstättengesellschaft* (Devaheim) der Inneren Mission, die nach Jahren von Misswirtschaft und Unterschlagung 1931 Konkurs anmeldete.[60]

Angesichts dieser Entwicklungen war an ein starres Festhalten am Primat der öffentlichen Fürsorge und den programmatischen

und fachlichen Überzeugungen nicht zu denken. Die Arbeiterwohlfahrt suchte wieder einmal nach eigenen Positionen und pragmatischen Strategien. In ihrer Zeitschrift sowie den Jahrbüchern 1930
und 1931 setzte sie sich intensiv mit allen Gesetzesänderungen
und den Folgen für die soziale Arbeit auseinander. Hier sparte sie
nicht an drastischen Formulierungen und grundsätzlicher Kritik
an den Notverordnungen: Die Krisenlasten, so die Position der
Arbeiterwohlfahrt, würden einseitig Arbeitern und Angestellten,
Arbeitslosen, Sozialrentnern und Kriegsversehrten aufgebürdet,
während die Unternehmen mit Steuergutscheinen entlastet würden. In der Krise zeigten sich die Widersprüche der kapitalistischen
Gesellschaft hinter der bürgerlich-wohlfahrtstaatlichen Fassade.[61]
Auch die Gefahr, die durch den erstarkenden Nationalsozialismus
drohte, wurde frühzeitig thematisiert: »Der Nationalsozialismus ist
der Feind der Sozialpolitik und Wohlfahrtspflege«, schrieb Hedwig
Wachenheim Mitte 1932. »An die Macht gekommen, würde der
Nationalsozialismus die sozialpolitischen Leistungen der vergangenen zwölf Jahre vernichten, wie auch zweifellos alle Versuche
einer modernen Kulturpolitik.«[62]

Eine der Maßnahmen, die das Kabinett Brüning ergriff, um die
Arbeitslosigkeit zu reduzieren, bestand 1931 in der Einführung
eines Freiwilligen Arbeitsdienstes (FAD). Mit diesem öffentlichen
Programm wurde die befristete Einstellung von primär jüngeren
Arbeitslosen für »zusätzliche und gemeinnützige« Projekte gefördert, um die Arbeitslosenversicherung zu entlasten. Die Arbeiterwohlfahrt wie auch die übrigen Organisationen der Arbeiterbewegung lehnten dieses Gesetz ab, weil sie einen Missbrauch für
Lohnsenkungen erwarteten. Bald nutzte man jedoch pragmatisch
die Fördermöglichkeiten für eigene Maßnahmen: »Wir haben den
freiwilligen Arbeitsdienst bekämpft, als er noch nicht Gesetz war.
Wir sind auch noch heute keine Befürworter! Aber nachdem die
bisherige Praxis des freiwilligen Arbeitsdienstes unsere Bedenken,
die vor allem auf lohnpolitischem und allgemeinpolitischem Gebiet
lagen, nicht bestätigt hat, und es vollkommen ausgeschlossen ist,
für jugendpflegerische Arbeit andere Mittel, als die über den freiwilligen Arbeitsdienst zu bekommen, glauben wir nicht mehr das
Recht zu haben, die uns nahestehende Jugend vor der Beteiligung

Maßnahmen der Arbeiterwohlfahrt für arbeitslose Jugendliche in Richau (Kreis Wehlau, Ostpreußen) im Rahmen des Freiwilligen Arbeitsdienstes.

an diesen immerhin beträchtlichen Mitteln auszuschließen.«[63] Der Ortsausschuss für Arbeiterwohlfahrt im badischen Offenburg nutzte beispielsweise die Förderung ab Sommer 1932, um einen Spielplatz und eine Blockhütte als Erholungsstätte sowie eine Nähstube zu errichten.[64]

Auch das *Winterhilfswerk* (WHW) der freien Wohlfahrtspflege war innerhalb der Arbeiterwohlfahrt umstritten. Als Spitzenverband lehnte der Hauptausschuss eine Beteiligung an dieser Initiative des Deutschen Roten Kreuzes ab, da die öffentliche Fürsorge nicht einbezogen wurde. Den Bezirken und Ortsausschüssen wurde jedoch eine Mitarbeit an dieser großangelegten Sammlungsaktion freigestellt, wobei eine eigene »Solidaritätshilfe« der Arbeiterbewegung bevorzugt wurde. Als Ausschlusskriterium benannte Lotte Lemke jedoch die örtliche Beteiligung von Nationalsozialisten: »[W]ir müssen es ablehnen, mit einer Organisation, die durch ihren Mordterror unendliches Elend über zahllose Arbeiterfamilien gebracht hat, uns an einen Tisch zu setzen, mit einer Organisation, die nie Fürsorge geleistet hat, wohlfahrtspflegerisch zu arbeiten.«[65]

Wohlfahrtspolitische Ziele und pragmatische Kompromisse

In den ersten 13 Jahren ihrer Existenz seit Dezember 1919 erlebte die Arbeiterwohlfahrt trotz zahlreicher gesellschaftlicher Krisen und politischer Instabilität ein rasantes Wachstum. Sie war mit dem klaren Vorsatz angetreten, die sozialdemokratische Partei für die konkreten Alltagssorgen der einfachen Menschen zu sensibilisieren und durch die Vernetzung aller sozial- und wohlfahrtspolitisch engagierten SPD-Mitglieder dafür zu sorgen, dass sich die soziale Verantwortung der Allgemeinheit in konkreten Rechtsansprüchen auf Leistungen der öffentlichen Fürsorge niederschlage. Mit diesen wohlfahrtspolitischen Grundsätzen stellte sich die Arbeiterwohlfahrt bewusst gegen alle anderen Wohlfahrtsverbände, die sich für das Subsidiaritätsprinzip, für die staatliche Förderung der privaten Fürsorge und den Stellenwert bürgerlicher Wohltätigkeit aussprachen. Diese programmatischen Differenzen kamen in der Weigerung der Arbeiterwohlfahrt zum Ausdruck, sich der Liga der Freien Wohlfahrtspflege anzuschließen und sich an den Sammlungen des Winterhilfswerks zu beteiligen. Stattdessen drängte die Arbeiterwohlfahrt auf den Ausbau der öffentlichen Fürsorge mit entsprechenden gesetzlichen Regelungen und betonte die Aufsichtspflicht des Staates über die freien Träger, damit deren Angebote allen Menschen ungeachtet von weltanschaulichen Einstellungen zugutekämen.

Trotz dieser prinzipiellen Einwände schlug die Arbeiterwohlfahrt von Anfang an einen flexiblen und pragmatischen Kurs ein, indem sie die drängenden Notsituationen und die gegebenen politischen Rahmenbedingungen zum Ausgangspunkt ihres praktischen Einsatzes nahm. Ein wesentlicher Faktor dieser pragmatischen Orientierung waren die Ortsausschüsse, die sich bei ihren Aktivitäten nach den konkreten Bedingungen und Kräfteverhältnissen in ihrer Gemeinde richten mussten. Die Verteilung von Auslandsspenden, die Bereitstellung von warmen Mahlzeiten, von Kleidung, Kinderbetreuung und Pflegeangeboten – all diese Aufgaben resultierten aus dem Alltag vor Ort. Der Betrieb eigener Einrichtungen war eine Reaktion auf die als mangelhaft empfundene lokale Infrastruktur, gedacht als Ausweis des fachlichen Profils, zur Untermauerung der eigenen jugendpolitischen und sozialpädagogischen Reformvorstellungen gegenüber der vorherrschenden konfessionellen Dominanz. Die Festschreibung des Subsidiaritätsprinzips in der Reichsfürsorgepflichtverordnung von 1924 bereitete dem Ausbau der eigenen Einrichtungen den Weg, auch der Hauptausschuss betrieb ab 1926 mit dem *Kurhaus Clausthal*, dem *Schwarzwaldheim*, dem *Immenhof* und der *Wohlfahrtsschule* vier Modellversuche mit eigenen fachpolitischen Akzenten.

Gleichzeitig hielt die Arbeiterwohlfahrt aber an ihrem Verständnis als Sozialanwalt und dem Primat der öffentlichen Fürsorge fest, indem sie sich mit konkreten Vorschlägen in den Gesetzgebungsprozess einschaltete und zu zahlreichen Feldern der Fürsorgepolitik, etwa zur Schwangerschaftsberatung, zur Jugendfürsorge oder zur Gefangenenbetreuung, eigene Positionen entwickelte. Aber auch hier agierte sie kompromissorientiert, etwa beim Reichsjugendwohlfahrtsgesetz, das nur partiell den eigenen Erwartungen entsprach, vor allem aber in der Weltwirtschaftskrise nach 1929, als sie trotz prinzipiellen Einwänden den »Freiwilligen Arbeitsdienst« für eigene Maßnahmen nutzte.

Schon zu Lebzeiten wurde ein Kindererholungsheim in Büdelsdorf nach Louise Schroeder benannt.

In der Erinnerungskultur der Arbeiterwohlfahrt haben der Gründungsakt am 13./14. Dezember 1919 und viele Akteurinnen und Akteure der ersten Jahre einen dauerhaften Platz erhalten. Allen voran natürlich Marie Juchacz, nach der heute unzählige Orte und Symbole der Arbeiterwohlfahrt benannt sind und die jüngst ein eigenes Denkmal an ihrer alten Wirkungsstätte in Berlin-Kreuzberg erhielt.[66]

Aber auch Lotte Lemke und zahlreiche regional bedeutsame Persönlichkeiten sind heute namensgebend für Seniorenheime, Geschäftsstellen, Bildungsstätten, Kindergärten der AWO und sogar für Straßen, Plätze oder Brücken. Nach Lotte Lemke sind heute unter anderem eine Beratungsstelle, Seniorenanlage und Begegnungsstätte des Kreisverbands Bonn, eine Mutter-Kind-Klinik des Bezirksverbands Weser-Ems, ein Familienzentrum mit Kindertagesstätte in Gießen, eine sozialpädagogische Schule in Braunschweig, ein sozialpsychiatrisches Wohnheim in Kaufbeuren, Seniorenzentren in Bad Kreuznach, Bremerhaven-Lehe und Essen-Huttrop sowie Straßen in Hannover und Lünen benannt.

Angela Braun, die Gründerin der Arbeiterwohlfahrt Saar, ist Namensgeberin einer Straße und eines Seniorenzentrums in Saarbrücken. An Lore Agnes, die langjährige Vertreterin des Bezirks Niederrhein, erinnern heute in Düsseldorf und Essen Einrichtungen der AWO, außerdem Straßen in Düsseldorf und Duisburg. Das Haus der sozialen Dienste, ein multifunktionales Zentrum des Kreisverbands Magdeburg, wurde 1999 nach Marie Arning benannt, die hier in den 1920er Jahren den Kreisausschuss leitete. Das Familienzentrum Johanna Tesch mit Kita in Gummersbach erinnert an die Sozialpolitikerin, Reichstagsabgeordnete und Mitgründerin der Arbeiterwohlfahrt in Frankfurt am Main ebenso wie ein Platz in ihrer Geburtsstadt. Ein Seniorenzentrum in Dortmund-Brünninghausen und eine Straße in Brackel tragen heute den Namen von Minna Sattler, Gründungsmitglied der örtlichen Arbeiterwohlfahrt und nach 1945 langjährige Bezirksgeschäftsführerin im westlichen Westfalen. Der Berliner Senat taufte 2016 eine Straße mit einer Spreebrücke im Bezirk Treptow-Köpenick nach Minna Todenhagen, der früheren Vorsitzenden des Bezirksausschusses für Arbeiterwohlfahrt und Kinderschutz Berlin und Leiterin des Hauses Kinderschutz in Berlin-

Zehlendorf. Elisabeth Kirschmann-Röhl wurde schon unmittelbar nach ihrem frühen Tod 1930 zur Namenspatronin eines Erholungsheims des Ortsausschusses Koblenz, nach Louise Schroeder wurde sogar schon zu Lebzeiten ein Kindererholungsheim in Büdelsdorf benannt.

In der Nachkriegszeit nach 1945 waren die Erinnerungen an die eigenen Strukturen in der Weimarer Republik noch lange wegweisend und wurden immer wieder als positives Vorbild angeführt, etwa bei der Wiederaufnahme der Sozialarbeitertreffen, bei der Etablierung des *Seminars für Sozialberufe* und in den Forderungen nach einer eigenen Fachzeitschrift. Auch durch einzelne Grundstücke und Einrichtungen, die die Arbeiterwohlfahrt nach 1945 zurückerhielt, wie zum Beispiel den *Immenhof,* das *Theodor-Schwartz-Erholungsheim* in Travemünde, die Waldheime in Württemberg oder das *Schwarzwaldheim Ludwig Frank,* konnten die Kontinuitäten der eigenen Geschichte betont werden.

Quellen und Literatur

1 Zehnjahresfeier des Hauptausschusses für Arbeiterwohlfahrt, in: Arbeiterwohlfahrt 5 (1930), H. 6, S. 184–187, S. 186 f.

2 Vgl. Lotte Lemke: Die Arbeiterwohlfahrt im Geschäftsjahr 1930, in: Hauptausschuss für Arbeiterwohlfahrt (Hrsg.): Jahrbuch der Arbeiterwohlfahrt 1930, Berlin 1931, S. 3–36, hier S. 20 f.

3 Vgl. Christoph Gusy: 100 Jahre Weimarer Verfassung. Eine gute Verfassung in schlechter Zeit, Tübingen 2018; Horst Dreier/Christian Waldhoff (Hrsg.): Das Wagnis der Demokratie. Eine Anatomie der Weimarer Reichsverfassung, München 2018.

4 Vgl. Christoph Sachße/Florian Tennstedt: Geschichte der Armenfürsorge in Deutschland, Bd. 2: Fürsorge und Wohlfahrtspflege 1871 bis 1929, Stuttgart/Berlin etc. 1988, S. 87 ff.

5 Vgl. Moritz Schlesinger: Erinnerungen eines Außenseiters im diplomatischen Dienst, Köln 1977, S. 81ff, insb. S. 97.

6 Vgl. Protokoll des SPD-Parteiausschusses vom 13./14. Dezember 1919, in: Dieter Dowe (Hrsg.): Protokolle der Sitzungen des Parteiausschusses der SPD 1912 bis 1921. Nachdrucke, Bonn 1980, S. 699–753.

7 Hedwig Wachenheim: Demokratisierung der Wohlfahrtspflege, in: Arbeiterwohlfahrt 4 (1929), H. 13/14, S. 437–447.

8 Protokoll der Gründungsversammlung des Vereins Arbeiterjugendhilfe (Verein für Jugendfürsorge und Jugendpflege) in Stuttgart und Umgebung vom 22.12.1919, StAL, F 303 III 455.

9 Landesvorstand der Sozialdemokraten Württemberg an Württembergisches Arbeitsministerium, Abt. Frauenreferat vom 21.2.1920 und vom 20.7.1920, HStAS, E361 Bü 305.

10 Vgl. Dietmar Niemann: Die Düsseldorfer Arbeiterwohlfahrt von ihren Ursprüngen bis zur Gegenwart. 1904–1980. Ein Beitrag zur Sozialgeschichte der Stadt Düsseldorf, Düsseldorf 1981, S. 20 ff.

11 Sozialdemokratische Wohlfahrtspflege. Ortsgruppe Altona, in: Hamburger Echo vom 19.2.1920.

12 Johanna Heymann: Arbeiterwohlfahrt. V. Berichte aus den Orts- und Bezirksausschüssen für Arbeiterwohlfahrt, in: Die Gleichheit vom 7.7.1920, S. 238–239; AWO Bezirksverband Mittelrhein (Hrsg.): Arbeiterwohlfahrt am Mittelrhein 1919 bis 1989. Ursprünge und Entwicklung, Köln 2019.

13 Sozialdemokratische Wohlfahrtspflege, in: Vorwärts vom 19.2.1920.

14 Sozialdemokratische Wohlfahrtspflege, in: Vorwärts vom 20.2.1920; Juchacz/Heymann: Die Arbeiterwohlfahrt, S. 179 f.

15 Vgl. Wohlfahrtskonferenz in Annaberg, in: Die Gleichheit vom 15.5.1920.

16 Marie Juchacz: Arbeiterwohlfahrt, in: Vorwärts vom 23.7.1921.

17 Juchacz/Heymann: Die Arbeiterwohlfahrt, S. 84.

18 Marie Juchacz: Die Arbeiterwohlfahrt. I. Gründung und Richtlinien, in: Die Gleichheit vom 19.6.1920.

19 Vgl. Christiane Eifert: Frauenpolitik und Wohlfahrtspflege. Zur Geschichte der sozialdemokratischen »Arbeiterwohlfahrt«, Frankfurt am Main/New York 1993, S. 13 ff.

20 Vgl. Franz Walter/Peter Lösche (Hrsg.): Solidargemeinschaft und Milieu. Sozialistische Kultur- und Freizeitorganisationen in der Weimarer Republik, 4 Bände, Bonn 1990–1993.

21 Vgl. Jochen-Christoph Kaiser: Sozialer Protestantismus im 20. Jahrhundert. Beiträge zur Geschichte der Inneren Mission 1914–1945, München 1989, S. 135 ff.

22 Vgl. Catherine Maurer: Der Caritasverband zwischen Kaiserreich und Weimarer Republik: Zur Sozial- und Mentalitätsge-

schichte des caritativen Katholizismus in Deutschland, Freiburg im Breisgau 2008, S. 228 f.

23 Vgl. Protokoll der Reichssitzung des Hauptausschusses für Arbeiterwohlfahrt am 6.12.1925 in Berlin, S. 4 f.

24 Vgl. Arbeitskreis Jüdische Wohlfahrt (Hrsg.): 100 Jahre Zentralwohlfahrtsstelle der Juden in Deutschland (1917–2017). Brüche und Kontinuitäten, Frankfurt am Main 2017; Christiane Eifert: The Forgotten Members of the Arbeiterwohlfahrt. Jews in the Social Democratic Welfare Association, in: The Leo Baeck Institute Year Book 39 (1994), S. 179–209.

25 Vgl. Wilfried Rudloff: Die Wohlfahrtsstadt. Kommunale Ernährungs-, Fürsorge- und Wohnungspolitik am Beispiel Münchens 1910–1933, Göttingen 1998, S. 493.

26 Vgl. Kaiser: Sozialer Protestantismus im 20. Jahrhundert, S. 128 f.

27 Sachße/Tennstedt: Geschichte der Armenfürsorge in Deutschland, Bd. 2, S. 99 ff.

28 Marie Juchacz/Johanna Heymann: Die Arbeiterwohlfahrt. Voraussetzungen und Entwicklung, Berlin 1924, S. 57.

29 Vgl. Florian Tennstedt: Wohltat und Interesse. Das Winterhilfswerk des Deutschen Volkes: Die Weimarer Vorgeschichte und ihre Instrumentalisierung durch das NS-Regime, in: Geschichte und Gesellschaft 13 (1987) S. 157–180, hier 161 ff.

30 Juchacz/Heymann: Die Arbeiterwohlfahrt, S. 89 u. S. 223 f.

31 Lotte Lemke: Die Arbeiterwohlfahrt im Jahr 1931, in: Hauptausschuss für Arbeiterwohlfahrt (Hrsg.): Jahrbuch der Arbeiterwohlfahrt 1931, Berlin 1932, S. 1–51, S. 23

32 Juchacz/Heymann: Die Arbeiterwohlfahrt, S. 142.

33 Vgl. Lemke: Die Arbeiterwohlfahrt im Jahr 1931, S. 47.

34 Hauptausschuss für Arbeiterwohlfahrt e. V. (Hrsg.): Der Hauptausschuss für Arbeiterwohlfahrt im Geschäftsjahr 1926, Berlin 1927, S. 19.

35 Johanna Heymann: Redebeitrag, in: Zweite Reichskonferenz des Hauptausschusses, der Bezirks-, Kreis- und Ortsausschüsse für Arbeiterwohlfahrt am 12. September 1924, in Hannover, im Beethovensaal der Stadthalle, S. 10 f.

36 Vgl. Protokoll Reichssitzung Hauptausschuss vom 6.12.1925 in Berlin, S. 17 ff.

37 Vgl. Juchacz/Heymann: Die Arbeiterwohlfahrt, S. 121.

38 Vgl. Der Hauptausschuss für Arbeiterwohlfahrt im Geschäftsjahr 1926, S. 11.

39 Vgl. Jahrbuch der Arbeiterwohlfahrt 1931, S. 47 f.

40 Vgl. Hamburger Ausschuss für soziale Fürsorge e. V.: Zehn Jahre Arbeiterwohlfahrt in Hamburg, Hamburg 1930, S. 18–21.

41 Vgl. Minna Todenhagen: Das August-Bebel-Kinderheim in Gohrisch, in: Arbeiterwohlfahrt 2 (1927), H. 7, S. 218–221.

42 Niemann: Die Düsseldorfer Arbeiterwohlfahrt von ihren Ursprüngen bis zur Gegenwart, S. 30 f.

43 Heimstatt der Arbeiterwohlfahrt in Köln-Deutz, in: Arbeiterwohlfahrt 2 (1927), H. 2, S. 56–61.

44 Vgl. Wiedergutmachungsakte des Landgerichts Hamburg, Staatsarchiv Hamburg, 213-13_10333.

45 Elisabeth Kirchmann-Röhl: Der Immenhof. Das Heidehaus des Hauptausschusses für Arbeiterwohlfahrt, in: Vorwärts vom 2.6.1929, Beilage Frauenstimme.

46 Amtliche Nachrichten des Reichsarbeitsministers 2 (1920), H. 44 vom 8.11.1920.

47 Vgl. Der Hauptausschuss für Arbeiterwohlfahrt im Geschäftsjahr 1926, S. 31–35.

48 Vgl. Juchacz/Heymann: Die Arbeiterwohlfahrt, S. 27f; Jahrbuch der Arbeiterwohlfahrt 1930, S. 37 f. Protokoll der Reichsitzung vom 6.12.1925 in Berlin.

49 Hauptausschuss für Arbeiterwohlfahrt (Hrsg.): Sozialismus und Bevölkerungs-

politik. Tagung in Jena am 25./26. September 1926, [Berlin] [1926].

50 Vgl. Jahrbuch der Arbeiterwohlfahrt 1931, S. 15.

51 Hauptausschuss für Arbeiterwohlfahrt (Hrsg.): Lehrbuch der Wohlfahrtspflege, Berlin 1927.

52 Vgl. Hedwig Wachenheim: Die Wohlfahrtsschule des Hauptausschusses für Arbeiterwohlfahrt, in: Jahrbuch der Arbeiterwohlfahrt 1930, S. 45–66.

53 Käthe Buchrucker: Die erste Reichsschulungswoche des Hauptausschusses für Arbeiterwohlfahrt, in: Arbeiterwohlfahrt 3 (1928), H. 5, S. 147–154 u. H. 6, S. 177–182.

54 Vgl. Lemke: Die Arbeiterwohlfahrt im Geschäftsjahr 1930, S. 17; Vgl. Protokoll des Bezirksausschusses für Arbeiterwohlfahrt Hamburg-Nordwest vom 29.12.1930, in: BArch, RY/17/1, Bl. 113–115.

55 Vgl. Protokoll der Reichssitzung am 6.12.1925; Protokoll des Bezirksausschusses für Arbeiterwohlfahrt Hamburg-Nordwest vom 29.12.1930.

56 Vgl. Christoph Sachße/Florian Tennstedt: Geschichte der Armenfürsorge in Deutschland, Bd. 3: Der Wohlfahrtsstaat im Nationalsozialismus, Stuttgart/Berlin u. a. 1992, S. 34 ff.

57 Vgl. Louise Schroeder: Die Entwicklung der Sozialversicherung im Jahr 1931, in: Jahrbuch der Arbeiterwohlfahrt 1931, S. 158–183.

58 Vgl. Lemke: Die Arbeiterwohlfahrt im Jahr 1931, S. 18.

59 Vgl. ebd.

60 Vgl. Tennstedt: Wohltat und Interesse, S. 167f; Kaiser: Sozialer Protestantismus im 20. Jahrhundert, S. 17ff u. 238ff; Jan Körnert/Klemens Grube: Die Deutsche Evangelische Heimstättengesellschaft (Devaheim) Aufstieg und Fall einer kirchlichen Bausparkasse von 1926 bis 1931, in: Zeitschrift für Unternehmensgeschichte 56 (2011), S. 3–28.

61 Vgl. Die »neue Staatsführung« und die Arbeiter, in: Arbeiterwohlfahrt 7 (1932), H. 18, S. 545–553; Herman Kranold-Steinhaus: Die Entwicklung der Wohlfahrtspflege in der Krise, in: Jahrbuch der Arbeiterwohlfahrt 1931, S. 136–157.

62 Hedwig Wachenheim: Politik und Wirtschaft als Schicksal der Wohlfahrtspflege, in: Jahrbuch der Arbeiterwohlfahrt 1931, S. 70–104, hier S. 73.

63 Lemke: Die Arbeiterwohlfahrt im Jahr 1931, 30 f.

64 Vgl. Staatsarchiv Freiburg, N 210/2 23 und N 210/2 27

65 Lotte Lemke: Winterhilfe 1932, in: Arbeiterwohlfahrt 7 (1932), H. 18, S. 563–570, S. 564 f.

66 Die Liste der Einrichtungen und Institutionen der Arbeiterwohlfahrt, die nach Marie Juchacz benannt wurden, ist sehr lang und kann hier nur exemplarisch aufgeführt werden. Bereits zu Lebzeiten, 1947, wurde das zentrale Schulungsheim in Vöhl am Edersee nach ihr benannt, es folgte 1962 das Gebäude der höheren Fachschule für Sozialarbeit und Sozialpädagogik in Düsseldorf-Eller. Mit der Marie-Juchacz-Plakette werden seit 1969 verdiente Persönlichkeiten der Arbeiterwohlfahrt geehrt. Die neue Bundesgeschäftsstelle in Bonn-Tannenbusch erhielt 1978 ebenfalls den Namen der Verbandsgründerin. Der AWO Bezirk Mittelrhein betreibt in Köln-Chorweiler ein multifunktionales Zentrum, das bis heute ihren Namen trägt, in Langelsheim-Wolfshagen besteht eine staatlich anerkannte Marie-Juchacz Schule in Trägerschaft des AWO Bezirks Braunschweig. Die Marie-Juchacz-Stiftung der Arbeiterwohlfahrt fördert seit 1998 Aufgaben der Wohlfahrtspflege und kulturelle Projekte, u. a. den Bau des 2017 errichteten Denkmals für Marie Juchacz in Berlin-Kreuzberg.

Das Haus der Arbeiterwohlfahrt in Saarbrücken wurde 1935 von den Nationalsozialisten besetzt und später geplündert und demoliert.

4

VERFOLGUNG UND ZERSCHLAGUNG, WIDERSTAND UND EXIL

Die Arbeiterwohlfahrt in den Jahren 1933 bis 1945

Kameraden, Mitarbeiter der Arbeiterwohlfahrt! Die Einheitsfront des deutschen Arbeitertums ist geschaffen. Unser Volkskanzler Adolf Hitler ist Schirmherr der deutschen Arbeitsfront. Zum ersten Male in der deutschen Geschichte ist damit über alle Parteien- und Richtungsstreitigkeiten hinweg zur Tagesordnung übergegangen worden. Die Einheitsgewerkschaft aller Arbeiter und Angestellten ist im Aufbau begriffen. Hierzu gehört aber auch als untrennbarer Teil von dem großen Ganzen, als eine der wichtigsten Aufgaben an dem Wiederaufbau unseres Volkes die Pflege und Fürsorge für unsere in Not geratenen deutschen Brüder und Schwestern. Nicht Almosenempfänger sollen durch unsere Wohlfahrt erzogen werden, sondern mit verständnisvoller Unterstützung wollen wir unsere hilfsbedürftigen deutschen Volksgenossen der Arbeitsfront zuführen und die Jugend für ihre Aufgabe vorbilden. Die deutsche Arbeiterwohlfahrt, deren Leitung ich übernommen habe, setzt ihren Stolz darein, ein nützliches Glied der nationalen Front des Arbeitertums zu werden. Ich bin bestrebt, die Arbeiterwohlfahrt so auszubauen, daß sie später als Vorbild dient für alle Wohlfahrtseinrichtungen.

Ein knappes halbes Jahr war Adolf Hitler Reichskanzler, als dieser martialische Aufruf in der Ausgabe der *Arbeiterwohlfahrt* vom 15. Juli 1933 erschien. Aus der Fachzeitschrift des sozialdemokratischen Wohlfahrtsverbands sollte ein Kampforgan der nationalsozialistischen Sozialpolitik werden, symbolisch untermalt durch ein Hakenkreuz auf dem Titelblatt, unterstrichen durch ein »Führerzitat« und die Dachzeile »Herausgegeben vom Hauptausschuss für Arbeiterwohlfahrt in der Deutschen Arbeitsfront«. Die Ziele, die Erwin Kabitz, der neue »Bevollmächtigte« der Arbeiterwohlfahrt, mit diesem ersten Rundschreiben vorgab, zeigten unverhohlen die nationalistische, undemokratische und antisemitische Stoßrichtung des neuen Regimes: »Der nationale Staat erfordert nicht nur die Erfüllung staatsbürgerlicher Verpflichtungen, sondern er fordert von jedem einzelnen das Mitfühlen an dem inneren Erleben der Nation, die der Inbegriff aller Lebensäußerungen ist. Unsere Arbeit wird darum nur Deutschland und immer nur Deutschland gelten. Für Standes- und Klassenscheidung gibt es bei uns keinen Raum mehr. Die Einstellung auf die echte deutsche Volksgemeinschaft im

Sinne unseres heutigen nationalen Staates muß ich von jedem meiner Mitarbeiter als unbedingte Grundlage voraussetzen. Die Pflege, Fürsorge und Erziehung haben durchaus in deutschem Geiste zu erfolgen. Jüdische Kräfte sind daher unverzüglich restlos auszuschalten, desgleichen Marxisten, soweit sie als Lehrkräfte in Frage kommen.«[1] Kabitz strebte eine straffe Zentralisierung der Wohlfahrtsorganisation und die Erfassung allen Eigentums an. Regionale Konferenzen und Veröffentlichungen seien zukünftig nur mit seiner Genehmigung erlaubt, Anweisungen von ihm und seinen Beauftragten waren zu befolgen, Ansprüche anderer NS-Organisationen zurückzuweisen. Kabitz ging sogar so weit, dass er die regionalen und lokalen Empfänger seines Rundbriefs anwies, bereits beschlagnahmtes Eigentum vom Staat zurückzufordern und aufgelöste Ausschüsse wiederzubeleben.[2]

Arbeiterwohlfahrt

Herausgegeben vom ✠ Hauptausschuß für Arbeiterwohlfahrt in der Deutschen Arbeitsfront

8. Jahrgang · 15. Juli 1933 · 14. Heft

Die soziale Tätigkeit hat ihre Aufgabe nie und nimmer in ebenso lächerlichen wie zwecklosen Wohlfahrtsduseleien zu erblicken, als vielmehr in der Beseitigung solcher grundsätzlicher Mängel in der Organisation unseres Wirtschafts- und Kulturlebens, die zu Entartungen einzelner führen müssen oder wenigstens verleiten können.

Adolf Hitler

(in „Mein Kampf")

Diese hochtrabenden Pläne scheiterten allerdings nach wenigen Wochen auf ganzer Linie. Seinen Intentionen standen sowohl die regionalen Gegebenheiten der Wohlfahrtstätigkeit, der Unwillen vieler Mitglieder der bis dahin sozialdemokratischen Arbeiterwohlfahrt als auch anders gelagerte Strategien von Landesministerien, Polizeibehörden und weiteren NS-Funktionsträgern und NS-Organisationen entgegen. Die *Nationalsozialistische Volkswohlfahrt* (NSV), aber auch Untergliederungen der *NS-Frauenschaft* (NSF) des *Stahlhelms* oder der *Hitlerjugend* (HJ) hatten bereits verschiedene Einrichtungen und Inventare der Arbeiterwohlfahrt in Augenschein genommen oder Räumlichkeiten auf eigene Faust besetzt und angeeignet. Sie protestierten nun gegen eine Herausgabe an die *Deutsche Arbeitsfront* (DAF). Landesregierungen und städtische Kommunen argumentierten wiederum vielerorts, dass die Einrichtungen der Arbeiterwohlfahrt nur dank öffentlicher Zuwendungen

Die erste und einzige Ausgabe der Zeitschrift Arbeiterwohlfahrt, die von den Nationalsozialisten im Juli 1933 herausgegeben wurde.

und Kredite errichtet worden seien, weshalb der Erstzugriff auf das Eigentum dem Staat gebühre. Lokale Polizeistellen stellten daher die Anweisungen von Kabitz infrage und weigerten sich, bereits beschlagnahmtes Eigentum an die neuformierten Ortsausschüsse auszuhändigen. Dass die Zerschlagung eines freien sozialdemokratischen Wohlfahrtsverbands gesetzeswidrig sein könne, daran dachte im Sommer 1933 schon kaum jemand mehr. Als »Recht« galt, was der »Volksgemeinschaft« nützlich schien.

Für die Arbeiterwohlfahrt brachten diese Kompetenzstreitigkeiten keine Auswege. Sie geriet vielmehr ins Visier rivalisierender NS-Organisationen, die alle Strukturen und Angehörige der Arbeiterbewegung mit Verfolgung und Verboten überzogen und sich an ihrem Eigentum schamlos bereicherten. Viele Mitglieder sahen dem Terror jedoch nicht tatenlos zu, sondern fanden ganz unterschiedliche Wege, um ihr Leben zu schützen, ihre Überzeugungen zu bewahren und zumindest Teile des Vermögens in Sicherheit zu bringen.

Von der Notstandsregierung zur Diktatur

Die politischen und gesellschaftlichen Umwälzungen im Anschluss an die Ernennung Adolf Hitlers zum Reichskanzler am 30. Januar 1933 erwiesen sich für die Organisationen der Arbeiterbewegung binnen weniger Wochen als existenzbedrohend. Die sozialdemokratischen Vorstellungen von Demokratie, Mitbestimmung, Rechtsstaatlichkeit und gesellschaftlichem Ausgleich hatten bereits durch die sozialen Verwerfungen der Weltwirtschaftskrise von 1929 und die Einschränkung der Demokratie durch die Notverordnungen der Präsidialkabinette schwere Rückschläge erlitten. Die durch Massenarbeitslosigkeit, städtische Wohnungsnot und rasche Verarmung verursachten Notlagen erwiesen sich als überaus einschneidend für die gerade erst etablierte Wohlfahrtspolitik der jungen Demokratie. Die finanzielle Misere der sozialen Sicherungssysteme und der öffentlichen Finanzen, die sich insbesondere in den Kommunen zeigte, wirkte hier zusätzlich als Katalysator. Dagegen bezeugte die erfolgreiche Sammlungsarbeit des von der Arbeiterwohlfahrt kritisch betrachteten Winterhilfswerks, das in der Bevölkerung große Spendenbereitschaft und Akzeptanz für nationalistische Angebote vorhanden war.

Ohnehin war das Vertrauen in die Funktionsfähigkeit von Rechtsstaat und Demokratie in der Weimarer Republik nie besonders stark ausgeprägt. Ab 1930 erodierte es nicht nur aufgrund der sozialen und ökonomischen Krise, sondern auch infolge der anhaltenden politischen Staatskrise und der damit einhergehenden Zunahme gewalttätiger Auseinandersetzungen zwischen paramilitärischen Verbänden und überforderten Staatsorganen.[3] Erst vor diesem Hintergrund konnte das radikale Ordnungsversprechen der NSDAP größere Breitenwirkung entfalten. Schließlich versprach es eine nach innen geeinte und nach außen kampfbereite deutsche »Volksgemeinschaft«. Dass dieses Ziel nur durch eine Bekämpfung aller politischen Gegner, die Stigmatisierung und Enteignung ganzer Bevölkerungsgruppen und eine revisionistische Außenpolitik erreicht werden konnte, war den unverblümt artikulierten Kampfparolen ihrer Propaganda zu entnehmen. Vorstellungen von Rassenbiologie, Eugenik und sozialer Hygiene, wie sie schon in den Jahrzehnten zuvor mit ganz unterschiedlichen Motivationen und Schlussfolgerungen vorgetragen wurden, lieferten einen Begründungszusammenhang, der es den Nationalsozialisten ermöglichte, ihre Vorstellungen von sozialer Auslese und rassischer Reinheit durchzusetzen.[4]

Die angestrebte »Liquidation des Weimarer Systems« sollte alle Rechtsansprüche auf »Versorgung durch den Staat« beseitigen.[5] Die vielfältigen Angebote der öffentlichen und privaten Fürsorge wurden, wie es in der Sprache der Zeit hieß, als »Kompromiss im übelsten Sinne zwischen einem monopolistisch entarteten Liberalismus und einem korrumpierten marxistischen Sozialismus« diffamiert.[6] Viele der Personen, die auf Leistungen der Fürsorge angewiesen waren, wurden nach und nach als »minderwertig«, »leistungsschwach«, »erbkrank«, »gemeinschaftsunfähig« oder »asozial« stigmatisiert und ausgegrenzt. Im Zentrum der nationalsozialistischen »Volkswohlfahrtspflege« sollte nicht mehr die Integration bedürftiger Individuen stehen, sondern – versehen mit perfiden Hinweisen auf »Selbstverantwortung«, »Würde«, »Pflicht-

Das national-
sozialistische
Winterhilfswerk
sammelte im
Winter 1933/34
für die Fürsorge
im Sinne der
»Volksgemein-
schaft«.

bewusstsein« und »Opferbereitschaft« – die Auslese, Unterwerfung und schließlich Kriegsmobilisierung im Dienst der nationalsozialistischen »Volksgemeinschaft«.[7]

Neben und zunehmend an die Stelle der bisherigen Strukturen der öffentlichen und privaten Fürsorge traten neue Massenorganisationen der NSDAP, die rasch expandierten, um Geltung und Einflussbereiche konkurrierten und eine Unterordnung und Gleichschaltung der bisherigen Träger verlangten. Vor allem die Deutsche Arbeitsfront, die NS-Volkswohlfahrt und das nun von ihr organisierte *Winterhilfswerk des Deutschen Volkes* (WHW) meldeten dank der direkten Protektion durch führende Nationalsozialisten in Regierungsämtern bald Führungsansprüche für den weiten Bereich der Wohlfahrtstätigkeit an, aber auch Hitlerjugend und NS-Frauenschaft profitierten organisatorisch und materiell von der Machtübernahme.

Die konfessionellen Wohlfahrtsverbände und die vielen kleineren Organisationen und Vereine der privaten Wohltätigkeit konnten den Manövern der neuen Machthaber wenig entgegensetzen. Zwar gab es auch in den Reihen von *Deutschem Caritasverband* und *Innerer Mission* Personen wie Benedikt Kreutz oder Paul Gerhard Braune, die sich aufgrund ihrer langjährigen Praxiserfahrungen sowie ihrer religiösen und fachlichen Überzeugungen nicht einfach mit dem herrischen Verhalten der Nationalsozialisten und manchen ihrer Ansichten, etwa zur Zwangssterilisierung, anfreunden mochten. Zudem galt es aus ihrer Sicht, die starke konfessionelle Prägung des Weimarer Wohlfahrtssystems zu verteidigen. Aufgrund der Krisen und Skandale der zurückliegenden Jahre standen die Wohlfahrtsverbände jedoch in der Öffentlichkeit unter Legitimationsdruck. In den propagandistischen Kampagnen zum Winterhilfswerk der Jahre 1931 und 1932 war es allerdings gelungen, der traditionellen privaten Wohltätigkeit eine neue nationale Bedeutung zuzuweisen: »Aus der Not der Zeit durch helfende Liebe zu neuem Aufstieg. Hilfsbereitschaft ist vaterländische Pflicht und Dienst am Volkstum. Wer helfen kann, muß helfen.«[8] Insbesondere in den Leitungsgremien der konfessionellen Verbände herrschte die Einsicht vor, dass eine derartige Neuausrichtung und Umstrukturierung der gesamten Wohlfahrtspflege erforderlich sei.

Weit verbreitet war angesichts der Wirtschaftskrise zudem die Auffassung, dass das parlamentarisch-demokratische System nicht die geeignete Staatsform sei, um Reformen umzusetzen. Wilhelm Polligkeit, langjähriger Vorsitzender und Geschäftsführer des *Deutschen Vereins*, artikulierte keineswegs eine randständige Meinung, als er den Regierungswechsel euphorisch begrüßte: »Nach langen Jahren tiefer Enttäuschung durchzieht eine Welle neuen Hoffens und des Glaubens an eine bessere Zukunft unser Volk. Mit aller Wucht ist der Wille zum Durchbruch gelangt, gegen die inneren und äußeren Mächte anzukämpfen, die den Wiederaufstieg Deutschlands niederhalten. [...] Adolf Hitler, der Führer der nationalen Revolution, hat unserem Volk dieses Vertrauen in seine eigene Kraft wiedergegeben.«[9] Ähnlich äußerten sich führende Vertreter von Innerer Mission und Caritas, getragen von der Erwartung, dass die Ausschaltung unliebsamer Konkurrenten nur in ihrem Sinne sein könne und der Illusion, dass die eigenen Handlungsmöglichkeiten durch die drohende »Gleichschaltung« der öffentlichen und privaten Wohlfahrtspflege nicht gefährdet waren.[10] Auch den Ausschluss der *Zentralwohlfahrtsstelle der deutschen Juden* aus der Liga und die damit einhergehende Diskriminierung und Verfolgung nahmen die großen christlichen Verbände ohne Widerspruch hin.[11] Der *Deutsche Paritätische Wohlfahrtsverband* löste sich zwar 1934 als Zentralverband auf, viele Mitgliedsorganisationen arbeiteten jedoch unter dem Dach der NSV weiter, Mitglieder mit jüdischer Abstammung wie der Vorsitzende Leo Langstein oder Anna von Gierke, Leiterin des Jugendheims Charlottenburg, wurden aus ihren Funktionen gedrängt.[12]

Die Wohlfahrtsaktivitäten aus den Reihen der Arbeiterbewegung waren nun in ihrem Kern in Frage gestellt. Selbst der *Zentrale Wohlfahrtsausschuss der christlichen Arbeiterschaft,* der 1921 als Konkurrenz zur sozialistischen Wohlfahrtspflege ins Leben gerufen worden war, war in seiner Existenz bedroht und löste sich noch 1933 auf.[13] Weil die Arbeiterwohlfahrt ihre politische Herkunft und ihre bisherigen Prinzipien von Freiheit und Solidarität nach der nationalsozialistischen Machtübernahme nicht verleugnen konnte und wollte, musste sie zwangsläufig in das Visier der Nationalsozialisten geraten. Noch am 15. Februar 1933 gab sich die Organisation in ihrer Verbandszeitschrift selbstbewusst und kämpferisch: »Wir Fürsorger kämpfen in unserer Arbeit um die geistige und sittliche Entwicklung eines jeden Menschen, um seine Einreihung in die Gesellschaft. Wir haben kein Verständnis dafür, daß jetzt auf dem Wege der Politik das gleiche Recht der Menschen zerstört und mit Gewalt die Arbeiterbevölkerung rechtlos gemacht werden soll. Wir sind für das gleiche Recht aller. Unsere Arbeit, Unselbständige in die Gesellschaft wieder einzugliedern, hätte jeden Sinn verloren, wenn diese doch nur Rechtlose würden. Wir haben im letzten Jahr feststellen müssen, daß mit der Schwächung der Sozialdemokratie und der Zerstörung der Arbeitsfähigkeit der Parlamente Sozialpolitik und Wohlfahrtspflege abgebaut werden sollen. Darum werden wir jetzt kämpfen für den Wiederaufbau dieser Einrichtungen, gegen Ungerechtigkeit für Recht, gegen Knechtschaft für Freiheit, für Demokratie und Sozialismus!«[14]

Politische Verfolgung und Terror

Der Terror von SA-Einheiten und politischer Polizei richtete sich von Anfang an gegen exponierte Funktionäre und Einrichtungen der Arbeiterwohlfahrt. Anfang Februar wurde beispielsweise das Schullandheim in Wolfshagen im Harz, in dem arbeitslose Jugendliche aus der Region untergebracht waren, überfallen. Die lokale SPD-Zeitung *Der Volksfreund* berichtete am 9. Februar 1933: »Die Nationalsozialisten stürmten jetzt das Jugendheim, warfen die Fenster ein und brachen die Fensterkreuze aus. Alsdann eröffneten sie das Feuer auf das Schullandheim. Neben einem Steinbombardement, dem viele Fensterscheiben zum Opfer fielen, wurde unaufhörlich geschossen.«[15]

Die systematische Unterdrückung des politischen Gegners durch staatliche Organe setzte unmittelbar nach dem Reichstagsbrand vom 27. Februar 1933 ein. Mit der »Verordnung des Reichspräsidenten zum Schutz von Volk und Staat« wurden am nächsten Tag die Kommunisten für den Brand verantwortlich gemacht. Die proklamierte »Abwehr kommunistischer staatsgefährdender Gewaltakte« richtete sich aber schon bald auch gegen die gesamte »marxistische« Arbeiterbewegung, eine unterstellte Kooperation von Kommunisten und Sozialdemokraten diente als Schreckbild und Vorwand. Wilhelm Frick, der Reichsminister des Innern, informierte schon am 9. März 1933 alle Landesregierungen, dass ihm »von beachtlicher Seite [...] die Anregung zugegangen« sei, »das Vermögen der kommunistischen Organisationen zum anteiligen Ersatz des durch den Brand des Reichstagsgebäudes verursachten Schadens heranzuziehen.«[16] Die Länder, die nun ebenfalls von überzeugten Nationalsozialisten der ersten Stunde kontrolliert wurden, überboten sich bald mit Vorschlägen, wie sich diese Anweisung auf die SPD ausdehnen ließ. Noch im März wurde das *Reichsbanner Schwarz-Rot-Gold*, das als sozialdemokratisch geprägter Wehrverband zur Verteidigung der Republik den Hass der Nationalsozialisten auf sich gezogen hatte, in Braunschweig, Thüringen und Bayern verboten. Andere Länder zogen bald nach.

Die staatlichen Repressionen gegen Sozialdemokraten trafen auch die Organisationsstrukturen der Arbeiterwohlfahrt. Sie war mit dem Reichsbanner auf lokaler Ebene personell verflochten und unterhielt Kooperationen, unter anderem im Rahmen des *Freiwilligen Arbeitsdienstes* (FAD) in Braunschweig.[17] In Essen wurde am 16. März 1933 das *Friedrich-Ebert-Heim*, die Geschäftsstelle der örtlichen Arbeiterwohlfahrt, durchsucht und Wertgegenstände entwendet. Zwei Tage später wurden die Büroräume beschlagnahmt und versiegelt. Eine laufende Maßnahme für arbeitslose Jugendliche im Rahmen des FAD musste deshalb abgebrochen werden.[18] In Baden begannen die Polizeibehörden Ende März mit der Auflösung von Ortsausschüssen und der Beschlagnahme von Eigentum und Einrichtungen. So wurden in Mannheim am 26. März Einrichtungen der Arbeiterwohlfahrt von der Kriminalpolizei in Begleitung von uniformierten NSDAP-Mitgliedern aufgesucht, Inventar, Vermögenswerte und Schlüssel beschlagnahmt und die Gebäude anschließend versiegelt.[19] Einige Tage später wurden in Lörrach und Offenburg Nähmaschinen der Ortsausschüsse konfisziert und anschließend an den *Bund Deutscher Mädel* (BDM) und die NSF weitergegeben, während die Gendarmerie in Weil am Rhein und in Steinen nur geringe Kassenbestände einziehen konnte.[20]

Eine besondere Konstellation ergab sich Köln. Die *Heimstatt*, eine 4.000 m² große Heimanlage für obdachlose ledige Männer, die die

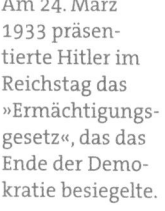

Am 24. März 1933 präsentierte Hitler im Reichstag das »Ermächtigungsgesetz«, das das Ende der Demokratie besiegelte.

Arbeiterwohlfahrt Köln 1924 in Deutz in Baracken auf städtischem Grund eingerichtet hatte,[21] wurde am 14. April 1933 per »Schenkungsvertrag« von der Stadt in Besitz genommen. Am Tag darauf wurden die Holzbaracken schon an den *Stahlhelm* verpachtet, bevor die SA-Gruppe Niederrhein nach einigen Rechtsstreitigkeiten im Mai 1934 ihren Anspruch auf die Gebäude durchsetzte, um sie fortan als Schulungszentrum zu nutzen.[22] In Württemberg durchsuchten die örtlichen Polizeibehörden Mitte April die Geschäftsstellen der Ortsausschüsse in Stuttgart und Ulm und beschlagnahmen Dokumente und Inventar.[23]

Mit dem »Gesetz zur Behebung der Not von Volk und Reich« vom 24. März 1933, das als »Ermächtigungsgesetz« bekannter ist, erhielt die Verfolgung eine rechtliche Bemäntelung. Die SPD, die sich – nach dem Verbot der Kommunisten – als einzige Partei gegen das Gesetz gestellt hatte, geriet nun ebenso wie alle ihr nahestehenden Nebenorganisationen, Verlage, Vereine und Zeitschriften in akute Existenznot. Der Hauptausschuss für Arbeiterwohlfahrt hatte diese Entwicklungen von Berlin aus mit großer Sorge beobachtet. Er versuchte, mögliche Konsequenzen für den Verband zu antizipieren. Noch am 15. März wurde in der Zeitschrift *Arbeiterwohlfahrt* die Losung ausgegeben: »Wir dienen den Notleidenden. Die Notwendigkeit dieses Dienstes bleibt. Wir haben gegenüber den Arbeitslosen, Kriegsopfern, Sozialrentnern, Kranken und Siechen, den hilfsbedürftigen Jugendlichen nicht das Recht, von unserer Arbeit zu lassen. [...] Nie war soziale Hilfe aus dem Geist der Solidarität aller Arbeiter notwendiger als eben jetzt. Diese Aufgabe will die Arbeiterwohlfahrt weiter erfüllen. Trage ein jeder dazu bei, daß sie es kann.«[24] Auf der letzten Reichstagung des Hauptausschusses am 17. März 1933 wurden jedoch Beschlüsse gefasst, die als Reaktion auf die Verfolgung der Organisationen der Arbeiterbewegung anzusehen waren. Um die eigenen Strukturen vor Vereinnahmung und Angriffen zu schützen, verabschiedete der Hauptausschuss neue Richtlinien, die »solidarische Selbsthilfe« als Prinzip betonten. Die Nähe zur SPD wurde nicht mehr offiziell genannt, um keine zusätzlichen Angriffsflächen zu bieten. In Bezug auf die Mitgliedschaft hieß es nun: »Der Ortsausschuß hat das Recht, Mitglieder, die den Interessen der Arbeiterwohlfahrt vorsätzlich oder grob fahrlässig

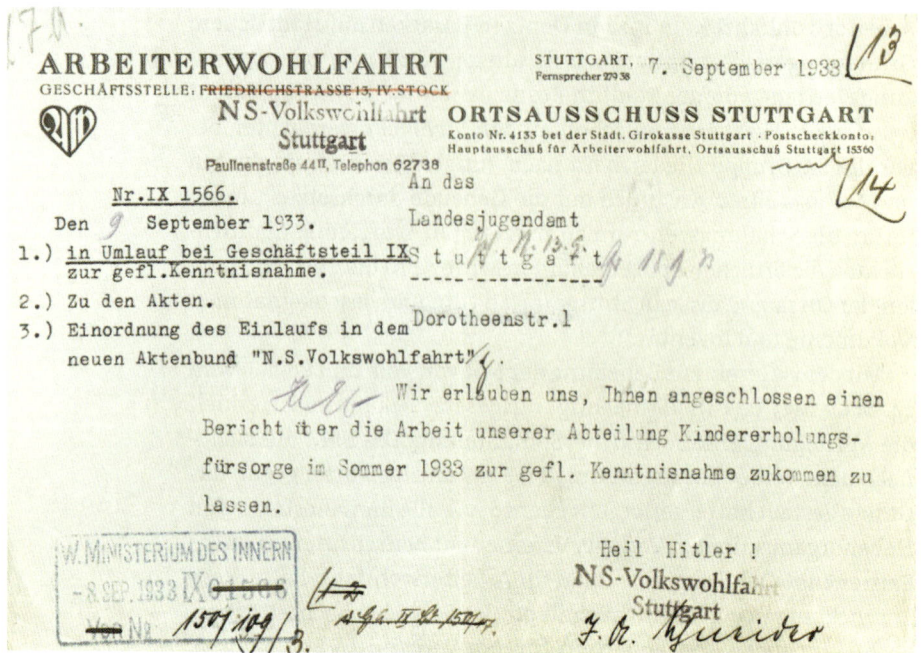

ARBEITERWOHLFAHRT
GESCHÄFTSSTELLE: FRIEDRICHSTRASSE 13, IV. STOCK

STUTTGART, 7. September 1933
Fernsprecher 279 38

NS-Volkswohlfahrt ORTSAUSSCHUSS STUTTGART
Stuttgart
Paulinenstraße 44 II, Telephon 62738

Konto Nr. 4133 bei der Städt. Girokasse Stuttgart · Postscheckkonto:
Hauptausschuß für Arbeiterwohlfahrt, Ortsausschuß Stuttgart 15360

Nr. IX 1566.

An das

Den 9 September 1933.

Landesjugendamt

1.) in Umlauf bei Geschäftsteil IX
    zur gefl. Kenntnisnahme.

2.) Zu den Akten.

Dorotheenstr. 1

3.) Einordnung des Einlaufs in dem
    neuen Aktenbund "N.S.Volkswohlfahrt".

Wir erlauben uns, Ihnen angeschlossen einen
Bericht über die Arbeit unserer Abteilung Kindererholungs-
fürsorge im Sommer 1933 zur gefl. Kenntnisnahme zukommen zu
lassen.

W. MINISTERIUM DES INNERN
- 8. SEP. 1933

Heil Hitler !
NS-Volkswohlfahrt
Stuttgart

Die NS-Volks-
wohlfahrt be-
reicherte sich
schamlos am Be-
sitz der Arbei-
terwohlfahrt
und nutzte sogar
das Briefpapier
weiter.

zuwiderhandeln, aus der Arbeiterwohlfahrt auszuschließen. Ferner
können ausgeschlossen werden Mitglieder, deren weiteres Ver-
bleiben das harmonische Zusammenarbeiten der Gesamtmitglied-
schaft gefährdet.«[25] Hedwig Wachenheim zeichnete am 15. März
1933 zum letzten Mal als Schriftleiterin der *Arbeiterwohlfahrt*, ab
April 1933 war Fritz Schreiber noch für vier Ausgaben der offizielle
Verantwortliche der Zeitschrift, bis am 15. Mai 1933 die letzte Ausgabe vor der misslungenen Gleichschaltung erschien.

In dieser Gemengelage sahen die Funktionsträger der Arbeiterwohlfahrt unterschiedliche Handlungsoptionen. Einige lokale Gliederungen, zum Beispiel die Ortsausschüsse in Preetz oder Hann.
Münden, lösten sich auf, um einem Verbot zuvorzukommen.[26] Andere versuchten, möglichst sachlich gegen die Einschränkung der
eigenen Handlungsspielräume zu protestieren, indem sie auf dring-
liche Aufgaben und politische Neutralität verwiesen. Es gab auch
Fälle, in denen die Anpassungsbereitschaft zumindest rhetorisch
weiter ging. So schrieb zum Beispiel die württembergische Arbeiter-

wohlfahrt am 28. April 1933 an die *Zentralleitung für Wohltätigkeit* in Württemberg: »Unser sehnlichster Wunsch ist, all die wertvollen Kräfte die bisher in selbstloser Hingabe durch die Arbeiterwohl- fahrt diesen Dienst am Volke geleistet haben, auch im neuen Staate zum Wohle der Volksgemeinschaft wirksam werden zu lassen. Die Neuorganisierung und die damit vollständig gewordene Unabhän- gigkeit unserer Organisation legt uns keinerlei Schranken in die Eingliederung der Volksgemeinschaft auf.«[27] Die gleichgeschalteten Behörden gingen auf derartige Zugeständnisse jedoch nicht ein.

Zerschlagung der Arbeiterorganisationen

Nachdem die Durchsuchungen, Verhaftungen, Schikanen und Be- schlagnahmungen vom März und April vor allem auf exponierte Funktionäre, Gliederungen und Medien ausgerichtet waren, rich- tete sich das Augenmerk des NS-Staats ab Mai 1933 systematischer auf das gesamte Vermögen der sozialdemokratischen Arbeiterbe- wegung. Die traditionellen Demonstrationen zum 1. Mai wurden vom neuen Reichsminister für Volksaufklärung und Propaganda Joseph Goebbels umfunktioniert und mit medialem Spektakel als Massenaufmarsch für den »Tag der nationalen Arbeit« inszeniert, der nun erstmals zum offiziellen Feiertag erklärt wurde. Allein auf

Der Immenhof wurde im Mai 1933 von den Nationalsozia- listen beschlag- nahmt und für eigene Zwecke genutzt.

dem Tempelhofer Feld in Berlin versammelten sich an diesem Tag über eine Million Menschen, oft getrieben durch politischen Druck und Einschüchterungen in den Betrieben sowie die Androhung von Lohneinbußen. Dass sich hinter dem Bekenntnis zu einer geeinten Volksgemeinschaft, das viele in den Bann zog, der Terror gegen Andersdenkende verbarg, erwies sich einen Tag später in aller Deutlichkeit. Am Morgen des 2. Mai 1933 besetzten *Sturmabteilung* (SA) und die *Nationalsozialistische Betriebszellenorganisation* (NSBO) im ganzen Land ohne rechtliche Grundlage Gewerkschaftshäuser und verhafteten Funktionäre und Sekretäre. Eine vorgeschobene Legitimation für diese Maßnahmen wurde mit Ermittlungen wegen des Verdachts der Korruption gegen den ADGB-Vorsitzenden Theodor Leipart und weitere Gewerkschaftsführer geschaffen. In einem Funkspruch, den das neugegründete Geheime Staatspolizeiamt Berlin am 9. Mai an alle Landesbehörden ausgab, wurde explizit der Zugriff auf sozialdemokratisches Eigentum gefordert.[28]

Mit dieser Begründung begann auch die Zerschlagung und Enteignung der Arbeiterwohlfahrt im ganzen Reich. Bereits einige Tage zuvor hatte das Hauptjugendamt Berlin weibliche Jugendliche von der Polizei zurück nach Berlin transportieren lassen, die im *Immenhof,* der zentralen Fürsorgeeinrichtung des Hauptausschusses in Hützel in der Lüneburger Heide, untergebracht waren.[29] Das über 50 Hektar große Gelände mit Wald, Feldern und Wiesen sowie den von der Arbeiterwohlfahrt umgestalteten Wohn- und Gemeinschaftsräumen war für die neuen Machthaber von großem Interesse. Hermann Göring sperrte sich deshalb als Preußischer Ministerpräsident auch gegen eine Übernahme durch die NSV. Nach der Enteignung wurde es nun als Wehrertüchtigungslager der Hitlerjugend und als Frauenheim der SS genutzt, bevor es als Erholungsheim von der NSV Ost-Hannover beansprucht wurde.[30]

Anfang Mai, unmittelbar nach der Zerschlagung der Gewerkschaften, rief die NSDAP mit der *Deutschen Arbeitsfront* (DAF) eine neue Großorganisation ins Leben. Unter der Führung von Robert Ley, dem Reichsorganisationsleiter der NSDAP, beanspruchte sie nicht nur das große gewerkschaftliche Vermögen für sich, sondern trachtete auch danach, an deren Stelle ein machtvolles Organisationsgefüge innerhalb der Arbeitswelt zu etablieren, das den

BIOGRAFIE

LOTTE LEMKE (1903–1988)

In Königsberg war Lotte Lemke in der Hauptwohlfahrtsstelle für Ostpreußen tätig, als sie 1922 von der örtlichen Arbeiterwohlfahrt die Möglichkeit erhielt, ein Studium an der Hochschule für Politik in Berlin aufzunehmen. Als staatlich anerkannte Fürsorgerin arbeitete sie anschließend ab 1926 im Landkreis Calau (Brandenburg). 1929 holte Marie Juchacz sie zum Hauptausschuss für Arbeiterwohlfahrt nach Berlin, wo sie dank ihres organisatorischen Geschicks nach einem Jahr zur Geschäftsführerin aufstieg. Dem Verbot der Organisation im Mai 1933 versuchte sie früh durch den Aufbau des Deutsch-Ausländischen Jugendhilfswerks zu begegnen. Außerdem war Lemke als Gesellschafterin des »Seifenhauses« in Berlin-Neukölln und als Kurier für die SoPaDe (Exilvorstand der SPD) in Prag in sozialdemokratische Widerstandsnetzwerke involviert. Ab 1942 arbeitete sie bis Kriegsende in Ostpreußen im Kreisgesundheitsamt, bevor sie vor der Roten Armee Richtung Westen floh. Aufgrund ihrer Erfahrung wurde sie 1946 als Geschäftsführerin für den Wiederaufbau der Arbeiterwohlfahrt engagiert, erst in Hannover und ab 1952 in Bonn. Sie behielt diese Position bis 1965, bevor sie für sechs Jahre selbst als Vorsitzende der Arbeiterwohlfahrt fungierte.

Zusammenhalt der nationalsozialistischen Volksgemeinschaft durchsetzen sollte.[31] Der Geltungsanspruch der DAF stand durchaus in Konkurrenz zu anderen Strukturen der NSDAP, beispielsweise zur NSV, die aufgrund ihres geringen Einflusses vor 1933 um ihren Status als offizielle Wohlfahrtsorganisation der Partei kämpfen müssen. Beide Organisationen, DAF und NSV, rangen jedenfalls in den nächsten Monaten um den Zugriff auf die beschlagnahmten Einrichtungen und Vermögenswerte der Arbeiterwohlfahrt. Zusätzlich verfolgten die zuständigen Reichs- und Landesbürokratien, die über den Zugriff auf das Eigentum offiziell zu entscheiden hatten und auf deren Apparat die Nationalsozialisten nicht verzichten konnten, eigene Interessen und Strategien.

Der gescheiterte Auftrag zur Gleichschaltung der Arbeiterwohlfahrt, der einleitend geschildert wurde, stammte von Karl Müller, dem Direktor der neugeschaffenen *Bank der Deutschen Arbeit*. Robert Ley hatte Müller als »Unterpfleger« für das umfangreiche sozialdemokratische und gewerkschaftliche Vermögen eingesetzt, das in der *Konzentration AG* zusammengefasst war. Die Geschäftsstelle des Hauptausschusses für Arbeiterwohlfahrt am Belle-Alliance-Platz 6/8 (heute: Mehringplatz) in Berlin-Kreuzberg wurde am 12. Mai 1933 von der SS gestürmt. Anschließend wurden Lotte Lemke als Geschäftsführerin und die weiteren Mitarbeiter und Mitarbeiterinnen freigestellt, der Zugriff auf die Konten unterbunden und die Räumlichkeiten mitsamt dem Inventar beschlagnahmt.[32] Der von Müller eingesetzte Bevollmächtigte Erwin Kabitz versuchte anschließend gemeinsam mit aus der NSBO rekrutierten regionalen »Unterpflegern«, die Arbeiterwohlfahrt organisatorisch »gleichzuschalten« und in die DAF einzugliedern.[33] Die Mitglieder der Arbeiterwohlfahrt verweigerten sich jedoch reichsweit diesen Ansinnen, die Organisation war nun aber ihrer zentralen Schaltstelle beraubt.

Der Hauptausschuss hatte frühzeitig Vorkehrungen getroffen, um wenigstens einen Teil des Eigentums vor dem feindlichen Zugriff durch den NS-Staat zu verstecken. Über ein versteckt ge-

Robert Ley, der Leiter der Deutschen Arbeitsfront, koordinierte die Zerschlagung und Enteignung der Arbeiterbewegung.

DEUTSCH-AUSLÄNDISCHES JUGENDHILFSWERK

Um die Arbeiterwohlfahrt in Deutschland nach dem drohenden Verbot zu unterstützen, hatte sich im Mai 1933 ein getarntes internationales Hilfsnetzwerk gebildet. Zentrale Aufgabe war der Transfer des Geldvermögens der Arbeiterwohlfahrt ins Ausland, um es vor dem Zugriff der Nationalsozialisten zu retten. Offizielle Schirmherrinnen waren Elsa Brandström und Jeanne Marie de Morsier. Zu den bekannten Akteurinnen des Netzwerks gehörten Lotte Lemke, Ruth Weiland, Erna Corte, Edith Hart, Margot Paazig und Emma Steiger, es fehlen allerdings Quellen über die Tätigkeit der Organisation. Hilfsgelder kamen unter anderem von den Quäkern. Auf diese Weise konnte bis 1936 ein jüdischer Kindergarten in Berlin-Reinickendorf betrieben werden, außerdem wurden, solange das Geld reichte, Familien unterstützt, die unter Verfolgung und Verhaftungen zu leiden hatten.

legenes Ausweichbüro in der nahegelegenen Großbeerenstraße, das zu diesem Zweck angemietet wurde, koordinierten die Mitarbeiter der Berliner Geschäftsstelle unter der Anleitung von Lotte Lemke die Arbeit im Verborgenen. Als Tarnorganisation wurde das *Deutsch-Ausländische Jugendhilfswerk* ins Leben gerufen. Durch prominente und unverdächtig wirkende Unterstützerinnen aus dem Ausland wie Elsa Brandström, die sich nach dem Ersten Weltkrieg für deutsche Kriegsgefangene in der Sowjetunion eingesetzt hatte, und Jeanne Marie de Morsier, die Generalsekretärin der *Internationalen Vereinigung für Kinderhilfe* (UISE) aus Genf, gelang es bis 1936, Spenden von Wohlgesinnten außerhalb Deutschlands zu sammeln, um bedürftige Kinder und Arbeiterfamilien mit Hilfspaketen zu unterstützen.[34]

Alle offiziellen Kanäle der Verlautbarung und Kommunikation wurden ab Mitte Mai eingestellt. Die Arbeiterwohlfahrt ging als informelles Netzwerk vertrauter Personen in die Illegalität. »Alle Verästelungen im Organisationsgefüge, die für die legale Arbeit in so ausgeweiteter Form mit Recht bestanden, sind zurzeit nicht opportun«, schrieb der SPD-Vorstand aus Prag am 18. Juli 1933 an Marie Juchacz, die das Land ebenfalls bereits verlassen hatte. Lotte Lemke wurde zur Koordination der Untergrundarbeit auserkoren.[35] Unter dem Decknamen »Gerda« hielt sie als illegale Kurierin Verbindung

DAS SEIFENHAUS, BERLIN-NEUKÖLLN

Im September 1933 übernahm Lotte Lemke zusammen mit Fritz Schreiber, Erwin Draeger und Alfred Loeber ein kleines Seifengeschäft in der
Friedelstraße 31 in Berlin-Neukölln. Alle vier Sozialdemokraten hatten
zuvor für den Hauptausschuss für Arbeiterwohlfahrt gearbeitet, Draeger
sogar noch bis September 1933 als Buchhalter unter dem DAF-Beauftrag-
ten Erwin Kabitz. Als stiller Teilhaber war auch Alfred Nau involviert, nach
1945 Schatzmeister von SPD und Arbeiterwohlfahrt, zu diesem Zeitpunkt
als Versicherungsvertreter ein zentraler Kontaktmann des sozialdemokratischen Widerstands. Das Seifenhaus und der damit verbundene überregionale Handel mit Rohstoffen und Seifenerzeugnissen dienten als
Tarnung für ein illegales Netzwerk, um Verbindungen aufrechtzuerhalten
und verfolgte Sozialdemokraten zu unterstützen. In den Verpackungen
wurden politische Schriften versteckt, die Einnahmen wurden für den Lebensunterhalt im Untergrund verwendet. Obwohl Schreiber mehrfach
verhört wurde, konnte der Seifenhandel bis 1936 fortgeführt werden.

zum sozialdemokratischen Exilvorstand (SoPaDe) in Prag. Bis Juli
1934 überquerte sie mehrfach als Wandererin bei Hirschberg (Jelenia
Gorá) im Riesengebirge die grüne Grenze nach Tschechien und
schmuggelte Briefe, Zeitungen und weiteres politisches Material.[36]
Zusammen mit Fritz Schreiber, Alfred Loeber und Erwin Draeger,
dem ehemaligen Kassierer des Hauptausschusses, gründete sie
außerdem im September 1933 das *Seifenhaus*, ein Ladengeschäft
im Stadtteil Neukölln. Die kommerziellen Aktivitäten boten bis zur
Enttarnung im Dezember 1934 eine legale Fassade – Handelsreisen,
Warensendungen und laufende Einnahmen schufen unverfänglich
wirkende Anlässe, um in Not geratene Genossinnen und Genossen
zu unterstützen.[37]

Die NSV ergreift den Besitz der Arbeiterwohlfahrt

Neben den geschilderten Bemühungen der DAF, die Arbeiterwohlfahrt gleichzuschalten, hatte sich die NSV geschickt als Nachfolgerin der Arbeiterwohlfahrt in Stellung gebracht. Sie berief sich auf
eine etwas vage Aussage des »Führers« vom 3. Mai 1933, der die

NSV als Organisation innerhalb der Partei anerkannt und ihr be-
scheinigt hatte, »für alle Fragen der Volkswohlfahrt und der Fürsorge« zuständig zu sein.[38] Das Preußische Ministerium des Innern
erwirkte im Einvernehmen mit dem Reichsarbeitsministerium
am 30. Mai 1933 die Bestellung eines »Staatskommissars für den
Hauptausschuß für Arbeiterwohlfahrt« durch das Geheime Staats-

Der Gebäude-
komplex in der
Lindenstraße 3,
in dem auch die
Arbeiterwohl-
fahrt ihre Zent-
rale hatte, wur-
de im Mai 1933
durchsucht und
besetzt.

polizeiamt in Berlin. Mit Hermann Althaus, dem stellvertretenden Vorsitzenden der NSV, gelangte einer ihrer führenden Experten auf dem Gebiet der Wohlfahrtspflege wenige Tage später in diese Position mit der Aufgabenstellung, die Interessen des RAM in diesem Bereich zu wahren.[39] Es gelang Althaus trotzdem erst nach einiger Zeit, die umtriebigen Aktivitäten von Erwin Kabitz wieder einzufangen. Kabitz wiederum berief sich auf die Weisung Robert Leys, der in der Parteihierarchie über den NSV-Funktionären stand, und auf die Polizeiabteilung des Preußischen Ministeriums des Innern, die ihn ebenfalls zum Staatskommissar ernannt hatte. Der Konflikt wurde noch dadurch angeheizt, dass Kabitz mit seinen Plänen zum Umbau der Arbeiterwohlfahrt seine Kompetenzen eigenmächtig überschritt.

Bei einer Zusammenkunft der unterschiedlichen Akteure am 24. Juni 1933 im Preußischen Ministerium des Innern wurde festgehalten, dass die Einsetzung von Kabitz am 26. Mai rechtmäßig erfolgt sei, das Reichsarbeitsministerium davon aber noch keine Kenntnis hatte, als es mit Althaus einen eigenen Staatskommissar bestellte. Aufgrund eines überzeugenden Plädoyers von Althaus und dem NSV-Vorsitzenden Erich Hilgenfeldt für die Zuständigkeit ihrer Organisation wurde festgehalten, dass sie »bei Dr. Ley, dem Führer der Deutschen Arbeitsfront, Vortrag halten und ihn bitten sollte, eine Anordnung dahingehend zu treffen, daß zur treuhänderischen Verwaltung des Vermögens der Arbeiterwohlfahrt ausnahmsweise nicht die Arbeitsfront, sondern die N.S.-Volkswohlfahrt bestimmt werden sollte.«[40] Diese Bemühungen waren zunächst erfolglos, da die Polizeibehörden insbesondere in Preußen widersprüchliche Befehle erhielten. Noch im August 1933 gab der Preußische Innenminister beispielsweise den Funkspruch heraus: »Vermögen der Arbeiterwohlfahrt wird genau wie übriges sozialdemokratisches Vermögen nur von der Polizei verwaltet und lediglich nach meinen Weisungen verwertet. Auslieferung an NSDAP-Wohlfahrt verboten. Wo bisher anders verfahren, ist sofort meinen Weisungen zu entsprechen.«[41] Wiederholt wurden Althaus und Hilgenfeldt deshalb bei der Preußischen Regierung vorstellig, um eine endgültige Entscheidung über den »unerfreuliche[n] Zustand des Nebeneinanderarbeitens zweier Kommissare« herbeizuführen.[42]

Trotz dieser Konflikte war es für die verschiedenen nationalsozialistischen Akteure unstrittig, dass die Arbeiterwohlfahrt Teil der
sozialdemokratischen Arbeiterbewegung war und deshalb ausgeschaltet werden musste. Am 25. Juli 1933 verkündeten Reichsarbeitsminister Franz Seldte und Reichsminister des Innern Wilhelm Frick
in einem gemeinsamen Rundschreiben, dass »dem Hauptausschuß
der Arbeiterwohlfahrt die Eigenschaft als Reichsspitzenverband der
freien Wohlfahrtspflege nicht mehr zu[komme]«. Daraus ergebe
sich die Konsequenz, »daß der Hauptausschuß sowie die Landes-,
Bezirks- und Ortsausschüsse der Arbeiterwohlfahrt schnellstens
aufzulösen« seien. Weil die Arbeiterwohlfahrt als eine »Hilfsorganisation der S.P.D.« anzusehen sei, müssten das »Gesetz über
die Einziehung kommunistischen Vermögens« vom 26. Mai 1933
und ergänzend das »Gesetz über die Einziehung volks- und staats-
feindlichen Vermögens« vom 14. Juli 1933 auch auf sie angewendet
werden. Das Eigentum der Arbeiterwohlfahrt, das zuvor als Teil

Die NSV veran-
staltete regelmä-
ßig öffentliche
Kundgebungen,
um sich als sozi-
ale Organisation
zu inszenieren.

des sozialdemokratischen Vermögens vom Landgericht Berlin beschlagnahmt worden war, sei aber für Wohlfahrtsangelegenheiten
bestimmt. Deshalb solle es, wie es in einem weiteren Rundschreiben von 8. August 1933 hieß, von den Landesregierungen eingezogen und der NSV übertragen werden: »Die N.S. Volkswohlfahrt, die
der Führer der N.S.D.A.P. als Reichsorganisation für alle Fragen der
Volkswohlfahrt und der Fürsorge anerkannt hat, ist bereit, das Vermögen der Arbeiterwohlfahrt und die damit verbundenen Rechts-
verbindlichkeiten zu übernehmen.«[43]

Da Kabitz sich nach über zwei Monaten bereits tief in die Ge-
schäftsbücher des Hauptausschusses sowie der regionalen und
lokalen Gliederungen eingearbeitet hatte, wurde ihm nun am
10. August 1933 bei einer Unterredung im Preußischen Ministerium
des Innern die Aufgabe übertragen, als »Liquidator« der Arbeiterwohlfahrt in Preußen zu fungieren.[44] Er erhielt somit die neue Weisung, für das Ministerium einen systematischen Überblick über das
vorhandene oder bereits beschlagnahmte Eigentum zu erstellen,
damit eine Übertragung auf die NSV rechtlich abgesichert möglich
war. Auch bei dieser Aufgabenstellung erwies sich Kabitz als um-
triebig. So erwirkte er am 22. September 1933, dass nun auch private
Konten von Mitgliedern der Arbeiterwohlfahrt, die bei Arbeiterban-
ken, Sparkassen oder Konsumvereinen geführt wurden, überprüft
und beschlagnahmt wurden.[45] Dahinter stand die Vermutung, dass
vor 1933 ein Teil des Vermögens der Ortsausschüsse aus steuerli-
chen Gründen nicht über Vereinskonten, sondern privat verwaltet
worden sei. Die regionalen Polizeibehörden erhielten nun Listen
mit den Ortsausschüssen und den Adressen der jeweiligen Vorsitzenden in ihrem Regierungsbezirk.[46]

In den Akten des preußischen Finanzministeriums finden sich
zahlreiche Dokumente, die unterstreichen, wie schwierig es sich
für die Nationalsozialisten gestaltete, Zugriff auf die Einrichtungen
und das auf dem Papier vorhandene Vermögen zu erlangen. So bestand ein großer Teil aus Rückforderungen von Studiendarlehen
(insgesamt 399.000 RM), die der Hauptausschuss an die Schülerinnen der Wohlfahrtsschule vergeben hatte. Eine Rückzahlung
blieb nahezu aus: Bis zum 9. Mai 1934 waren lediglich 11 RM eingegangen. Auch zahlreiche Bezirks- und Ortsausschüsse, Vereine

Nr.	Anz.	Marke & Nr.	Absender	Eigentümer	Bemerkungen
	87	Uebertrag			
30	1	Singer 13458311	Ortspolizeibehörde	O.A. Arbeiterwohlfahrt Swinemünde	
31	1	Singer C 2277149	Ortspolizeibehörde	O.A. Arbeiterwohlfahrt Lebbin/Pom.	
32	1	Singer 46696	Ortspolizeibehörde	O.A. Arbeiterwohlfahrt Ahlbeck	
33	3	ohne Angabe	Polizeipräsident Hannover	Vom Polizeipräsidenten beschlagnahmt	
34	3	ohne Angabe	Polizeipräsident Potsdam	O.A. Arbeiterwohlfahrt Potsdam	Eigentumsvorbehalt : 1 Lindcar 30/278837 v.Lindcar 1 Phoenix 1170384 v.Magistrat
35	1 1	Singer 1131o25 Lindcar 27o3573	Ortspolizeibehörde	O.A. Arbeiterwohlfahrt Freiburg/Schles.	
36	1	Lindcar 2719762	K. Furchland Fechenheim/Main	O.A. Arbeiterwohlfahrt Fechenheim/main	
37	1	ohne Angabe	Ortspolizeibehörde	O.A. Arbeiterwohlfahrt Bad Orb	
38	5 1 1	Singer C 1444381/ C 1497985/C 153o925/ BB124630/G 3481377 Förster&Rossmann 72o995 Müller 587723	Arbeiterwohlfahrt	O.A. Arbeiterwohlfahrt Altona	
	107	Stück			

Berlin, den 15. November 1933

sowie Einzelpersonen hatten Außenstände beim Hauptausschuss, weil sie Darlehen erhalten oder Publikationen oder Stoffe bestellt hatten. Der Hauptausschuss und viele Bezirks- und Ortsausschüsse wiederum hatten noch Schulden bei Zulieferern, Personalausgaben, kommunale Abgaben sowie laufende Ausgaben für Einrichtungen zu begleichen – ein Posten, der für die NSV alles andere als attraktiv war. Ein Teil der Einrichtungen war zudem mit Hypotheken belastet. Hier musste erst die Bereitschaft der neuen Eigentümer sichergestellt sein, Verbindlichkeiten, Tilgungsraten und Zinsen zu übernehmen, falls eine Löschung der Hypotheken nicht möglich war.[47]

Bei der Übernahme der Arbeiterwohlfahrt hatte Kabitz einen Bestand an Geldvermögen von 224.693,49 RM registriert.[48] Durch Ermittlungen bei den Bezirks- und Ortsausschüssen konnte er bis zum Ende seiner Tätigkeit als Liquidator der Arbeiterwohlfahrt im Mai 1934 Zugriff auf weiteres Barvermögen im Umfang von 230.439,04 RM erlangen. Die Einnahmen stammten überwiegend aus den Kassen der Bezirks- und Ortsausschüsse (126.432,99 RM) sowie aus der Lotterieabrechnung (86.470,43 RM), nur ein geringer

Die beschlagnahmen Nähmaschinen der Ortsausschüsse wurden an Konzentrationslager verteilt.

Teil konnte über die Rückzahlung von Studiendarlehen oder dem Verkauf von Inventar eingenommen werden. Der größte Teil des Geldes (351.685,00 RM) wurde von ihm zunächst an das Preußische Finanzministerium abgeführt, mit dem Rest waren laufende Ausgaben wie Mieten, Gehälter, Betriebskosten und offene Rechnungen bestritten worden.[49]

Der größte Teil des Besitzes bestand jedoch nicht aus Barvermögen, sondern aus den über 150 Heimen und Einrichtungen, die der Verband reichsweit betrieb. Ihr Wert wurde auf über eine Million Reichsmark geschätzt.[50] Nicht alle Liegenschaften waren in alleinigem Besitz der Arbeiterwohlfahrt, sondern oft per Erbbaurecht auf staatlichem Grund errichtet, weshalb es zu Interessenskonflikten zwischen NSV und einzelnen Städten und Gemeinden kam. Fast alle Besitztümer wurden jedoch ab Ende Januar 1934 nach und nach offiziell an die NSV übertragen, ebenso 352.000 RM in Form von Hypotheken.[51] Preußen schloss beispielsweise mit der NSV im April 1934 eine detaillierte Übereinkunft zur Übertragung der Einrichtungen und zur gemeinsamen Klärung der strittigen Fälle.[52] Ein Konflikt betraf zum Beispiel über 350 Nähmaschinen der Arbeiterwohlfahrt, die der preußische Staat eingezogen und an die Konzentrationslager Brandenburg, Lichtenburg, Papenburg und Sonnenburg geliefert hatte.[53] Die NSV drängte mit Erfolg auf eine Herausgabe für das Winterhilfswerk oder eine Entschädigung für einbehaltene Güter. Schließlich verständigten sich das Preußische Finanzministerium und das Hauptamt für Volkswohlfahrt der NSDAP im Juni 1935 noch auf eine »Abschlagszahlung« von 150.000 RM für das eingezogene Barvermögen.[54] Der NSV war es somit mit tatkräftiger Hilfe des Staates gelungen, die Kontrolle über einen großen Teil des Besitzes der Arbeiterwohlfahrt zu erlangen. Aber auch der Staat bereicherte sich durch eingezogene Gelder, einzelne Einrichtungen und Inventar wie Schreib- und Nähmaschinen.

Flucht und Exil in Frankreich und den USA

Die Führung der Arbeiterwohlfahrt versuchte auf vielfältige Weise, sich und ihre Mitglieder zu schützen und das eigene Vermögen vor dem NS-Staat in Sicherheit zu bringen. Als eine wichtige Anlaufadresse für verfolgte Sozialdemokraten erwies sich bis März 1935 das von Frankreich verwaltete Saargebiet. Marie Juchacz flüchtete zusammen mit ihrem Schwager Emil Kirschmann und Wilhelm Sollmann dorthin, ebenso die Frankfurterin Johanna Kirchner sowie Robert Görlinger, der Geschäftsführer der Kölner Arbeiterwohlfahrt. Gemeinsam mit Max Braun und Angela Braun-Stratmann, die als bekannteste Köpfe der saarländischen Arbeiterwohlfahrt gegen den bevorstehenden Anschluss an das nationalsozialistische Deutschland eintraten, stellten sie eine Anlaufstelle für Flüchtlinge dar.

Marie Juchacz betrieb nun ein AWO-Restaurant in der Bahnhofstraße in Saarbrücken, das als Treffpunkt für die emigrierten Sozialistinnen und Sozialisten diente.[55] Über die Netzwerke im Saarland gelang es zudem, einen Teil des beweglichen Vermögens der Arbeiterwohlfahrt außer Landes zu schaffen, wodurch insbesondere Robert Görlinger den Hass der Nationalsozialisten auf sich zog.[56]

BIOGRAFIE

JOHANNA KIRCHNER (1889–1944)

In ihrer Geburtsstadt Frankfurt am Main war Johanna Kirchner in der Arbeiterwohlfahrt aktiv. Dort und in städtischen Ausschüssen engagierte sie sich in den 1920er Jahren für Kinder in Not. Nach 1933 zwangen sie die Nationalsozialisten zur Flucht ins Saarland. Sie arbeitete in einer von Marie Juchacz betriebenen Gaststätte für Emigranten und unterstützte den sozialdemokratischen Widerstand. 1935 floh sie weiter nach Forbach in Lothringen. 1940 wurde sie vom Vichy-Regime inhaftiert. Sie kam zwar wieder frei, musste nun aber untertauchen. Die französische Geheimpolizei verhaftete sie im Juni 1942 und lieferte sie an die Nationalsozialisten aus. Kirchner wurde in Moabit und Cottbus inhaftiert, bis sie wegen »Vorbereitung zum Hochverrat« zum Tod verurteilt wurde. In Berlin-Plötzensee wurde sie am 9. Juni 1944 hingerichtet.

Im Saargebiet fanden Verfolgte Zuflucht. Das Bild zeigt das Haus der Arbeiterwohlfahrt mit einem Aufruf von 1934 zum Widerstand gegen Hitler.

Der SPD-Vorsitzende Hans Vogel im Exil in Paris.

HAUS DER ARBEITERWOHLFAHRT, SAARBRÜCKEN

Da das Saargebiet unter französischer Verwaltung stand, musste der 1924 gegründete Bezirksausschuss für Arbeiterwohlfahrt den Aufbau unter besonderen Bedingungen vollziehen. Im Juni 1930 wurde in Saarbrücken das Haus der Arbeiterwohlfahrt in der Hohenzollernstraße 45 eingeweiht. Ein altes Garnisonsgebäude war nach Plänen des Schweizer Architekten Otto Zollinger als Ausdruck moderner Architektur umgebaut worden. Es beherbergte einen großen Veranstaltungssaal, Tagungsräume, Büros, ein Café und ein Kino. Im Treppenhaus befand sich eine Wandmalerei von Käthe Kollwitz. Da das Saargebiet noch bis Februar 1935 unter der Kontrolle des Völkerbunds blieb, bot dies einen Zufluchtsort für zahlreiche verfolgte Sozialdemokraten. Das Haus der Arbeiterwohlfahrt und eine von Marie Juchacz betriebene Pension mit Restaurant in der Bahnhofstraße wurden zum Anlaufpunkt für Geflüchtete. Im März 1935 wurde das Haus der Arbeiterwohlfahrt beschlagnahmt. Das Gebäude wurde nun vom Rundfunkorchester genutzt. Die Arbeiterwohlfahrt erhielt das durch die Nationalsozialisten und den Krieg beschädigte Gebäude 1947 zurück. Es wurde zwar mehrfach umgebaut, ist aber bis heute Sitz des AWO-Landesverbands Saarland.

Besonders betroffen von der Verfolgung waren Mitglieder der Arbeiterwohlfahrt mit jüdischer Abstammung. Sie verloren wie Johann (Hans) Caspari, sozialpolitischer Experte im Hauptausschuss und Landeshauptmann der Provinz Grenzmark Posen-Westpreußen, mit dem »Gesetz über die Wiederherstellung des Berufsbeamtentums« vom 7. April 1933 ihre Arbeit und alle Pensionsansprüche.[57] Auch Walter A. Friedländer, Theoretiker des Verbands und wichtiger Vertrauter von Marie Juchacz, musste seine leitende Position im Jugendamt Prenzlauer Berg und als Dozent an mehreren Wohlfahrtsschulen aufgeben. Ähnliches galt für die Regierungsrätin und Landtagsabgeordnete Hedwig Wachenheim, die profilierte Leiterin der Wohlfahrtsschule und der Zeitschrift der Arbeiterwohlfahrt. Bereits 1933 waren sie vor die Frage gestellt, wann und wohin sie würden fliehen müssen. Ihre Flucht vor den Nationalsozialisten erfolgte über mehrere Zwischenstationen. Caspari migrierte über Prag, Paris, Marseille und New York nach Washington, Friedländer zunächst nach Paris, später über Chicago nach Berkeley, Wachenheim über Paris und London 1935 nach New York. In Paris bildete

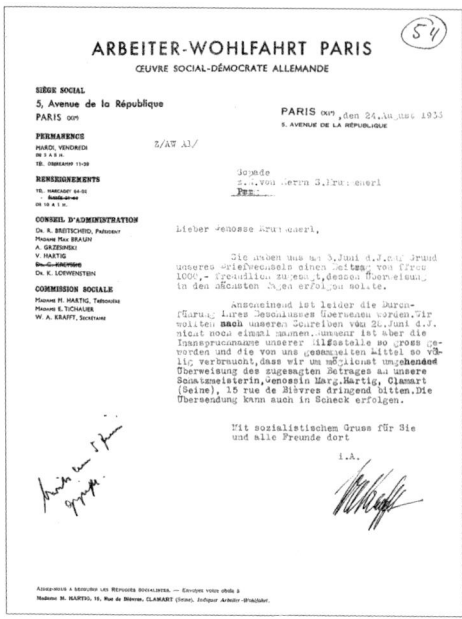

Walter Friedländer koordinierte unter Decknamen die Aktivitäten der Arbeiter-Wohlfahrt Paris.

Friedländer ein Komitee zur Unterstützung deutscher Flüchtlinge, das sich ab 1936 *Arbeiter-Wohlfahrt Paris. Oeuvre Social-Démocrate Allemande* nannte.[58]

An eine ausdifferenzierte Wohlfahrtspolitik, wie sie die Arbeiterwohlfahrt in Deutschland noch wenige Jahre zuvor entfaltet hatte, war unter den schwierigen Bedingungen nicht zu denken. Erschwerend hinzu kam, dass sich das sozialdemokratische Milieu über die angemessene Form des Widerstands gegen den Nationalsozialismus nicht einig war. Insbesondere über das Verhältnis zu den Kommunisten entbrannten innerhalb der Netzwerke im Exil heftige Auseinandersetzungen. Auch die Hilfstätigkeit selbst war kein Alleinstellungsmerkmal der Arbeiterwohlfahrt. Sie musste ihre Notwendigkeit gegenüber dem *Matteotti-Hilfsfond* und neuen Organisationen wie der von Friedrich Wilhelm Wagner initiierten *Deutschen Opferhilfe* (DOH) rechtfertigen.[59]

Neben Frankreich wurden die USA gegen Ende der 1930er Jahre zum wichtigsten Exilland für Funktionäre der Arbeiterwohlfahrt. Vor allem in New York fanden zahlreiche deutschsprachige Emigranten trotz restriktiver Einwanderungsbegrenzungen einen sicheren Ort. Mit Beginn des Zweiten Weltkriegs entstand eine ganze Reihe von Organisationen, die sich für den antifaschistischen Widerstand in Europa und die Verfolgten des NS-Regimes einsetzten. Innerhalb dieser Netzwerke spielten die Funktionäre der verbotenen Arbeiterwohlfahrt eine untergeordnete Rolle. Hinzu kam, dass sie sich mit unterschiedlichen Ansätzen identifizierten. Hedwig Wachenheim nahm eine zentrale Rolle innerhalb der von der SoPaDe 1939 ins Leben gerufenen *German Labour Delegation* (GLD) ein, die für die Vergabe von Visa an verfolgte Deutsche zuständig war. Marie Juchacz, die selbst 1941 mit Hilfe einer derartigen Einreise-

ORGANISATION

ARBEITER-WOHLFAHRT PARIS

Unter dem Decknamen Walter A. Krafft hatte Walter Friedländer, der sich nach seiner Flucht aus Deutschland ab Sommer 1933 in der französischen Hauptstadt aufhielt, 1936 die Gründung einer Beratungs- und Selbsthilfeorganisation initiiert: die *Arbeiter-Wohlfahrt Paris*. Den »conseil d'administration« (Verwaltungsrat) bildeten mit Rudolf Breitscheid, Max Braun, Albert Grzesinski, Valentin Hartig und Kurt Löwenstein führende sozialdemokratische Politiker des Pariser Exils. Sie hielten die Kontakte zur SoPaDe in Prag, zur »Volksfront« und zu weiteren sozialistischen Widerstandsgruppen wie dem *Lutetia-Kreis* oder *Neu Beginnen* aufrecht. Die praktische Arbeit leistete ein Fürsorgeausschuss (commission sociale), dem neben Friedländer als Sekretär außerdem noch Ernst Hamburger, Erna Tichauer und Margarete Hartig (Schatzmeisterin) angehörten. Ihre Wirkmöglichkeiten begrenzten sich im Exil jedoch auf die Unterstützung Einzelner und politische Werbung.

genehmigung in die USA gelangt war, sympathisierte dagegen mit dem Netzwerk *Neu Beginnen,* das vom Exilvorstand als Konkurrenz angesehen wurde. Sie verlor deswegen im Exil an Einfluss innerhalb der SPD, konnte aber durch ihre Korrespondenz den Kontakt zu vielen Vertrauten aus den Reihen der Arbeiterwohlfahrt halten. Johann Caspari, Walter A. Friedländer, Erna Magnus, Alfred Korach oder Hertha Kraus bauten sich in den USA sogar eine dauerhafte

Veranstaltung der German Labour Delegation im August 1941 im Exil in den USA.

berufliche Existenz auf und wurden somit zu wichtigen Stützen des transatlantischen Ideentransfers in der sozialen Arbeit.[60]

Dissens, Hinnahme und Anpassung

Das Verbot der Arbeiterwohlfahrt war für über 100.000 Unterstützerinnen und Unterstützer ein Einschnitt in ihrem sozialen und politischen Leben. Gleichzeitig war nur für wenige die Option realistisch, sich den neuen Machtverhältnissen in Deutschland in Gänze und dauerhaft zu verweigern, ins Exil zu gehen oder sich dem Widerstand anzuschließen. Das Überleben der eigenen Familien musste sichergestellt, das berufliche Fortkommen angesichts der politischen Umstände mit Vorsicht bedacht werden. Abweichendes Verhalten stand unter permanenter Beobachtung, der politische Austausch blieb auf wenige private Situationen beschränkt. Dissens wurde hauptsächlich durch kleine Gesten der Verweigerung artikuliert. Die Gefahr einer Haftstrafe, von Gewalt und Schikanen bis hin zum Mord war groß, unzählige Biografien des sozialdemokratischen und gewerkschaftlichen Widerstands zeugen davon.[61] Während die Beispiele von Dissens, Verfolgung und Exil mittlerweile gut dokumentiert sind, wissen wir bislang nur sehr wenig über die Anpassungs- und Überlebensstrategien von einfachen Helferinnen und Helfern der Arbeiterwohlfahrt im Nationalsozialismus. Angesichts der eindeutigen Gegnerschaft zum Nationalsozialismus und des dokumentierten Terrors gegen sie war es für die Sozialdemokratie insgesamt lange Zeit schwer auszuhalten, kritische Fragen zur NS-Vergangenheit aufzuwerfen und den Umgang der eigenen Mitglieder mit Nationalismus und Antisemitismus differenziert zu diskutieren.[62]

Um als Fürsorgerinnen und Fürsorger tätig zu bleiben, entschlossen sich manche Aktive der Arbeiterwohlfahrt zum Beitritt zur NSV, ohne jedoch in der Organisation höhere Funktionen zu übernehmen. Wir wissen zum Beispiel von Marta Schanzenbach und Friederike Nadig, dass sie nach Jahren der Erwerbslosigkeit Mitglied der NSV wurden, um wieder im öffentlichen Dienst arbeiten zu können.[63] Ob diese Schritte nur notgedrungen vollzogen wurden oder auch

Die NS-Schwestern-
schaft widmete
sich der »Volks-
gesundheit« und
»Rassenhygiene«.

eine partielle Anpassung an die Ideologie und Machtverhältnisse
erfolgte, lässt sich in den meisten Fällen aufgrund spärlicher Quellen kaum beurteilen. In rückblickenden biografischen Interviews
und offiziellen Darstellungen sprachen Mitglieder der Arbeiterwohlfahrt jedenfalls nicht gern über ihre Beweggründe in dieser
Zeit. Schanzenbach verschwieg beispielsweise ihren Eintritt in die

NSV und sah sich im Nachhinein keinem Zwang ausgesetzt: »Nein, es hat mich nie jemand aufgefordert, in die NS-Frauenschaft oder in die NS-Volkswohlfahrt zu gehen. Man hat mich respektiert, weil ich gute Arbeit geleistet habe. Die alten Gengenbacher wußten, woher ich komm'. Sie haben nicht gewagt, mich in irgend etwas hineinzudrängen. Es ging auch nicht mehr darum, in die NSDAP einzutreten, sondern um das Überleben und Menschen für ihr Leben Hilfen zu offerieren. Da war ich die richtige Frau – eine, die das konnte.«[64]

Die Biografie des sozialdemokratischen Senators Walter Seemann aus Wesermünde (heute: Bremerhaven), vor 1933 Vertreter im Bezirksausschuss für Arbeiterwohlfahrt Hamburg-Nordwest, zeigt exemplarisch, welche Widersprüche und Spannungen einzelne Mitglieder eingingen. Im Juni 1933 wurde er als Wohlfahrtsdezernent von Wesermünde entlassen. Im Zweiten Weltkrieg wurden seine wohlfahrtspolitischen Kenntnisse im Landeswirtschaftsamt Weser-Ems jedoch wieder benötigt. Seemann, der schon 1934 in die NSV eingetreten war, wurde 1940 Mitglied der NSDAP: »Ich entschloss mich nach langen Überlegungen zu diesem Schritt, weil mir die Arbeit für die durch den Krieg notleidende Zivilbevölkerung in schwerer Zeit höher stand. Ich tat es, weil ich mir völlig klar darüber war, dass sich an meiner inneren Einstellung umso weniger ändern könne, als die NSDAP es gewesen ist, die meinen Werdegang 1933 so jäh und ungerecht unterbrochen hatte. Hier aber handelte es sich nicht darum, durch den Beitritt etwa ein überzeugter Nationalsozialist zu werden, sondern darum, nach Vollzug einer Formalität mich ganz und unbehelligt meinem Dienst für die Zivilbevölkerung widmen zu können. [...] Ich habe der NSDAP und der NSV nie mehr als Beiträge geleistet und trotz verschiedenen Ansinnens jede Übernahme eines Amtes beharrlich abgelehnt.«[65] Nach Kriegsende wurde er von der US-Militäradministration zunächst entlassen, der Entnazifizierungsausschuss der britischen Zone und die SPD-Landesregierung in Hannover sahen seine Erklärungen jedoch als glaubwürdig an und betrauten ihn 1947 wieder mit der Leitung des Bezirkswirtschaftsamts in Oldenburg. Seine Anträge auf Wiedergutmachung des erlittenen Unrechts und die Wiedereinstellung als Beamter wurden allerdings abgelehnt.[66]

Paul Blankschar, angestellter Fürsorger der Arbeiterwohlfahrt in Köln während der Weimarer Republik, wurde nach dem Verbot der Organisation noch Monate von den NS-Liquidatoren beschäftigt, um bestehende Pflegschaften, Vormundschaften, Schutzaufsichten und freiwillige Betreuungen geordnet abzuwickeln. Der staatlich anerkannte Fürsorger genoss bei dieser Tätigkeit das Vertrauen der NSV. Gleichzeitig handelte er in Verantwortung für den von der Arbeiterwohlfahrt betreuten Personenkreis, sodass sich auch Marie Juchacz nach 1945 positiv auf ihn bezog, als sich Blankschar am Neuaufbau der Arbeiterwohlfahrt in Köln beteiligte.[67] Auch viele derjenigen, die erst nach 1945 zur Arbeiterwohlfahrt und zur Sozialdemokratie stießen, hatten im Nationalsozialismus prägende Lebensjahre verbracht. So war beispielsweise Alfred Moritz, ab 1948 Leiter des *Jugendwerks Druhwald* und anschließend langjähriger Abteilungsleiter und stellvertretender Geschäftsführer des Hauptausschusses in Bonn, vor 1933 Jugendfürsorger in Berlin-Steglitz gewesen, anschließend jedoch der SA, der NSDAP und der SS beigetreten und als Obersturmführer und Soldat im Zweiten Weltkrieg in Kriegsgefangenschaft geraten.[68] Wir wissen bei Seemann, Blankschar, Moritz und vielen weiteren, die zeitweilig mit der NSV zu tun hatten oder gar Sympathien für den Nationalsozialismus entwickelten, bislang kaum etwas über die Brüche und Neuorientierungen im Lebenslauf und inwiefern diese Erfahrungen Einfluss auf den Verbandsalltag und die Fürsorgepraxis der Arbeiterwohlfahrt nach 1945 hatten.

Erinnerung an Widerstand und Verfolgung

In der Gedenkstätte Sachsenhausen nördlich von Berlin erinnert heute ein Mahnmal an das Schicksal unzähliger verfolgter Mitstreiter der Arbeiterwohlfahrt. Einer von ihnen war Paul Gerlach, Reichstagsabgeordneter aus Düsseldorf und Vorsitzender des Bezirksausschusses für Arbeiterwohlfahrt Niederrhein. Er wurde von den Nationalsozialisten in »Schutzhaft« genommen und in den Konzentrationslagern Lichtenburg und Papenburg bis 1935 festgehalten. Im Oktober 1944 starb er nach einer erneuten Festnahme im KZ

Wilhelm Schmidt und Rainer Brückers enthüllen 2009 das Mahnmal an die Generationen der Arbeiterwohlfahrt in der KZ-Gedenkstätte Sachsenhausen.

Sachsenhausen.[69] Die Sozialarbeiterin Ella Kay verlor im August 1933 nicht nur ihren Job als Leiterin des Referats Kindertagesstätten im Jugendamt Prenzlauer Berg (das im Übrigen von Walter Friedländer als Stadtrat aufgebaut und geleitet worden war), sondern wurde auch danach polizeilich überwacht und von der Gestapo schikaniert. Trotzdem unterstützte sie andere Verfolgte und beteiligte sich an zahlreichen widerständischen Aktivitäten. Die Arbeiterwohlfahrt gedachte ihres Engagements, das sie nach 1945 unmittelbar wieder aufnahm, 1969 mit der erstmaligen Verleihung der *Marie-Juchacz-Plakette*. Seitdem erhielten noch viele weitere Mitglieder diese Plakette als höchste Ehrenauszeichnung des Verbands.[70]

Die Kommunalpolitikerin Johanna Kirchner aus Frankfurt am Main leistete den Nationalsozialisten zehn Jahre auf verschiedene Weise aktiven Widerstand. Sie wurde 1942 von der Vichy-Regierung in Frankreich verhaftet und an die Gestapo ausgeliefert. Als »Hochverräterin« wurde sie im Juni 1944 in Berlin-Plötzensee ermordet. Auch Clemens Högg aus Augsburg überlebte den nationalsozialistischen Terror nicht. Der exponierte bayerische Landtagsabgeordnete und Vorsitzende des Bezirksausschusses für Arbeiterwohlfahrt Schwaben wurde von der Gestapo schon im März 1933 verhaftet und gefoltert. 1939 wurde er erneut festgenommen, weil er Verbindungen zur Widerstandsgruppe »Revolutionäre Sozialisten« hatte. Nun wurde er im KZ Sachsenhausen so schwer misshandelt, dass er erblindete und ein Bein verlor. Er starb schließlich im März 1945 im KZ Bergen-Belsen an den Folgen dieses Martyriums, kurz vor der Befreiung durch britische Einheiten.

BIOGRAFIE

CLEMENS HÖGG (1880–1945)

Im Kaiserreich fand Clemens Högg im bayerischen Bezirk Schwaben Anschluss an die Sozialdemokratie. Nach der Revolution wirkte er 1919/20 als Bürgermeister von Neu-Ulm. Er initiierte 1922 die Gründung von Ortsausschüssen für Arbeiterwohlfahrt in Neu-Ulm und Augsburg sowie 1927 des Bezirksausschusses Schwaben. 1924 wurde er in den bayerischen Landtag gewählt, zusätzlich arbeitete er als SPD-Parteisekretär. Die NSDAP verfolgte ihn mit besonderer Brutalität. Im März 1933 wurde er verhaftet und bis Oktober 1934 im KZ Dachau inhaftiert. Im September 1939 erfolgte die zweite Festnahme und die Überstellung ins KZ Sachsenhausen. Dort wurde er schikaniert und gefoltert, was zu einer Erblindung und zum Verlust eines Beins führte. Kurz vor Kriegsende wurde er ins KZ Bergen-Belsen transportiert, wo er im März 1945 starb.

Insgesamt lässt sich festhalten, dass die Arbeiterwohlfahrt in zwölf von 100 Jahren ihrer Geschichte, vom Mai 1933 bis Mai 1945, verboten war. Viele Mitglieder und Aktive der Arbeiterwohlfahrt waren in diesen Jahren in ihrem Berufs- und Alltagsleben eingeschränkt und von Verfolgung und Terror betroffen. Manche verloren alles, sie mussten ihre Heimat verlassen, lange Haftstrafen erdulden oder verloren in einem nationalsozialistischen Lager ihr Leben, andere flüchteten sich in den Suizid. Der Zweite Weltkrieg brachte weiteres Elend, sowohl auf den Schlachtfeldern an der Front als auch im deutschen Reich. Trotzdem gerieten die Ideen und die Praxis der Arbeiterwohlfahrt nicht in Vergessenheit, sowohl in den Erinnerungen der Mitglieder als auch durch die Netzwerke im Exil wurden Traditionen bewahrt, an die beim Neuaufbau nach 1945 angeknüpft werden konnte.

Quellen und Literatur

1 Erwin Kabitz: Rundschreiben Nr. 1 an die Mitglieder des Hauptausschusses, der Bezirksleitungen, der Ortsausschüsse und an die Leiter der Anstalten und Einrichtungen der Arbeiterwohlfahrt, sowie an die zuständigen Beauftragten der NSDAP vom 31. Mai 1933, in: Arbeiterwohlfahrt 8 (1933), H. 14, S. 333–335. Ein Original des Rundschreibens befindet sich im Niedersächsischen Landesarchiv, Abteilung Oldenburg (NLA OL), Rep. 270 Bestand 43 Nr. 23.

2 Ebd.

3 Vgl. Heinrich August Winkler: Der Weg in die Katastrophe. Arbeiter und Arbeiterbewegung in der Weimarer Republik 1930–1933, Bonn 1990.

4 Vgl. Peter Weingart/Jürgen Kroll/Kurt Bayertz: Rasse, Blut und Gene. Geschichte der Eugenik und Rassenhygiene in Deutschland, Frankfurt am Main 1992; Sabine Schleiermacher: Sozialethik im Spannungsfeld von Sozial- und Rassenhygiene. Der Mediziner Hans Harmsen im Centralausschuß für die Innere Medizin, Husum 1998; Michael Schwartz: Sozialistische Eugenik. Eugenische Sozialtechnologien in Debatten und Politik der deutschen Sozialdemokratie 1890–1933, Bonn 1995.

5 Hermann Althaus: Nationalsozialistische Volkswohlfahrt. Wesen, Aufgaben Aufbau, Berlin 1935.

6 Emmy Wagner-Gnadenfrei: Das Wohlfahrtswesen im Dritten Reich. Eine Denkschrift über die Krise im Fürsorgewesen und ihre Lösung, Rudolfstadt 1933, S. 32.

7 Vgl. Christoph Sachße/Florian Tennstedt: Geschichte der Armenfürsorge in Deutschland. Band 3: Der Wohlfahrtsstaat im Nationalsozialismus, Stuttgart/Berlin u. a. 1992, S. 11 ff.

8 Florian Tennstedt: Wohltat und Interesse. Das Winterhilfswerk des Deutschen Volkes: Die Weimarer Vorgeschichte und ihre Instrumentalisierung durch das NS-Regime, in: Geschichte und Gesellschaft 13 (1987), S. 157–180.

9 Wilhelm Polligkeit: Das Fürsorgewesen im Aufbauprogramm der Reichsregierung, in: Nachrichtendienst des Deutschen Vereins 14 (1933), S. 66–70, S. 66, zitiert nach: Sachße/Tennstedt: Der Wohlfahrtsstaat im Nationalsozialismus, S. 133. Vgl. auch: Anne-Dore Stein: Die Verwissenschaftlichung des Sozialen. Wilhelm Polligkeit zwischen individueller Fürsorge und Bevölkerungspolitik im Nationalsozialismus, Wiesbaden 2009.

10 Vgl. hierzu ausführlich: Peter Hammerschmidt: Die Wohlfahrtsverbände im NS-Staat. Die NSV und die konfessionellen Verbände Caritas und Innere Mission im Gefüge der Wohlfahrtspflege im Nationalsozialismus, Opladen 1999.

11 Vgl. Kurt Schilde: Die Tätigkeit der Zentralwohlfahrtsstelle der deutschen Juden in der NS-Zeit. Ein erster Einblick, in: Arbeitskreis Jüdische Wohlfahrt (Hrsg.): 100 Jahre Zentralwohlfahrtsstelle der Juden in Deutschland (1917–2017). Brüche und Kontinuitäten, Frankfurt am Main 2017, S. 153–171.

12 Vgl. Gerlinde Hollweg/Martin Franke/Elfi Witten: 65 Jahre Parität. Die Geschichte des Paritätischen Wohlfahrtsverbandes, Landesverband Berlin e.V., Berlin 2015, S. 27 ff; Joachim Merchel: Der Deutsche Paritätische Wohlfahrtsverband. Seine Funktion im korporatistisch gefügten System sozialer Arbeit, Weinheim 1989, S. 164 ff.

13 Hammerschmidt: Die Wohlfahrtsverbände im NS-Staat, S. 152.

14 Wohlfahrt und neueste Staatsführung, in: Arbeiterwohlfahrt 8 (1933), H. 4, S. 97–100, hier S. 100.

15 Volksfreund vom 9.2.1933 (Artikel abgedruckt in: Ehrhardt: »Hilfe für die, die noch ärmer sind«, S. 83).

16 Reichsminister des Innern an die Landesregierungen vom 9.3.1933. NLA OL, Bestand 136, Nr. 2875.

17 Vgl. Frank Ehrhardt: »Hilfe für die, die noch ärmer sind«. Die Anfänge der Arbeiterwohlfahrt im Land Braunschweig, Braunschweig 1989, S. 77 ff.

18 Vgl. Jens Geier: »Praktischer Sozialismus oder Mittätigkeit?«. Die Geschichte der Arbeiterwohlfahrt Essen 1919–1933, Essen 1989, S. 158.

19 Vgl. Staatsarchiv Ludwigsburg (StAL), FL 300/33 I (Bü 15238).

20 Vgl. Staatsarchiv Freiburg (StAF), B 728/1 3765 und B 719/1 1173.

21 Vgl. AWO Mittelrhein (Hrsg.): Arbeiterwohlfahrt am Mittelrhein. Ursprünge und Entwicklung 1919–1989, Köln 1989, S. 43 f.

22 Vgl. Geheimes Staatsarchiv Preußischer Kulturbesitz (GStA PK), I HA Rep 151 7953, Bl. 165 und 7960, Bl. 1–141.

23 Vgl. StAL, FL 300/33 I (Bü 15238).

24 Die Fürsorgeleistung der Arbeiterwohlfahrt in der Gegenwart, in: Arbeiterwohlfahrt 8 (1933), H. 6, S. 181–182, hier S. 182.

25 Sitzung des Hauptausschusses für Arbeiterwohlfahrt, in: Arbeiterwohlfahrt 8 (1933), H. 7, S. 213–215, hier S. 215.

26 Vgl. Archiv der sozialen Demokratie, Bonn (AdsD), 4/AWOA000068; Cordula Tollmien: Die Geschichte der Arbeiterwohlfahrt in Hann. Münden, Hann. Münden 1983, S. 130.

27 Arbeiterwohlfahrt Württemberg an Zentralleitung für Wohltätigkeit in Württemberg vom 28.4.1933, StAL, E 191 (Bü 4335).

28 Vgl. NLA OL, Bestand 136, Nr. 2875, Bl. 73.

29 Vgl. Heinz Niedrig: Die Arbeiterwohlfahrt in der Zeit von 1933 bis 1945. Spurensuche: Aufbau, Verfolgung, Verbot, Widerstand, Emigration, Marburg 2003, S. 41 f.

30 Vgl. Hanna Grunwald-Eisfelder: Der Immenhof. Chronik eines Heimes der Arbeiterwohlfahrt, 1927–1960, in: Neues Beginnen 11 (1960), H. 9, S. 131–134.

31 Vgl. zur DAF ausführlich: Rüdiger Hachtmann: Das Wirtschaftsimperium der Deutschen Arbeitsfront 1933–1945, Göttingen 2012.

32 Vgl. Polizei-Funkdienst vom Polizeipräsidenten Berlin vom 19.5.1933, Bundesarchiv, Berlin (BArch), R/58/3309, Bl. 103; Hammerschmidt: Die Wohlfahrtsverbände im NS-Staat, S. 157.

33 Vgl. Vermerk von Oberstleutnant a. D. Kabitz vom 12.3.1934, GStA PK, I HA Rep 151 79.

34 Vgl. u. a. Lydia Struck: Mit den Fäden fest in der Hand. Lotte Lemke. Einblicke in ein Leben für die AWO, Berlin 2017, S. 33 ff; Manfred Berger: Erna Corte (1892–1975), 2015, URL: https://www.nifbe.de/component/themensammlung?view=item&id=495 [5.8.2019].

35 SoPaDe an Marie Juchacz vom 18.7.1933, AdsD, Sopade.

36 Vgl. Struck: Lotte Lemke, S. 45 ff.

37 Vgl. Struck: Lotte Lemke, S. 42 ff; Lutz Heuer: Fritz Schreiber (1905–1994). Einblicke in ein bewegtes Leben, Berlin 2008.

38 Vgl. Eckhard Hansen: Wohlfahrtspolitik im NS-Staat. Motivation, Konflikte und Machtstrukturen im »Sozialismus der Tat« des Dritten Reiches, Augsburg 1991, S. 10 f; Sachße/Tennstedt: Der Wohlfahrtsstaat im Nationalsozialismus, S. 111.

39 Vgl Geheimes Staatspolizeiamt (Dezernat 3) an Hauptausschuss für Arbeiterwohlfahrt vom 3.6.1933, BArch, R/58/3309, Bl. 177.

40 Vermerk des Geheimen Staatspolizeiamts »Betrifft: Arbeiterwohlfahrt« vom 28.6.1933, BArch, R/58/3309, Bl. 142.

41 Vgl. Funkerlass des Preußischen Ministerium des Innern Nr. 79 vom 19.8.1933, GStA PK, I HA Rep 151.

42 Vgl. Vermerk des Preußischen Staatsministeriums vom 17.8.1933, GStA PK, I HA Rep 151 7958.

43 Vgl. Rundschreiben des Reichsministers des Innern an alle Landesregierungen vom 8. August 1933 betrifft Einziehung des Vermögens der Arbeiterwohlfahrt, in: GStA PK, I HA Rep 151 7959, Bl. 89–90.

44 Aktenvermerk vom 10.8.1933, GStA PK, I HA Rep 151 7953, Bl. 180.

45 Vgl. Der Preußische Minister des Innern an die Herren Regierungspräsidenten und das Geheime Staatspolizeiamt in Berlin vom 22.9.1933, Landesarchiv Sachsen-Anhalt (LASA), Rep. C 48 I e, Regierung Merseburg, Polizeiregistratur Nr. 1192 d.

46 Vgl. z. B. das Verzeichnis der Vorsitzenden der Ortsausschüsse der Arbeiterwohlfahrt im Regierungsbezirk Stettin, BArch, R/58/3963, Bl. 176.

47 Vgl. Niederschrift vom 9.5.1934 über die am 24.4.1934 im Preußischen Finanzministerium stattgefundene Besprechung mit den Vertretern der Reichsleitung der NS-Volkswohlfahrt, GStA PK, I HA Rep 151 7953, Bl. 5–12.

48 Vgl. Bericht der Deutschen Revisions- und Treuhand-Aktiengesellschaft Berlin über die bei dem Hauptausschuss für Arbeiterwohlfahrt e.V., Berlin, vorgenommene Prüfung der Kassenabrechnung und Geschäftsführung.

49 Bericht von Erwin Kabitz vom 12.3.1934, GStA PK, I HA Rep 151 7959, Bl. 173–178.

50 Ebd.

51 Vermerk des Preußischen Finanzministeriums vom 24.2.1934, GStA PK, I HA Rep 151 7959, Bl. 91–94.

52 Vgl. Niederschrift über die Besprechung vom 24.4.1934.

53 Vgl. die Vorgänge, Verzeichnisse und Briefwechsel um den Einzug von Nähmaschinen und die Weitergabe an die Konzentrationslager, GStA PK, I HA Rep 151 7958.

54 Vgl. Reichleitung der NSDAP an Preußisches Finanzministerium vom 17.6.1935, GStA PK, I HA Rep 151 7959, Bl. 129–130.

55 Vgl. Antje Dertinger/Jan von Trott: »... und lebe immer in Eurer Erinnerung«. Johanna Kirchner – Eine Frau im Widerstand, Bonn 1985, S. 100.

56 Vgl. Dr. Dietz von Beyer an Hauptausschuss für Arbeiterwohlfahrt in der Deutschen Arbeitsfront [Erwin Kabitz] vom 13.12.1933, GStA PK, I HA Rep 151 7960, Bl. 125.

57 Vgl. Martin Biebricher: Progressive Jugendwohlfahrt als Motiv? Widerständiges Handeln im Umfeld des Jugendamts Berlin-Prenzlauer Berg als Beispiel für sozialdemokratisch-sozialistischen Widerstand in und aus der Sozialen Arbeit, in: Ralph-Christian Amthor (Hrsg.): Soziale Arbeit im Widerstand. Fragen, Erkenntnisse und Reflexionen zum Nationalsozialismus, Weinheim 2017, S. 98–118, hier S. 105 ff.

58 Vgl. Ursula Langkau-Alex: Deutsche Volksfront 1932–1939. Zwischen Berlin, Prag, Paris und Moskau. Bd. 2: Geschichte des Ausschusses zur Vorbereitung einer deutschen Volksfront, Berlin 2004, S. 242 f.

59 Vgl. Christian Zech/Andreas Marquet: Nach Zerschlagung und Vertreibung: Die Politisierung der Arbeiterwohlfahrt im Exil, in: Theodor-Kramer-Gesellschaft (Hrsg.): Zwischenwelt. Rote Tränen. Die Zerstörung der Arbeiterkultur durch Faschismus und Nationalsozialismus, Klagenfurt 2017, S. 312–334, hier S. 317.

60 Vgl. Karl-Heinz Füssl: Deutsch-amerikanischer Kulturaustausch im 20. Jahrhundert. Bildung – Wissenschaft – Politik, Frankfurt am Main/New York 2004, S. 150 ff.

61 Vgl. Michael Schneider: Unterm Hakenkreuz. Arbeiter und Arbeiterbewegung 1933 bis 1939, Bonn 1999, S. 783 ff.; Hans Coppi/Stefan Heinz (Hrsg.): Der vergessene Widerstand der Arbeiter. Gewerkschafter, Kommunisten, Sozialdemokraten, Trotz-

kisten, Anarchisten und Zwangsarbeiter, Berlin 2012;

62 Vgl. Kristina Meyer: Die SPD und die NS-Vergangenheit 1945–1990, Göttingen 2015; Schneider: Unterm Hakenkreuz, S. 684 ff.

63 Vgl. Gisela Notz: Frauen in der Mannschaft. Sozialdemokratinnen im Parlamentarischen Rat und im Deutschen Bundestag 1948/49–1957, Bonn 2003, S. 60 u. 435 ff; Stadtarchiv Gengenbach, Sachakten II, ID-Nr. 203024.

64 Marta Schanzenbach: Das Glück, helfen zu können. Gespräch am 23.7. und 24.8.1984 in Gengenbach, in: Ars Feminina. Online-Frauenbibliothek, URL: <arsfemina.de/frauenpolitik-als-beruf/marta-schanzenbach-0> [14.7.2019].

65 Walter Seemann: Ergänzungen zu vorstehendem Lebenslauf, 24.2.1947, Personalakte Walter Seemann, NLA OL, Rep. 400, Bestand 138, PA Nr. 266.

66 Vgl. Walter Seemann an Niedersächsisches Staatsministerium vom 25.3.1954, ebd.

67 Dr. Dietz von Beyer an Hauptausschuss für Arbeiterwohlfahrt in der Deutschen Arbeitsfront [Erwin Kabitz] vom 7.11.1933, GStA PK, I HA Rep 151 7960, Bl. 113–117; AWO-Bezirk Mittelrhein: Arbeiterwohlfahrt am Mittelrhein, S. 47; Marie Juchacz an Wilhelm Sollmann vom 9.7.1945, AdsD, 4/AWOA003259.

68 Vgl. Rüdiger Ahrens: Bündische Jugend. Eine neue Geschichte 1918–1933, Göttingen 2015, S. 407.

69 Vgl. Arbeiterwohlfahrt Düsseldorf: »Ein herausragender Demokrat«. AWO Düsseldorf und SPD würdigten NS-Opfer Paul Gerlach, 30.6.2016, URL: <www.awo-duesseldorf.de/ueber-uns/news/2016/06/ein-herausragender-demokrat/> [14.7.2019].

70 Vgl. als Übersicht die Auflistung auf URL: <de.wikipedia.org/wiki/Marie-Juchacz-Plakette> [14.7.2019].

Bereits im Sommer 1947 organisierte die Arbeiterwohlfahrt in Hamburg wieder die beliebten Ferienfreizeiten am Ufer der Elbe.

5

WIEDERAUFBAU UND NEUGRÜNDUNG

Struktur-, Aufgaben- und Positionswandel
in der Nachkriegszeit von 1946 bis 1951

Nachdem ich am 1. Januar 1946 den Aufbau des Wohlfahrtssekreta-riats übernommen hatte, musste es zunächst meine Aufgabe sein, Fühlung mit den verschiedenen infrage kommenden Stellen zu erhal-ten. Zu diesem Zweck habe ich am 5. Januar cr. Rundschreiben erlassen sowohl an die Berliner Kreisleiter- und Kreisleiterinnen als auch an die Landes- und Bezirksverbände der SPD. In diesem Schreiben habe ich Mitteilung von der Bildung des Wohlfahrtssekretariats gemacht und gleichzeitig Anleitungen über die zu leistende Arbeit gegeben. Antwort auf dieses Schreiben ist bisher nur in geringem Maße erfolgt.

Dem gleichen Zweck diente mein Referat über Sozialpolitik und Wohlfahrtspflege, das ich in der Konferenz der Berliner Kreisleiterin-nen und Unterbezirksleiterinnen gehalten habe. Diese Konferenz war von 160 Genossinnen besucht.

Eine ausgedehnte Arbeit verursachte die Beschaffung des Materials für die am 16.1. cr. eintreffende amerikanische Hilfsorganisation. Ich habe zu diesem Zweck mit den Ernährungs- und Gesundheitsbehörden für Berlin und die sowjetische Zone verhandelt. Gleichzeitig musste ich mir das Material mit Hilfe von Genossen und Genossinnen der verschiedenen infrage kommenden Stellen beschaffen. Die Denkschrift und Nachtrag wurden den Herren am 28. beziehungsweise 31.1.46 über-geben. Dem Wunsche der Kommission entsprechend, habe ich an die Innere Mission und die Caritas geschrieben und um eine Rücksprache betr. einer Zusammenarbeit bei einer späteren Hilfsaktion gebeten.[1]

Dieser Anfang 1946 verfasste Bericht von Louise Schroeder, Leiterin des Wohlfahrtssekretariats in Berlin, steht exemplarisch für die Lage in zahlreichen Kommunen Deutschlands, in denen nach dem Ende des Zweiten Weltkriegs und des Zusammenbruchs der natio-nalsozialistischen Herrschaft ehemalige Aktive der Arbeiterwohl-fahrt an das Wirken vor 1933 anknüpften. Zugleich fanden sich aber auch an Orten, an denen bis dahin noch nie eine Organisation be-standen hatte, Menschen unter dem Banner der Arbeiterwohlfahrt zusammen. Ohne zu zögern wurde erneut Soforthilfe geleistet und angesichts zerstörter Städte und der Erosion staatlicher Ordnung auf die akute Not der Bevölkerung reagiert. Die Menschen, die nach dem Zweiten Weltkrieg für die Arbeiterwohlfahrt eintraten, sahen sich mit beträchtlichen Herausforderungen konfrontiert: Infolge der Zerschlagung und Enteignung der Arbeiterwohlfahrt im Jahr 1933 konnten sie nicht – wie andere Wohlfahrtsverbände – auf bestehende Strukturen zurückgreifen. Bei Kriegsende existierten weder Geschäftsstellen noch eigene Wohlfahrtseinrichtungen. Trotz aller Widrigkeiten und einer zum Teil schleppenden Zulassungspolitik der Alliierten gelang es der Arbeiterwohlfahrt aber dennoch, neue Organisationsstrukturen aufzubauen und – oftmals in enger Verbindung mit der wiedergegründeten SPD – Aktivitäten zu entfalten, die dazu beitrugen, die dringendsten Nöte der Menschen zu lindern.

Die spezifischen Rahmenbedingungen der Nachkriegszeit führten dazu, dass die Arbeiterwohlfahrt im Vergleich zu den 1920er Jahren sowohl veränderte wohlfahrtspolitische Positionen bezog als auch neue organisatorische Strukturen und erweiterte Aktivitäten entwickelte: Die zentrale Forderung der Weimarer Republik, dass Wohlfahrtspflege primär von der öffentlichen Hand ausgehen müsse, war angesichts der gewaltigen Kriegsschäden und umfassender Not nach 1945 nicht aufrechtzuerhalten. Infolgedessen trat die Arbeiterwohlfahrt erheblich stärker als vor dem Krieg als eigenständiger Akteur in Erscheinung und gründete auch eine weitaus größere Anzahl sozialer Einrichtungen. Der Aufbau der Arbeiterwohlfahrt, die auch nach dem Zweiten Weltkrieg nur selten unter den Kürzeln AW oder AWO in Erscheinung trat, vollzog sich zudem nicht von der Spitze aus, sondern von unten, von den Orts- und Kreisverbänden. Die enge Verbindung zur SPD blieb zwar auch nach 1945 bestehen, sie basierte fortan aber weniger auf einer strukturellen Verzahnung, sondern vielmehr auf den Doppelfunktionen zahlreicher Persönlichkeiten.

Angesichts dieser Entwicklungen rücken im folgenden Kapitel vor allem die Gemeinsamkeiten und Unterschiede zu der Zeit vor 1933 in das Blickfeld. Neben neuen organisatorischen Strukturen und veränderten Kooperationsformen wird auch der Wandel in den programmatischen Stellungnahmen und Leitbildern der Arbeiterwohlfahrt beleuchtet. Zum Ausdruck kommt dabei, dass die Nachkriegsphase wesentlich durch das Spannungsfeld von Wiederaufbau und Neugründung geprägt war.[2]

Wohlfahrtspolitischer Neuanfang: Nachkriegsgesellschaft in Trümmern

Die bedingungslose Kapitulation der deutschen Wehrmacht, die zum 8. Mai 1945 in Kraft trat, markierte das endgültige Ende des NS-Regimes. Die Lebenssituation der Menschen in Deutschland hatte sich allerdings schon im Zeichen des totalen Kriegs der Nationalsozialisten und des alliierten Bombenkriegs der letzten Kriegsjahre drastisch verschlechtert. Es sollte mehrere Jahre dauern, bis die größten Nöte der Nachkriegszeit überwunden waren. Da weite Teile Deutschlands in Trümmern lagen, stellte die Aufrechterhaltung staatlicher Ordnung und die Grundversorgung der Menschen ein vorrangiges Ziel dar, das zunächst von den Alliierten verantwortlich übernommen wurde. Die zerbombten Städte und Verkehrswege, der Mangel an Lebensmitteln, Textilien und Brennstoffen, aber auch die schlechte gesundheitliche Versorgung sowie auseinandergerissene Familien und ein scheinbar nicht endender Flüchtlingsstrom waren nur einige der drastischsten Probleme der »Zusammenbruchgesellschaft« nach dem Zweiten Weltkrieg.[3]
Angesichts des Ausmaßes der zu bewältigenden Aufgaben setzten die alliierten Besatzungsmächte auf die Einbindung der Menschen vor Ort. Eine besondere Verantwortung kam dabei unbelasteten, mithin moralisch nicht diskreditierten Akteuren zu: eine Zuschreibung, die vor allem auf frühere Mitglieder der Arbeiterbewegung zutraf. Nach einer kurzen Episode mit antifaschistischen Ausschüssen in den ersten Nachkriegsmonaten waren es die neu- beziehungsweise wiederbegründeten Parteien, unter denen der SPD eine Vorreiterrolle zukam. Der Aufbau der SPD – wie nachfolgend auch derjenige anderer Parteien – konnte verstärkt einsetzen, als am 2. August 1945 das Potsdamer Abkommen die offizielle Lizenzierung von Parteien und Gewerkschaften freigab. Ebenso wie zahlreiche frühere Sozialdemokraten unter dem Banner der SPD kamen im Laufe des Jahres 1945 auch frühere Mitglieder, Helfer und Unterstützer der Arbeiterwohlfahrt zusammen, um an die Aktivitäten der Zeit vor 1933 anzuknüpfen. Lotte Lemke, die den Zweiten Weltkrieg unter schwierigen Verhältnissen zeitweilig in Ostpreußen mit Tätigkeiten als Büroangestellte und Fürsorgerin verbracht

hatte, schrieb an Marie Juchacz, die sich nach dem Krieg weiterhin in New York aufhielt: »Es ist heute wie zu der Zeit[,] als Sie die Arbeiter-Wohlfahrt ins Leben riefen: Ein verlorener Krieg, ein zusammengebrochenes Regime, eine zerstörte Wirtschaft, Hunger und Arbeitslosigkeit, nur mit dem Unterschied, dass das Ausmass der Not im Allgemeinen und die Härte der Not im Einzelfall heute unendlich viel grösser sind. Aber wir haben den Vorteil, dass die Idee der Arbeiter-Wohlfahrt nicht erst geschaffen zu werden braucht, sondern als eine starke Kraft bereits vorhanden ist, dass Menschen da sind, die diese Idee tragen und aus der Zeit von vor 1933 über reiche Erfahrungen verfügen.«[4]

Die ersten Aktivitäten früherer Mitglieder und Helfer der Arbeiterwohlfahrt erfolgten indes zunächst nur teilweise in deren Namen, da diese in den einzelnen Besatzungszonen noch nicht wieder zugelassen war und sich infolgedessen noch im Stadium der Halb- beziehungsweise Illegalität bewegte. Angesichts der unmittelbaren Nöte dominierte – ähnlich wie im Vorfeld und bei der Gründung der Arbeiterwohlfahrt nach dem Ersten Weltkrieg – der Gedanke der Tat, der den unmittelbaren Anlass zum Handeln lieferte. Anders als 1919 kamen die Impulse aber nun nicht von oben, vom zentralen Parteivorstand der SPD, sondern vielmehr von unten. Vor Ort begannen einzelne der Arbeiterbewegung nahestehende Personen mit der Wohlfahrtsarbeit und formierten alsbald lokale Gruppen, die sich – in Anlehnung an die Weimarer Zeit – erneut auch als Ortsausschüsse bezeichneten. Infolge zerstörter Kommunikations- und Verkehrswege erfolgten diese ersten Aktivitäten in der Regel zunächst nur auf kommunaler Ebene und weitgehend unabhängig voneinander.

Der Aufbau der Arbeiterwohlfahrt vollzog sich infolgedessen in den nachfolgenden Monaten in höchst unterschiedlicher Form und variierte von Kommune zu Kommune und von Besatzungszone zu

Hunger und Not waren nach dem Krieg allgegenwärtig.

GEBT UNSEREN KINDERN
VIER WOCHEN ERHOLUNG

Germin.

ARBEITER-WOHLFAHRT
BEZIRK SCHLESWIG-HOLSTEIN

Die Ferien-
betreuung der
Kinder gehörte
zu den ersten
Aufgaben der
neugebildeten
Ortsausschüsse.

Besatzungszone. Übergrei-
fend lassen sich drei Typen
des Neuaufbaus ausmachen:
Als erstes sind lokale Gruppen
oder Ortsausschüsse anzufüh-
ren, die in enger Verzahnung
mit den Aktivitäten der SPD
entstanden. In der britischen
Besatzungszone war es Kurt
Schumacher, der als Symbolfigur des sozialdemokratischen
Widerstands gegen Hitler in
Deutschland den Aufbau der
SPD-Parteiorganisation maßgeblich prägte. Schumacher
war bereits Anfang Mai 1945
zum Vorsitzenden des sozialdemokratischen Ortsvereins
in Hannover gewählt worden
und forcierte den Aufbau der
Sozialdemokratie über die
Grenzen der britischen Besatzungszone hinweg, sodass
das »Büro Dr. Schumacher«
binnen Kurzem zum zentra-
len Leitungsgremium der drei Westzonen avancierte. Schumacher
selbst festigte als mitreißender Redner in öffentlichen Kundgebungen und Parteiversammlungen seine Stellung als sozialdemokratische Führungsfigur. Mit seiner Ablehnung einer Zusammenarbeit
mit Kommunisten setzte er sich auch gegen den sozialdemokratischen Berliner Zentralausschuss um Otto Grotewohl durch, der
mit der Parole von der Einheit der Arbeiterklasse einer weit verbreiteten Tendenz innerhalb der Arbeiterbewegung entsprochen
hatte. Programmatisch wurde innerhalb der SPD leidenschaftlich
darüber debattiert, inwieweit an die Abschottung der verschiedenen Milieus im Kaiserreich und der Weimarer Republik wieder
angeknüpft werden sollte. Angesichts des nationalsozialistischen

Terrors gegenüber der Arbeiterbewegung, aber auch durch im Exil gewonnene Erfahrungen setzte sich verstärkt die Anschauung durch, die Gesangs-, Sport- und Freizeitvereine der Sozialdemokratie nicht wieder aufleben zu lassen. Die politischen Gegensätze sollten seitens der Parteien ausgetragen, aber nicht in die Kultur, den Sport und das Alltagsleben hineingetragen werden.[5]

Mit Blick auf die Arbeiterwohlfahrt trat die Führung der SPD hingegen zunächst für eine Anknüpfung an die Weimarer Erfahrungen und für eine Übernahme der Richtlinien aus den 1920er Jahren ein. Die Historikerin Christiane Eifert, die sich eingehend mit dem Aufbau der Arbeiterwohlfahrt nach 1945 befasst hat, konstatiert, dass nach Ansicht der Parteileitung die Arbeiterwohlfahrt »eine Unterorganisation der Sozialdemokratie« bleiben und zunächst nicht als eigenständiger Wohlfahrtsverband neu errichtet werden sollte.[6] Auch die personellen Verbindungen zur SPD sollten gewahrt bleiben. Erneut blickte man dabei vor allem auf die Frauen, die zu den engagiertesten Helferinnen im Wohlfahrtsbereich zählten. Infolgedessen vollzog sich der Aufbau der Arbeiterwohlfahrt nach dem Zweiten Weltkrieg in der Regel in Sichtweite zur SPD – allerdings zu den einzelnen lokalen Parteigliederungen. So wurden etwa neue Personalstellen im Wohlfahrtsbereich oftmals an die Räumlichkeiten der lokalen SPD angegliedert. Dementsprechend wurde Louise Schroeder in Berlin zum 1. Januar 1946 beim Zentralausschuss der SPD in der Behrenstraße angestellt.

Ein zweiter, weniger verbreiteter Typus beim Neuaufbau ist durch die lokale Kooperation von sozialdemokratischen und kommunistischen Arbeiterparteien gekennzeichnet. Hierfür stehen vor allem Beispiele aus der amerikanischen Besatzungszone, zu der auch Bremen als Exklave gehörte. An der Weser wurde im August 1945 von früheren Mitgliedern der Arbeiterwohlfahrt und der kommunistischen *Roten Hilfe* das *Arbeiterhilfswerk Bremen* gegründet, mit dem an die Idee der antifaschistischen Komitees angeknüpft wurde und gezielt der Gegensatz zwischen Kommunisten und Sozialdemokraten überwunden werden sollte. Seitens des Arbeiterhilfswerks Bremen wurde am 15. Januar 1946 der erste hauptamtliche »Sekretär« angestellt.[7] Mit ähnlicher Zielsetzung wurde in Wiesbaden von Vertretern von SPD und KPD ebenfalls eine gemeinsame Wohlfahrts-

LOUISE SCHROEDER (1887–1957)

Die profilierte Sozialpolitikerin Louise Schroeder hatte im preußisch regierten (Hamburg-)Altona ihre ersten politischen Schritte unternommen. 1919 wurde sie in die Nationalversammlung gewählt und blieb bis 1933 SPD-Reichstagsabgeordnete. Zugleich leitete sie den Bezirksausschuss für Arbeiterwohlfahrt Schleswig-Holstein und war als Autorin, Rednerin und Dozentin reichsweit für die Arbeiterwohlfahrt tätig. 1933 erhielt sie Berufsverbot, ihre Wohnung wurde mehrfach durchsucht. Die NS-Diktatur überstand sie in Berlin, Hamburg und Dänemark. Zu Beginn des Kalten Krieges war sie in der umkämpften Stadt Berlin als Stadtverordnete, erste weibliche Oberbürgermeisterin und als Landesvorsitzende der Arbeiterwohlfahrt in führender Rolle am Wiederaufbau beteiligt. Von 1949 bis zu ihrem Tod vertrat sie Berlin im Bundestag und prägte als sozialpolitische Expertin die Positionen der SPD-Fraktion.

organisation aus den Reihen der Arbeiterparteien gegründet, die »Soziale Hilfe«. In Frankfurt am Main wurde die Arbeiterwohlfahrt am 10. Oktober 1945 zugelassen. Hier arbeiteten Sozialdemokraten und Kommunisten zunächst pragmatisch gleichberechtigt zusammen und stützten sich Mitte Dezember 1945 schon auf über 11.000 Mitglieder. Der erhebliche Mitgliederzuwachs schürte jedoch die weitere Politisierung, in deren Folge ein verstärktes Ringen um die politische Leitung einsetzte. Auch in Süddeutschland bildeten Vertreter der Arbeiterwohlfahrt mit dem *Württembergisch-badischen Wohlfahrtsbund* zunächst eine parteiübergreifende Kooperation unter Einschluss der Kommunisten. Erst im März 1947 wurde wieder der Name Arbeiterwohlfahrt angenommen.[8]

Die Kooperation mit Kommunisten war weder im Sinne der Parteileitung der SPD noch der sich in der ersten Jahreshälfte 1946 neu formierenden offiziellen Stellen der Arbeiterwohlfahrt auf höherer Ebene. Dabei spielten der bereits in der Weimarer Republik verbreitete Antikommunismus, die Erfahrungen mit dem Stalinismus wie auch der aufflammende Ost-West-Konflikt eine wichtige Rolle. Vor allem der Hauptausschuss für Arbeiterwohlfahrt positionierte sich eindeutig gegen eine engere oder gar gleichberechtigte Einbeziehung von Kommunisten: Lotte Lemke betonte im Rahmen der Sitzung des Hauptausschusses am 1. Juni 1946 in Köln ihre Bedenken und informierte, dass »in der Provinz Westfalen und in einer ganzen Zahl von Orten der nördlichen Rheinprovinz eine besondere Wohlfahrts-Organisation der Kommunisten ›Volkshilfe‹ durch die Militär-Regierung genehmigt« wurde und dass damit zu rechnen sei, »dass die Kommunisten versuchen werden, diese Organisation [...] auszudehnen«.[9] Der Hauptausschuss der Arbeiterwohlfahrt vertrat die Position, dass »er sich der Zulassung seitens der Militär-Regierung nicht widersetzen wolle, weil bei einer Ablehnung einer besonderen kommunistischen Wohlfahrtsorganisation die Arbeiterwohlfahrt verpflichtet wäre, die Kommunisten in ihre eigene Reihen aufzunehmen.« Der Hauptausschuss war der Ansicht, »dass wir besondere kommunistische Wohlfahrtsorganisationen nicht zu fürchten brauchen, dass aber eine enge Zusammenarbeit mit den Kommunisten innerhalb der Organisation der Awo nicht tragbar ist.«[10] Auch angesichts des anhaltenden Widerstands der Offiziellen auf Bundesebene war der parteiübergreifenden Variante des Neuaufbaus infolgedessen nur eine vergleichsweise kurze Dauer beschieden, da die kommunistischen Vertreter aus den Wohlfahrtsorganisationen herausgedrängt wurden.

Eine dritte Variante des Aufbaus der Arbeiterwohlfahrt ist durch die Zusammenarbeit mit den anderen Wohlfahrtsverbänden im Rahmen von lokalen Wohlfahrts- und Flüchtlingsausschüssen gekennzeichnet. Die Aktivisten aus den Reihen der Arbeiterbewegung sahen sich im Laufe des Jahres 1945 zunächst mit der Herausforderung konfrontiert, dass die anderen Wohlfahrtsverbände, ähnlich wie bereits 1919, über einen Startvorteil verfügten: Während die Arbeiterwohlfahrt – ebenso wie die Zentralwohlfahrtsstelle der Juden – mit dem Verbot 1933 ihrer Organisationsstrukturen beraubt worden war, hatten sich die anderen Wohlfahrtsorganisationen weiter auf ihren Apparat stützen können. Die beiden kirchlichen Wohlfahrtsorganisationen Caritas und Innere Mission konnten nach der NS-Zeit weitgehend unverändert ihre Aktivitäten fortsetzen. Allein die Caritas verfügte 1945 über 3.600 Anstalten sowie rund 7.500 halboffene und 17.000 offene Fürsorgeeinrichtungen.[11] Demgegenüber mussten der Deutsche Paritätische Wohlfahrtsver-

Die Arbeiter-
wohlfahrt sam-
melte an den
Haustüren Spen-
den für ihre so-
zialen Angebote.

band und das Deutsche Rote Kreuz ihre verbandlichen Strukturen anpassen, konnten aber ihre Einrichtungen weitgehend unverändert fortführen.

Als auf kommunaler Ebene auf Weisung der Besatzungsmächte ab Sommer 1945 in zunehmender Anzahl Wohlfahrtsausschüsse eingerichtet wurden, hatten Innere Mission und Caritas, aber auch Paritätischer Wohlfahrtsverband und Rotes Kreuz daher kaum Schwierigkeiten, ihre bestehenden Organisationsstrukturen einzubringen. Die Arbeiterwohlfahrt und der jüdische Wohlfahrtsverband konnten sich hingegen nicht in gleicher Form auf einen etablierten und funktionsfähigen Apparat stützen. Dennoch findet sich zunehmend der Name Arbeiterwohlfahrt in Verlautbarungen. Als in Düsseldorf am 9. Oktober 1945 in Anlehnung an die Düsseldorfer Winterhilfe 1931/32 eine *Düsseldorfer Nothilfe* eingerichtet wurde, heißt es in der ersten Mitteilung: »Nur durch die Zusammenfassung der Hilfsbereitschaft werden Nebeneinanderarbeiten, Zersplittern der Kräfte und Planlosigkeit ausgeschaltet. So wird am 9. Oktober 1945 vom Caritasverband, von der Inneren Mission, vom Deutschen Roten Kreuz, von der Arbeiterwohlfahrt und von der Volkshilfe, mit Frauen und Männer aller politischen Richtungen, Leitern von Wirtschaftsorganisationen und Vertretern der Stadtverwaltung die Arbeitsgemeinschaft der ›Düsseldorfer Nothilfe‹ ins Leben gerufen.«[12]

Vor dem Hintergrund entsprechender Initiativen erfolgte der weitere Aufbau der Arbeiterwohlfahrt zum Teil in enger Verzahnung mit den auf kommunaler oder Kreisebene eingerichteten Wohlfahrtsausschüssen. In Frankfurt am Main gehörten Vertreter der Arbeiterwohlfahrt im Sommer 1945 bereits der *Vereinigten Frankfurter Wohlfahrtspflege* an und entsendeten eine Vertreterin in den Beirat des Fürsorgeamtes, ohne selbst eigene Strukturen aufgebaut zu haben oder als Organisation zugelassen worden zu sein. In Wilhelmshaven wurde Adolf Fooken im Januar 1946 für die Arbeiterwohlfahrt in den Kreiswohlfahrtsausschuss berufen. In Düsseldorf, wo sich Elisabeth Sengespeick und Karl Stein als Repräsentanten der Arbeiterwohlfahrt engagierten, oder in Braunschweig, wo Hedwig Boockmann das Gesicht der Arbeiterwohlfahrt war, wurden die Verantwortlichen auch in die neu gebildeten Stadtparlamente entsendet. Zu einer regen Kooperation kam es auch in den Flüchtlingshilfswerken, die im Winter 1945 in zahlreichen westdeutschen Städten entstanden. Angesichts der durchaus erfolgreichen Zusammenarbeit wurde in der Arbeiterwohlfahrt bisweilen die Idee vertreten, auf eine parteiübergreifende Wohlfahrtsorganisation zu setzen. Das Protokoll der Sitzung des Hauptausschusses für Arbeiterwohlfahrt vermerkte am 1. Juli 1946, dass auch in Württemberg-Baden zum Teil die Haltung vertreten wurde, dass »eine große überparteiliche Organisation aufgezogen werden« müsse.[13]

Beim Wiederaufbau und der Neugründung der Arbeiterwohlfahrt in der unmittelbaren Nachkriegszeit zeigten sich damit deutliche Ambivalenzen: Die Arbeiterwohlfahrt konnte nach 1945 als Wohlfahrtsverband politisch unbelastet und moralisch integer an die Aktivitäten vor 1933 anknüpfen. Im Unterschied zu anderen Wohlfahrtsverbänden musste sie aber strukturell eine weitgehende Neugründung vornehmen, da ihre ehemaligen Einrichtungen nicht mehr existierten oder ihr erst sukzessive wieder übertragen wurden. Zudem musste die Arbeiterwohlfahrt angesichts einer zwölfjährigen Unterbrechung Mitglieder erst wieder rekrutieren und Personal neu qualifizieren. Der organisatorische Aufbau der Arbeiterwohlfahrt erfolgte in enger Anlehnung an die Strukturen der SPD, aufgrund der kommunalen Eigenständigkeit und begrenzter Kommunikationsmöglichkeiten jedoch nicht in Unterordnung oder als Unterorganisation der Partei. Vielmehr wurden zunächst höchst unterschiedliche Vorstellungen vertreten, welche Stellung die neue Organisation einnehmen sollte.

Überkommunale Aktivitäten: Im Ringen um die Organisationsform

Bereits im Herbst 1945 wurde deutlich, dass die Aktivitäten der Arbeiterwohlfahrt auf kommunaler Ebene ein derart umfassendes Ausmaß angenommen hatten, dass auch regionale und landesweite Strukturen etabliert werden mussten. Wie stark dabei sowohl die allgemeinen Kontinuitätslinien als auch die Verbindungslinien zur SPD ausgeprägt waren, dokumentiert der Umstand, dass man sich bei den neu entstehenden überkommunalen Einheiten an den früheren Bezirken der Arbeiterwohlfahrt orientierte, die ihrerseits wiederum den Parteibezirken der SPD entsprachen.

In Hannover, wo das »Büro Dr. Schumacher« mittlerweile als sozialdemokratisches »Büro der Westzonen« firmierte, beobachtete man diese Entwicklung und wurde nunmehr selbst aktiv. Robert Görlinger, der von 1923 bis 1933 die Geschäfte der Arbeiterwohlfahrt in Köln geführt und von 1929 an noch zusätzlich das Büro für Lotterien beim Hauptausschuss für Arbeiterwohlfahrt geleitet hatte, wurde im November 1945 vom SPD-Parteivorstand nominiert, die Arbeiterwohlfahrt im Zentralausschuss für Wohlfahrtsfragen der britischen Zone zu vertreten. Görlinger, der bereits konzeptionelle Vorschläge zum künftigen Aufbau der Arbeiterwohlfahrt gemacht hatte, sträubte sich zunächst gegen die überregionale Verantwortung, da er beim Wiederaufbau in Köln mit vielfältigen Aufgaben betraut war. Letztlich willigte er aber ein, Verantwortung für den neuen Hauptausschuss für Arbeiterwohlfahrt zu übernehmen.[14]

Gemeinsam mit Alfred Nau, der im sozialdemokratischen Büro der Westzonen in Hannover für die Finanzen der SPD verantwortlich war, lud Görlinger Vertreter der mittlerweile gebildeten Bezirksausschüsse in der britischen Besatzungszone für den 3. und 4. Januar 1946 zu einer »vorbereitenden Sitzung zur Wiederbegründung des ›Hauptausschusses der Arbeiterwohlfahrt‹« ein. Auf dieser Sitzung der Bezirksausschüsse wurde – in begrifflicher Anlehnung an die Weimarer Tradition – die Wiedereinrichtung des Hauptausschusses für Arbeiterwohlfahrt beschlossen. Zudem wurden vier Fachausschüsse eingerichtet. Robert Görlinger selbst wurde zum Vorsitzenden des Hauptausschusses gewählt.

ROBERT GÖRLINGER (1888–1954)

Der gelernte Elektromonteur Robert Görlinger hatte großen Anteil an der Entwicklung der Kölner Arbeiterbewegung und der Stadt Köln insgesamt. Ab 1919 arbeitete er als Sekretär des Deutschen Metallarbeiter-Verbands, bevor er von 1925 bis 1933 als Geschäftsführer der Arbeiterwohlfahrt und der SPD-Fraktion in Köln angestellt wurde. Er floh 1933 zunächst ins Saargebiet und bald darauf nach Besançon in Frankreich, wo er als Markthändler und Elektriker tätig war. 1941 wurde er von der Gestapo verhaftet und ins Kölner Gefängnis Klingelpütz verschleppt. 1943 brachten ihn die Nationalsozialisten ins KZ-Sachsenhausen. Nach seiner Befreiung durch britische Truppen kehrte er nach Köln zurück. Hier wirkte er als Bürgermeister, Zeitungsherausgeber und zwischen 1946 und 1949 auch als Bundesvorsitzender der Arbeiterwohlfahrt.

Dass die ersten überkommunalen Initiativen in der britischen Zone erfolgten, war kein Zufall, da hier – unterstützt durch die britische Besatzungspolitik – bislang die umfassendsten Aktivitäten auf lokaler Ebene stattgefunden hatten. Die neu formierten Organisationen der Arbeiterwohlfahrt wurden, oftmals als sozialdemokratische Wohlfahrtsausschüsse, als Teil der sozialdemokratischen Organisationsfamilie anerkannt. Im Oktober 1945 waren einer Umfrage zufolge bereits in Ostwestfalen, Westfalen-West (Dortmund), Niederrhein (Düsseldorf), Oberrhein (Köln), Hannover und Hamburg wieder Bezirksausschüsse der Arbeiterwohlfahrt tätig – mithin in sechs der einstmals neun Bezirke dieses Raumes. Die Bezirke verfügten in der Regel über eigene Geschäftsführer. Dabei wurde vor allem – wie etwa im Fall von Friederike Nadig im Bezirk Ost-Westfalen – auf Aktivistinnen gesetzt, die in der Vergangenheit bereits Positionen in der Arbeiterbewegung bekleidet hatten und entsprechende Expertise aufwiesen. Nadig war in der Weimarer Republik bereits für die SPD als Abgeordnete in den Westfälischen Provinziallandtag gewählt worden und dort Mitglied im Fürsorge- und Wohlfahrtsausschuss.

FRIEDERIKE (FRIEDA) NADIG (1897–1970)

Die gelernte Verkäuferin aus Herford war 1916 der SPD beigetreten. Ab 1920 studierte sie an der Sozialen Frauenschule in Berlin. Anschließend nahm sie eine Tätigkeit als Fürsorgerin in Bielefeld auf und unterstützte die Arbeiterwohlfahrt. Von 1929 bis 1933 war sie Abgeordnete im Westfälischen Provinziallandtag. 1933 erhielt sie ein Berufsverbot. Nach dreijähriger Arbeitslosigkeit nahm sie eine Stelle im Gesundheitsamt in Ahrweiler an und wurde Mitglied der NSV. Nach dem Zweiten Weltkrieg engagierte sie sich wiederum in der Arbeiterwohlfahrt und übernahm 1946 für 20 Jahre die Position einer hauptamtlichen Bezirkssekretärin in Ostwestfalen-Lippe. Parallel dazu war sie von 1947–1950 Landtagsabgeordnete in Nordrhein-Westfalen und von 1949–1961 Bundestagsabgeordnete. Zuvor war sie 1948 als eine von vier Frauen in den Parlamentarischen Rat berufen worden, der das Grundgesetz erarbeitete.

Demgegenüber erfolgte der überkommunale Aufbau in der amerikanischen Besatzungszone zögerlicher, weil Aktivitäten von Wohlfahrtsorganisationen, die an Parteien gebunden waren, hier zunächst nicht unterstützt wurden.[15] Infolgedessen wurden zwar einige Zulassungen noch im Jahr 1945 erteilt, während andere Ortsvereine und Kreisverbände, aber auch Bezirks- und Landesverbände, in manchen Fällen erst im ersten Halbjahr 1947 ihre formelle Genehmigung erhielten. So erfolgte die Zulassung in (Nord-)Württemberg am 18. September 1945 im Rahmen einer feierlichen Sitzung der amerikanischen Militärregierung, während (Nord-)Baden erst später hinzukam. In Stuttgart wurde das von Fritz Ripp geleitete Sekretariat für die amerikanische Zone eingerichtet.

Einen Monat nach der Zusammenkunft von Vertretern der britischen Zone hatte im Februar 1946 eine Konferenz von Delegierten der Arbeiterwohlfahrt aus der amerikanischen Besatzungszone die bereits getroffenen Beschlüsse bestätigt.[16] Insgesamt ging die Entwicklung in der amerikanischen Besatzungszone aber langsamer vonstatten. Anna Beyer, eine der Gründerinnen der Frankfurter Arbeiterwohlfahrt nach dem Zweiten Weltkrieg, notierte hierzu: »Während des Parteitages in Hannover berichteten in einer Sonderbesprechung Vertreter der AW in den einzelnen Bezirken über ihre Arbeit. Trotz großer Schwierigkeiten, die nicht nur materieller Art sind, sondern zuweilen auch dadurch entstehen, dass die Vertreter der Militärbehörden zwar damit vertraut sind, dass kirchliche Verbände ihre Wohlfahrtsorganisation haben, aber es nicht begreifen können, dass eine Wohlfahrtsorganisation getragen sein kann vom Wille einer bewussten Arbeiterschaft, ist die Aktivität und die Opferwilligkeit mit der unsere Genossen an ihre ungeheuerlich schwere Arbeit gehen, bewundernswert.«[17]

Der Aufbau der Arbeiterwohlfahrt in der französischen Zone erfolgte nochmals deutlich langsamer als in der britischen und amerikanischen Zone. Neben einer zurückhaltenden Zulassungspolitik der französischen Militärverwaltung wird hier »dem außerordentlichen Gewicht, das die beiden großen konfessionelle Verbände durch die große Zahl von Einrichtungen besitzen«, Bedeutung für die Schwierigkeiten beim Aufbau zugeschrieben.[18] Die Arbeit in der französischen Besatzungszone wurde von Hermann Bauer von Baden-Baden aus koordiniert.

Eine besondere Entwicklung kennzeichnete schließlich Berlin und das Saarland. Infolge des Viermächte-Status der Stadt Berlin mussten Entscheidungen von allen Besatzungsmächten einstimmig getroffen werden. Da sich die sowjetische Militärregierung aber lange Zeit sperrte, dauerte es bis zum 29. November 1947, bis die Arbeiterwohlfahrt als gesamtstädtischer Landesverband zugelassen wurde. Das Saarland, das einer eigenen französischen Behörde unterstellt war, hatte ebenfalls eine Sonderstellung, da es nur eine begrenzte Kooperation mit den anderen Besatzungszonen gab. Hier sollte es bis Mai 1957 dauern, bis die Organisationen im Saarland dem Hauptausschuss angegliedert wurden.

In der Besatzungszone der Sowjetunion hatten sich im Sommer 1945 ebenfalls lokale sozialdemokratische Wohlfahrtsorganisationen gebildet, vielfach durch die SPD unterstützt. Auch hier wurde angestrebt, an die Vorkriegsaktivitäten anzuknüpfen, da – wie es in einem Leipziger Schreiben heißt – »unter den Namen ›Arbeiterwohlfahrt‹ [...] bereits früher der Wohlfahrtsausschuss der Sozialdemokratischen Partei seine segensreiche Tätigkeit ausgeübt und sich bei den Parteigenossen, den Behörden und auch in weiten

Konferenz des Landesverbands Berlin. Marie Juchacz spricht, ebenfalls im Bild: Franz Neumann und Ida Wolff.

Kreisen der übrigen Bevölkerung einen Namen gemacht« habe und »in guter Erinnerung« verhaftet geblieben sei.[19] Der weitere Aufbau geriet aber ins Stocken. Die früheren Bezirksausschüsse wurden nicht mehr wiederbelebt, da die sowjetische Militäradministration weitergehende sozialdemokratische Aktivitäten blockierte. Während die sowjetische Militärverwaltung die katholischen und evangelischen Wohlfahrtsverbände zunächst tolerierte, blieben der Arbeiterwohlfahrt damit umfassendere Aktivitäten verweigert. Im Oktober 1945 wurde stattdessen – zunächst in Sachsen – die *Volkssolidarität* gegründet, die zu Beginn als überparteiliche Kampagne »gegen Winternot« angelegt war. In den folgenden Monaten entwickelte sich unter diesem Dach und starkem sowjetischen Einfluss eine Organisation, die im Mai 1946 einem einheitlichen Zentralausschuss unterstellt wurde. Daraufhin wurden alle Hilfsorganisationen in der Volkssolidarität der Sowjetischen Besatzungszone zusammengeführt. Ähnlich wie bei der Zwangsvereinigung von SPD und KPD in Ostdeutschland wurde auch hier unter erheblichem Druck der sowjetischen Besatzungsbehörden angestrebt, die politische Kontrolle über potenzielle Konkurrenzorganisationen zu erlangen. Fortan war an eine eigenständige Arbeiterwohlfahrt in Ostdeutschland nicht mehr zu denken. Zum Ende des 1940er Jahre wurde die Volkssolidarität dann in das System der Massenorganisationen der DDR eingebunden.[20]

Währenddessen zeichneten sich in Westdeutschland immer deutlicher die neu etablierten Strukturen der Arbeiterwohlfahrt ab. Im Vorfeld des ersten Nachkriegsparteitags der SPD, der am 9. Mai 1946 in Hannover begann, suchten Erich Ollenhauer und Fritz Heine vom SPD-Parteivorstand Lotte Lemke auf, die nach ihrer Flucht aus Ostpreußen zu diesem Zeitpunkt für die Berliner Zentralverwaltung arbeitete. Obwohl einige Bedenken gegenüber der von 1930 bis 1933 bereits als Geschäftsführerin der Arbeiterwohlfahrt auf Reichsebene tätigen Lotte Lemke bestanden und auch Robert Görlinger zunächst andere Personalvorschläge favorisierte, betraute der SPD-Parteivorstand sie erneut mit der Aufgabe der Geschäftsführung.[21]

Lemke nahm am 10. Mai 1946 ihre Tätigkeit in der Geschäftsstelle der Arbeiterwohlfahrt in Hannover auf und machte sich tatkräftig daran, zunächst einen Überblick über die vielfältigen Aktivitäten zu gewinnen. Als eine ihrer ersten Handlungen sendete sie einen Brief an alle Bezirksausschüsse, um mit Hilfe eines Fragebogens »einen Überblick über den Stand der Organisation und […] [die] Arbeit der Arbeiterwohlfahrt« zu ermitteln.[22] Aus den Rückmeldungen ging hervor, dass mittlerweile zunehmend häufiger im Namen der Arbeiterwohlfahrt Nahrungsmittel verteilt, Kindernaherholungsarbeit geleistet und sich um ankommende Flüchtlinge gekümmert wurde. Damit knüpfte die Arbeiterwohlfahrt an Tätigkeiten an, die bereits in der Weimarer Republik zu den Schwerpunkten gehört hatten. Dazu zählten auch Nähstuben sowie Schuster- und Tischlerwerkstätten, die im Namen der Arbeiterwohlfahrt eingerichtet und betrieben wurden.

Der Parteivorstand der SPD, der in dieser Phase verstärkt um eine Kontrolle der sich neu formierenden Organisation bemüht war, begrüßte diese Bestandsaufnahme, forderte aber ein noch weitergehendes Engagement. Angemahnt wurde, dass die Arbeiterwohlfahrt als Verband »viel mehr in Erscheinung treten« müsse.[23]

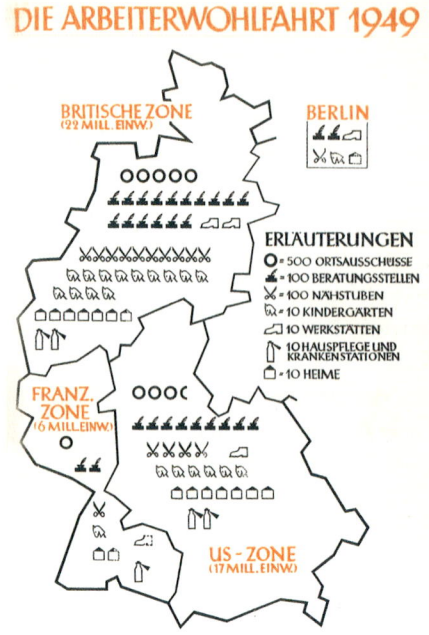

Zugleich wurde gegenüber den Besatzungsmächten kritisiert, dass die Aufbauarbeit behindert werde, da die Alliierten »verlangen, auch Nichtmitglieder der SPD in die Wohlfahrt aufzunehmen«. Der Parteivorstand erklärte: »Sozialismus als Weltanschauung muss die gleichen Rechte haben wie jede Konfession. Die Arbeiterwohlfahrt dient [...] allen, die in Not sind, ohne Rücksicht auf ihre Parteizugehörigkeit.«[24]

Zu den wichtigsten Aufgaben Lotte Lemkes gehörte die Förderung der überkommunalen Zusammenarbeit. Ausgehend von einer verstärkten Kooperation zwischen den Bezirken wurden in den drei westlichen Besatzungszonen sogenannte Zonenausschüsse und -sekretariate der Arbeiterwohlfahrt eingerichtet. Als diese ihre Arbeit aufgenommen hatten, stellte sich die Frage nach der interzonalen Zusammenarbeit und nach den künftigen Strukturen. Angesichts ihrer Erfahrungen aus den 1920er Jahren vertrat Lemke die Ansicht, eine ähnliche Organisationsform wie in der Weimarer Republik mit einem zentralen Verband und lockeren Zusammenschlüssen vor Ort wiederaufzubauen. In diesem Sinne zeigte sie sich im Juli 1946 über den Status quo wenig erfreut: »Die vor 1933 in der Arbeiterwohlfahrt fast ausschließlich übliche Organisationsform des losen Zusammenschlusses von aktiven Mitarbeitern in den Organisationsausschüssen für Arbeiterwohlfahrt ist heute vielfach aufgegeben zugunsten einer festen vereinsmäßigen Form mit einem großen Mitgliederstamm. Die vereinsmäßige Organisation wird überall da unumgänglich sein, wo die Arbeiterwohlfahrt Träger von Heimen und Einrichtungen ist, weil dafür der Charakter der juristischen Person, der durch die Eintragung in das Vereinsregister erworben wird, notwendige Voraussetzung ist. Grundsätzlich müsse jedoch angestrebt werden, dass die Awo sich in der losen Form von Ortsausschüssen organisiert, weil die Erfahrungen, die im letzten Jahr gesammelt werden konnten, doch die großen Erfahrungen aufzeigen, die im Wesen der Vereinsform begründet liegen. Jeder Verein hat in sich die Tendenz nach Ausdehnung, Selbständigkeit und Unabhängigkeit. Diese Organisationsform gibt nicht die gleiche Garantie für Einheitlichkeit der Arbeit, wie sie in der losen Form der Ausschüsse gegeben ist.«[25]

Als Vorsitzender des Hauptausschusses unterstützte Robert Görlinger dieses Plädoyer für eine stärkere Zentralisierung, ergänzte aber vor dem Hintergrund alliierter Forderungen mit Blick auf die Rolle künftiger Mitglieder: »Es wird Einigkeit darüber erzielt, dass wir in der Awo, gleichgültig ob sie sich vereinsmäßig oder in der losen Form des Ortausschusses organisiert, lediglich Mitarbeiter und Förderer kennen. Die Mitarbeiter sollen Mitglieder der SPD und können Parteilose sein, wenn sie sich zu den Grundsätzen der Awo bekennen. Angehörige anderer politischer Parteien sollen nicht mit den Funktionen eines Mitarbeiters betraut werden. Mitarbeiter sollen nicht zur Beitragszahlung verpflichtet sein, Förderer können Angehörige aller Bevölkerungskreise und aller politischen Organisationen sein.«[26]

Die Verantwortlichen im Hauptausschuss für Arbeiterwohlfahrt traten für einen starken Zentralverband ein. Da sie diesen jedoch nicht von oben verordnen konnten, mussten Lemke und Görlinger auch Widerspruch hinnehmen. Immer wieder weigerten sich einzelne Organisationen, Bericht zu erstatten oder erteilten Anforderungen Folge zu leisten. So wiesen die Organisationen der Arbeiterwohlfahrt in der amerikanischen Besatzungszone das Ansinnen zurück, sich dem Hauptausschuss in Hannover zu unterstellen und Abgaben abzuführen.

Der Hauptausschuss zielte auf eine größtmögliche Nähe zur SPD, ohne aber die Parteimitgliedschaft zur Bedingung zu machen. Diese Position markierte letztlich einen Kompromiss, der aus den unterschiedlichen Interessen der Akteure und der spezifischen Situation der Nachkriegszeit resultierte. Bestätigung fanden diese auf der ersten »Reichskonferenz« der Arbeiterwohlfahrt nach dem Krieg, die vom 3. bis 5. Mai 1947 in Kassel stattfand. Dass noch immer kein

Die Arbeiterwohlfahrt verteilt in Mannheim Hilfspakete aus den USA.

geregelter Alltag herrschte, zeigte der Umstand, dass zwar Vertreter aus Berlin vor Ort waren, die Delegierten aus der französischen Zone jedoch keine Reisegenehmigung erhalten hatten und notgedrungen dem Treffen fernblieben. Die Reichskonferenz bestätigte Robert Görlinger als Vorsitzenden und beschloss Richtlinien, die weitgehend denjenigen des Jahres 1921 entsprachen. Der entscheidende Unterschied zur Zwischenkriegszeit bestand darin, dass man – in Anlehnung an die schon im März 1933 unter Druck getroffenen Entscheidungen – festlegte, die organisatorische Unabhängigkeit zu untermauern, ohne dabei die ideologische Bezugnahme zur sozialen Demokratie und zum demokratischen Sozialismus aufzugeben. In den in Kassel verabschiedeten Richtlinien wurde dementsprechend eine Trennung von Partei und Verband festgehalten. Von nun an konnten auch Personen Mitglied der Arbeiterwohlfahrt werden, die kein SPD-Parteibuch besaßen.

Als Kompromiss von Tradition und Neuorientierung wurde eine zweistufige Mitgliedschaft eingeführt: Ordentliche Mitglieder waren zugleich auch SPD-Mitglieder, während außerordentliche Mitglieder kein Parteimitglied waren und sich auf finanzielle Unterstützung beschränkten. Im Hinblick auf die höchst unterschiedlichen Verhältnisse in den Besatzungszonen und die organisatorische Bandbreite der Arbeiterwohlfahrt wurden zudem keine straffen und einheitlichen Organisationsstrukturen vereinbart. Während etwa in Hessen und Bayern der Weg zu einer Mitgliederorganisation eingeschlagen wurde, verfolgte man in einigen Städten der britischen Besatzungszone die Strategie einer Helfer- und Förderorganisation. Mit diesen Regelungen traf man auf der Reichskonferenz bewusst ambivalente und offene Strukturentscheidungen, da nur diese den Zusammenhalt der einzelnen Gliederungsebenen zu garantieren schienen.

Als der Hauptausschuss für Arbeiterwohlfahrt im Mai 1947 die erste Ausgabe seiner »Mitteilungen an die Mitarbeiter und Helferschaft der Arbeiterwohlfahrt« mit einer Auflage von 20.000 Exemplaren veröffentlichte, war dies ein deutliches Signal, dass der erste Abschnitt des Wiederaufbaus abgeschlossen war und die Organisation in den drei Westzonen organisatorisch wieder übergreifend Fuß gefasst hatte. Nicht ohne Stolz betonte Görlinger in seinem Geleitwort, dass die Arbeiterwohlfahrt »[t]rotz schwierigster Verhältnisse [...] ihre Organisation in den zwei Jahren aus dem Trümmerfeld in den Westzonen neu aufgebaut« habe. Er verband dies mit der Hoffnung, dass die »AW-Mitteilungen [...] eine erste geistige Verbindung zwischen dem Hauptausschuss für Arbeiterwohlfahrt und unseren Bezirks- und Ortsausschüssen schaffen«.[27]

Fürsorge in Ruinen: Nahrungs- und Kleidungsverteilung als akute Nothilfe

Zu den wichtigsten Aufgaben der Arbeiterwohlfahrt nach dem Zweiten Weltkrieg zählte die Versorgung mit Lebensmitteln, Brennstoffen und Gütern des täglichen Bedarfs. Infolge der allgegenwärtigen Zerstörungen hatten sich die Lebensverhältnisse in den Städten schon im Jahr 1945 als sehr schwierig erwiesen. Der heiße und trockene Sommer 1946 mit schlechter Ernte sowie ein überaus

strenger Winter 1946/47 verschärften die Lage dann nochmals drastisch. Da Elbe und Rhein über weite Strecken vereist waren, brach die
Versorgung Deutschlands mit Nahrung und Rohstoffen zeitweilig
vollständig zusammen. Zahlreiche Menschen verfügten weder über
hinreichend Nahrung noch über eine warme Wohnung und gerieten in existenzielle Not. Der tägliche Bedarf von durchschnittlich
2.000 bis 2.500 Kalorien wurde bereits 1945 vielerorts nicht mehr
erreicht. Zum Jahresende 1946 fiel die Zuteilung in Städten wie
Hamburg, Hannover oder Essen auf unter 800 Kalorien pro Tag. Ein
nicht abreißender Flüchtlingsstrom, vor allem aus den ehemaligen
Ostgebieten, und heimkehrende Soldaten verschärften die Versorgungslage weiter. Zu der schwierigen Ernährungslage kamen noch
der Mangel an Kleidung und Schuhen sowie ein bisweilen schlechter Gesundheitszustand hinzu. Die Folgen von Unterernährung und
Magenkrankheiten mussten ebenso wie Hauterkrankungen, unter
anderem eine Folge des Fehlens von Seife, in verstärktem Maße
behandelt werden.[28]

In dieser Situation waren die öffentlichen Wohlfahrtsstellen
der Kommunen dringend auf Unterstützung angewiesen, wobei
die ersten wohlfahrtspflegerischen Aktivitäten der Nachkriegszeit
sich auf Kleidersammlungen und die Eröffnung von Nähstuben
konzentrierten. Bis 1948 entstanden allein in der britischen und
der amerikanischen Zone mehr als 1.000 Nähstuben und Schusterwerkstätten. Dies waren Orte, an denen Mädchen und Frauen
vermittelt wurde, wie sie ihre eigene Kleidung reparieren oder
aus Resten neue Kleidung nähen konnten. Darüber hinaus dienten die Nähstuben aber auch als Ausgabestellen für Kleidung an
Hilfsbedürftige. Zu diesen zählten zunächst vor allem Menschen,
die im Bombenkrieg der letzten Kriegsmonate ihr Hab und Gut verloren hatten. Später kamen dann zahlreiche Flüchtlinge aus den
Ostgebieten, aber auch heimkehrende Soldaten und entlassene
Kriegsgefangene hinzu, die nur noch ihre verschlissene Uniform
besaßen und in den Nähstuben ihre erste Zivilkleidung nach dem
Krieg erhielten.

In den Bittbriefen an Spender in den USA wurde die Lage drastisch beschrieben: Über die Situation in Nürnberg heißt es 1947: »Vor
allem bedrückt uns der Mangel an warmer Unterwaesche. Draus-

sen auf den Doerfern haben wir alte Menschen, die in ungeheizten Raeumen die winterliche Kaelte ueberstehen muessen ... wenn sie sie ueberstehen ... Bei den Amerika-Spenden, die uns wirklich eine grosse Hilfe waren, fand sich aber leider gar nichts an Waesche und warmer Unterwaesche fuer diese Leute ... Um ehrlich zu sein, muss ich gestehen, dass [wir] diese[n] Verzweiflungskampf, den wir fuer diese alten Menschen fuehren, die ungenuegend ernährt, voellig unzureichend bekleidet, in kalten Raeumen leben muessen, manchmal fuer ganz hoffnungslos ansehen ... Alles, was wir an Altersheimen besitzen, ist zahlenmaessig zu wenig und alles, was wir noch an Bekleidungsspenden fuer diese alten Menschen aus unserer eigenen Bevoelkerung herausholen koennen, ist gleich Null ... Ich bitte Sie, helfen Sie uns! Gebt uns Wolle, gebt uns warme Sachen! Wir koennten in den Naehstuben der Arbeiter-Wohlfahrt und auch in den Naehstuben unserer Heime, jedes Stueckchen Stoff, jeden Faden Wolle verarbeiten, und es geschieht gern ...«.[29]

Die Kleidersammlungen und Nähstuben der Arbeiterwohlfahrt versorgten die Bevölkerung mit lebensnotwendigen Textilien.

Angesichts des anhaltenden Materialmangels dienten die Nähstuben und Schusterwerkstätten oftmals auch als Ort für Beratungsgespräche und zur Ausgabe von Spenden. Anders als nach

In den Schuster-
werkstätten
wurden Schuhe
repariert und
ausgegeben.

dem Ersten Weltkrieg fungierten sie nicht nur als Treffpunkt für Frauen, sondern wandelten sich zunehmend zu allgemeinen Fürsorgestellen. Als dann die Kleiderspenden aus dem Ausland verstärkt einsetzten und zu passender Kleidung weiterverarbeitet werden konnten, folgten Hausrat- und Möbelsammlungen. Diese Sammlungen betrieb die Arbeiterwohlfahrt oftmals in Absprache mit den anderen Wohlfahrtseinrichtungen. Beispielsweise wurde in Braunschweig die Stadt in 20 Betreuungsbezirke für Flüchtlinge aufgeteilt, von denen jeder Wohlfahrtsverband fünf Bezirke übernahm.

Ab 1946 rückten die Bereitstellung und Verteilung von Nahrung sowie die Einrichtung von Wärmestuben in den Mittelpunkt. Angesichts der Versorgungsnöte in Deutschland und weiterer europäischen Staaten engagierte sich das Ausland – namentlich die USA und Kanada, aber auch Schweden und die Schweiz – mit umfassenden Lebensmittelspenden. In den USA hatten Wohlfahrtsverbände zunächst die Hilfsorganisation CARE (Cooperative for American Remittances to Europe) gegründet, um hungernde Menschen in Europa zu unterstützen. Nachdem das Verbot von Hilfslieferungen aufgehoben war, erreichten Deutschland infolgedessen immer mehr Hilfslieferungen, die zudem durch Rationspakete der US-Army ergänzt wurden. Während die ersten Pakete noch von US-Bürgern an Freunde oder Verwandte gesendet wurden, erfolgte die Zusammenstellung der CARE-Pakete später nach einem gewissen Standard, der eine Familie rund einen Monat ernähren konnte.

Im Jahre 1946 wurde von elf großen Hilfsorganisationen noch zusätzlich das Council of Relief Agencies Licensed to Operate in Germany (CRALOG) gegründet, dessen Spenden – anders als die Care-Pakete – direkt an die Wohlfahrtsverbände gingen. Die Arbeiterwohlfahrt sah sich angesichts ihrer späten Institutionalisierung auf überkommunaler Ebene jedoch im Nachteil, da sie zunächst nur ein Bruchteil der Spenden erreichte. Lotte Lemke verwies in ihren

---

ORGANISATION

ARBEITER-WOHLFAHRT.
RELIEF FOR THE GERMAN VICTIMS OF NAZISM, NEW YORK

Um nach Kriegsende den Neuaufbau der Arbeiterwohlfahrt in Deutschland zu unterstützen, gründeten Sozialdemokratinnen und Sozialdemokraten im Exil Landesorganisationen. Diese veranstalteten Kundgebungen, sammelten Spenden und verschickten Hilfspakete. In New York gründete Marie Juchacz Ende 1945 zusammen mit Helmut Wickel und anderen die US-amerikanische *Arbeiter-Wohlfahrt: Relief for the German Victims of Nazism*. Im Vorstand engagierten sich unter anderem Kurt Schumann, Otto Wollenberg und Fritz Baade. Weitere regionale Ableger in den USA entstanden in Chicago, Philadelphia, Rochester, Cleveland und Detroit. Auch in London (um Wilhelm Sander und Herta Gotthelf), in Birmingham und in Stockholm (um Kurt Heinig und Theo Thiele) hatten sich im Exil Gruppen der Arbeiterwohlfahrt gebildet. Erste Lebensmittelpakete gingen ab Mitte 1946 von New York gezielt an sozialdemokratische Persönlichkeiten, die sich im Wiederaufbau besonders engagierten. Ab Oktober 1947 wurden der Hauptausschuss in Hannover sowie die regionalen Gliederungen der Arbeiterwohlfahrt in den westlichen Besatzungszonen über einen eigenen Paketdienst mit Lieferungen für den täglichen Bedarf sowie Materialien für die Nähstuben bedacht. Mit der Rückkehr von Marie Juchacz nach Deutschland 1949 wurde die Arbeit eingestellt.

Als Zusammen-
schluss von
amerikanischen
Hilfsorganisa-
tionen leistete
die CRALOG
einen wichtigen
Beitrag zum
Wiederaufbau.

Briefen mit befreundeten Sozialdemokraten im Ausland immer
wieder darauf, dass »85 % der Spenden zweckgebunden kommen,
wobei ca. 60 % auf das Evangelische Hilfswerk, ca. 20 % auf den
Caritas-Verband und nur ca. 2 bis 5 % auf die Arbeiter-Wohlfahrt
entfallen«. Sie betrachtete es infolgedessen als »dringend nötig,
dass unsere Leute in Amerika Einfluss darauf nehmen, dass von
den Spenden, die jetzt noch ohne Zweckbestimmung kommen, ein
möglichst grosser Teil mit der Adressierung: Arbeiter-Wohlfahrt
geschickt werden.«[30]

Aber erst nachdem auch der Parteivorstand der SPD seine Kontakte aktiviert und verstärkt interveniert hatte, wurde auch die
Arbeiterwohlfahrt stärker in die Spendenverteilung eingebunden.
Darüber hinaus bemühte sich die Arbeiterwohlfahrt aber auch um
eigene Spender; so gelang unter anderem eine Zusammenarbeit
mit dem *Schweizer Arbeiterhilfswerk*, das ab 1947 verstärkt Lebens-

mittelspenden nach Deutschland sendete. In den USA war es die in der Exilzeit gegründete *Arbeiterwohlfahrt New York*, die unter Federführung von Marie Juchacz als Arbeiterwohlfahrt [USA] unermüdlich um Unterstützung warb. Juchacz sah sich dabei nicht nur mit der Schwierigkeit konfrontiert, aus der Reihe der verschiedensten Hilfsorganisationen in den USA solche zu gewinnen, die sich bereit zeigten, für die Arbeiterwohlfahrt Geld zu spenden, sondern auch geeignete Sachspenden zu rekrutieren. Zu den wichtigsten Spendern zählten in den USA die Quäker, aber auch kleinere Beträge wurden angesichts der Not gerne genommen. »Wenn wir ueber einige tausend Dollar verfuegen koennen«, schrieb Marie Juchacz an Fritz Ripp, den Zonensekretär der Arbeiterwohlfahrt in der amerikanischen Besatzungszone, »richten wir uns gerne nach den Wuenschen, wie sie uns vom Hauptausschuss aus mitgeteilt wurden. Beispiel: eine groessere Sendung Schuhe mit Reparatur-Material, eine groessere Sendung Schmalz, eine groessere Sendung Milchpulver. Oder, wie es jetzt in der Schwebe ist, einige Tonnen Cotton und Cellulose, die Ihr dort verarbeiten lasst.«[31]

Auch in der französischen Zone, hier in Neuwied, verteilten die Ortsausschüsse Lebensmittel und andere Dinge des Alltags.

Kinderbetreuung und Flüchtlingshilfe:
Weitere drängende Herausforderungen

Jenseits der Verteilung der ausländischen Spendenpakete und der unmittelbaren Nothilfe in den Jahren 1946 und 1947 engagierte sich die Arbeiterwohlfahrt in der Folge verstärkt für eine Wiederherstellung normaler Lebensverhältnisse. Da zahlreiche Kinder ihre Eltern verloren hatten und Frauen verstärkt die Rolle der Familienernährerin übernehmen mussten, bestand erheblicher Bedarf sowohl an betreuenden Personen als auch an Betreuungseinrichtungen für Kinder. Das Beispiel der Stadt Kiel verdeutlicht die Bandbreite der geleisteten Aktivitäten der Arbeiterwohlfahrt. In der *Volkszeitung* wird berichtet, dass »auf dem Gebiet der Jugendfürsorge [...] eine Anzahl Vormünder und Jugendpfleger benannt werden« konnten.[32] Darüber hinaus nahm die Arbeiterwohlfahrt in zahlreichen Kommunen die bereits in der Weimarer Republik durchgeführten Wanderfahrten und Ferienlager wieder auf. »Im Rahmen der Ferienbeschäftigung wurden während der Sommerferien wöchentlich zwei Strandfahrten mit je 1500 Kindern durchgeführt. [...] Erholungsbedürftige Kinder wurden in zwei Heime verschickt, so 30 Kinder auf drei Wochen an den Timmendorfer Strand und 16 Kinder auf acht Wochen nach Oeschenbüttel«.[33] Schließlich kümmerte sich die Arbeiterwohlfahrt vor Ort auch um die Einrichtung von Kindergärten und Waisenheimen. Über diese Aktivitäten wurde unter anderem in Informationsschreiben an amerikanische Spender eingehender berichtet. Über Kiel heißt es: »Der Bezirksausschuss hat zwei Heime fuer elternlose Kinder mit zusammen ueber 250 Kindern, die durch den Krieg beide Elternteile verloren haben, sowie ein Kindererholungsheim fuer schwer unterernaehrte Kinder in Betrieb.«[34] Wie stark die Nachfrage nach Kindergärten insgesamt war, dokumentiert auch der Zuwachs an Einrichtungen, die durch die Arbeiterwohlfahrt betrieben wurden, in dem kurzen Zeitraum von 1946 bis 1948: Waren es in der amerikanischen Zone 1946 noch 18 Kindergärten, so zählte man 1948 bereits 52. Noch größer war der Zuwachs in der britischen Besatzungszone: Im selben Zeitraum erhöhte sich die Anzahl der Einrichtungen um das Sechsfache von 26 auf 152 Kindergärten der Arbeiterwohlfahrt.

Mit Blick auf die britische Besatzungszone als Ganzes wird diese Konzentration auf Kinder auch entsprechend hervorgehoben: »Die Hilfe fuer Fluechtlinge, fuer heimat- und elternlose Jugend in Gefahr der Verwahrlosung oder bereits verwahrlost, steht im Vordergrund ... Viele Kindergaerten sammeln die Kinder der berufstaetigen Muetter und solche Kinder, die noch immer in trostlosen Massenlagern leben. Auch dieses Arbeitsgebiet steht in engem Kontakt mit der Kleider- und Waeschenot ... In einigen Kinderheimen erfahren elternlose Kinder eine sorgfaeltige Erziehung.«[35] Über Württemberg-Baden wurde ähnlich berichtet: »Im Sommer 1947 hat man [...] unter groessten Schwierigkeiten eine Ferienerholung fuer 12.500 Kinder durchgefuehrt, (woran wir z. T. an der Verpflegung beteiligt gewesen sind).«[36]

Die Ferienfreizeiten und Jugendlager der Arbeiterwohlfahrt erfreuten sich großer Beliebtheit.

Bei ihren Aktivitäten kooperierte die Arbeiterwohlfahrt sowohl mit anderen Wohlfahrtsorganisationen als auch mit Einrichtungen der Arbeiterbewegung. Marie Juchacz, der als Mittlerin zwischen Europa und Amerika eine zentrale Rolle bei der Spendenbeschaffung zukam, informierte in ihren zahlreichen Berichten an

Das Sternhaus
in Wolfenbüttel
war ein Erzie-
hungsheim
des Bezirksaus-
schusses Braun-
schweig für
Jugendliche.

amerikanische Kontaktpartner
hierüber: »In das Gebiet der Er-
holungsfuersorge fuer Kinder
und Jugendliche gehoeren auch
die Jung-Falken-Camps, die in
Zusammenwirken mit Kinderfreunden und Arbeiter-Jugend
eingerichtet sind und die Ferien-
kurse fuer Lehrlinge und junge
Arbeiter, bei denen vornehmlich
die Gewerkschaften fuehrend
sind.«[37]

Zu den weiteren Aktivitäten
der Arbeiterwohlfahrt in der
Nachkriegszeit zählte angesichts
der hohen Säuglingssterblichkeit
auch die Pflege von Wöchnerinnen. Selbst die Beschaffung von
Säuglingswäsche stellte, wie das
Dortmunder Beispiel zeigte, eine
beträchtliche Herausforderung
dar.[38] Knüpfte man mit diesen Aktivitäten oftmals an die Fürsorge
vor 1933 an, so drang die Arbeiterwohlfahrt nach dem Zweiten Weltkrieg auch in Bereiche wie die Fürsorge für kriminelle Jugendliche
oder Prostituierte vor, die bislang nicht zu ihrem Wirkungsfeld gehört hatten. Marie Juchacz schreibt hierzu: »Seit Wochen liegt auf
meinem Schreibtisch ein Brief einer Wohlfahrtsorganisation aus
Braunschweig. Die Stadt liegt an der russisch britischen Zonen-
grenze. Taeglich stroemen Dutzende von elternlosen Kindern
und Jugendlichen aus der Ostzone in die Britenzone, potentielle
Schwarzhaendler und Kriminelle. Wenn sie aufgegriffen werden,
kommen sie ins ›Sternhaus‹ zwischen Braunschweig und Wol-
fenbuettel, ein Heim der betreffenden Organisationen fuer diese
Kinder. Da das Heim aber weder bessere Nahrung noch Kleidung
noch sonstige Vorteile dem Herumvagabundierenden bieten kann,
ist es fast unmoeglich, die Kinder zu halten. Wir planen, das Heim
zusammen mit der deutschen Organisation zu uebernehmen, zu

versorgen und es zu einem Berufsschulungsheim auszugestalten, womit es von einem Werk purer Charitas zu einem Element des oekonomischen und moralischen Aushaus erhoben wuerde.«[39]

Schließlich rückte auch die Ausbildungs- und Schulungstätigkeit immer stärker in den Vordergrund. Anfänglich hatte fast jedes Treffen der Arbeiterwohlfahrt den Charakter einer Schulung, fehlten den Aktiven doch 12 Jahre »schmerzlich«, so Lotte Lemke, da »keine fachliche Schulung und Fortbildung möglich war«[40]. Zunächst wurde vor Ort darauf gesetzt, dass eigene Personal zu schulen. Das Beispiel des Bezirksverbands Nürnberg wurde dabei besonders hervorgehoben, da man hier »die sämtlichen Leiter der Ortsausschüsse für Arbeiter-Wohlfahrt zu einem 8-tägigen Schulungskursus zusammengenommen hat und sie zunächst einmal mit den wohlfahrtspflegerischen Aufgaben der Arbeiter-Wohlfahrt vertraut machte. Darüber hinaus waren aber auch Vertreter als Schulungsreferenten anwesend, vom Caritas-Verband und dem Hilfswerk der Evangelischen Kirche sowie vom Roten Kreuz. Die Genossen wurden auch mit der Arbeit in dieser Organisation vertraut gemacht«.[41]

ORT

SEMINAR FÜR SOZIALBERUFE, MANNHEIM

Als staatlich anerkannte Wohlfahrtsschule stand das *Seminar für Sozialberufe* in der Tradition der vormaligen Wohlfahrtsschule des Hauptausschusses in Berlin. Die Initiative ging von den Landesausschüssen Bayern, Hessen und Württemberg aus, der Hauptausschuss übernahm im April 1950 die Trägerschaft. Das Seminar wurde 1948 zunächst in Karlsruhe angesiedelt, als Leiter fungierte anfangs Walter Beck, ab Oktober 1950 dann Gerda Hajek-Simons. Männliche und weibliche Studierende aus allen Bundesländern wurden aufgrund ihrer individuellen Eignung für die Kurse ausgewählt. In zweijährigen Lehrgängen erfolgte eine Berufsausbildung für die soziale Arbeit. Neben der fachlichen Qualifikation wurde auch eine demokratische Diskussionskultur vermittelt; neue pädagogische Impulse kamen durch US-amerikanische Gastdozentinnen. Im April 1951 erfolgte der Umzug nach Mannheim, im Mai 1957 ein weiterer Umzug in größere Räumlichkeiten innerhalb der Stadt. Die Zahl der Studierenden stieg stetig an. Hans Pfaffenberger stieß 1955 als Dozent hinzu, im April 1958 übernahm er die Leitung. Im Oktober 1960 wurde das Seminar als Fachschule für Sozialarbeit ins neue *Marie-Juchacz-Haus* in Düsseldorf-Eller verlagert.

Aufgrund des Ausmaßes an Bedarf nahmen sich die Bezirke und der Hauptausschuss verstärkt der Bildungs- und Schulungsarbeit an. Mit der *Schwesternschule* in Westerland auf Sylt im September 1947 und dem *Seminar für Sozialberufe* in Karlsruhe im Mai 1948 wurden die beiden ersten Einrichtungen des Hauptausschusses eröffnet. In zum Teil mehrjähriger Ausbildung wurden hier sowohl Grundlagen als auch Spezialkenntnisse sozialer Arbeit vermittelt, die den Teilnehmern die Qualifikation für den Beruf des Wohlfahrtspflegers oder der Krankenschwester eröffneten. Als Leitbild wurde ein universalistischer Anspruch ausgegeben: Das Ziel war nicht der »glatt funktionierende, hochdifferenzierte ›Spezial-Apparat‹, sondern der ganze Mensch«, sodass neben der engeren fachlichen Ausbildung auch »Staatsbürgerkunde« sowie »Sozialgesetze und Verfassungskunde« zu den Unterrichtsfächern zählten.[42]

Mit der Währungsreform im Mai 1948 verbesserte sich die Versorgungslage in Westdeutschland schlagartig, zumal mit ihr die Aufhebung von Güterrationierungen für Alltagsprodukte verbunden

Das Kindererholungsheim Karlstal (Pfalz) der Arbeiterwohlfahrt wurde in einem alten Eisenhammerwerk eingerichtet.

war. Für die Arbeiterwohlfahrt zog die Verbesserung der Lebenssituation in Deutschland einen grundlegenden Tätigkeitswandel nach sich. Als der Hauptausschuss Ende 1949 sein erstes Jahrbuch in Form einer Überblicksdarstellung für Westdeutschland herausgab, listete er nur noch 45 Volksküchen und Wärmestuben, aber schon 154 Heime mit zusammengenommen 10.298 Plätzen auf, darunter 61 Kinderheime und 13 Jugendheime, aber auch 15 Altersheime und sechs Krankenhäuser. Hinzu kamen über 1.000 Nähstuben und eine noch größere Anzahl von Beratungsstellen. Diese Zahlen dokumentieren, dass die unmittelbare Nothilfe mittlerweile an Bedeutung verloren hatte, während die dauerhaften Wohlfahrtsaufgaben und vor allem die Betreuung von Kindern und Jugendlichen immer wichtiger wurden.

Programmatische Neuorientierung: Der Wandel zum »normalen« Wohlfahrtsverband

In den ersten *Mitteilungen an die Mitarbeiter- und Helferschaft der Arbeiterwohlfahrt* im Mai 1947 hatte der Hauptausschuss seine Leitbilder zur Wohlfahrtspolitik dargelegt und in enger Anlehnung an die Grundpositionen vor 1933 erklärt: »Schon seit ihrer Gründung vertritt die AW mit Nachdruck die Forderung, dass die Behebung sozialer Notstände Aufgabe der öffentlichen Wohlfahrtspflege ist. Eng damit zusammen hängt unser Standpunkt, dass die Delegation (Übertragung) einzelner Aufgaben oder ganzer Arbeitsgebiete der Wohlfahrts- und Jugendämter auf die Verbände der freien Wohlfahrtspflege abzulehnen ist. [...] Wenn wir in die öffentliche Wohlfahrtspflege den Geist des demokratischen Sozialismus hineintragen wollen, dürfen wir nicht die Überleitung wichtiger öffentlicher Aufgaben in private Hand unterstützen und sie dadurch der Kontrolle durch die Öffentlichkeit entziehen. Diese grundsätzliche Einstellung schließt nicht aus, dass wir dort, wo die öffentliche Wohlfahrtsorganisation keine geeigneten Kräfte hat [...] Aufgaben im Wege der Delegation [...] übernehmen. [...]. Unsere eigentliche Aufgabe aber liegt auf anderen Wegen.«[43]

Vor allem die Einrichtung und Unterhaltung der Heime führte dann aber zu einem schrittweisen Wandel des Selbstverständnisses der Arbeiterwohlfahrt. In den Heimen waren – anders als in den Nähstuben – zum Ende der 1940er Jahre nun nicht mehr engagierte Helferinnen und Helfer tätig, sondern vorwiegend angestellte Mitarbeiterinnen und Mitarbeiter, die in der Regel eine entsprechende berufliche Qualifikation besaßen. Mit der Einrichtung dauerhafter Dienstleistungsstrukturen war die Notwendigkeit verbunden, neue Finanzquellen zu erschließen. Innerhalb der Arbeiterwohlfahrt wurde dabei weiterhin auf Spenden und Sammlungen gesetzt, so etwa in Form von Haus- und Straßensammlungen. Daneben bemühte man sich verstärkt um entsprechende Zuwendungen von Unternehmen sowie um Einzelspenden von Gewerkschaftern und Betriebsräten. Zugleich entwickelte man ein Gespür für die Bedeutsamkeit öffentlicher Mittel. So forderte der Hauptausschuss für Arbeiterwohlfahrt bereits 1947, den Blick auf potenzielle Kostenträger zu richten. Die Ortsausschüsse und Bezirke sollten zur Unterhaltung der Heime darauf drängen, Pflegegelder in Höhe der anfallenden Kosten von denjenigen staatlichen Stellen zu erhalten, die ihnen die zu Pflegenden zuweisen.

In entsprechenden Empfehlungen spiegelt sich ein grundlegend verändertes Profil der Arbeiterwohlfahrt wider, das letztlich eine Neuausrichtung ihres Selbstverständnisses zur Folge hatte. Statt als lediglich locker institutionalisierter Hilfsdienst zu agieren, der Hilfe zur Selbsthilfe ermöglichte, verstand man sich nun als eine stark in der praktischen Arbeit vor Ort engagierte Organisation, die an der Schnittstelle zwischen Fürsorgeamt und Dienstleistungsunternehmen angesiedelt ist. Die Verantwortlichen im Hauptausschuss vollzogen diesen Positionswandel im Laufe des Jahres 1947. An gleicher Stelle, an der man im Mai 1947 noch an den traditionellen Vorrang der öffentlichen Fürsorge erinnert hatte, in den *Mitteilungen* des Hauptausschusses, erklärte Lotte Lemke nun den Mitgliedern und Helfern im Januar 1948: »Heute ist die Einflußnahme auf Gesetzgebung und Verwaltung nicht in dem Umfang möglich, wie vor 1933. [...] Andererseits sind uns Aufgaben zugewachsen, die wir nicht mit dem Hinweis auf das Primat der öffentlichen Fürsorge zurückweisen können, ohne an der Aufgabe, die die Gegenwart mit ihren besonderen Verhältnissen stellt, schuldig zu werden. Und so ist die Arbeiterwohlfahrt heute anders als vor 1933! Damals, so möchte ich sagen, waren wir das Gewissen der öffentlichen Verwaltung, ein immer waches und oft sehr unbequemes Organ. Heute sind wir das auch noch. Aber daneben sind wir in breitem Ausmaß zum Träger fürsorgerischer Aktionen und sozialer Einrichtungen geworden.«[44] Diese Worte bekunden deutlich, dass auf den strukturellen Wandel der Arbeiterwohlfahrt in den Nachkriegsjahren, der eine zumindest partielle Lösung von der SPD zur Folge hatte, auch ein programmtisch-konzeptioneller Wandel gefolgt war, der letztlich zu einem veränderten Aufgabenprofil führte.

Organisatorischer Wandel: Im Spannungsfeld von Zentralismus und Autonomie

Die Währungsreform hatte zwar zu einer erheblichen Verbesserung der wirtschaftlichen Lage, nicht jedoch zu einem Ende der Auseinandersetzungen um die künftige Gestalt der Arbeiterwohlfahrt geführt. Im Gegenteil: Welche Spannungslinien die Arbeiterwohlfahrt weiterhin durchzogen, zeigte sich im Rahmen der Sitzungen des Hauptausschusses, der seit dem 12. Juli 1948 formal als eingetragener Verein firmierte. Hier sah man sich ein um das andere Mal mit Initiativen der Bezirksverbände konfrontiert, die weiterhin ein starkes Eigenleben führten. Vor allem hinsichtlich deren eigenständiger finanzieller Unternehmungen hegte der Hauptausschuss Bedenken: Dies zeigte sich unter anderem im August 1948, als man dem »Bezirksausschuss Bayern [...] zur größten Vorsicht bei seinem Versuch [riet], durch eigene Wirtschaftsunternehmungen, Geldquellen zu erschließen«.[45] Auch im Zuge der 2. Reichskonferenz der Arbeiterwohlfahrt, die vom 9. bis 12. Oktober 1949 in Solingen auf Schloss Burg stattfand, empfahl Robert Görlinger »größte Zurückhaltung in der Übernahme oder Gründung von Heimen«. Stattdessen bat er die »Bezirke, dem Hauptausschuss ehrliche Bilanzen ihrer Heime zugänglich [zu] machen, ausserdem um Stellungnahmen zu den überreichten Zahlen nach deren Prüfung.«[46] Im Bemühen, einer weiteren Zentralisierung Vorschub zu leisten, setzte

Im Jugendwerk Druhwald wurden Jugendliche für verschiedene Handwerksberufe ausgebildet.

der Hauptausschuss auf eine dauerhafte Sicherung der eigenen Finanzgrundlagen. Zu den wichtigsten Einnahmequellen hatte seit 1946 der Verkauf von Mitgliedsmarken gezählt. Demgegenüber bereitete es weitaus mehr Schwierigkeiten, eine dauerhafte Umlage zu etablieren, mit der ein finanzieller Transfer von den Bezirken an den Hauptausschuss verbunden war. Um zumindest stärker von Spenden zu profitieren, versuchte der Hauptausschuss infolgedessen in seinen Beschlüssen wiederholt zu verhindern, dass einzelne Gliederungen oder auch Gruppierungen jenseits der etablierten Wohlfahrtsorganisationen eigene Spendenaufrufe starteten.[47]

In dieser Situation zeigte sich der Hauptausschuss daran interessiert, die eigenen wohlfahrtsstaatlichen Aktivitäten auszubauen. Als seitens der westdeutschen Landesregierungen ab 1947 Einrichtungen für Heimkehrer, ab 1950 für Flüchtlinge und Senioren und ab 1951 für Genesungsaktivitäten von Müttern gefordert und gefördert wurden, befasste sich der Hauptausschuss der Arbeiterwohlfahrt vermehrt mit entsprechenden Trägerschaften, da diese zu einer dauerhaften Finanzierung beitragen konnten. Obwohl der Hauptausschuss den Bezirken zuvor geraten hatte, beim Erwerb von Einrichtungen und dem Aufbau von Heimen wirtschaftliche Vorsicht walten zu lassen, engagierte man sich nun selbst umfassend: So wurde der 1927 als Erziehungsheim für junge Frauen aufgebaute *Immenhof,* der 1933 zu einem Wehrertüchtigungslager der Hitler-Jugend und später zu einem Kriegslazarett umfunktioniert worden war, am 21. Juni 1948 erneut übernommen. Hinzu kamen ein Heim für asthmakranke Kinder in Bad Kissingen, der Bau eines Lehrlingsheimes in Hannover und das *Jugendwerk Druhwald,* in der Nähe des Immenhofs gelegen. Im Zuge der 2. Reichskonferenz war am 12. Oktober 1949 auch die *AW-Schwesternschaft* gegründet worden.

ORT

JUGENDWERK DRUHWALD, BISPRINGEN

Auf einem ehemaligen Militärgelände in der Lüneburger Heide richtete der Hauptausschuss für Arbeiterwohlfahrt ab September 1948 ein Heim mit Werkstätten für eltern-, heimat- und obdachlose Jugendliche ein. Das Projekt wurde vom Land Niedersachsen und der Stadt Hannover gefördert. Die zukünftigen Lehrlinge halfen selbst beim Wiederaufbau der zerstörten Gebäude mit, die nur wenige Kilometer vom Immenhof entfernt lagen. Über 100 Jugendliche im Alter von 14 bis 19 Jahren, zunächst vor allem DDR-Flüchtlinge und Vertriebene, später auch solche mit Erziehungsschwierigkeiten, fanden hier ein neues Zuhause. In den Werkhallen wurden eine Bau- und Möbeltischlerei und ein Metallbetrieb sowie anfangs eine Polsterei und eine Schuhmacherwerkstatt eingerichtet, die später durch eine Schlosserei ersetzt wurden. Die Werkstätten dienten als anerkannte Ausbildungsstätten und produzierten gleichzeitig Erzeugnisse für den Verkauf. Nachdem der Bedarf an entsprechenden Plätzen zurückgegangen war, wurden die Gebäude im April 1961 an das Land Berlin verkauft.

Einhergehend mit seinen wirtschaftlichen Aktivitäten stärkte der Hauptausschuss auch die Sichtbarkeit der Arbeiterwohlfahrt innerhalb der Arbeiterbewegung und in der allgemeinen Öffentlichkeit. So vereinbarte man die Herausgabe einer Fachzeitschrift, die Publikation einer bebilderten Zeitschrift für Helfer und Förderer sowie die Erstellung von Schulungsmaterialen.[48] Die Zeitschrift *Neues Beginnen,* die von Bremen aus seit Oktober 1947 herausgegeben wurde, erschien ab 1950 als offizielles Organ des Verbands

monatlich und wurde fortan bis 1971 veröffentlicht. Der hier betonte Neuanfang wurde auch zum Namensgeber des im Januar 1951
in Hannover uraufgeführten 29-minütigen Kurzdokumentarfilmes
»Neues Beginnen«, der mit großem Erfolg in Kinos und Einrichtungen der Arbeiterwohlfahrt gezeigt wurde.

NEUES BEGINNEN (1950–1971)

Bereits 1947 gab die Bremer Arbeiterwohlfahrt
eine Zeitschrift heraus, die den Titel *Neues Beginnen* trug. Ab 1950 baute der Hauptausschuss für
Arbeiterwohlfahrt zunächst von Hannover aus
diese Zeitschrift zum monatlich erscheinenden
offiziellen Verbandsorgan aus. Neben allgemeinen
Fragen der Wohlfahrtspolitik wurden anfangs
auch Fotoreportagen zu einzelnen Praxisfeldern
sowie regionalbezogene Seiten veröffentlicht. Im
August 1955 wurde die Beilage *Unsere Arbeit* neu
eingeführt, die Beispiele aus der täglichen Wohlfahrtsarbeit anführte. Ab 1956 wurde *Unsere Arbeit* als eigenständige
Zeitschrift für Mitglieder und Helferinnen und Helfer in größerer Auflage
herausgegeben, während *Neues Beginnen* sich nunmehr vor allem an
Fachkräfte richtete und spezifische Fragen der Sozial- und Wohlfahrtspolitik behandelte. Die Texte wurden länger, auf eine Bebilderung wurde
weitgehend verzichtet. Dennoch mutete *Neues Beginnen* schon aufgrund
des Titels eher wie eine politische Zeitschrift als wie eine Fachpublikation
an. Nicht zuletzt aus diesem Grund beschloss der Bundesverband Anfang
der 1970er Jahre eine stärkere wissenschaftliche Ausrichtung und eine
neue Aufmachung. Fortan wurde die Zeitschrift unter dem Titel *Theorie
und Praxis der sozialen Arbeit* (TUP) veröffentlicht.

Wie stark das Ausmaß an Aktivitäten angestiegen war, zeichnete
sich spätestens ab, als Robert Görlinger zum Jahresbeginn 1949 mit
der Ankündigung für Aufsehen sorgte, nicht mehr für den Vorsitz
im Hauptausschuss der Arbeiterwohlfahrt zur Verfügung zu stehen.
Görlinger amtierte zu diesem Zeitpunkt als Kölner Oberbürgermeis-
ter und war Mitglied des nordrhein-westfälischen Landtags; daneben hatte er noch eine Fülle weiterer Ämter inne. Er sah sich nicht
im Stande, die immer häufiger und länger werdenden Treffen des
Hauptausschusses, die in der Regel über ganz Deutschland verteilt

stattfanden, aber auch das immer größere Aufgabenspektrum der Arbeiterwohlfahrt nebenamtlich zu bewältigen. Als sein Nachfolger wurde der sozialdemokratische Politiker Heinrich Albertz vorgeschlagen, der als niedersächsischer Minister für Flüchtlingsangelegenheiten bereits in engerem Kontakt zum Hauptausschuss der Arbeiterwohlfahrt gestanden hatte. Auf der Reichskonferenz im Oktober 1949 in Solingen wurde Albertz zum Vorsitzenden gewählt.

Zur Professionalisierung, aber auch zur Finanzierung der Aktivitäten der Arbeiterwohlfahrt trug auch der Umgang mit den anderen Wohlfahrtseinrichtungen bei. Trotz einer engeren Zusammenarbeit auf lokaler Ebene in den Wohlfahrtsausschüssen zeigte sich der Hauptausschuss für Arbeiterwohlfahrt – in Anlehnung an die grundsätzliche Haltung während der Weimarer Republik – zurückhaltend hinsichtlich der Zusammenarbeit mit den anderen Wohlfahrtsverbänden. Zugleich betonte er die eigene Unabhängigkeit und konstatierte noch am 3. September 1948: »Funktionäre der Arbeiter-Wohlfahrt können zur gleichen Zeit [nicht] Funktionäre beim Deutschen Roten-Kreuz sein. [...] Der Bildung einer Liga der

Marie Juchacz kehrte 1949 nach Deutschland zurück und nahm an der Reichskonferenz in Solingen teil.

freien Wohlfahrtsverbände soll entgegengetreten werden. [...] Dort, wo sie existiert, soll im Konsens entschieden werden.«[49] Nur einen Monat später entschied der Hauptausschuss dann aber, der im Oktober 1948 neu gegründeten *Arbeitsgemeinschaft der freien Wohlfahrtsverbände* beizutreten und in diesem Rahmen fortan als gleichberechtigter Spitzenverband zu wirken. Ein wesentliches Argument für diese Entscheidung zur strukturellen Zusammenarbeit lag darin, dass eine der Hauptaufgaben der Arbeitsgemeinschaft in der Akquise finanzieller Mittel bestand. Bereits im Jahr 1949 wurde die Arbeitsgemeinschaft der freien Wohlfahrtsverbände von der neuen Bundesregierung mit der Beurteilung von Wohlfahrtsgesetzen betraut. Wie eng die Kooperation mit den weiteren Verbänden der Wohlfahrtspflege fortan abgestimmt wurde, zeigte sich auch daran, dass im Vorfeld der Vergabe von Finanzmitteln oder der Beantragung von günstigen Krediten immer häufiger ein Verteilungsschlüssel ausgehandelt wurde, der als Konsensentscheidung aller Wohlfahrtsverbände der öffentlichen Hand präsentiert wurde.[50]

Dass der Aufbau der Verbandsstrukturen zum Beginn der 1950er Jahre allmählich abgeschlossen wurde, zeigte sich bei der Reichskonferenz in Stuttgart 1951. Im Vorfeld wurde zunächst länger darüber verhandelt, welcher Delegiertenschlüssel im Spannungsfeld von regionalem Proporz und Mitgliederstärke vorzusehen sei. Man kam überein, insgesamt 150 stimmberechtigte Teilnehmer einzuladen, von denen 75 zu gleichen Teilen die Bezirke repräsentieren, während weitere 75 Delegierte nach Maßgabe der Markenabrechnung 1950 entsendet werden konnten.[51] Auf dieser Reichskonferenz wurden abermals neue Richtlinien erlassen, die nunmehr den Hauptausschuss in einen geschäftsführenden Ausschuss und einen Beirat unterteilten. Während der geschäftsführende Ausschuss durch den Geschäftsführer, den Vorsitzenden, seinen Stellvertreter und bis zu sieben Beisitzer gebildet wurde, entsandten die Bezirksausschüsse und Fachkommissionen je ein Mitglied in den Beirat. Als Experten für die deutsche Wohlfahrtsentwicklung sehen Christoph Sachße und Florian Tennstedt in dieser Konstruktion einerseits eine »starke Position« der Regionalverbände im Zentralverband, andererseits schreiben sie dem Zentralverband »eine für einen Spitzenverband der Freie Wohlfahrtspflege einmalige organisationsinterne Machtfülle« zu, da hier die »zeit- und organisations-typische Dezentralisierung mit einer gegenläufigen Bewegung der Zentralisation verbunden wurde«.[52] Zu dieser Zentralisation trug insbesondere die Bestimmung bei, dass der Hauptausschuss Kontrollrechte gegenüber den Gliederungen erhielt.

Eine weitere Wegmarke setzte der Stuttgarter Beschluss, für außerordentliche Mitglieder künftig auf die Notwendigkeit einer Parteimitgliedschaft in der SPD zu verzichten. Es wurde zudem über die Bildung eines eigenen Jugendverbands verhandelt, der von einzelnen Jugendgruppen der Arbeiterwohlfahrt vorgeschlagen worden war. Hiervon sah man jedoch mit Blick auf die potenzielle Konkurrenzrolle gegenüber den Falken ab, die als eigenständiger deutscher Kinder- und Jugendverband der SPD nahestanden. Ein wichtiger Baustein des Aufbaus der Arbeiterwohlfahrt war die Stärkung der internationalen Zusammenarbeit. Diese erfolgte dadurch, dass unmittelbar im Anschluss an die Stuttgarter Reichskonferenz 1951 eine Konferenz der internationalen Sozialistischen Wohlfahrtsorganisationen ausgerichtet wurde. Schließlich kam man auch überein, den eigenen Namen anzupassen. War in der Nachkriegszeit bislang offiziell die Schreibweise »Arbeiter-Wohlfahrt« verwendet worden, firmierte der Verband seit der Reichskonferenz in Stuttgart unter den Namen »Arbeiterwohlfahrt Hauptausschuss e.V.«.

Ungeachtet aller Fortschritte und Errungenschaften wurde aber wiederholt konstatiert, dass der Leitung der Arbeiterwohlfahrt auf Bundesebene immer noch erhebliche Grenzen bei der Einflussnahme auf die Bezirke und kommunalen Aktivitäten gesetzt waren. So wurde auf der Sitzung des Hauptausschusses am 22. September 1951 moniert, dass es nicht möglich sei, eine Übersicht über das Gesamtvermögen der Arbeiterwohlfahrt zu geben, da viele Bezirke dem Hauptvorstand gegenüber nicht berichten würden. Auch die Anzahl der verkauften Mitgliedermarken war rückläufig, was den Hauptvorstand zu der Schlussfolgerung veranlasste, dass die Beitragsleistung 1950 nur von 54 Prozent der gemeldeten Mitglieder der Arbeiterwohlfahrt entrichtet worden war.[53]

Mit der Bestätigung des Bundesministers des Innern am 5. März 1951 gegenüber dem Hauptausschuss für Arbeiterwohlfahrt in Han-

In der Dotten-
dorfer Str. 168
errichtete der
Hauptausschuss
seine neue Zen-
trale in Bonn.

nover, dass dieser rechtlich in die Nachfolge der 1933 aufgelösten
Arbeiterwohlfahrt eingetreten ist, war die Nachkriegsphase für die
Arbeiterwohlfahrt abgeschlossen. Als dann knapp ein Jahr später,
am 1. Februar 1952, die Geschäftsstelle des Hauptausschusses in ein
neues Gebäude nach Bonn übersiedelte, spiegelte sich der Übergang in die Normalität der Bundesrepublik auch im Verbandssitz
wider. Man befand sich zwar immer noch in räumlicher Nähe zur
»Baracke«, dem Sitz der ebenfalls nach Bonn übergesiedelten SPD,
verfügte in der Bundeshauptstadt aber nunmehr über ein eigenes
Gebäude.

Reorganisation und Neugründung –
Neues Beginnen der Arbeiterwohlfahrt

Im Zuge der feierlichen Eröffnung des neuen Sitzes des Hauptausschusses der Arbeiterwohlfahrt betonten die Verantwortlichen den
Zäsurcharakter dieses Aktes und erklärten: »Die Arbeit in der AW
innerhalb der einzelnen Bezirke und in den Ortsausschüssen ist
noch keineswegs einheitlich. Insbesondere auf der örtlichen Ebene
stoßen wir noch auf eine so verschiedene Art zu denken, auf eine

häufig so voneinander abweichende Haltung gegenüber den wohlfahrtspflegerischen Fragen und gegenüber unserer Einstellung,
dass uns das recht beunruhigen muss. [...] Aber das Entscheidende
ist, dass wir uns auf der bezirklichen, auf der Landesebene und im
Hauptausschuss darüber klar sind, dass der Ausbau dieser Organisation jetzt zu einem gewissen Abschluss gebracht ist oder gebracht
werden soll, wenn es noch nicht so weit ist [...].«[54]

Bei Aufnahme der Geschäfte in Bonn wurde zwar immer wieder
an die Traditionslinien erinnert, gleichermaßen aber auch der Neu-
beginn hervorgehoben. Eine zusammenfassende Betrachtung der
unmittelbaren Nachkriegszeit zeigt, dass die Geschichte der Arbeiterwohlfahrt zwischen Kriegsende und 1951 von drei großen Spannungslinien gekennzeichnet ist, die letztlich sowohl Kontinuitäten
als auch grundsätzlichen Wandel widerspiegeln: Hinsichtlich ihrer
Aktivitäten und programmatischen Grundsatzpositionen vollzog
die Arbeiterwohlfahrt die deutlichsten Veränderungen. Statt auf
vereinzelte Hilfs- und Unterstützungsaktivitäten zu setzen und
sich auf die Beeinflussung der öffentlichen Hand, wie vor 1933, zu
konzentrieren, entwickelte sich die Arbeiterwohlfahrt in der Besatzungszeit zu einem Träger umfassender wohlfahrtsstaatlicher
Angebote und Leistungen. Diese unterschieden sich – angesichts
der außergewöhnlichen Nöte der Nachkriegszeit – kaum noch von
den wohlfahrtspflegerischen Aktivitäten der anderen Wohlfahrtsorganisationen. Damit einhergehend wurde die Arbeiterwohlfahrt
zum Träger einer immer größeren Anzahl von Einrichtungen und
Heimen, die fortan nicht zuletzt das finanzielle Gerüst der Arbeiterwohlfahrt bildeten.

Mit Blick auf die Spannungslinie Zentralismus versus regionale
beziehungsweise kommunale Eigenständigkeit zeigte sich in der
Nachkriegszeit ebenfalls ein grundlegender Wandel. Dieser ist auf
die Auflösung des Verbands 1933 und die Notwendigkeit eines voll-
ständigen organisatorischen Neubaus, aber auch auf die unterschiedliche Praxis und Haltung der Besatzungsmächte zurückzuführen. Das Ansinnen, von Hannover aus einen starken Zentralverband
zu etablieren, stieß auf den Eigensinn und die Autonomiebestre-
bungen der bereits etablierten Orts- und Kreisausschüsse sowie der
Bezirks-, Landes- und Zonenverbände. Zudem erforderten die jewei-

In einer »Leis-
tungs-Schau«
präsentierte
die Arbeiter-
wohlfahrt 1950
ihre neuen
Jugendheime.

ligen wohlfahrtspolitischen Rahmenbedingungen vor Ort große Flexibilität. Letztlich verständigte man sich hier auf einen Kompromiss,
der in den nachfolgenden Jahren indes noch manche Konflikte he-
raufbeschwören sollte.

Eine dritte Spannungslinie berührt das Verhältnis von Arbeiterwohlfahrt und SPD. Während die einen für eine starke Verzahnung
mit der SPD eintraten und die verbandliche Unabhängigkeit eher als
formales Zugeständnis sahen, befürworteten andere stärkere parteiübergreifende Strukturen und wollten sich von parteipolitischen
Bindungen weitgehend lösen. Auch hier spielten die Erfahrungen
aus der Exilzeit und die Kooperation mit den Besatzungsmächten
eine wesentliche Rolle. Dem Festhalten an den Weimarer Traditionen standen die Erfahrungen mit den westlichen Demokratien,
vor allem mit den Vereinigten Staaten, gegenüber. Grundsätzlich
bestand im US-amerikanischen Umfeld ein größeres Interesse an
übergreifenden Strukturen. Bemerkenswerterweise vertraten mit
Lotte Lemke und Marie Juchacz die beiden wohl wichtigsten Protagonistinnen der Arbeiterwohlfahrt dabei gegensätzliche Positionen. Während Lotte Lemke stets die Nähe zur Partei suchte, scheute
Marie Juchacz sich nicht, selbst dem engen Schumacher-Vertrauten

Fritz Heine mitzuteilen, der ein Flugblatt in die USA versendet hatte, »das um Hilfe fuer Deutschland wirbt, mit einem dicken S.P.D. auf der Rückseite«, dass es »für die Arbeit hier in keiner Weise geeignet« sei.[55] Getroffen wurden letztlich auch hier Kompromisslösungen: Ungeachtet ihrer formellen Unabhängigkeit hielt die Arbeiterwohlfahrt eine enge Verbindung mit der SPD aufrecht. Diese Verbindungslinien wurden aber nicht institutionalisiert oder in den Statuten verankert, sondern zeigten sich vielmehr in den Doppelfunktionen zahlreicher Persönlichkeiten. Zudem behielt man trotz der Entscheidung für einen selbstständigen und parteipolitisch unabhängigen Wohlfahrtsverband, der nun eine deutlich höhere Bereitschaft zur Kooperation mit anderen Wohlfahrtsverbänden an den Tag legte, das politische Bekenntnis zum demokratischen Sozialismus weiterhin im Programm.

Mit Blick auf diese drei Spannungslinien kommt der Besatzungszeit eine zentrale Stellung in der Geschichte der Arbeiterwohlfahrt zu. Die Arbeiterwohlfahrt trat nach 1945 ohne Zweifel sowohl programmatisch als auch organisatorisch das Erbe aus der Zeit vor 1933 an. Im Spannungsfeld von Reorganisation und Neugründung vollzog sie infolge der besonderen Situation der Nachkriegszeit aber auch einen erheblichen Wandel.

BIOGRAFIE

MARTA SCHANZENBACH (1907–1997)

 Die Fürsorgerin und Politikerin stammte aus Gengenbach im Schwarzwald. Hier kam sie früh mit der SPD in Berührung. Von 1929 bis 1931 absolvierte sie in Berlin die Wohlfahrtsschule der Arbeiterwohlfahrt, an der sie auch ihren Mann kennenlernte. Anschließend arbeitete sie bis zu ihrer Entlassung durch die Nationalsozialisten im Jugendamt Prenzlauer-Berg. Sie zog sich zunächst ins Private zurück, trat aber später der NSV bei, um ab 1939 wieder als Fürsorgerin arbeiten zu können. 1942 kehrte sie in ihre Heimat zurück. Dort engagierte sie sich nach Kriegsende für den Wiederaufbau. Von 1946 bis 1976 amtierte sie als Vorsitzende der Arbeiterwohlfahrt Südbaden und von 1948 bis 1972 als stellvertretende Bundesvorsitzende. Von 1949 bis 1972 war sie parallel auch sozialdemokratische Bundestagsabgeordnete und bekleidete über Jahrzehnte zentrale Parteifunktionen.

Die Wiederaufbau- und Neugründungsphase der Arbeiterwohlfahrt hat lange Zeit nur begrenzten Niederschlag in der Erinnerung an die Arbeiterwohlfahrt gefunden. Dies liegt nicht zuletzt an den fehlenden Quellen. Zu massiv war die Not und zu dynamisch waren die Veränderungen der unmittelbaren Nachkriegszeit, als dass die Menschen Zeit gefunden hätten, das eigene Wirken zu dokumentieren. Und auch wichtige Gebäude der Arbeiterwohlfahrt existieren mittlerweile nicht mehr. Der erste Sitz der Arbeiterwohlfahrt nach dem Krieg in Hannover, das Gebäude Friedrichstraße 15, wurde im Zuge von Neubauarbeiten abgerissen. Und auch das Gebäude der Arbeiterwohlfahrt in Bonn in der Dottendorferstraße 168 steht nicht mehr.

Erst Jahrzehnte später, als die Aufbaugeneration nach dem Zweiten Weltkrieg in den Ruhestand trat, begannen Zeitzeugen, Zeugnis abzulegen und Erinnerungen aufzuschreiben. Dies wurde auch deswegen notwendig, weil zahlreiche Ortsausschüsse erst 1945/46 gegründet worden waren und im Rahmen des 50. Jubiläums der Arbeiterwohlfahrt sich vielfach Mitglieder und Aktive auf Spurensuche nach der eigenen Geschichte begaben. Mittlerweile dokumentieren zahlreiche Publikationen von lokalen Gliederungen der Arbeiterwohlfahrt mit einer Fülle von Abbildungen, Dokumenten und Interviewpassagen die Mühen des unmittelbaren Wiederaufbaus und die ersten organisatorischen Schritte. Den Identifikationskern bilden dabei einzelne Persönlichkeiten aus der Aufbauphase, die infolgedessen auch heute noch in der Erinnerung verhaftet sind. Wie im Fall von Marta Schanzenbach, die zunächst als Bezirksvorsitzende von Südbaden und Mitglied des Hauptausschusses, später als stellvertretende Bundesvorsitzende sowie als langjährige Bundestagsabgeordnete (1949 bis 1972) die deutsche Wohlfahrtspolitik maßgeblich prägte, gibt es auch bei anderen Gründungspersönlichkeiten Einrichtungen, die den Namen weitertragen: neben dem Seniorenzentrum Marta-Schanzenbach-Haus in Offenburg beispielsweise auch das Frieda-Nadig-Haus in Bielefeld, das Paul-Hofstetter-Haus in Stuttgart-Feuerbach oder das Ida-Wolff-Krankenhaus in Berlin-Neukölln.

Quellen und Literatur

1 Louise Schroeder: Bericht des Wohlfahrtssekretariats über die Tätigkeit im Monat Januar 1946, abgedr. in: Roland Schröter: Mit Herz für Berlin. Kleine Geschichte der Berliner Arbeiterwohlfahrt seit 1945, Berlin 1987.

2 Vgl. grundlegend für diesen Zeitabschnitt Udo Wengst (Hrsg.): Geschichte der Sozialpolitik in Deutschland seit 1945, Bd. 2: Die Zeit der Besatzungszonen 1945–1949. Sozialpolitik zwischen Kriegsende und der Gründung zweier deutscher Staaten, Baden-Baden 2001 (= Geschichte der Sozialpolitik in Deutschland seit 1945, Bd. 2/1); Peter Hammerschmidt: Die Wohlfahrtsverbände in der Nachkriegszeit. Reorganisation und Finanzierung der Spitzenverbände der freien Wohlfahrtspflege 1945 bis 1961, Weinheim 2005; Christoph Sachße/ Florian Tennstedt: Geschichte der Armenfürsorge in Deutschland, Bd. 4: Fürsorge und Wohlfahrtspflege in der Nachkriegszeit, Stuttgart 2012.

3 So Christoph Kleßmann: Die doppelte Staatsgründung. Deutsche Geschichte 1945–1955, 5. Aufl., Bonn 1991, S. 37.

4 Lotte Lemke an Marie Juchacz vom 19.6.1946. AdsD, 4/AWOA003251.

5 Vgl. grundlegend zur innerparteilichen Entwicklung der SPD nach 1945 Kurt Klotzbach: Der Weg zur Staatspartei, Programmatik, praktische Politik und Organisation der deutschen Sozialdemokratie 1945–1965, Berlin (u. a.) 1982 und Peter Lösche/Franz Walter: Die SPD, Klassenpartei – Volkspartei – Quotenpartei, Zur Entwicklung der Sozialdemokratie von Weimar bis zur deutschen Vereinigung, Darmstadt 1992.

6 Christiane Eifert: Frauenpolitik und Wohlfahrtspflege. Zur Geschichte der sozialdemokratischen »Arbeiterwohlfahrt«, Frankfurt am Main/New York 1993, S. 163.

7 Vgl. Jürgen Blandow: Von Friedrich Ebert bis Ella Ehlers. Die Vorgeschichte und die Geschichte der bremischen Arbeiterwohlfahrt, Bremen 1995, S. 59.

8 Vgl. Arbeiterwohlfahrt Württemberg-Baden (Hrsg.): Arbeiterwohlfahrt Württemberg 1919–1949. Ein Rückblick und Wegweiser, Stuttgart 1950; Fritz Ripp (Zonen-Sekretariat) an Marie Juchacz, 14.1.1947, AdsD, 4/AWOA003251.

9 Bericht über die Sitzung des Hauptausschusses für Arbeiterwohlfahrt am 1.7.1946, S. 1. AdsD, Bibliothek, Z 14505.

10 Ebd., S. 2.

11 Vgl. hierzu und zu den Zahlenangaben: Anne Hans: Die AWO im Jugendhilfediskurs der Nachkriegszeit, in: TUP – Theorie und Praxis der Sozialen Arbeit 69 (2018), H. 2, S. 101–111.

12 Zit. nach Dietmar Niemann/Franz-Josef Göbel: Die Düsseldorfer Arbeiterwohlfahrt von ihren Ursprüngen bis zur Gegenwart, 1904–1980. Ein Beitrag zur Sozialgeschichte der Stadt Düsseldorf, Düsseldorf 1981, S. 46.

13 Bericht über die Sitzung des Hauptausschusses für Arbeiterwohlfahrt am 1.7.1946.

14 Vgl. Alfred Nau an Robert Görlinger vom 7.12.1945; Robert Görlinger an Kurt Schumacher vom 13.12.1945; Alfred Nau an Robert Görlinger vom 21.12.1945. Alle AdsD, SPD-Parteivorstand, Büro Kurt Schumacher, 2/KSAA000065.

15 Vgl. Eifert, Frauenpolitik und Wohlfahrtspflege, S. 161.

16 Vgl. ebd., S. 163.

17 Zit. nach Dieter Eckhardt/Hanna Eckhardt: Selbsthilfe aus Ruinen. Die Arbeiterwohlfahrt Frankfurt am Main in den drei wilden Jahren 1945–1948, Frankfurt am Main 2005, S. 63–65.

18 Hauptausschuss für Arbeiter-Wohlfahrt Hannover (Hrsg.): Die Arbeiter-Wohlfahrt 1919–1949, [Hannover 1949], S. 72.

19 Zit. nach der Abschrift des Protokollver-merks der Sozialdemokratischen Partei Deutschlands, Bezirksgruppe Leipzig, 15.8.1945. Staatsarchiv Leipzig, Bestand: SPD-Bezirksvorstand Leipzig Nr. 9.

20 Vgl. Philipp Springer: »Da konnt' ich mich dann so'n bißchen entfalten«. Die Volks-solidarität in der SBZ/DDR 1945–1969, Frankfurt am Main u. a. 1999.

21 Robert Görlinger an Alfred Nau vom 18.3.1946; SPD-Parteivorstand an Robert Görlinger vom 23.4.1946. AdsD, SPD-Par-teivorstand, Büro Kurt Schumacher, 2/KSAA000065.

22 Rundschreiben Nr. 1 des Hauptausschus-ses für Arbeiterwohlfahrt vom 24.5.1946. AdsD, 4/AWOA003326.

23 Zit. nach Willy Albrecht (Hrsg.): Die SPD unter Kurt Schumacher und Erich Ollen-hauer 1946 bis 1963. Sitzungsprotokolle der Spitzengremien. Bd. 1: 1946–1948, Bonn 1999, S. 12.

24 Ebd., S. 37.

25 Bericht über die Sitzung des Haupt-ausschusses für Arbeiterwohlfahrt am 1.7.1946, S. 1.

26 Ebd., S. 4.

27 Robert Görlinger. Zum Geleit!, in: Mit-teilungen an die Mitarbeiter- und Helfer-schaft der Arbeiterwohlfahrt 1 (1947) H.1, S. 1–2.

28 Vgl. Alexander Häusser/Gordian Maugg: Hungerwinter. Deutschlands humanitäre Katastrophe 1946/47, Bonn 2010.

29 Marie Juchacz an Hertha Kraus, undatiert [Juni 1947]. AdsD, 4/AWOA003255.

30 Siehe etwa Lotte Lemke an Hertha Gott-helf vom 29.6.1946. AdsD, 4/AWOA003251.

31 Marie Juchacz an Fritz Ripp vom 26.1.1948. AdsD, 4/AWOA003253.

32 Zit. nach einen Artikel der Volkszeitung vom 11.1.1947, abgedr. in: Rolf Fischer/Doris Hansen: EinBlick. Die Arbeiterwohl-fahrt im Kreisverband Kiel, 1945–2005, Kiel 2005, S. 36.

33 Ebd.

34 Marie Juchacz an Hertha Kraus, undatiert [Juni 1947].

35 Ebd.

36 Ebd.

37 Ebd.

38 Ebd.

39 Sitzung des Boards der Arbeiter Wohlfahrt USA, 13.1.1949, S. 2. AdsD, 4/AWOA003259.

40 Lotte Lemke: Die Arbeiter-Wohlfahrt nach 1945, in: Die Arbeiter-Wohlfahrt 1919–1949, S. 22.

41 Fritz Ripp an Marie Juchacz vom 14.1.1947, S. 4. AdsD, 4/AWOA003252.

42 Zit. nach den Beiträgen zu den Einrichtun-gen in: Die Arbeiter-Wohlfahrt 1919–1949, S. 42 und 48.

43 Mitteilungen an die Mitarbeiter- und Hel-ferschaft der Arbeiterwohlfahrt 1 (1947) H. 1, S. 4.

44 Wiederaufbau der Arbeiterwohlfahrt in den Westzonen, in: Mitteilungen an die Mitarbeiter- und Helferschaft der Arbei-terwohlfahrt 2 (1948), H. 1, S. 2f. Dieser Wortlaut findet sich 1949 auch in dem von Lotte Lemke verfassten umfassenden Überblick zur »Arbeiterwohlfahrt nach 1945«, in: Arbeiter-Wohlfahrt 1919–1949, S. 17.

45 Protokoll der Sitzung des Hauptausschus-ses für Arbeiter-Wohlfahrt am 22.8.1949. AdsD, Bibliothek, Z 14505.

46 Protokoll der Sitzung des Hauptausschus-ses für Arbeiter-Wohlfahrt in Solingen am 8.10.1949, S. 3, AdsD, Bibliothek, Z 14505.

47 Protokoll der Sitzung des Hauptausschus-ses für Arbeiter-Wohlfahrt am 8.10.1949, AdsD, Bibliothek, Z 14505.

48 Ebd.

49 Schreiben an die Bezirksausschüsse der Arbeiter-Wohlfahrt, die Mitglieder des geschäftsführenden Ausschusses und an die Deligierten (sic) der Hauptausschuss-tagung in Vöhl vom 3.9.1948, S. 2. AdsD, Bibliothek, Z 14505.

50 Protokoll der Sitzung des Hauptausschusses, Juli 1950. AdsD, Bibliothek, Z 14505.
51 Protokoll über die Sitzung des Hauptausschusses für Arbeiter-Wohlfahrt am
29.4.1951 in Hiddesen b. Detmold. AdsD,
Bibliothek, Z 14505.
52 Sachße/Tennstedt: Geschichte der Armenfürsorge in Deutschland, Bd. 4, S. 105.
53 Protokoll über die Sitzung des Hauptausschusses für Arbeiter-Wohlfahrt am
22.9.1951. AdsD, Bibliothek, Z 14505.
54 Protokoll zu der Hauptausschusstagung
der Arbeiterwohlfahrt in Bonn, Dottendorferstraße 168 am 5. und 6.4.1952, S. 3.
AdsD, Bibliothek, Z 14505.
55 Marie Juchacz an Fritz Heine vom 16.1.1948.
AdsD, 4/AWOA003253.

Der Arbeiterwohlfahrt gelang in den 1950er und 1960er Jahren die Stabilisierung ihrer Strukturen und die Ausweitung ihrer Tätigkeitsfelder.

6

INSTITUTIONELLE FESTIGUNG UND NEUE TÄTIGKEITSBEREICHE

Der Verband im Wirtschaftsaufschwung
1952 bis 1969

> *Am Bundeshaus in Bonn befindet sich ein Relief. Es zeigt den Aufstieg Phönix', jenes Vogels aus der altägyptischen Sagenwelt, der aus seiner Asche verjüngt hervorgeht. Dieses Relief soll das Werden der Bundesrepublik symbolisieren. Auch die Arbeiterwohlfahrt ist wieder aufgestiegen wie Phönix aus der Asche. 335.000 Mitglieder und 75.000 Helfer können voll Stolz auf das Werk blicken, das sie in den Jahren nach dem 2. Weltkrieg geschaffen haben. Die Arbeiterwohlfahrt hat erreicht, daß jährlich rund 200.000 Kinder, Jugendliche, Frauen und Männer Erholung und Genesung finden, daß viele tausend alte Menschen nicht mehr einsam sind, daß geistig und körperlich behinderte Kinder versorgt, erzogen und ausgebildet werden, daß ungezählte Kinder und Jugendliche in Gemeinschaften eine altersgemäße Betätigung finden. Ferienerholung für Kinder und Jugendliche, Kinder- und Jugendgruppen, internationale Jugendbegegnung, Familienerholung, Müttergenesung, Hauspflege, Behindertenhilfe, Altenhilfe, Jugendsozialarbeit, familienpädagogische Arbeit, Ausländerbetreuung und Entwicklungshilfe, das sind Arbeitsbereiche, die heute das Bild des Verbandes bestimmen. Immer wieder hat sich in den zurückliegenden Jahren erwiesen, daß der Verband lebendig wie eh und je auf Formen neuer Not und gesellschaftlicher Zustände reagiert, die das Handeln freier Wohlfahrtspflege notwendig machen.[1]*

In seiner Bilanz zum 50-jährigen Gründungsjubiläum benannte Richard Haar, seit 1967 Bundesgeschäftsführer der Arbeiterwohlfahrt, umfassende Handlungsfelder und Schwerpunkte, die der Verband im Jahr 1969 abdeckte. In den 1950er und 1960er Jahren hatte die Organisation einen grundlegenden Wandel vollzogen: von einem primär durch freiwillige Mitarbeit geprägten Netzwerk lokaler Ausschüsse, die Auslandsspenden verteilten und mit eher bescheidenen Mitteln der Selbsthilfe auf unmittelbare Notlagen der Nachkriegsjahre reagierten, zu einem anerkannten Spitzenverband der freien Wohlfahrtspflege mit einem ausdifferenzierten Angebot an sozialen Dienstleistungen, das immer häufiger von fachlich geschulten und hauptamtlich tätigen Mitarbeiterinnen und Mitarbeitern getragen wurde. Die Arbeiterwohlfahrt vergrößerte sich in den zwei Jahrzehnten, die in diesem Kapitel im Mittelpunkt stehen, in nahezu allen Bereichen: Zwar stiegen die

Zahlen der Mitglieder sowie der ehrenamtlichen Helferinnen und Helfer, die im Übrigen regional unterschiedlich gezählt wurden, erst langsam an. Aber gleichzeitig vervierfachte sich die Zahl der hauptamtlichen Mitarbeitenden zwischen 1952 und 1969 von rund 2.000 auf 8.500 bundesweit.[2] Aus heutiger Sicht mag auch diese Zahl bescheiden anmuten, gemessen an der Struktur vor 1933 und an den Nachkriegsverhältnissen markierte dieser Anstieg einen Quantensprung. Bemerkenswert waren auch die Veränderungen bei den Einrichtungen: 1949 gab es 200 Kindergärten und Kindertagesheime sowie 154 weitere Heime, davon ein Drittel Gästehäuser für die Kindererholung.[3] Zehn Jahre später kam die Arbeiterwohlfahrt schon auf 250 Kindergärten sowie auf rund 400 Heime ganz unterschiedlichster Art, davon 100 Wohn- und Erziehungsheime für Kinder und Jugendliche.[4] Wiederum ein Jahrzehnt später, im Jahr 1969, hatte die Arbeiterwohlfahrt ihren Bestand mit nun insgesamt 1.250 Einrichtungen in der Bundesrepublik noch einmal verdoppelt.

Hinter diesen recht großen Zuwächsen verbargen sich strukturelle Umbrüche, die den Charakter der gesamten Tätigkeit betrafen. In der unmittelbaren Nachkriegszeit betrieb die Arbeiterwohlfahrt ihre Nähstuben, Beratungsstellen, Kindergärten und Erholungsheime noch vielfach mit ehrenamtlichem Engagement. In den 1950er Jahren wurden, gefördert durch staatliche Zuschüsse und besondere Fördertöpfe, Müttergenesungsheime, Jugendwohnheime, Bildungsstätten und Krankenhäuser neu aufgebaut, organisiert von hauptamtlichem Personal wie zum Beispiel durch die AW-Schwesternschaft oder durch Absolventen des Seminars für Sozialberufe. Aufgrund des wachsenden Bedarfs kamen bis 1969 Tagesbegegnungsstätten, Seniorenheime, mobile Pflegedienste, Behinderteneinrichtungen sowie Beratungsstellen und Freizeitheime speziell für ausländische Arbeitnehmer neu hinzu. Das Berufsfeld der Sozialen Arbeit gewann an Professionalität und fachlicher Spezialisierung, was sich in mehreren neu geschaffenen Einrichtungen des Verbands für die Aus- und Weiterbildung widerspiegelte. Ohne das fortgesetzte ehrenamtliche Engagement der Helferinnen und Helfer in den Beratungsstellen und Begegnungsstätten wäre die Bandbreite der Angebote jedoch nicht zu bewerkstelligen gewesen. Hinzu kamen nun langsam auch die ersten jüngeren Menschen, die

Einrichtungen der Arbeiterwohlfahrt 1952 bis 1969

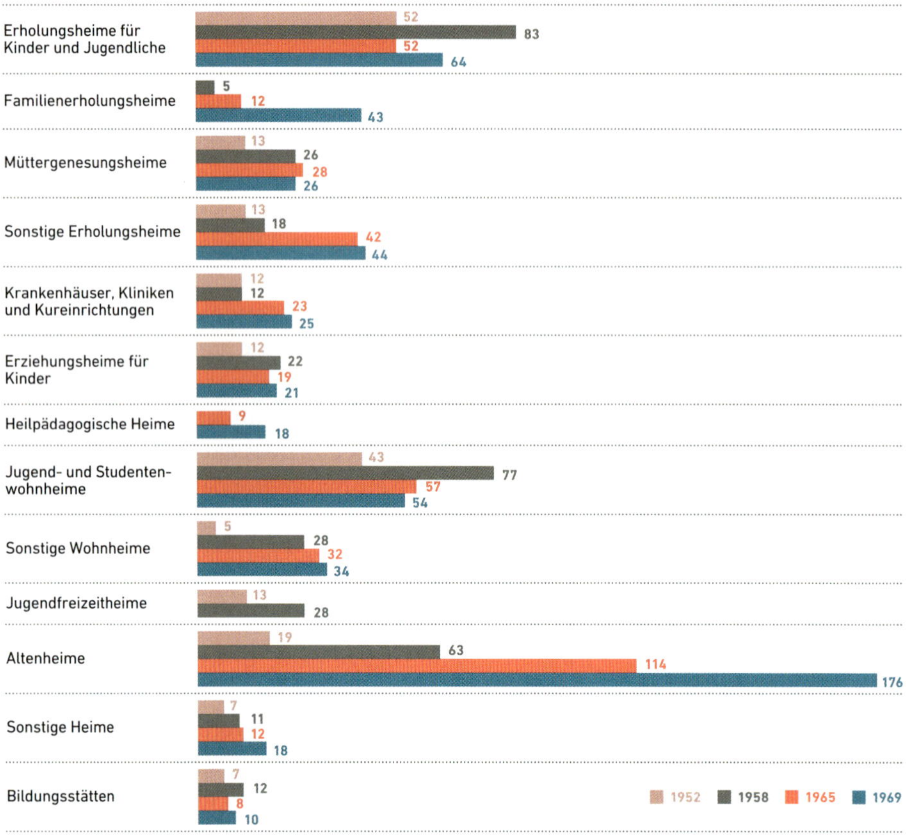

Einrichtung	1952	1958	1965	1969
Erholungsheime für Kinder und Jugendliche	52	83	52	64
Familienerholungsheime		5	12	43
Müttergenesungsheime	13	26	28	26
Sonstige Erholungsheime	13	18	42	44
Krankenhäuser, Kliniken und Kureinrichtungen	12	12	23	25
Erziehungsheime für Kinder	12	22	19	21
Heilpädagogische Heime			9	18
Jugend- und Studentenwohnheime	43	77	57	54
Sonstige Wohnheime		5	28	32 / 34
Jugendfreizeitheime		13		28
Altenheime		19	63 / 114	176
Sonstige Heime		7	11 / 12	18
Bildungsstätten		7	12 / 8	10

über regional bestehende Kinder- und Jugendgruppen oder einen Zivildienst (ab 1963) ihren Weg zur Arbeiterwohlfahrt fanden. Bis 1969 absolvierten insgesamt 900 Zivildienstleistende ihren Dienst in Einrichtungen des Verbands, zum Ende des Jahrzehnts kam es durch die Erweiterung der Tätigkeitsfelder noch einmal zu einer deutlichen Ausweitung.[5]

Dieser Wandel vollzog sich nicht aufgrund einer programmatischen Neuausrichtung der Arbeiterwohlfahrt oder nach einem strategischen Plan, sondern war den sozialen und kulturellen Dynamiken sowie den politischen Richtungsentscheidungen dieser

Aufschwungsphase geschuldet. Mit der einsetzenden Konjunktur des Wiederaufbaus, dank öffentlicher Investitionen und Förderprogramme und nicht zuletzt aufgrund des Wirkens der Wohlfahrtsorganisationen wurden die unmittelbaren Notlagen der Nachkriegszeit – Wohnungsnot, Nahrungsmangel, Kriegsversehrungen, Energieversorgung – bewältigt oder zumindest abgemildert. Sie wurden abgelöst und überlagert von spezifischen Nöten und Bedürfnissen einzelner Bevölkerungsgruppen wie Kriegsheimkehrer, Vertriebene, Mütter, DDR-Flüchtlinge und jugendliche Heimbewohner, identifiziert und problematisiert durch Experten, Selbsthilfe- und Interessensorganisationen. Die freien Wohlstandsverbände bildeten entscheidende Knotenpunkte dieser Debatten. Bei ihrer praktischen Tätigkeit in Einrichtungen und Beratungsstellen kamen sie mit den Sorgen und Fragen der Bevölkerung in Berührung. Dank der eigenen fachlichen Expertise konnten sie Probleme zu programmatischen Vorstößen bündeln und schließlich als Spitzenverbände über Anhörungen, Gremien und Lobbyarbeit zu politischen Forderungen und Gesetzesvorschlägen umwandeln. In diesem Zusammenspiel erreichte die Arbeiterwohlfahrt wachsende Bedeutung, die angesichts der ansteigenden Wahlergebnisse der SPD in den 1960er Jahren einen Zugewinn an Einfluss mit sich brachte.

Rückerstattung, Entschädigung und Wiedergutmachung

Im Gegensatz zur Caritas und zur Inneren Mission hatte die Arbeiterwohlfahrt nach 1945 von Null angefangen. Zwar war es den überlebenden und zurückkehrenden Mitgliedern aufgrund ihrer antifaschistischen und demokratischen Grundhaltung nach Kriegsende gelungen, sich schnell in der neuen Umwelt zurechtzufinden und mit dem Rückhalt der westlichen Alliierten eine neue Organisationsstruktur aufzubauen. Einrichtungen, Inventar, Vermögen und Infrastruktur, die vormalige Arbeitsgrundlage des Verbands, waren nach 1933 jedoch durch Verbot, Enteignung und Verfolgung in die Hände der Nationalsozialisten gefallen, zweckentfremdet oder später im Krieg zerstört worden. Zudem waren die Kontakte und Geschäftsbeziehungen zu Lieferanten, Verlagen und anderen Organisationen abgebrochen, sodass die Arbeiterwohlfahrt all diese Beziehungen neu aufbauen musste. Auch fehlten das geschulte und praxiserfahrene Personal für den Verbandsaufbau und für die soziale Arbeit sowie die entsprechende Bildungsinfrastruktur mit Lehrbüchern, Broschüren, einer Fachzeitschrift und einer Hochschule.

Die Auseinandersetzung mit den Folgen des Nationalsozialismus fand in den 1950er und 60er Jahren deshalb auch in juristischer Form statt. Für die Sozialdemokratie, die Gewerkschaften und die Arbeiterkulturvereine standen hierbei – neben der Aufarbeitung der Verbrechen und der Bestrafung der Täter – Fragen der Wiedergutmachung für erlittenes Unrecht im Fokus.[6] Auch die Arbeiterwohlfahrt war darauf bedacht, das erlittene Unrecht zu dokumentieren und auf rechtlichem Wege Entschädigung und Wiedergutmachung einzufordern.

Dies erwies sich allerdings als eine langwierige Angelegenheit. Im Oktober 1945 hatte der Alliierte Kontrollrat das gesamte Eigentum der NSDAP und ihrer 61 Nebenorganisationen beschlagnahmt, um es an geschädigte Personen und Organisationen zurückzugeben. In den drei westlichen Besatzungszonen wurden bald darauf eigene Gesetze beschlossen. Sie bildeten die Rechtsgrundlage für die Rückgabe von vormaligen Heimen, Einrichtungen und Geschäftsstellen der Arbeiterwohlfahrt, sofern die Trägerschaft nach 1933 auf die Nationalsozialistische Volkswohlfahrt oder andere NS-Organisationen übergegangen war und die Alliierten keine Verwendung für eigene Zwecke beanspruchten. Dank dieser Regelungen erhielt die Arbeiterwohlfahrt unter anderem das *Schwarzwaldheim Ludwig Frank* in Schönwald, den *Immenhof* bei Hützel oder das *Dr.-Ross-Kinderheim* auf Sylt zurück.

Ohne irgendeine Entschädigung verloren für die Organisation waren allerdings über 50 Einrichtungen, die sich nun auf polnischem Staatsgebiet oder in der DDR befanden. Erst fast 50 Jahre später, nach der Deutschen Einheit von 1990, gelang es der Arbeiterwohlfahrt, zumindest einige wenige noch existierende Einrichtungen zurück zu erhalten, etwa das *August-Bebel-Kinderheim* in

Das ehemalige August-Bebel-Heim in Gohrisch befand sich nun in der DDR und wurde bis zur Rückgabe 1990 vom Freien Gewerkschaftsbund betrieben.

FDGB · KINDERERHOLUNGSHEIM KURORT GOHRISCH (SÄCHS. SCHWEIZ)   408'

Gohrisch in der Sächsischen Schweiz. An ihm lässt sich das wechsel-
volle Schicksal besonders eindrücklich ablesen: Ursprünglich vom
Bezirksausschuss für Arbeiterwohlfahrt und Kinderschutz Berlin
Mitte der 1920er Jahre als Kinderfreizeitheim errichtet, war es 1933
enteignet und von der NSV Gau Sachsen weiter betrieben worden.
Nach dem Krieg ging es in das Staatseigentum der DDR über, der
Freie Deutsche Gewerkschaftsbund (FDGB) nutzte es unter altem
Namen als Kinderfreizeitheim. 1990 erhielt es die Arbeiterwohl-
fahrt Berlin zurück, die es bis 1996 betrieb, bevor es verkauft und zu
einer privaten Ferienpension umgebaut wurde.[7]

Allerdings gab es auch eine Reihe von Einrichtungen, die vor 1933
im Besitz der Gemeinde oder lokaler Trägervereine gewesen waren,
die nun der Arbeiterwohlfahrt übertragen wurden, in Hessen etwa
das Kinderheim Ober- und Niederseelbach, das dem Wiesbadener
Verein für Erholung Jugendlicher e. V. gehört hatte. Teilweise wurden Grundstücke und Gebäude aus der unrechtmäßig erworbenen
Vermögensmasse der NSDAP nun den Wohlfahrtsverbänden zur
Nutzung überlassen, oft unter vorteilhaften Mietbedingungen. So
konnte der Bezirksausschuss Hessen-Nord auf einem Grundstück
in Vöhl am Edersee das *Marie-Juchacz-Heim* in Betrieb nehmen,

Das Ludwig-Frank-Heim im Schwarzwald wurde der Arbeiterwohlfahrt in Südbaden übertragen und wieder als Erholungsheim genutzt.

das zukünftig für pädagogisch-psychologische Sommerkurse des Verbands genutzt wurde. In Kronberg im Taunus errichtete der Bezirksausschuss Hessen-Süd 1947 in einer alten Unternehmervilla, die die NSDAP als Gauführerschule und Lazarett genutzt hatte und nun im Besitz des Landes Hessen war, das *Haus Waldfriede*, ein Erholungsheim für Erwachsene.[8]

Ein Teil der Objekte, die die Arbeiterwohlfahrt vor 1933 genutzt hatte, war allerdings stark beschädigt oder baulich grundlegend verändert worden, sodass die Rückerstattung hier nicht ohne weiteres möglich war. Das *Waldheim am Jägerhaus* in Heilbronn war von den Nationalsozialisten beispielsweise ausgebaut worden, hier erhielt der Ortsausschuss Heilbronn-Neckargartach 1950 nach einem gerichtlichen Vergleich das erweiterte Haus zurück, er verzichtete dafür im Gegenzug auf die ursprünglich eingeforderte Erstattung des Inventars.[9] Die riesige *Ferienkolonie Köhlbrand* in Hamburg war dagegen nach dem Krieg »fast restlos unbrauchbar«, konnte aber dank Auslandsspenden und vieler freiwilliger Helfer schon

1947 wieder in Betrieb genommen werden.[10] Auch viele andere Orte wie die *Heimstatt* für Obdachlose in Köln-Deutz oder die Altonaer Betriebswerkstätten für Blinde, die von der Arbeiterwohlfahrt in jahrelanger Arbeit aufgebaut worden waren, waren geplündert und aufgelöst worden. Das Gleiche galt für die örtlichen Geschäftsstellen sowie die zentralen Gebäude des Hauptausschusses und der Wohlfahrtsschule am Belle-Alliance-Platz in Berlin-Kreuzberg. In all diesen Fällen konnte die Arbeiterwohlfahrt nur auf eine Entschädigung und Wiedergutmachung vor Gericht drängen, wobei sie in aufwändigen Verfahren die entstandenen Schäden dokumentieren musste.

Die rechtliche Grundlage für Ansprüche dieser Art bildeten, aufbauend auf den bestehenden Regelungen in den drei westlichen Zonen, das *Gesetz zur Wiedergutmachung nationalsozialistischen Unrechts* von 1949, das *Bundesergänzungsgesetz* von 1953, das *Bundesentschädigungsgesetz* (BEG) von 1956 sowie das *Bundesrückerstattungsgesetz* von 1957. Der Hauptausschuss für Arbeiterwohlfahrt hatte vorsorglich bereits am 29. Dezember 1949 einen Generalantrag für die gesamte britische Zone gestellt. Hier meldete er Ansprüche in der Gesamthöhe von 827.667,73 Reichsmark (RM) für den Hauptausschuss sowie von neun Bezirksausschüssen an.[11] Zusätzlich stellten die Bezirks-, Kreis- und Ortsausschüsse der britischen Zone Einzelanträge in Gesamthöhe von über 1 Million RM: Die Bezirksausschüsse Ostwestfalen zum Beispiel über 170.000 RM und Westliches Westfalen über 363.332,91 RM, die Ausschüsse Lübeck-Brodten-Travemünde über 220.000 RM, Wuppertal über 128.911,91 RM, Hannover-Stadt über 19.000 RM, Duisburg über 13.810 RM oder Osnabrück über 7.106 RM.[12] Am 26. Juli 1951 reichte Hamburg noch einen Antrag in Höhe von 294.816 RM in Sachwerten und 120.000 RM Bargeld nach.[13] In Baden und Württemberg beliefen sich die Forderungen der Ortsausschüsse auf insgesamt 135.117,50 RM.[14]

Mit dem Rechtsweg waren zahlreiche Schwierigkeiten verbunden. Zunächst musste der Nachweis erbracht werden, dass die Arbeiterwohlfahrt in jedem einzelnen Fall als Rechtsnachfolger der aufgelösten Organisationseinheiten der Weimarer Zeit anzusehen war. Sodann mussten mitunter kurze Fristen und weitere Formalitäten zur Mitteilung von Ansprüchen eingehalten werden.

Oft waren zudem die vormaligen Eigentumsverhältnisse unklar, insbesondere wenn es staatliche Zuschüsse, Hypotheken oder Kooperationen gab. Aufgrund der Verfolgung standen wichtige Unterlagen wie Inventarlisten, Verträge oder Kontoauszüge nicht zur Verfügung, sodass Gedächtnisprotokolle und eidesstattliche Versicherungen als Nachweis ausreichen mussten. Auch fehlte der Arbeiterwohlfahrt auf regionaler Ebene anfangs häufig der juristische Sachverstand, um entsprechende Verfahren anzustrengen und über alle Instanzen durchzufechten.

Die Verfahren zogen sich bisweilen über Jahrzehnte. Die Hamburger Anwaltskanzlei von Herbert Allerdt und die von ihm geführte *Allgemeine Treuhand GmbH,* die auch als Wirtschaftsprüfer und Steuerberater für zahlreiche sozialdemokratische Wirtschaftsunternehmen tätig waren, vertraten die Arbeiterwohlfahrt als Rechtsbeistand.[15] Sie reichten sowohl zentral als auch regional Anträge auf Entschädigung ein. Das Landesamt für Wiedergutmachung Bremen sprach dem Ortsausschuss Bremerhaven beispielsweise erst im September 1964 eine Entschädigung in Höhe von 30.000 Deutsche Mark (DM) für das Kindererholungsheim *Kronshof* zu. Der Antrag war bereits neun Jahre zuvor gestellt worden.[16] In Baden-Württemberg wurden im Februar 1955 in einem Vergleich zwar Ansprüche aller Ortsausschüsse des Landes in Höhe bis 100.000 DM als berechtigt anerkannt, die jedoch erst ausgezahlt werden könnten, wenn es ein Bundesgesetz gäbe.[17] Die beantragte Anmeldung von entgangenen Sammelerlösen, Spenden und Mitgliedsbeiträgen wurde allerdings nicht entschädigt, wie der Bezirksverband Hessen-Süd erfahren musste.[18] In Hamburg wurden die Ansprüche vom Wiedergutmachungsamt des Landgerichts im Februar 1956 zunächst abgewiesen, da die von Geschäftsführer Max Engel schon im November 1948 angemeldeten Ansprüche unvollständig und auf einem falschen Formular erfolgt seien.[19] Mit dem BEG ergab sich für die Hamburger Arbeiterwohlfahrt aber ein weiterer Rechtsweg, der zumindest einen Teilerfolg sicherte: So wurde ihr vom Landgericht Hamburg im November 1960 eine pauschale Entschädigung in Höhe von 130.000 DM zugesprochen.[20] Und in einem Vergleich mit dem Land Baden-Württemberg erhielt der Arbeiterwohlfahrt Landesverband Hamburg im Oktober 1970 eine weitere Summe von 75.000 DM als

»Härteausgleich« zugesprochen, womit er im Gegenzug auf alle weiteren Ansprüche nach dem BEG verzichtete.[21]

Jenseits der Schäden der Organisation bei Eigentum und Vermögen hatten viele Mitglieder der Arbeiterwohlfahrt auch persönliche Einbußen durch Haftstrafen, Durchsuchungen und Behinderungen bei der Berufsausübung erlitten. Viele von ihnen machten daher auch individuell als Verfolgte des Nationalsozialismus ihre Ansprüche nach dem BEG geltend.

Rahmenbedingungen der Wohlfahrtsarbeit in der Bundesrepublik

Die Gründung der Bundesrepublik Deutschland und das Grundgesetz (GG) vom Mai 1949 hatten in Westdeutschland Rahmenbedingungen für die Wohlfahrtspolitik gelegt, an denen sich die Arbeiterwohlfahrt in den nächsten Jahrzehnten orientieren konnte. Die Weimarer Erfahrungen sowie das Bekenntnis in Artikel 20 GG, ein »demokratischer und sozialer Bundesstaat« zu sein, legten nahe, sowohl die Sozialversicherungen als auch die öffentliche Fürsorge und die Sozialhilfe auf eine stabile rechtliche und finanzielle Grundlage zu stellen.

Dank ihrer vielfältigen Verbindungen zur Sozialdemokratie – oft mit parlamentarischen Mandaten, Vertretung in übergeordneten Gremien sowie Ämtern innerhalb des Verbands in Personalunion – war die Arbeiterwohlfahrt zumindest indirekt in viele Gesetzesvorhaben und Reformdebatten eingebunden. Im Rahmen der Reichskonferenzen, bei den Sitzungen des Hauptausschusses sowie mit allen Details in den Fachausschüssen, auf Sozialarbeitertreffen und weiteren Fachforen ergaben sich Gelegenheiten für den Austausch über praktische Erfahrungen, die Beschaffenheit des Sozialsystems und notwendige Reformen. Auch wenn die Sozialdemokratie bis 1966 auf Bundesebene in der Opposition verblieb, so war sie doch in Parlamenten, Ausschüssen und öffentlichen Kommentaren meinungsstark präsent und zudem an zahlreichen Landes- und Bezirksregierungen beteiligt. Besondere Stärke gewann die Sozialdemokratie und damit auch die Arbeiterwohlfahrt durch die feste

Verankerung in vielen Städten und Gemeinden, die über die Ausgestaltung zentraler Bereiche der Wohlfahrtspolitik zu entscheiden
hatten.

Lotte Lemke,
Heinrich Albertz
und Ida Wolff
auf der Reichs-
konferenz 1963
im geteilten
Berlin.

Eine Reihe von Mitgliedern der Arbeiterwohlfahrt erfüllte somit eine Brückenfunktion zwischen Politik und Wohlfahrtspflege.
Drei Persönlichkeiten seien hier stellvertretend genannt: Heinrich
Albertz, 1949 zum Vorsitzenden der Arbeiterwohlfahrt gewählt,
wirkte parallel dazu bis 1955 als Sozialminister in Niedersachsen,
bevor er in die Landesregierung der geteilten Stadt Berlin wechselte
und dort sogar 1966/67 Regierender Bürgermeister wurde. Marta
Schanzenbach, über 30 Jahre Vorsitzende des Bezirks Südbaden, war
gleichzeitig Bundestagsabgeordnete und dort von 1949 bis 1969
stellvertretende Vorsitzende des Ausschusses für Familien- und Ju-
gendfragen.[22] Ella Kay, die bereits vor 1933 im Jugendamt Prenzlauer

Berg im Geiste der Arbeiterwohlfahrt tätig war, gehörte ab 1958 dem Westberliner Abgeordnetenhaus an und fungierte zudem von 1955 bis 1962 unter dem Regierenden Bürgermeister Willy Brandt als Senatorin für Jugend und Sport.

Die Grundzüge der sozialpolitischen Gesetzgebung der Bundesrepublik waren bereits in der Weimarer Republik gelegt worden, etwa durch das Reichsjugendwohlfahrtsgesetz (RJWG) von 1922 und die Reichsfürsorgepflichtverordnung von 1924. Sie waren mit Artikel 125 GG in Bundesrecht überführt worden, aber dringend reformbedürftig. Dieser Aufgabe widmeten sich Parteien und Wohlfahrtsverbände unter anderem mit der Novelle des RJWG von 1953, die vor allem die ursprüngliche Konzeption des Gesetzes von den Entstellungen durch die Nationalsozialisten befreien sollte.[23] Der große Bereich der öffentlichen Fürsorge war – wie schon zu Beginn der Weimarer Republik und zuletzt im Nationalsozialismus – der Abteilung V Sozialwesen des Bundesministeriums des Innern (BMI) zugeordnet.[24] Somit blieb die Trennung von der Sozialversicherung, die im Bundesministerium für Arbeit (BMA) angesiedelt waren, auch in der behördlichen Zuordnung bestehen. Weitere wohlfahrtspolitische Zuständigkeiten übernahm sukzessive das 1953 eingerichtete Bundesministerium für Familienfragen, insbesondere als es 1957 um den Bereich Jugend (BMFJ) erweitert wurde. Der Bundestag hatte zudem parlamentarische Ausschüsse für öffentliche Fürsorge, für Sozialpolitik und für Familien- und Jugendpolitik eingerichtet, die wichtige Beratungsgremien für die Gesetzgebung waren.

Mit dem Bundesjugendplan (BJP) hatte das von Gustav Heinemann (damals CDU, später dann sozialdemokratischer Bundespräsident) geführte Innenministerium schon 1950 ein staatliches Förderinstrument für die Kinder- und Jugendhilfe eingerichtet, das – mit häufigen Schwerpunktverschiebungen – bis heute existiert. Anfangs wurde insbesondere der Aufbau von Jugendwohnheimen in industriellen Regionen unterstützt, was der Arbeiterwohlfahrt, die über wenige Einrichtungen und bescheidene Finanzen verfügte, sehr zugute kam. In den 1960er Jahren, als die Generation der Kriegskinder erwachsen wurde, verlor die »Jugendnot« als soziales Phänomen der Nachkriegszeit an Bedeutung.[25] Dafür wurden nun neue Schwerpunkte durch den BJP gefördert, etwa der Bau von

Am Starnberger
See betrieb die
bayerische Arbei-
terwohlfahrt ein
beliebtes Mütter-
erholungsheim.

Jugendzentren und Studentenwohnheimen sowie zunehmend Programme der politischen Bildung.[26] Der kontinuierlich wachsende Etat wurde zu einer wichtigen Finanzierungsquelle für die jugendpolitischen Aktivitäten der Bezirks- und Ortsausschüsse der Arbeiterwohlfahrt, die sich in diesem Bereich stark engagierten. Zu einer weiteren Institution der sozialen Fürsorge entwickelte sich das ebenfalls schon 1950 von Elly Heuss-Knapp initiierte *Müttergenesungswerk*. Mit Lotte Lemke, Minna Sattler und Frieda Nadig im Kuratorium dieser neuen Stiftung war die Arbeiterwohlfahrt in die Bemühungen eingebunden, durch jährliche Spendensammlungen der Wohlfahrtsverbände zum Muttertag den Aufbau von Einrichtungen der Erholungsfürsorge für Mütter zu finanzieren.

Bei der Bewältigung der Kriegsfolgelasten war die Bundesrepublik besonders gefordert: Die Versorgung von Vertriebenen, Kriegsversehrten und »heimatlosen Ausländern« (Displaced Persons) musste geregelt werden, für die Betreuung von Kriegswaisen und der »gefährdeten Jugend« – so die zeitgenössische Beschreibung – wurden spezielle Wohnheime für Kinder und Jugendliche sowie Angebote zur Berufsvorbereitung benötigt. Die soziale Integration der rund neun Millionen Heimatvertriebenen war in den 1950er Jahren eine der wichtigsten politischen Herausforderungen. Allein die drei Bundesländer Schleswig-Holstein, Niedersachsen und Bayern hatten über die Hälfte der Geflüchteten und der Spätaussiedler aus früheren deutschen Reichsgebieten aufgenommen. Außerdem kamen allein zwischen 1957 und 1961 noch über eine Million »Sowjetzonenflüchtlinge« hinzu, überwiegend Jugendliche und Erwachsene unter 45, die aus der DDR in die Bundesrepublik migrierten.[27] Durch einen Lastenausgleich, Umsiedlungsprogramme und schließlich das Bundesvertriebenengesetz (BVFG) von 1953 steuerte der Bund eine gerechtere Verteilung an, ein großer Teil der Integrationsaufgaben wurde aber dabei von den Wohlfahrtsverbänden geleistet. Bei der Versorgung der über 1,5 Millionen Kriegsversehrten und 1,1 Millionen Kriegswaisen gab es, ähnlich wie auch schon nach dem Ersten Weltkrieg, einflussreiche und mitgliederstarke Spezialverbände, die die Interessen der Betroffenen artikulierten. Der *Reichsbund der Kriegs- und Zivilgeschädigten, Sozialrentner und Hinterbliebenen* (heute als *SoVD – Sozialverband Deutschland* korporatives Mitglied des AWO Bundesverbands) mit rund 800.000 Mitgliedern sowie der *Verband der Kriegsbeschädigten, Kriegshinterbliebenen und Sozialrentner Deutschland* (heute: *Sozialverband VdK Deutschland*) mit über 1,5 Millionen Mitgliedern hatten entscheidend auf das Bundesversorgungsgesetz (BVG) vom Dezember 1950 hingewirkt. Es regelte die Entschädigung über ein System von niedrigen Grundrenten und zusätzlichen Ausgleichrenten und Pflegezulagen für über 650.000 Schwerbehinderte.[28]

Fürsorge für Kriegsversehrte: Die Arbeiterwohlfahrt entwickelte Angebote für Menschen mit körperlichen Einschränkungen.

Die Kriegsbeschädigten waren damit deutlich besser gestellt als fast eine Million weiterer Menschen mit körperlichen, geistigen oder psychischen Behinderungen, deren Bedürftigkeit bis Mitte der 1960er Jahre gesellschaftlich übersehen oder mittels einer Unterbringung in Heimen und Anstalten unter teils skandalösen Bedingungen ausgeblendet wurde.[29] Erst durch den Contergan-Skandal Anfang der 1960er Jahre sowie durch die Fernsehlotterie *Aktion Sorgenkind* (heute: *Aktion Mensch*) im Jahre 1964 wurde die öffentliche Aufmerksamkeit stärker auf dieses Themenfeld gelenkt. Dank der Einnahmen in Höhe von 35 Millionen DM bis 1970 konnte eine Vielzahl von spezialisierten Einrichtungen für Behinderungen und Beeinträchtigungen unterschiedlichster Art geschaffen werden.

Als zentrales Gesetzeswerk im Bereich der Sozialpolitik wurde 1961 nach langen Vorbereitungen und kontroversen Diskussionen das Bundessozialhilfegesetz (BSHG) verabschiedet.[30] Auch die Arbeiterwohlfahrt schaltete sich mit kritischen Stellungnahmen in den Meinungsbildungsprozess ein, um den Vorrang öffentlicher Einrichtungen und die Initiative der Kommunen einzufordern und die dominierende Stellung der konfessionellen Wohlfahrtsverbände, beispielsweise im Bereich der Heimerziehung, zurückzudrängen.[31] Das Ergebnis entsprach zwar nicht weitergehenden Vorstellungen und Forderungen von Arbeiterwohlfahrt, Sozialdemokratie und Gewerkschaften, die für eine grundlegende Sozialreform mit einer einheitlichen Bürgerversicherung und einem kulturellen Existenzminimum für alle sozialen Risiken geworben hatten.[32] Dennoch markierte es sowohl durch die Ausweitung der freiwilligen kommunalen Handlungsfelder als auch begrifflich einen Übergang von der Fürsorge zur Sozialarbeit, der aus Sicht der Arbeiterwohlfahrt »einen echten Fortschritt« bedeutete.[33]

Die Situation der anwachsenden älteren Bevölkerung rückte in den 1960er Jahren in den Fokus. Die Sozialversicherungssysteme deckten bereits eine Vielzahl von sozialen Risiken ab, die große Rentenreform von 1957 war mit der Einführung der dynamischen Renten und einer allgemeinen Anhebung des Rentenniveaus ein wichtiger Schritt gegen Altersarmut, der eine weitere Entlastung der Fürsorgestellen mit sich brachte. Es fehlten aber flächendeckend Seniorenwohnheime, Betreuungsangebote und Begegnungsstätten,

Seminar mit praktischen Übungen für angehende Sozialpädagoginnen.

Pflegeeinrichtungen und auch die entsprechenden Fachkräfte. Das von Wilhelmine Lübke 1962 ins Leben gerufene *Kuratorium Deutsche Altershilfe* (KDA) nahm sich dieses Themas an und suchte dabei auch die Nähe der Wohlfahrtsverbände. Ähnlich wie beim Müttergenesungswerk löste dieses karitative Engagement der Ehefrau eines Bundespräsidenten einen Finanzierungsschub für den Bau neuer Einrichtungen für Ältere aus. Das Mittel zur Finanzierung waren diesmal keine Spendensammlungen der Verbände, sondern die ARD-Fernsehlotterien *Miteinander – Füreinander* und *Ein Platz an der Sonne,* die den veränderten Konsum- und Mediengewohnheiten der Bevölkerung entgegenkamen.

In der Familienpolitik dominierte in den 1950er Jahren noch ein konservatives Leitbild. Die Kinderbetreuung und -erziehung jenseits der Schule war ganz auf die nicht berufstätige, verheiratete Hausfrau und Mutter zugeschnitten, Kindergärten und Kindertagesstätten sollten nur für besondere soziale Situationen staatlich eingerichtet werden. Nur 7 Prozent aller Kinder unter sechs Jahren besuchten Anfang der 1960er Jahre einen Kindergarten.[34] Dieses Modell entsprach den vorherrschenden Geschlechterrollen, wurde der sozialen Realität allerdings kaum gerecht, da es insbesondere Witwen, geschiedene, alleinerziehende sowie berufstätige Frauen benachteiligte. Die Frage des Familienlastenausgleichs wurde durch die Einführung von Beihilfen für kinderreiche Familien angegangen, die 1964 in einem einkommensunabhängigen Kindergeld gipfelten. Erst gegen Ende der 1960er Jahre, im Zuge der Bildungsexpansion, wurden die Bemühungen in der frühkindlichen Erziehung verstärkt, wenngleich der Rechtsanspruch auf einen kostenlosen Kindergartenplatz erst fast 30 Jahre später auf Bundesebene verwirklicht wurde.[35]

Ein Kindergarten der Arbeiterwohlfahrt in Hannover.

Die Fürsorgeerziehung (FE) und die Freiwillige Erziehungshilfe (FEH) in geschlossenen Einrichtungen gehörten zu den umstrittensten Feldern der Jugendfürsorge der 1950er und 1960er Jahre. Ausgelöst durch die Berichte und Klagen ehemaliger Heimkinder über Schikanen, Misshandlungen und autoritäre Methoden kam es seit Mitte der 2000er Jahre zu einer breiten politischen und wissenschaftlichen Aufarbeitung der Heimerziehungspraxis. Die geschlossenen Heime und Anstalten wurden hauptsächlich von kirchlichen Trägern betrieben (65 Prozent) oder waren in öffentlicher Trägerschaft (25 Prozent). Zehn Prozent waren freie Träger oder private Anstalten, die Landesjugendämter und die kommunalen Jugendämter waren allerdings für die Einweisung und Überwachung verantwortlich. In der Praxis gab es häufig keine kritische Auseinandersetzung mit autoritären Erziehungsmethoden und der nationalsozialistischen Vergangenheit vieler Einrichtungen. Die Arbeiterwohlfahrt hatte dagegen schon in der Weimarer Republik die Fürsorgeerziehung kritisch kommentiert, sie sah ihre Fürsorgeheime als Modellversuche, machte sich ansonsten aber für eine breit angelegte Jugendhilfe stark. Sie trat für eine grundlegende Reform der Heimerziehung ein, warb aber vergeblich für ein modernes Jugendhilfegesetz.[36] Die nach langen Kontroversen verabschiedete zweite Novelle zum Jugendwohlfahrtsgesetz (JWG) von 1961 war aus Sicht der Arbeiterwohlfahrt jedoch nur »eine bedenkliche und unbefriedigende Lösung«, da eine dringend notwendige Ausweitung auf alle Tätigkeitsfelder der Jugendhilfe sowie eine Reform der Fürsorgeerziehung, wie sie die Arbeiterwohlfahrt eingefordert hatte, versäumt wurden.[37]

Dafür kam ein weiteres jugendpolitisches Förderinstrument, das 1963 eingerichtet wurde und bis heute besteht, der Tätigkeit und den Werten der Arbeiterwohlfahrt sehr entgegen. Das *Deutsch-Französische Jugendwerk*, Ausdruck der politischen Annäherung und Verständigung der ehemaligen »Erbfeinde«, förderte ab 1964 Begegnungen zwischen jungen Deutschen und Franzosen durch Ferienlager, Familienerholung, Austauschprogramme, Studienseminare, Arbeitskonferenzen und Sport- und Kulturveranstaltungen. Im ersten Jahr wurden bereits 40,4 Millionen DM bereitgestellt. Verglichen mit den 5 Millionen DM, die im Bundeshaushalt für internationale Jugendbegegnungen vorgesehen waren, war dies ein gewaltiger Betrag. Die SPD und die Arbeiterwohlfahrt warben aber darüber hinaus für ein *Europäisches Jugendwerk*, um auch Kooperationen und Begegnungen mit weiteren Ländern zu ermöglichen, das jedoch erst 1972 und mit ungleich bescheidenerer Ausstattung geschaffen wurde.[38]

Bindung an die SPD und
Kooperationen mit anderen Verbänden

In den Richtlinien von 1951 hatte sich der Verband als »politisch und konfessionell unabhängige Wohlfahrtsorganisation« definiert. Erklärtes Ziel war es, »die Mitwirkung breiter Bevölkerungsschichten in der Wohlfahrtpflege aus dem Geiste des demokratischen Sozialismus, der Solidarität und der Selbsthilfe« anzustreben und »den notleidenden aller Angehörigen aller Bevölkerungsschichten [...] ohne Rücksicht auf deren politische und konfessionelle Zugehörigkeit« zu helfen.[39] Mit diesen Formulierungen demonstrierte die Arbeiterwohlfahrt ihre organisatorische Eigenständigkeit, gleichzeitig verriet das politische Bekenntnis deutlich die weiterhin bestehende Nähe zur Sozialdemokratie. Sie wurde unterstrichen und gefestigt durch zahlreiche personelle Überschneidungen, so etwa durch die Doppelrolle von Alfred Nau als Kassierer beziehungsweise Schatzmeister beider Organisationen und durch die Revisoren Carl Storbeck, Ernst Vay und Fritz Heine. Auch war in Bonn die enge räumliche Anbindung an den SPD-Parteivorstand gegeben.

Die Arbeiterwohlfahrt hielt zudem an der internen Regelung fest, wonach alle aktiven Mitglieder der SPD angehören sollten: »Um die [...] Aufgaben der Arbeiterwohlfahrt im Sinne des demokratischen Sozialismus rein und ungestört durchführen zu können, soll der Kreis der Mitarbeiter beziehungsweise der aktiven Mitglieder möglichst die Zusammenfassung aller Sozialdemokraten sein, die in der öffentlichen und freien Wohlfahrtspflege tätig sind. Mitglieder anderer Parteien können grundsätzlich nicht Mitglieder der Arbeiterwohlfahrt sein.«[40] Den im vorherigen Kapitel beschriebenen Versuchen einer überparteilichen Wohlfahrtsorganisation unter Einbeziehung der Kommunisten, wie sie in Bremen, Frankfurt oder Stuttgart anfangs praktiziert wurden, hatte der Verband damit eine klare Absage erteilt. Die Frontstellungen des Kalten Krieges, die sich in der Teilung Deutschlands in zwei Staaten politisch manifestierten, schlugen sich somit auch in der Arbeiterwohlfahrt nieder.

Aufgrund der Loyalität zum sozialdemokratischen Milieu wurde beispielsweise auch der Aufbau einer eigenen Jugendorganisation noch abgelehnt, obwohl die Betreuung von Kindern und Jugend-

ORT

GESCHÄFTSSTELLE DES HAUPTAUSSCHUSSES,
BONN-GRONAU

Mit der Entscheidung für Bonn wurde auch der Umzug des Hauptausschusses von Hannover in die neue Hauptstadt vorbereitet. Ein geeignetes
Grundstück wurde im März 1951 in der Dottendorfer Str. 168 gefunden.
Hier errichtete die Arbeiterwohlfahrt einen Neubau für ihre neue Zentrale.
Sie befand sich direkt bei der »Baracke« des SPD-Vorstands und in der
Nähe des Regierungsviertels. Die offizielle Einweihung erfolgte im April
1952. Im Dezember 1955 zerstörte ein Brand einen großen Teil des Gebäudes. Dank einer großen Solidaritätskampagne konnte das Gebäude
jedoch innerhalb des nächsten Jahres saniert werden. Nach dem Tod des
damaligen SPD-Vorsitzenden Erich Ollenhauer wurde die Straße 1964
umbenannt; die Anschrift lautete nun: Ollenhauerstraße 3. Durch den stetigen Anstieg der Mitarbeiterzahl waren die Räumlichkeiten bald zu klein,
ab 1970 wurden neue Lösungen gesucht. Da ein Ausbau am alten Standort
nicht möglich war, wurde im November 1977 ein Grundstück in Bonn-
Tannenbusch erworben, auf dem das *Marie-Juchacz-Haus* errichtet wurde.
Der Umzug der Bundesgeschäftsstelle erfolgte im Juni 1981, die Immobilie in Bonn-Gronau wurde an die Landesentwicklungsgesellschaft Nordrhein-Westfalen verkauft.

lichen in der Praxis großen Raum einnahm. Die *Falken* waren, in
der Nachfolge der *Kinderfreunde,* nach 1945 ein zentraler Akteur der
Arbeiterjugendbewegung; zudem gründete sich die *Naturfreunde-
jugend* wieder. Und auch die SPD hatte mit den *Jungsozialisten*
bereits eine Struktur für jüngere Parteimitglieder. Zu diesen befreundeten Organisationen wollte man keine Konkurrenz auf Bundesebene etablieren. Ungeachtet dieser allgemeinen Haltung gab es
Kinder- und Jugendgruppen (Freundschaftsgruppen) in einzelnen
Bezirken, vor allem in Hessen. Ein erstes überregionales Treffen mit
800 Teilnehmenden fand 1957 in Grünberg statt.[41] Zehn Jahre später
bestanden bundesweit immerhin schon 350 Gruppen, denen etwa
10.000 Kinder und Jugendliche angehörten. Daher wurde auf der
Bundeskonferenz 1969 in Berlin, auch unter dem Eindruck des neu
erwachten politischen Engagements einer jüngeren Generation, die
Einrichtung von Jugendwerken für Mitglieder unter 25 Jahren beschlossen, wenn auch bis zur bundesweiten Umsetzung noch einige
Jahre verstrichen.[42]

Auf der Schwäbischen Alb fanden auf dem weitläufigen Gelände der Nordalb auch Ferienzeltlager für Kinder und Jugendliche statt.

Die neue Politisierung innerhalb der Jugend kam in den 1960er Jahren auch im direkten Wirkungsbereich der Arbeiterwohlfahrt zum Ausdruck. Der Verband demonstrierte auch hier seine Nähe zur SPD. Innerhalb der höheren Fachschule in Düsseldorf bildeten sich studentische Gruppen vom *Sozialistischen Deutschen Studentenbund* (SDS), der 1961 aus der SPD ausgeschlossen worden war, und vom parteitreuen *Sozialdemokratischen Hochschulbund* (SHB). Dem SDS wurde eine Betätigung in den Räumlichkeiten der Schule untersagt, die lokale SHB-Gruppe, die immerhin rund ein Drittel der Studierenden umfasste, konnte jedoch Räumlichkeiten der Hochschule für Veranstaltungen nutzen.[43]

Direkte Kanäle zu anderen Parteien und eine Verankerung in konservativ geprägten Regionen fehlten oft weiterhin. Aber man war nun als Wohlfahrtsverband allgemein anerkannt, was sich auch in der Mitarbeit in der *(Bundes-)Arbeitsgemeinschaft der freien Wohlfahrtspflege* (BAGFW) und ihren regionalen Ablegern zum Ausdruck kam, deren Vorläuferorganisation man in der Weimarer Republik noch ferngeblieben war. Nach den Erfahrungen von umfassender staatlicher Lenkung durch das nationalsozialistische Regime sowie mit dem sich abzeichnenden zentralistischen Gesellschaftsmodell in der DDR vor Augen akzentuierte die Arbeiterwohlfahrt nun stärker die Bedeutung gesellschaftlicher Akteure in der Demokratie: »Unsere Erfahrungen seither lassen uns geboten erscheinen«, betonte Lotte Lemke 1952, »die freie Wohlfahrtspflege nicht nur als Träger sozialer Maßnahmen, sondern auch als Träger gestaltender demokratischer Kräfte zu sehen, welche für das Leben der Gesellschaft und der Menschen untereinander bedeutsam sind.«[44] Die Mitwirkung im traditionsreichen *Deutschen Verein für öffentliche und private Fürsorge* (DV), der auch nach 1945 die zentrale Vernetzungsstruktur zwischen öffentlichen und privaten Akteuren der Wohlfahrtspflege bildete, gewann für die Arbeiterwohlfahrt zunehmend an Selbstverständlichkeit, was sich unter anderem in der Mitgliedschaft von 48 Verbandsgliederungen im DV niederschlug.[45]

In seinen Fachausschüssen und auf dem von ihm alle drei Jahre ausgerichteten *Deutschen Fürsorgetag* (DFT) wurden grundlegende sozialpolitische Debatten geführt. Die Vormachtstellung der konfessionellen Verbände war hier weiterhin spürbar, die Reformvorschläge der Arbeiterwohlfahrt wurden nun aber offen diskutiert.

Die Tradition der jährlichen Treffen für Sozialarbeiterinnen und Sozialarbeiter wurde in der Bundesrepublik wieder aufgenommen.

In der Jugendsozialarbeit ergaben sich weitere Kooperationen mit Beteiligung der Arbeiterwohlfahrt. Bereits 1949 hatten sich

die *Bundesarbeitsgemeinschaft Jugendaufbauwerk* (heute: *Kooperationsverbund Jugendsozialarbeit*) sowie entsprechende regionale Zusammenschlüsse der freien Träger gebildet, um den großen Nachkriegsproblemen der Jugend Herr zu werden. In der im gleichen Jahr gegründeten *Arbeitsgemeinschaft für Jugendpflege und Jugendfürsorge* (heute: *Arbeitsgemeinschaft für Kinder- und Jugendhilfe*), die öffentliche und gemeinnützige Akteure der Jugendarbeit zusammenbrachte, war die Arbeiterwohlfahrt durch die Hamburger Sozialpolitikerin Hermine Albers von Beginn an prominent vertreten. Der von ihr ab 1964 zweijährlich ausgerichtete *Deutsche Jugendhilfetag* entwickelte sich zum wichtigsten jugendpolitischen Fachkongress.

Ausbau der Verbandsstrukturen

Die Arbeiterwohlfahrt musste sich seit 1945 auf ein wesentlich kleineres Territorium beschränken. Ihr Tätigkeitsgebiet lag nun in den sechs größtenteils neu gebildeten Bundesländern Schleswig-Holstein, Niedersachsen, Nordrhein-Westfalen, Rheinland-Pfalz, Baden-Württemberg (ab 1952) und Bayern sowie den drei Stadtstaaten Hamburg, Bremen und Berlin. Im Saarland entstand eine Organisationsgliederung zunächst auf französischem Staatsgebiet. Bei der Eingliederung in die Bundesrepublik zum 1. Januar 1957 gewann die Arbeiterwohlfahrt 75 Ortsgruppen mit 12.000 Mitgliedern hinzu. Ostpreußen, Schlesien und Pommern, die prägende Persönlichkeiten der Organisation wie Marie Ansorge, Lotte Lemke oder Ida Wolff hervorgebracht hatten, lagen dagegen nun auf polnischem Staatsgebiet und somit außerhalb des Einflusses. Auch in den einst so mitgliederstarken mitteldeutschen Regionen in Sachsen und Thüringen war die Arbeiterwohlfahrt nicht wieder tätig geworden, weil die sowjetische Besatzungsmacht dies blockierte. Eine besondere Situation ergab sich im geteilten Berlin. Hier war die Arbeiterwohlfahrt in den 1950er Jahren unter unsicheren Voraussetzungen auch auf dem Gebiet der DDR tätig. Mit dem Bau der Berliner Mauer wurde diese Verbindung in den Osten gekappt. Die acht Kreisgeschäftsstellen in Berlin-Ost wurden am 19. August 1961

OSTSEE

NORDSEE

Kiel
Schleswig-Holstein
471

Hamburg
Nordwest   Hamburg 15
129

franz.
brit.   Berlin
Berlin 218
amerik.

Oldenburg   Bremen
Weser-Ems
179

Hannover
1.050

Hannover

Braunschweig
Bielefeld   Braunschweig
Westliches   146
Westfalen   Östliches
Niederrhein   407   Westfalen
92   220
Düsseldorf   Dortmund

Kassel
Köln   Hessen-Nord
Ober-/Mittelrhein   264
150

Hessen-Süd
Koblenz   546
Koblenz   Frankfurt
(Rheinland-Hessen-
Nassau)   Mainz   Unterfranken   Oberfranken
113   Rheinhessen   119   136
              58
Neustadt   (Franken)
Neustadt Neustadt
42   Nürnberg
           Württemberg-Baden
Saarbrücken   162   Regensburg
                                    Niederbayern
ab 1957 zur BRD   217
           Stuttgart

           Tübingen
           Süd-Württemberg Schwaben (Südbayern)
Freiburg   48   65   München
Südbaden   Oberbayern
86   159

0 20 40 60 80 100 km   Ortsausschüsse 1949

und in den folgenden Tagen von Betriebskampftruppen und Volks-
polizei durchsucht und geschlossen. Angesichts dieser untragbaren
Umstände beschloss die Berliner Bezirksorganisation am 25. August
1961 die Auflösung dieser Gliederungen.[46]

IDA WOLFF (1893–1966)

Aus der Nähe von Breslau stammte Ida Wolff, die geschäftsführende Vorsitzende der Arbeiterwohlfahrt in
Berlin von 1946 bis 1964. Sie war 1918 in die SPD eingetreten und bald in den Bezirksvorstand Mittelschle-
sien gewählt worden. Sie wirkte als Stadtverordnete in
Brieg und später als Abgeordnete im Provinziallandtag. Bei der Arbeiterwohlfahrt machte sie eine Ausbildung zur Fürsorgerin, anschließend arbeitete sie im
Jugendamt. Nach 1933 wurden sie und ihr Mann von
den Nationalsozialisten verfolgt und verhaftet. Sie flohen deswegen 1936
mit ihren vier Kindern nach Berlin. Hier engagierte sich Ida Wolff unmittelbar nach Kriegsende gemeinsam mit Louise Schroeder und Franz Neumann für den Wiederaufbau der SPD und der Arbeiterwohlfahrt. Im
Hauptausschuss berichtete sie von 1949 bis 1965 über die schwierige
Situation in der vom Kalten Krieg geteilten Metropole. Außerdem gehörte
sie dem SPD-Landesvorstand und von 1946 bis 1963 dem Berliner Abgeordnetenhaus an.

Der Hauptausschuss fungierte wieder als das zentrale Koordi-
nationsgremium auf bundesweiter Ebene. Zwischen den nun alle
zwei Jahre stattfindenden Reichskonferenzen (ab 1967: Bundeskonferenzen) bildete er das höchste beschlussfassende Gremium, das
»nach Bedarf, mindestens aber dreimal im Jahr« zusammentrat.[47]
Neben den von der Reichskonferenz gewählten Vorstandsmitglie-
dern (bis 1955: geschäftsführender Ausschuss) entsandten auch
die Bezirke und die Fachausschüsse Vertreterinnen und Vertreter
dorthin. Aufgrund der schnell anwachsenden Zahl von Aufgaben,
die kurzfristige Entscheidungen verlangten und nach rechtlichen
Vorgaben umzusetzen waren, gewannen der geschäftsführende
Vorstand sowie die wachsende Zahl hauptamtlicher Mitarbeiter
in der Bonner Zentrale zunehmend an Gewicht. Im Vergleich zum
Nachkriegsstandort Hannover boten sich hier aber Büros für die

gesamte Verwaltung sowie Besprechungsräume für Gremiensitzungen, wenngleich es bereits in den 1960er Jahren Diskussionen
um eine Erweiterung des Gebäudes gab.

Zu tragenden Säulen des organisatorischen Gerüsts auf Bundesebene entwickelten sich die Geschäftsstellen der Bezirke. Sie
standen vor der Aufgabe, den Überblick über die expandierenden
Aktivitäten der Kreis- und Ortsausschüsse zu behalten und an den
Hauptausschuss zu berichten. Selbst auf Kreisebene benötigte die
Arbeiterwohlfahrt bald hauptamtliche Geschäftsführer, was anfänglich vielerorts nur mit Gehaltszuschüssen des Bundesverbands
möglich war.[48] Die Zusammenarbeit zwischen den unterschiedlichen Ebenen verlief nicht immer reibungsfrei. Der selbstbewusste
Landesverband in Bayern, der die direkte Kommunikation mit den
bayerischen Bezirken nicht dem Hauptausschuss abtreten wollte,
rief in den frühen 1950er Jahren beispielsweise einen Konflikt
hervor, indem er riskante Investitionen für den Bau von Heimen
tätigte. Hier mussten schließlich die bayerischen Gerichte und ein
interner Untersuchungsausschuss den verworrenen Sachverhalt
aufklären, die Landesorganisation war zudem auf das finanzielle
Entgegenkommen des Hauptausschusses angewiesen.[49]

Eine finanzielle Schieflage im Bezirksverband Nordwest kam
1962 zum Vorschein, als Bremen und Bremerhaven der föderalen
Struktur der Bundesrepublik entsprechend einen eigenständigen
Landesverband bildeten.[50] Der Bezirk Nordwest musste schließlich
1967 in den Bezirksverband Hannover eingegliedert werden, um
eine Zahlungsunfähigkeit abzuwenden.[51] Zudem gab es Fälle von
Misswirtschaft und fehlerhaften Abrechnungen. Sie resultierten
häufig aus unzureichenden buchhalterischen und administrativen
Kenntnissen des Personals oder waren riskanten und wechselhaf-
ten Finanzierungsmodellen ohne größere Eigenmittel geschuldet.
Diese wirtschaftlichen Herausforderungen konnten sich für den
Gesamtverband zu einer großen Bürde entwickeln, wenn etwa
Kürzungen von Zuwendungen drohten oder Kredite nicht bedient
wurden. Sie warfen die grundlegende Frage auf, die die Arbeiter-
wohlfahrt ab den 1980er Jahren regelmäßig in Unruhe versetzte:
Wer haftete für das ökonomische Risiko einzelner Gliederungen,
Einrichtungen und Akteure, wenn es um existenzgefährdende

HANS WEINBERGER (1898–1976)

Die bayerische Arbeiterwohlfahrt nach 1945 wurde durch den langjährigen Landesvorsitzenden Hans Weinberger entscheidend geprägt. In seiner Amtszeit von 1948 bis 1969 erlebte die Organisation in Bayern ein rasantes Wachstum. Schon vor 1933 war er Geschäftsführer der Kinderfreunde gewesen, im Nationalsozialismus erlitt er Verfolgung und berufliche Einschränkungen. Nach dem Krieg leitete er parallel zu seiner Tätigkeit für die Arbeiterwohlfahrt das Landesjugendamt in Bayern. Im Hauptausschuss trat Weinberger für die besonderen Interessen seines Landesverbands ein, der insbesondere bei der Gründung von Einrichtungen sehr aktiv war. Er leitete ab 1962 zudem den Fachausschuss Organisation und Werbung und war auf diese Weise ein Brückenbauer zwischen Region und Bundesebene. Heute ist das Bildungsinstitut der AWO Bayern nach ihm benannt.

Millionenbeträge ging? Je größer das Finanzvolumen wurde, desto stärker wuchs die Notwendigkeit einer betriebswirtschaftlichen und juristischen Professionalisierung und Risikominimierung des Verbands.

Parallel zu den gewählten Vorständen der unterschiedlichen Ebenen bildete sich in den 1950er und 1960er Jahren ein Geflecht von dauerhaften Einrichtungen des Verbands heraus. Aus der Leitung von Bildungseinrichtungen und Heimen erwuchs eine sozialpolitische und finanzielle Verantwortung, die sowohl für das Machtgefüge innerhalb des Verbands als auch für die Personalführung zukünftig eine diffizile Herausforderung darstellte. Die gewählten Verbandsvertreter blieben zwar oft über Jahrzehnte im Amt, übten ihre Funktionen in der Arbeiterwohlfahrt jedoch nur ehrenamtlich aus und waren hauptberuflich oft anderweitig eingespannt. Je mehr die Organisation nun expandierte und die Aufgaben zunahmen, desto eher mussten sie die Kontrollfunktion über den alltäglichen Betrieb der Einrichtungen den Geschäftsführungen und dem hauptamtlichen Personal in den Geschäftsstellen überlassen. Es bildete sich eine Vielzahl von Leitungspositionen parallel zur Verbandsdemokratie heraus, deren spezialisierte Wahrnehmung zu anderen Tätigkeitsfeldern in einem Spannungsverhältnis stehen konnte. Die Leitung eines Kindergartens, die Bewirtschaftung eines Altenheims, der Betrieb mobiler Pflegedienste, Freizeitangebote für Jugendliche oder die Aufstellung des Lehrplans einer Bildungsstätte – all diese verantwortungsvollen Aufgaben wurden durch Mitarbeiterinnen und Mitarbeiter der Arbeiterwohlfahrt übernommen. Sie forderten verständlicher Weise eine gute Ausstattung ihrer Arbeitsplätze und Einrichtungen, Entscheidungsbefugnisse für ihren Bereich sowie eine angemessene Bezahlung ein.

Angesichts des allgemeinen Fachkräftemangels auf dem Gebiet der sozialen Arbeit fiel es der Arbeiterwohlfahrt oft nicht leicht, qualifiziertes Personal zu finden und zu halten, das sich auch vollständig mit den Werten des Verbands identifizierte. Da die Gehälter im öffentlichen Dienst teils deutlich höher lagen, wechselten viele Absolventen des *Seminars für Sozialberufe* in staatliche Jugendämter.[52] Andererseits boten sich für engagierte Mitarbeiterinnen und Mitarbeiter, die aus dem Ehrenamt kamen und von den sozialdemokratischen Grundwerten überzeugt waren, dauerhafte Berufsperspektiven auf verschiedenen Ebenen innerhalb der Organisation. Der Hauptausschuss schloss zudem mit den Gewerkschaften *Öffentliche Dienste, Transport und Verkehr* (ÖTV) und der *Deutschen Angestellten-Gewerkschaft* (DAG) einen Manteltarifvertrag sowie Regelungen zur Altersvorsorge für ihre Beschäftigten ab.[53] Die Tarifrunden blieben aber Anlass für Konflikte. Trotz der politischen Nähe zu den Gewerkschaften stand für die Geschäftsführungen die Sorge vor zu hohen Ausgaben im Vordergrund. Sie wurde dadurch verstärkt, dass sich insbesondere die konfessionellen Wohlfahrtsverbände Forderungen nach einem Tarifvertrag verweigerten und sie somit niedrigere Personalkosten hatten.[54] Die ÖTV wiederum nutzte vorteilhafte Tarifabschlüsse in einzelnen Bundesländern, um auf eine allgemeine Verbesserung der Bezüge zu drängen.[55]

In ihrer Satzung hatte die Arbeiterwohlfahrt der Tatsache Rechnung getragen, dass sich aufgrund unterschiedlicher lokaler Ausgangsbedingungen und der Zonenteilung nach 1945 zunächst verschiedene Organisationsmodelle etabliert hatten. Dies führte zu fortdauernden unterschiedlichen Auffassungen über die Frage, welche Struktur für die Bezirks- und Ortsausschüsse angemessen war. Anfangs hatte der Hauptausschuss noch, ähnlich wie vor 1933,

KUNSTKALENDER (1951–2003)

KLEINER KUNSTKALENDER
DER ARBEITERWOHLFAHRT 1958

Die Herausgabe eines künstlerisch gestalteten Kalenders war für die Arbeiterwohlfahrt über Jahrzehnte ein besonderes Anliegen. Sie verfolgte mit den seit 1951 jährlich herausgegebenen Wandkalendern trotz mancher Bedenken das Ziel, das kulturelle Interesse ihrer Mitglieder und Helfer zu erweitern und weitere Kreise der Bevölkerung zu erreichen. Die monatlichen Kalenderbilder wurden von renommierten und aufstrebenden zeitgenössischen Malern, Zeichnern und Grafikern gestaltet. Sie wurden anfangs von der Künstlerin Gertrud Sentke ausgewählt und in der Zeitschrift *Unsere Arbeit* vorgestellt, später sichtete eine eigene Kalenderkommission eingereichte Werke, die dann häufig mit öffentlichen Ausstellungen in der Bonner Geschäftsstelle präsentiert wurden. Die Kalender mit teils sehr hoher Auflage wurden vom Bundesverband kostengünstig an die lokalen Gliederungen abgegeben und durch Anzeigen auf der Rückseite und Zuschüsse finanziert.

das Modell einer losen Vernetzung von lokalen Akteuren und Organisationen in den Ortsausschüssen präferiert, das auf einer Unterscheidung zwischen passiven Fördermitgliedschaften und aktiven (ehrenamtlichen) Mitarbeiterinnen und Mitarbeitern beruhte.[56] Die süddeutschen Verbände Bayern, Württemberg-Baden und Hessen-Süd hatten dagegen frühzeitig Mitgliedsorganisationen auf regionaler Ebene etabliert. In der Praxis setzte sich ihr Modell schließlich durch: 1959 waren bereits 21 von 26 Landes- und Bezirksorganisationen als Mitgliedervereine organisiert, weil der Betrieb von Einrichtungen eine juristische Person zur Voraussetzung hatte.[57] Auch die übrigen Organisationsgliederungen gaben nach und nach die Differenzierung zwischen Mitgliedern und Förderern auf – als Letzter der Bezirk Niederrhein im Jahr 1973.[58] 1966 wurde zudem auf Bundesebene ein einheitliches Mitgliedsbuch mit Marken eingeführt.[59] Den Kreis- und Ortsausschüssen wurde dagegen in Mustersatzungen anfangs noch der Verzicht auf eine Eintragung im Vereinsregister angeraten, sie blieben erste Anlaufstelle und Betätigungsfeld für die Einzelmitglieder.[60] Zudem gab es korporative Mitgliedschaften von Vereinen und Organisationen aus der sozialen Arbeit und dem politischen Umfeld sowohl auf Bundesebene als auch vor Ort.

Wie schon in der Weimarer Republik trugen einzelne exponierte Persönlichkeiten entscheidend zur erfolgreichen Expansion bei. Bei Lotte Lemke liefen alle Fäden zusammen, sie stellte als Geschäftsführerin und ab 1965 als Vorsitzende das wichtigste Bindeglied zwischen Tradition und Gegenwart dar. Aber auch Marie Juchacz nahm als Ehrenvorsitzende an den Sitzungen des Hauptausschusses und des Vorstands teil und erfüllte als Beraterin mit ihrem Erfahrungswissen bis zu ihrem Tod im Januar 1956 eine wichtige Funktion. Der langjährige Vorsitzende Heinrich Albertz, ein evangelischer Pfarrer, hatte sich als junger Sozialminister in Niedersachsen profiliert, bevor er 1955 in die Berliner Landespolitik wechselte. Seine Aufgaben wuchsen an diesem Brennpunkt der Weltpolitik Anfang der 1960er Jahre rasant an, sodass er bereits 1961 und erneut 1963

Bei Lotte Lemke liefen in dieser Phase alle organisatorischen Fäden zusammen.

um eine Ablösung als Vorsitzender der Arbeiterwohlfahrt bat.[61] Die Übernahme des Amts durch Lotte Lemke erfolgte dann 1965. Sie brachte jedoch ein anderes Problem hervor, da nun zwar eine allseits anerkannte Persönlichkeit an der Spitze der Arbeiterwohlfahrt stand, aber eine neue Geschäftsführung aufgebaut werden musste, die die zunehmenden Belastungen in ähnlich aufopferungsvoller und loyaler Weise zu übernehmen bereit war. Der erste Kandidat, Horst-Jürgen Winkel, zeigte sich überfordert und bat nach einem Jahr um Ablösung.[62] Darauf fand sich mit Richard Haar, der bereits seit 1952 in verschiedenen Funktionen für den Hauptausschuss tätig war, 1967 eine langfristige interne Lösung. Haar steuerte anschließend für 25 Jahre die Geschicke des Bundesverbands.

HEINRICH ALBERTZ (1915–1993)

Heinrich Albertz bekleidete von 1949 bis 1965 das Amt des Vorsitzenden des Hauptausschusses für Arbeiterwohlfahrt. Er stammte aus einem protestantischen Elternhaus, studierte selbst Theologie und schloss sich der Bekennenden Kirche an. Nach Kriegsende arbeitete er für die britische Militärregierung in der Flüchtlingsfürsorge. Im Alter von 33 Jahren übernahm er in Niedersachsen das Ministerium für Flüchtlingsangelegenheiten, das 1951 zum Sozialministerium ausgebaut wurde. Parallel zu seiner Tätigkeit für die Arbeiterwohlfahrt machte er eine steile Karriere als sozialdemokratischer Politiker. 1955 wechselte er nach Berlin, wo er zunächst Senatsdirektor von Otto Suhr, ab 1959 dann unter Willy Brandt die Senatskanzlei leitete. Ab 1961 fungierte er als Innenminister, ab 1963 als Bürgermeister und von Dezember 1966 bis September 1967 als Regierender Bürgermeister von Berlin. Als evangelischer Pfarrer war er später eine wichtige Stimme der Friedensbewegung.

Um die zunehmenden Belastungen des Spitzenpersonals zu reduzieren, wurden mehrere organisationspolitische Veränderungen vorgenommen. Auf der Reichskonferenz 1951 war Lotte Lemke zur stellvertretenden Vorsitzenden gewählt worden. Diese Doppelfunktion war als Übergangslösung gedacht, um sie als Geschäftsführerin in der Außenvertretung zur stärken und Albertz zu entlasten. Mit der Reichskonferenz 1953 in Berlin wurde der Posten eines zweiten stellvertretenden Vorsitzenden dauerhaft institutionalisiert: Marta Schanzenbach, die Vorsitzende der südbadischen Arbeiterwohlfahrt, fungierte nun bis 1972 als weitere Stellvertreterin. 1965, als Lotte Lemke an die Spitze der Organisation trat, rückte Willy Könen als Stellvertreter nach, der zudem als geschäftsführender Vorsitzender den Bezirk Niederrhein leitete. Diese Personalentscheidung berührte eine allgemeine Frage, der sich die Arbeiterwohlfahrt in ihrer Geschichte immer wieder stellen musste: Durften Angestellte des Verbands, insbesondere in Führungspositionen, gleichzeitig in den Vorstand einer Gliederung gewählt werden? Und weiter: Wie sollte das Zusammenwirken von ehrenamtlichen Vorständen und hauptamtlichen Mitarbeitern zum Gesamtwohl der Organisation geregelt werden, wenn die Anzahl und Art der Aufgaben immer größere Aufmerksamkeit und entsprechende Fachkenntnisse verlangten?

Es gab weitere Regionen, in denen der Vorsitzende gleichzeitig als Geschäftsführer fungierte, etwa beim Landesausschuss Hessen, wo Jan Brüntink diese Doppelrolle ausfüllte.[63] In der Arbeiterbewegung war dies keine Seltenheit, auch die SPD bezahlte bis 1958 den gesamten engeren Vorstand in Bonn.[64] In den Kreis- und Ortsausschüssen waren Vorstand und Exekutive noch viel enger verwoben, hier ruhte die Arbeit oft auf den Schultern von Einzelnen, die sich im Wiederaufbau mit ihrem außerordentlichen Engagement Vertrauen erworben hatten, denen es aber mitunter auch nicht leicht fiel, Aufgaben und Funktionen abzugeben und zu delegieren. Die Kehrseite dieses Zustands war, dass eine regelmäßige kritische Überprüfung der laufenden Geschäfte nicht immer gewährleistet war und Fehlentwicklungen und Unregelmäßigkeiten erst sichtbar wurden, wenn der Schaden bereits eingetreten war. Im Falle der zeitweiligen Doppelrolle von Lotte Lemke drohte diese Gefahr nicht, da sie sowohl im Vorstand als auch in der Geschäftsstelle und mit den Fachausschüssen eine Vielzahl von kompetenten Akteuren neben sich hatte. Aber auch die Gewaltenteilung allein bot keinen Schutz vor Misswirtschaft, da ehrenamtlichen Vorständen sowohl aufgrund von Mehrfachbelastungen als auch aus fehlendem Detailwissen mitunter die Voraussetzungen fehlten, um die Entscheidungen ihrer jeweiligen Geschäftsführungen zu kontrollieren.

CHRISTA HASENCLEVER (1906–1992)

Die in Bielefeld aufgewachsene Christa Hasenclever war eine der profiliertesten hauptamtlichen Mitarbeiterinnen der Arbeiterwohlfahrt mit Schwerpunkten auf dem Gebiet der Jugendpflege und Erziehungsfürsorge. Von 1928 bis 1930 absolvierte sie an der Wohlfahrtsschule des *Vereins Jugendheim* in Berlin-Charlottenburg ihre Ausbildung, anschließend studierte sie Volkswirtschaft, Pädagogik und Psychologie. Sie promovierte 1935 in Kiel, wo sie auch in der Bibliothek des *Instituts für Weltwirtschaft* arbeitete. Ab 1939 lehrte sie an einer *Volkspflegeschule* der NSV in Königsberg, ab 1943 an der *Landeswohlfahrtsschule* in Kiel. Im Mai 1953 kam sie als Leiterin der Referate Jugendwohlfahrt und Ausbildung zum Hauptausschuss der Arbeiterwohlfahrt nach Bonn, wo sie bis 1971 auf vielen Ebenen tätig war und auch danach noch ehrenamtlich weiterwirkte. Sie erhielt 1971 die *Marie-Juchacz-Plakette* und 1972 das *Große Verdienstkreuz*.

Der Verband löste dieses Problem in den 1950er und 1960er Jahren dank stetig wachsender Globalmittel und aufgabenspezifischer Förderungen über eine kontinuierliche Ausweitung des hauptamtlichen Personals. Die Bonner Zentrale wurde zunehmend Motor der Gesamtentwicklung. Dazu trugen auch starke Persönlichkeiten bei, die nun sowohl über ihre unmittelbaren Aufgaben als auch in den Fachausschüssen über Jahrzehnte ihren Einfluss geltend machten. So leitete Fritz Ripp als Organisationssekretär gleichzeitig den entsprechenden Fachausschuss und nahm regelmäßig mit beratender Stimme an den Sitzungen von Vorstand und Hauptausschuss teil. Ähnliches galt für Kurt Moser, der von 1946 bis 1974 die Finanzen verantwortete, sowie für Alfred Moritz, der als stellvertretender Geschäftsführer Lotte Lemke und später Richard Haar unterstützte. Auch die promovierte Sozialwissenschaftlerin Margot Paazig gehörte bis 1961 als Leiterin der Abteilung Allgemeine Wohlfahrtspflege und Kriegsfolgenhilfe zu den fachlich profilierten Mitarbeiterinnen des Hauptausschusses und war danach ehrenamtlich in Fachgremien tätig. Emma Schulze war erst Leiterin des Referats Jugendhilfe, dann ab 1953 Beisitzerin im Vorstand und schließlich Leiterin des Fachausschusses Jugendwohlfahrt. Ihr folgte Christa

Hasenclever nach, die sich in Reformdebatten und Gesetzesinitiativen einschaltete.[65]

Die vom Hauptausschuss eingesetzten Fachausschüsse waren für die innerverbandliche Meinungsbildung und Expertise sowie den Zusammenhalt zwischen den Ebenen bedeutsam. Die Schwerpunkte wandelten sich dabei häufiger. So wurde der Fachausschuss Flüchtlingsfragen 1954 aufgelöst, weil das Thema merklich an Bedeutung verloren hatte.[66] Auch der Bereich Sozialhygiene, der in der Weimarer Republik noch starke Aufmerksamkeit erfahren hatte, geriet für die Arbeiterwohlfahrt zunehmend aus dem Fokus. Der entsprechende Fachausschuss, geleitet von der gesundheitspolitischen Sprecherin der SPD-Bundestagsfraktion Elinor Hubert, konnte in den 1960er Jahren nicht mehr ausreichend besetzt werden.[67] Stattdessen gewannen die Bildungsarbeit und die Verbandsentwicklung an Relevanz, was vor allem in der Arbeit des Heim-Ausschusses, der

Die Reichskonferenz 1961 in Dortmund erörterte auch die Auflösung der Ostberliner Gliederung nach dem Bau der Mauer.

seit 1954 aufgeteilten Ausschüsse Schulung und Fortbildung beziehungsweise Ausbildung sowie im Ausschuss für Organisation und Werbung erkennbar wurde. Auch die Ausschüsse für Jugendwohlfahrt und für Wohlfahrtspflege und Sozialpolitik bündelten fachpolitische Expertise, was unter anderem bei Bestandsaufnahmen und Empfehlungen zur eigenen Arbeit sowie bei Reformvorschlägen und in Stellungnahmen zu Gesetzesvorhaben zum Ausdruck kam.

Auf der Reichskonferenz 1965 in Nürnberg entschied sich der Verband für eine grundlegende Reform seines strukturellen Erscheinungsbilds. Sogar der Name Arbeiterwohlfahrt stand zeitweilig zur Disposition, weil er unter anderem von den Bezirksverbänden Mittelrhein und Saar als nicht mehr zeitgemäß und auch nicht passend für das erweiterte Tätigkeitsfeld empfunden wurde. Nachdem ein eigener Ausschuss diese grundlegende Frage erörtert hatte, verzichtete man aber aufgrund des Bekanntheitsgrads auf eine Umbenennung.[68] Dafür wurden aber die Bezeichnungen für die einzelnen Gremien des Verbands geändert. Die Gesamtorganisation hieß nun Bundesverband, der Vorstand des Hauptausschusses wurde zum Bundesvorstand, der Hauptausschuss nannte seine erweiterten überregionalen Sitzungen nun Bundesausschuss. Die regionalen Gliederungen hießen zukünftig Bezirks- und Kreisverbände (im Westlichen Westfalen teilweise auch Unterbezirke), die lokalen Organisationen fungierten meist als Ortsverein. Die Reichskonferenz selbst wurde in Bundeskonferenz umgetauft.[69] Diese überfälligen Namensänderungen haben bis in die Gegenwart Bestand.

Die Finanzierung der Verbandsaktivitäten und sozialen Dienstleistungen beruhte weitestgehend auf staatlichen Zuwendungen, kostendeckenden Pflegesätzen und zweckgebundenen Förderprogrammen wie dem Bundesjugendplan, dem Müttergenesungswerk oder dem *Deutsch-Französischen Jugendwerk*. Hinzu kam ein wachsender Anteil durch die Lotterien des *Hilfswerks Berlin*, der *Aktion Sorgenkind* oder des *Kuratorium Deutsche Altershilfe*, der in den Ausbau spezifischer Einrichtungen floss. Regelmäßige eigene Einnahmen wurden durch Mitgliedsbeiträge, den Verkauf von Wohlfahrtsbriefmarken sowie durch Haus- und Straßensammlungen generiert. Zudem beteiligten sich die Gliederungen immer wieder bei konkreten Anlässen wie bei der großen Hilfsaktion für

DDR-Flüchtlinge 1953, der Krise in Ungarn 1956/57, dem Hochwasser in Hamburg 1962 oder bei anderen Katastrophen kurzfristig an Spendensammlungen.

Hilfe für Geflüchtete und internationale Solidarität

Die unmittelbaren Nachkriegsjahre waren bestimmt gewesen von allgegenwärtiger Not sowie der Tatsache, dass sich die Arbeiterwohlfahrt neu konstituieren musste. Die Verteilung der Hilfspakete aus dem Ausland, die notdürftige Betreuung und Versorgung von Geflüchteten, Obdachsuchenden und Kriegsversehrten sowie die improvisierte Produktion von Kleidungsstücken und Haushaltstextilien bestimmten die Tätigkeit der Ortsausschüsse. Die mit der Gründung der Bundesrepublik einhergehende politische und rechtliche Stabilisierung machten es möglich, neben der akuten Krisenbewältigung eigenständige Akzente zu setzen.

Im Fischerhof bei Uelzen fanden traumatisierte Kriegsgefangene Zuflucht und psychologische Betreuung.

Die Bewältigung der Kriegsfolgen blieb auch in den 1950er Jahren eine prägende Aufgabe. Bis 1957 verteilte die Arbeiterwohlfahrt

Spendenpakete aus dem Ausland im Gesamtwert von 18,3 Millionen DM unter der westdeutschen Bevölkerung.[70] Mit dem Einsetzen der Konjunktur und den zusätzlichen staatlichen Programmen für konkrete Notlagen wurde diese Form der internationalen Solidarität zwar nicht mehr benötigt, die materielle und psychische Betreuung von Kriegsheimkehrern, Vertriebenen und Displaced Persons blieb aber bis Ende der 1950er Jahre eine Aufgabe, insbesondere in Niedersachsen. Im *Grenzdurchgangslager Friedland* betrieb die Arbeiterwohlfahrt eine Betreuungsstelle mit Nähstube und Leseraum, im *Notaufnahmelager Uelzen* einen Kindergarten und im *Fischerhof* in Uelzen eine psychosomatische Krankenanstalt für Heimkehrer aus sowjetischen Gefangenenlagern und andere durch den Krieg traumatisierte Personen.[71] Aber auch in anderen Regionen organisierte die Arbeiterwohlfahrt Nähstuben und Müttererholung für heimatvertriebene Frauen, betrieb Kindergärten in der Nähe von Flüchtlingslagern, initiierte Hilfspaketaktionen für deutsche Kriegsgefangene in der Sowjetunion und die Bevölkerung in der DDR und setzte sich für die gesellschaftliche Akzeptanz von »farbigen Mischlingskindern« ein.[72] Der Hauptausschuss und das *International Rescue Committee* richteten zudem 1955 mit Mitteln

FISCHERHOF, UELZEN, AB 1964 BÜDINGEN

Der Fischerhof wurde 1947 als psychosomatische Klinik für traumatisierte Kriegsheimkehrer aus Russland, Entlassene aus DDR-Gefängnissen und ehemalige Angehörige der Fremdenlegion eingerichtet. Er befand sich nördlich von Uelzen in einem abgelegenen Gutshof, der vom Bezirksausschuss Hannover gepachtet wurde. Nachdem finanzielle Schwierigkeiten auftraten, wurde die Einrichtung im Oktober 1952 vom Hauptausschuss übernommen. Das Ehepaar Strobel leitete die Einrichtung über Jahrzehnte. Aus organisatorischen Schwierigkeiten mit der Stadt Uelzen erfolgte im Oktober 1964 der Umzug ins hessische Büdingen. Weil es inzwischen ausreichend psychiatrische Fachkliniken gab, wurden ab 1975 vergeblich Versuche einer neuen Dauernutzung unternommen. Die defizitäre Einrichtung wurde 1988 an den Bezirksverband Hessen-Süd verpachtet, der dort unter anderem Spätaussiedler und Asylbewerber einquartierte. Aufgrund von andauernden Konflikten um die Nutzung und weiterer Schulden wurde die Einrichtung schließlich 1998 verkauft.

des *United Nations Refugee Fund* (UNREF) ein bundesweites Ausbildungsprogramm für über 200 heimatlose ausländische Jugendliche ein, die teilweise auch zehn Jahre nach Kriegsende immer noch in Lagern lebten. Die Vermittlung von Ausbildungsplätzen und Quartieren in Einrichtungen der Arbeiterwohlfahrt und die Zusammenarbeit mit deutschen Jugendlichen sollten ihnen die Integration ermöglichen.[73]

Durch die anhaltende Abwanderung aus der DDR nach Westdeutschland waren besonders weitreichende Angebote für diese überwiegend jungen Flüchtlinge erforderlich. Zwischen 1949 und 1961 flohen über 2,5 Millionen Menschen nach West-Berlin oder in die Bundesrepublik, davon etwa die Hälfte unter 25 Jahren. Die Arbeiterwohlfahrt engagierte sich für diese Personen sehr stark, so zum Beispiel 1953 durch die Kampagne »Den Flüchtlingen der Sowjetzone unsere Solidarität«. Gemeinsam mit SPD, Gewerkschaften, Genossenschaften und Arbeitsdirektoren großer Betriebe sammelte sie Geld und Sachspenden, um vor Ort die Situation der Geflüchteten zu verbessern.[74] Sie nutzte zudem die Infrastruktur, die sie zur Betreuung der Kriegsheimkehrer und Displaced Persons aufgebaut hatte, etwa in Friedland und Uelzen. Das eingeschlossene Berlin und die grenznahen Regionen Niedersachsens und Hessens waren besonders betroffen. Da die DDR ihre Westgrenze ab 1952 abriegelte, kamen viele Flüchtlinge zunächst nach West-Berlin. Hier richtete die Arbeiterwohlfahrt in Kladow das zentrale Auffanglager für alleinstehende männliche Jugendliche im Alter von 14 bis 24 ein. Auf dem alten Gutshof nahe der Grenze zu Brandenburg wurden die Fluchtumstände der Jugendlichen überprüft, um ihre Familien nicht in Gefahr zu bringen. Am Tegeler See im Stadtteil Reinickendorf bestand ein weiteres großes Notaufnahmelager für bis zu 4.000 Personen, das ebenfalls von der Arbeiterwohlfahrt Berlin betrieben wurde. Über den Luftweg erreichten viele Flüchtlinge anschließend die Bundesrepublik, wo sie auf Jugendlager und Heime aufgeteilt wurden. Die Arbeiterwohlfahrt beteiligte sich am Betrieb zahlreicher dieser Einrichtungen, zum Beispiel im Lager für männliche Jugendliche in Sandbostel, wo sie eine Bibliothek betrieb, in Ulm, wo sie ein *Haus der Jugend* im Flüchtlingslager Wilhelmsburg einrichtete oder in den bayerischen Lagern Neuburg und Amberg,

Im Flüchtlings-
lager Wilhelms-
burg in Ulm rich-
tete die Arbeiter-
wohlfahrt eine
Bibliothek ein.

wo sie für junge Mädchen Nähkurse anbot. Einigen DDR-Flüchtlingen konnten dank dieser Arbeit, an der sich fast alle Bezirke beteiligten, Plätze in den Jugendwohnheimen oder eine Teilnahme an
Erholungs- und Bildungsangeboten vermittelt werden.[75] Als effek-
tive und zeitgemäße Struktur rief die Arbeiterwohlfahrt »Jugendgemeinschaftswerke« ins Leben, betreut von Jugendsozialarbeitern,
die sich um eine soziale Integration der oft vereinzelten Jugendlichen vor Ort bemühten.[76]

Auch bei grenzüberschreitenden Hilfsaktionen rückte die Arbeiterwohlfahrt nun selbst in die Rolle einer Akteurin und Geberin.
Mit den Erfahrungen von Nationalsozialismus und Nachkriegszeit
im Rücken, als in Not geratene Vertreterinnen und Vertreter der
deutschen Arbeiterwohlfahrt vielfältige Unterstützung aus dem
Ausland erfuhren, war es aus Sicht des Hauptausschusses im Sinne
der eigenen Grundwerte nur konsequent, dass die Organisation nun
überall dort Hilfe bereitstellte, wo sie soziale Not identifizierte. Das
1936 ins Leben gerufene *Schweizerische Arbeiterhilfswerk* (SAH) von

Regina Kägi-Fuchsmann war eine der Strukturen gewesen, deren Wirken für politische Flüchtlinge aus Deutschland lebensrettend gewesen war. Der Gründung eines gemeinsamen *Internationalen Arbeiterhilfswerks* (IAH) im November 1951 wurde deshalb von der Arbeiterwohlfahrt »auf das herzlichste« begrüßt.[77]

INTERNATIONALES ARBEITERHILFSWERK

Das Internationale Arbeiterhilfswerk (IAH) wurde 1951 geschaffen, um die Zusammenarbeit von Wohlfahrtsorganisationen über Grenzen hinweg zu organisieren. Die Wurzeln dieses Ansinnens reichen zurück bis 1930, als die Arbeiterwohlfahrt in der Wirtschaftskrise den kurzlebigen Versuch startete, eine Internationale Arbeiterwohlfahrt zu gründen. Nach dem Zweiten Weltkrieg nahm die Zusammenarbeit als IAH jedoch neue Fahrt auf. Sozialdemokratische Wohlfahrtsorganisationen aus Belgien, Österreich, Frankreich, Deutschland, der Schweiz und den Niederlanden verabredeten eine solidarische Unterstützung bei weltweiten Hilfsaktionen, viele weitere Organisationen schlossen sich an. Heute sind es 60 Organisationen aus 29 Staaten. 1970 übernahm die Arbeiterwohlfahrt das Sekretariat und stellte zusätzlich mit Lotte Lemke (bis 1974), Kurt Partzsch (bis 1986), Hermann Buschfort (bis 1993) und Manfred Ragati (bis 2003) über vier Jahrzehnte den Präsidenten. 1995 benannte sich das IAH in *Solidar* um, das Büro wurde dauerhaft in Brüssel angesiedelt.

Eine der ersten Hilfsaktionen dieses westeuropäischen Netzwerks war die *Ungarnhilfe* im Winter 1956/57. Gemeinsam mit der *Volkshilfe*, der österreichischen Schwesterorganisation, sammelte die Arbeiterwohlfahrt Lebensmittel, Medikamente und Kleidung, die mit LKW-Konvois nach Budapest gebracht wurden, um die örtliche Bevölkerung, die unter der militärischen Intervention der Sowjetunion litt, zu unterstützen.[78] In grenznahen Regionen Österreichs wurden Auffangstellen und Heime für die über 140.000 ungarischen Flüchtlinge eingerichtet. Auch in Heimen der Arbeiterwohlfahrt kamen Geflüchtete unter, zum Beispiel in Neuwied und Aachen, wo die örtlichen Gliederungen der Arbeiterwohlfahrt auch Sprachkurse für sie anboten.[79]

Bereits in den 1960er Jahren begann die Arbeiterwohlfahrt, sich auch als Teil internationaler sozialistischer Hilfe zu verstehen. Durch die antikolonialen Befreiungsbewegungen in Asien und

Gemeinsam mit der österreichischen Volkshilfe organisierte die Arbeiterwohlfahrt Hilfslieferungen während der Ungarnkrise 1956.

Afrika rückten die »Entwicklungsländer« verstärkt in den Blick westlicher Hilfsorganisationen. Die Arbeiterwohlfahrt engagierte sich ab 1959 in Indien und griff dabei auf die eigenen Erfahrungen der 1920er Jahre zurück. Vor diesem Hintergrund förderte der Hauptausschuss den Aufbau von 100 Nähstuben, die Einrichtung eines Waisenhauses und eines Heims für verlassene Frauen, lokale Bildungsangebote sowie eine Mütterschule in Bombay. 1968 wurde in Madras sogar die *Lotte Lemke School of Arts and Crafts* eröffnet.[80] Daneben unterstützte der Verband aber auch algerische Flüchtlinge, Erdbebenopfer in der Türkei, Chile und Marokko sowie landwirtschaftliche Genossenschaften in Brasilien. Studenten und Praktikanten aus Entwicklungsländern fanden Plätze in Wohnheimen der Arbeiterwohlfahrt in Deutschland. Die israelische *Kinder- und Jugend-Alijah* erhielt 1967 eine Spende der Arbeiterwohlfahrt über 100.000 DM, um den Wiederaufbau des im Sechstagekrieg beschädigten Kinderdorfs Kiryath Jearim zu unterstützen.[81]

Neue Praxisfelder der sozialen Arbeit

Die zu Beginn dieses Kapitels geschilderten Strukturen des deutschen Wohlfahrtsstaats, die in den 1950er und 1960er Jahren geschaffen wurden, veränderten den Handlungsrahmen der Wohlfahrtsverbände fundamental. Jede gesetzliche Regelung, jedes neue Förderinstrument, das aufgrund identifizierter Probleme entwickelt wurde, löste einen Schub von Aktivitäten aus, die in einem Zuwachs von Einrichtungen und Tätigkeitsfeldern mündeten. Auf diese Weise vollzog sich ein Übergang von der situativen Nothilfe für Betroffene hin zu einer ausdifferenzierten sozialen Arbeit, die großen Teilen der Bevölkerung als individualisierte »Lebenshilfe« zugutekam.[82]

Ohne die Mittel aus dem Bundesjugendplan hätte die Arbeiterwohlfahrt beispielsweise kaum ihre Kapazitäten bei Jugendwohnheimen zwischen 1949 und 1957 von 14 (rd. 1.000 Plätze) auf 81 Heimen (rd. 5.500 Plätze) vervielfachen können.[83] Auch die rund 1.000 angebotenen Mädchenbildungsseminare, die zwischen 1957 und 1966 von über 23.500 Teilnehmerinnen besucht wurden, wurden aus diesem Fördertopf finanziert.[84] Der schnelle Ausbau der Müttergenesungsheime auf insgesamt 28 Einrichtungen der Arbeiterwohlfahrt, in denen sich Mitte der 1960er Jahre jährlich etwa 14.000 Frauen zur Kur begaben, wäre ohne die Institutionalisierung des Müttergenesungswerks wohl nicht in dieser Form erfolgt.[85] Zu dessen Spendensammlungen trug die Arbeiterwohlfahrt selbst bis 1965 insgesamt 5,3 Millionen DM bei, dank eines vorteilhaften Verteilungsschlüssels erhielt sie aber etwa das Doppelte aus den jährlichen Ausschüttungen der Stiftung.[86] Die Einnahmen aus der Lotterie des *Kuratoriums*

Die Arbeiterwohlfahrt richtete mit Mitteln aus dem Bundesjugendplan zahlreiche Jugendwohnheime ein.

»Fahrbare Mittagstische« und »Essen auf Rädern« waren neue Angebote in den 1960er Jahren.

Deutsche Altershilfe flossen ab 1962 in den Aufbau von Altenwohnheimen, Seniorenbegegnungszentren und Pflegeeinrichtungen. Sie trugen entscheidend zur Einrichtung fahrbarer Mittagstische bei, die mit den charakteristischen VW-Bussen der Arbeiterwohlfahrt Essen auf Rädern auslieferten.[87] Dank der Fernsehlotterie *Aktion Sorgenkind* konnte die Arbeiterwohlfahrt auch ihre Einrichtungen für Behinderte verbessern und erweitern, beispielsweise die Sprachheileinrichtungen der Bezirke Braunschweig und Weser-Ems, eine Bildungsstätte für geistig und körperlich behinderte Kinder und Jugendliche in Siegen oder eine Tagesstätte für spastisch gelähmte Kinder in Freiburg.[88] Ähnliche Entwicklungen ließen sich auch in anderen Bereichen konstatieren, etwa bei der Ferienerholung oder bei der beginnenden Betreuung ausländischer Arbeitnehmer.

In der Familienpolitik orientierte sich die Arbeiterwohlfahrt häufig noch an traditionellen Wertvorstellungen, entwickelte parallel dazu aber auch konkrete Reformvorschläge, die auf die rechtliche Gleichstellung der Geschlechter zielten. Sie betrieb im Jahr 1960 bundesweit etwa 230 Kindergärten, Horte und Kindertagesstätten mit rund 13.000 Plätzen[89] und setzte sich für die berufliche Tätigkeit von Frauen ein, wenn auch insbesondere in der

Kinderbetreuung und in der Pflege. Gleichzeitig beförderte sie aber auch die Auffassung, dass Frauen primär im häuslichen Bereich ihre gesellschaftliche Rolle zu erfüllen hatten. Dies belegt beispielsweise ein Erfahrungsbericht in der Zeitschrift *Unsere Arbeit* von 1958: »Wie legt man ein Gedeck auf? Wie ißt man vorschriftsmäßig ein gekochtes Ei? Solche und ähnliche Fragen standen auf dem Programm des Sevierlehrganges, mit dem der erste Kursus des Mädchenbildungsseminars im AW-Mädchenwohnheim Delmenhorst eingeleitet wurde.« Dieser Lehrgang mag aus heutiger Sicht beinahe absurd wirken, hatte aber ein ernsthaftes Ziel: »Der Sinn dieser Stunden lag vor allem darin, den jungen Mädchen zu zeigen, wieviel sicherer Geschmack und korrektes Verhalten dazu beiträgt, dem

eigenen Heim und dem häuslichen Leben jene Atmosphäre und Behaglichkeit zu geben, die die Grundlage eines harmonischen Familienlebens sind.«[90] Die meisten Angebote der Arbeiterwohlfahrt für Frauen waren darauf zugeschnitten, sie für die Rolle als Stütze der Familie zu qualifizieren: als Ehefrau, Hausfrau und Mutter. Mädchenbildungsseminare, Hauswirtschaftskurse, Wandermütterschulen (mobile Beratungsstellen für Mütter in ländlichen Regionen), Näh- und Bastelkurse, Müttergenesungsheime, gesundheitliche Aufklärung – all diese familienpolitischen Angebote entsprachen konkreten Bedürfnissen und erfuhren eine große Nachfrage. Erst ab Mitte der 1960er Jahre deutete sich hier ein Umdenken an, die berufliche Tätigkeit von Frauen wurde zunehmend gesellschaftlich akzeptiert und gefördert.[91]

Im Bereich der Altenfürsorge entwickelte die Arbeiterwohlfahrt in den 1960er Jahren eine ganze Reihe modellhafter Einrichtungen, die (mit Veränderungen) bis heute bestehen. Bereits 1959 rich-

Bei den Servierkursen im Tretenhof in Seelbach (Baden) wurden Mädchen durch Ratschläge für den eigenen Haushalt auch klassische Rollenbilder vermittelt.

Wie in diesem Altenheim in Düsseldorf rückten in den 1960er Jahren die spezifischen Bedürfnisse der älteren Bevölkerung stärker ins Zentrum.

tete der Bezirk Westliches Westfalen in Dortmund-Brünninghausen eine »Gartenstadt für alte Leute« ein, um ein selbstbestimmtes Leben im Alter mit kleinen Wohneinheiten zu ermöglichen.[92] In Nürnberg eröffnete der Kreisverband im November 1961 ein offenes Altenpflegeheim, das ausschließlich Einzel- und Doppelzimmer, einen grünen Innenhof und zahlreiche Freizeitangebote aufwies.[93] Ein ähnliches Heim am Philosophenwald in Gießen wurde zu einem multifunktionalen Altenzentrum mit Pflegebereich erweitert.[94] Darüber hinaus entstanden zahlreiche Altenklubheime und Altenerholungsheime in Trägerschaft der Arbeiterwohlfahrt. Nahmen 1962 schon 11.525 ältere Menschen an Erholungsmaßnahmen teil, waren es drei Jahre später bereits 27.422 Personen. 1969 zählte der Verband bundesweit bereits 176 Altenheime unterschiedlicher Art und 26 Altenerholungsheime.[95]

Weil ein Großteil der älteren Bevölkerung das Leben im gewohnten Zuhause so lange wie möglich bevorzugte, entwickelten die Wohlfahrtsverbände weitere Angebote für diese Bedürfnisse. Mit der Hauspflege und den fahrbaren Mittagstischen wurden ältere und pflegebedürftige Personen erreicht, die auf fremde Hilfe angewiesen waren. Bis 1969 richtete die Arbeiterwohlfahrt 260 Hauspflegestationen ein, in denen sowohl Fachkräfte als auch ehrenamtliche Pflegerinnen, insgesamt rund 2.240 Personen mitwirkten.[96] Eine warme Mahlzeit täglich erhielten rund 3.000 Personen in 48 Städten und Gemeinden durch die VW-Busse und Kombis der Arbeiterwohlfahrt nach Hause geliefert. Bei dieser Tätigkeit wurden zunehmend auch Zivildienstleistende eingesetzt.[97]

Über die Frage, welche Erziehung verwaiste Kinder und Jugendliche erhalten sollten, gab es bereits seit den 1950er Jahren inten-

ORT

HAUS SOMMERBERG, RÖSRATH-HOFFNUNGSTHAL

In dem östlich von Köln gelegenen Ortsteil Rösrath-Hoffnungsthal betrieb der Bundesverband ab 1960 die zentrale Schulungs- und Weiterbildungs-stätte des Verbands. 1962 entstand hier, gefördert mit Mitteln des NRW-Sozialministeriums und des Landschaftsverbands Rheinland, ein therapeutisch-pädagogisches Heim für männliche Jugendliche. Das Konzept für diese innovative gruppentherapeutische Einrichtung stammte von Carl Klüwer, der auch als therapeutischer Heimleiter arbeitete. In der Bildungseinrichtung fanden Weiterbildungen für Mitarbeiter und Helfer der Arbeiterwohlfahrt statt, außerdem wurde dort bis 1976 eine Schule für Kinderpflegerinnen betrieben. Danach wurden die Räumlichkeiten für Umschulungen zu Familienpflegern und Arbeitstherapeuten genutzt, ab 1982 fanden hier Weiterbildungen der ausländischen Sozialarbeiter statt. Das therapeutisch-pädagogische Heim wurde 1985 um Ausbildungswerk-stätten erweitert. 1994 wurde das gesamte Haus Sommerberg dem Be-zirksverband Mittelrhein übertragen. Heute ist die *AWO Betriebsgesell-schaft mbH Der Sommerberg* als Tochterunternehmen der AWO Mittelrhein eine erfolgreiche Einrichtung der Kinder-, Jugend-, Familien- und Eingliederungshilfe mit mehreren Standorten im Rheinland und rund 400 Mit-arbeitenden.

sive Debatten, insbesondere über die gerichtlich angeordnete Für-sorgeerziehung »verwahrloster« Jugendlicher in geschlossenen Einrichtungen. Die vom *Runden Tisch Heimerziehung* 2009 bis 2011 zusammengetragenen Missstände, denen ein Teil der insgesamt 700.000 bis 800.000 Fürsorgezöglinge vor allem bei kirchlichen Heimen und öffentlichen Anstalten ausgesetzt war, reichten von einer Verweigerung von Ausbildungsleistungen und Arbeitszwang über pauschale Strafen, psychische Demütigungen und körperliche Züchtigungen bis hin zu Isolationen, Medikamentenversuchen, zeitweiliger Dunkelhaft und sexuellem Missbrauch.[98] Die Perspek-tiven und Biografien ehemaliger Heimkinder sowie den Umgang einzelner Einrichtungen, Träger und Personen mit Konflikten und Skandalen bleiben daher aktuell und zukünftig ein kontroverser Forschungsgegenstand.[99] Im Zuge der Aufarbeitung der 1950er und 1960er Jahre wurden auch Traumatisierungen durch Übergriffe einzelner Erzieher in einem Kinderheim der Arbeiterwohlfahrt in Pinneberg bekannt.[100] Generell gab die Arbeiterwohlfahrt aber offenen und halboffenen Einrichtungen überall den Vorzug, die sich »an den unterschiedlichen Bedürfnissen der im Heim wohnenden Menschen« orientierten und auf zeitgenössischen sozialpädagogischen Erkenntnissen basierten: kleine Einheiten, individuelle Beurteilung, ganzheitliche Förderung und Möglichkeiten zur Mitgestaltung des Heimalltags.[101] Diese Idealforderungen waren allerdings kaum flächendeckend für alle Betreuungsarten und im Rahmen der üblichen Pflegesätze zu bewerkstelligen. Mit der Konzeption von *Haus Sommerberg*, einem 1962 gegründeten Heim für »neurotisch-dissoziale männliche Jugendliche« in Rösrath-Hoffnungsthal bei Köln, wo sich auch das zentrale Schulungsheim des Verbands befand, verstand sich die Arbeiterwohlfahrt aber als Wegbereiterin humanistischer sozialpädagogischer und therapeutischer Ansätze.[102]

Ausbildung, Schulung und Weiterbildung

Hinter den beeindruckenden Zuwächsen verbargen sich zehntausende handelnde Akteure, die unzählige konkrete Entscheidungen trafen, um die alltäglichen Aufgaben zu bewältigen. Der Hauptausschuss und die Zentrale in Bonn repräsentierten den Gesamtverband in der Öffentlichkeit und koordinierten die Einwerbung von Bundesmitteln bei den entsprechenden Fördertöpfen. Die regionalen und lokalen Gliederungen verständigten sich über den Bedarf in ihrem Bereich, erwarben Grundstücke und Gebäude und engagierten Bauunternehmen. Die einzelnen Trägervereine organisierten die Ausstattung und den täglichen Betrieb über die Landes-, Bezirks- und Kreisgeschäftsstellen oder durch die Einstellung von Personal. Die Basis aller Aktivitäten, ohne die das breit gefächerte Engagement der Arbeiterwohlfahrt undenkbar gewesen wäre, waren jedoch die Beschäftigten und die Helferinnen und Helfer vor Ort, die sich bewusst in der Kinderbetreuung, Jugendarbeit oder der Pflege betätigten. Die Erfahrung und das Wissen, wie diese Aufgaben zu bewerkstelligen waren, mussten oft erst erworben werden. Die verbandsinterne Bildungsarbeit war deshalb für alle Akteure ein zentrales Anliegen.

Mit den neuen Aufgaben, die in den 1950er und 1960er Jahren hinzukamen, ergaben sich allerdings Herausforderungen, da sie das Auseinanderfallen von ehrenamtlichem Engagement und beruflich-fachlichen Spezialisierungen beförderten. Symbolisch deutlich wurde dies durch die Entscheidung von 1955, *Neues Beginnen* zukünftig zum Fachorgan auszubauen und mit der populär aufgemachten Zeitschrift *Unsere Arbeit* ein neues Medium speziell für Helfer und Mitglieder der Arbeiterwohlfahrt zu schaffen. Die Ortsausschüsse hatten sich nach 1945 gebildet, um die Spuren des Krieges zu beseitigen, die Versorgung mit lebenswichtigen Dingen zu gewährleisten und angesichts der allgemeinen Sorgen und Nöte Hoffnung und Solidarität zu verbreiten. Bei der praktischen Tätigkeit waren zwischenmenschliche Begegnungen und gemeinsame Rituale von Bedeutung. Spendenkampagnen, Hilfsaktionen, Kinderbetreuung, Weihnachtsfeiern, selbst Gremiensitzungen gaben

In der Schwesternschule der Arbeiterwohlfahrt in Marl wurden Kranken- und Altenpflegerinnen ausgebildet.

Das Seminar für Sozialberufe war die bundesweite Fachschule für die soziale Arbeit in Mannheim.

dem eigenen Leben eine sinnvolle Struktur, schufen Identifikation mit dem Verband und ermöglichten so den Aufbau einer demokratischen und sozialen Gesellschaft. Die berufliche Orientierung als Kindergärtnerin, Sozialarbeiter, Sozialpädagogin oder Alten- und Krankenpflegerin erforderten dagegen eine staatlich anerkannte fachliche Qualifikation in eigens dafür geschaffenen Fachschulen, die reformorientierte Perspektiven stärkten. Bei den Sozialarbeiter- und Sozialpädagogentreffen, die die Arbeiterwohlfahrt seit 1947 jährlich veranstaltete, wurde der überregionale fachliche Austausch intensiviert. Der Verband musste beiden Welten gerecht werden und eine vielschichtige Praxis entwickeln, in der sowohl ehrenamtliche Helferinnen und Helfer als auch spezialisierte Berufskräfte ihren Platz fanden.

Da der Mangel an Fachkräften mit sozialdemokratischen Werthaltungen nach 1945 groß war und nationalsozialistische Denkmuster auch in der Wohlfahrtsarbeit fortdauerten, hatte der Verband die Ausbildung von Krankenschwestern, Sozialarbeitern und Kindergärtnerinnen frühzeitig in die eigenen Hände genommen. Pädagogisch war man sehr stark vom US-amerikanischen *Unitarian Service Committee* beeindruckt. Dessen Vertreterinnen und Vertreter kamen regelmäßig zu »Sommerinstituten« nach Deutschland und machten die Arbeiterwohlfahrt mit den noch kaum bekannten Methoden der Gruppenarbeit und des *case work* vertraut.[103] Sie legten die Grundlagen für ein humanistisches Verständnis sozialer Arbeit, die auf individuelle Problemlagen zugeschnitten war und psychologische Faktoren stärker berücksichtigte. Diese fruchtbare internationale Zusammenarbeit wurde 1953 im *Arbeitskreis Soziale Fortbildung* institutionalisiert, der in Bremen ein Büro einrichtete.[104]

Das *Seminar für Sozialberufe* in Mannheim blieb als staatlich anerkannte Wohlfahrtsschule die zentrale Ausbildungsstätte der Arbeiterwohlfahrt für Männer und Frauen in sozialen Berufen. Die Absolventen arbeiteten anschließend als Heimleiter, Familien- und Gesundheitsfürsorgerinnen, Gefährdetenfürsorger, Gruppenerzieher sowie Sachbearbeiter für Jugend- und Wohlfahrtsämter, nur kaum 20 Prozent jedoch direkt bei der Arbeiterwohlfahrt, da Tätigkeiten im öffentlichen Dienst attraktiver erschienen.[105] In Berlin wurde im *Sozialpädagogischen Institut* der Arbeiterwohlfahrt 1957 eine weitere Fachschule für soziale Arbeit eingerichtet, außerdem wurde dort eine Heimerzieherschule betrieben. 1961 zog die Schule in das neu errichtete *Haus der Sozialen Arbeit* am Halleschen Ufer in Berlin-Kreuzberg unweit der Berliner Mauer.[106]

Die seit 1947 bestehende *Schwesternschule* der Arbeiterwohlfahrt wurde 1953 von Sylt ins westfälische Marl verlegt, sie widmete sich dort in der städtischen Paracelsusklinik der dreijährigen staatlich anerkannten Ausbildung von Krankenschwestern. Ab Mai 1958 wurden zusätzliche Halbjahreskurse für Altenpflegerinnen angeboten, um dem wachsenden Bedarf in diesem Bereich gerecht zu werden.[107] Die AW-Schwesternschaft unter Leitung von Oberin Lucie Romberg betrieb außerdem eine weitere Ausbildungsstätte im Stadtkrankenhaus in Rüsselsheim, die ausgebildeten Krankenschwestern waren im Knappschaftskrankenhaus in Dortmund-Brackel und weiteren kommunalen Krankenhäusern tätig.

LUCY-ROMBERG-HAUS, MARL

Die seit 1973 nach Oberin Lucie (später auch Lucy) Romberg (1901–1965), der Gründerin der AW-Schwesternschaft, benannte Bildungsstätte in Marl, einer Kreisstadt im nördlichen Ruhrgebiet, war ab 1953 der zentrale Standort für die Ausbildung von Krankenschwestern und Altenpflegerinnen der Arbeiterwohlfahrt. Die Schwestern leisteten nach ihrer dreijährigen Ausbildung in mehreren Krankenhäusern der Region pflegerische Dienste. Die an die Paracelsusklinik angeschlossene Schwesternschule verfügte auch über ein Internat und eine Fortbildungsstätte. Ende der 1970er Jahre wurde das Gebäude erweitert, um sich verstärkt der Ausbildung von Altenpflegern widmen zu können. In den 1980er Jahren entstanden jährlich sehr hohe Defizite, Sanierungsmaßnahmen blieben ohne Erfolg. 1988 wurde das Lucy-Romberg-Haus an den Bezirksverband Westliches Westfalen zunächst verpachtet und Ende 1993 verkauft. Seit 2010 befindet sich in dem Gebäudekomplex das *Lotte-Lemke-Bildungswerk*, das Aus- und Weiterbildungsinstitut der AWO Westliches Westfalen.

Weil die Kapazitäten in Mannheim begrenzt waren und zusätzliche Mittel des Landes Nordrhein-Westfalen und aus dem Bundesjugendplan für eine Modelleinrichtung bereitgestellt wurden, baute die Arbeiterwohlfahrt ab 1958 in Düsseldorf-Eller eine neue *Höhere Fachschule für soziale Arbeit*. Angeschlossen waren eine Fachschule für Kindergärtnerinnen und Hortnerinnen sowie ein Wohnheim für Studierende. Im Oktober 1960 erfolgte die feierliche Eröffnung des *Marie-Juchacz-Hauses:* Das Seminar für Sozialberufe und der Arbeitskreis Soziale Fortbildung fanden hier einen neuen Standort, 1967 wurde eine *Höhere Fachschule für Sozialpädagogik* angegliedert.

Die Weiterbildung und Schulung der hauptamtlichen Mitarbeiterinnen und Mitarbeiter und der ehrenamtlichen Helferinnen und Helfer erfolgten sowohl auf Bundesebene als auch dezentral. Bis 1954 wurden die zentralen Lehrgänge in Vöhl am Edersee abgehalten. Im Juni 1955 wurde in Iserlohn ein mit Mitteln aus dem Bundesjugendplan errichtetes zentrales Schulungsheim des Hauptausschusses in Betrieb genommen. Bis 1961 nahmen über 5.000 haupt- und ehrenamtliche Mitarbeiterinnen und Mitarbeiter der Arbeiterwohlfahrt an insgesamt 243 Fortbildungskursen teil, zudem gab es weitere 335 regionale Kurse mit knapp 10.000 Teilnehmenden und allein im Landesschulungsheim in Bayern weitere 148 Kurse mit über 3.000 Teilnehmenden.[108] Auf dem Programm, das regelmäßig in der Zeitschrift *Unsere Arbeit* abgedruckt wurde, standen im Jahr 1960 beispielsweise einwöchige Lehrgänge über Möglichkeiten der Mitwirkung im Jugendwohlfahrtsausschuss, für Leiterinnen von Nähstuben, über Hauspflege für Verantwortliche aus den Kreis- und Ortsausschüssen und haupt- und nebenamtliche Hauspflegerinnen sowie ein Lehrgang für Leiter und Helfende der Ferienerholung. Aufgrund des allgegenwärtigen Fachkräftemangels fiel es den Einrichtungen allerdings schwer, Sozialarbeiter und -pädagogen für diese Schulungen freizustellen. Bei den ehrenamtlichen Teilnehmenden gab es sehr große Unterschiede in Vorwissen und Erfahrung, sodass bald zwischen Grund- und Aufbaukursen differenziert wurde. Weil der Bedarf weiter anstieg, wurde im Juni 1960 eine neue zentrale Weiterbildungsstätte im Haus Sommerberg in Rösrath-Hoffnungsthal eröffnet, wo bald darauf auch ein therapeutisch-pädagogisches Heim und eine Kinderpflegerinnenschule angesiedelt wurden.

ORT

MARIE-JUCHACZ-HAUS, DÜSSELDORF-ELLER

Das Marie-Juchacz-Haus in Düsseldorf-Eller war eine von fünf Modellschulen, die durch den Bundesjugendplan gefördert wurden. Das Land NRW gab weitere Zuschüsse und erkannte die Abschlüsse an. Am 24. Oktober 1960 wurde der moderne Neubau eröffnet, geplant von Joachim Steinecke und gebaut von der *Neuen Heimat*. Die höhere Fachschule wurde bis 1969 von dem Psychologen Hans Pfaffenberger geleitet, der schon in Mannheim als Dozent für die Arbeiterwohlfahrt tätig gewesen war. Mit den grundlegenden Reformen im Fachhochschulwesen Anfang der 1970er Jahre wurde die Schule in die neu gegründete staatliche *Fachhochschule Düsseldorf* integriert, was gleichzeitig den Rückzug des Bundesverbands aus der Berufsausbildung von Sozialarbeitern bedeutete. Das Gebäude wurde zunächst verpachtet und 1978 an die Stadt Düsseldorf verkauft. Es wurde bis 2018 durch das Berufskolleg *Lore-Lorentz-Schule* genutzt und 2019 für einen Neubau abgerissen.

Zusätzlich gab es seit Herbst 1955 einen zentralen Heimberatungsdienst, der von zwei Diplom-Psychologinnen und einer Ernährungsberaterin geleistet wurde, die die einzelnen Einrichtungen der Arbeiterwohlfahrt regelmäßig besuchten, als fachliche Ansprechpartner für Leiter, Betreuer und sonstiges Personal, jedoch ohne offiziellen Kontrollauftrag.[109]

Aufbruch zu neuen Handlungsfeldern

Wie in den einleitenden Formulierungen von Richard Haar herausgestellt wurde, hatte sich die Arbeiterwohlfahrt bis 1969 zu einer bedeutenden Akteurin der Wohlfahrtspolitik in der Bundesrepublik entwickelt. Die Bandbreite ihrer Tätigkeiten knapp 25 Jahre nach Kriegsende war beeindruckend, ebenso ihre Fähigkeit, sich flexibel auf wandelnde Rahmenbedingungen einzulassen. Trotz eines konservativen gesellschaftlichen Klimas, das vor allem für die 1950er Jahre konstatiert werden kann und sich in den Wahlerfolgen der CDU politisch niederschlug, waren es gleichzeitig Jahrzehnte von bemerkenswerten Neuerungen und Modernisierungen im sozialen Bereich. Grundlegende Pfeiler des heutigen Wohlfahrtsstaats wurden in dieser Phase errichtet. Insbesondere das Zusammenspiel von rechtlichen Rahmensetzungen des Bundes, wohlfahrtsstaatlichen Förderprogrammen auf verschiedenen Ebenen, den in Spitzenverbänden organisierten freien Trägern sowie weiteren gesellschaftlichen Akteuren erwies sich als Erfolgsmodell, da es Stabilität und Planungssicherheit ermöglichte und gleichzeitig Raum für Innovationen und Veränderungen ließ. Vieles davon war bereits in der Weimarer Republik angelegt, musste aber nach dem Nationalsozialismus erst wieder freigelegt und neu justiert werden, um auch unsichere Zeiten zu überstehen. Viele politische Akteure hatten aus den Erfahrungen der 1920er und 1930er Jahren gelernt, dass in Deutschland nun sowohl wirtschaftliche als auch demokratische und soziale Aufbauprogramme notwendig waren.

Oft eröffneten neue Förderprogramme der Arbeiterwohlfahrt die willkommene Möglichkeit, das eigene Tätigkeitsfeld auszuweiten und dadurch den gesellschaftlichen Stellenwert zu erhöhen. Die ursprüngliche Prämisse, dass die Wohlfahrtspolitik eine öffentliche Aufgabe sei, die durch bundesweite Rahmensetzungen und kommunale Angebote auszugestalten sei, geriet damit zu einer

Mit der Marie-Juchacz-Plakette werden seit 1969 verdiente Persönlichkeiten der Arbeiter-wohlfahrt ausgezeichnet.

programmatischen Zielsetzung, die immer weniger der Organisationsrealität entsprach. In der Praxis erwiesen sich die freien Wohlfahrtsverbände als unverzichtbare Akteure, da sie ehrenamtliches Engagement und fachliche Expertise bündelten, Modellversuche erprobten und die berufliche Qualifizierung vorantrieben. Die kirchlichen Verbände dominierten zwar weiterhin, sie verloren jedoch in Bereichen an Einfluss, in denen sich ein gesellschaftlicher Wertewandel früh bemerkbar machte. Konfessionelle Positionen standen einer progressiven Familienpolitik oft entgegen. Die Arbeiterwohlfahrt hatte dagegen durch ihr Eintreten für Menschenrechte und internationale Solidarität ein Themenfeld besetzt, das in den 1960er Jahren enorm an Strahlkraft gewann. Auf diese Weise war die Arbeiterwohlfahrt beispielsweise Vorreiterin bei der Betreuung von Flüchtlingen und ausländischen Arbeitnehmern und bei ersten entwicklungspolitischen Initiativen, was ihr ab den 1970er Jahren, als diese Bereiche größere Aufmerksamkeit erfuhren, neue Aufgaben eröffnete. Ihre fachlichen Positionen, zum Beispiel zur Heimerziehung, zu psychischen Krankheiten oder zur Pädagogik, orientierten sich an sozialwissenschaftlichen Erkenntnissen und humanistischen Wertvorstellungen. Sie waren somit potenziell offener für grundlegende Reformen, liberale Gesellschaftspositionen und demokratische Partizipation als andere Verbände. Somit profitierte die Arbeiterwohlfahrt in besonderem Maße von der gesellschaftlichen Aufbruchstimmung, die ab Mitte der 1960er Jahre immer deutlicher zum Vorschein kam.

Quellen und Literatur

1 Richard Haar: Arbeiterwohlfahrt 1969, in: Arbeiterwohlfahrt Bundesverband e. V. (Hrsg.): 50 Jahre Arbeiterwohlfahrt, Bonn 1969, S. 47–56, S. 47.

2 Vgl. Heinrich Albertz: Vierzig Jahre Arbeiterwohlfahrt. Festansprache auf der öffentlichen Schlußkundgebung der Reichskonferenz 1959, in: Arbeiterwohlfahrt Hauptausschuss e. V. (Hrsg.): Die Arbeiterwohlfahrt. Jahrbuch 1959, Bonn 1960, S. 18–21, S. 19; Richard Haar: Arbeiterwohlfahrt 1969; Protokoll Hauptausschuss, 10.1.1951, AdsD, Bibl., Z 14505.

3 Vgl. Hauptausschuss für Arbeiter-Wohlfahrt (Hrsg.): Die Arbeiterwohlfahrt 1919–1949. Herausgegeben aus Anlass der 30. Wiederkehr des Gründungstages, Hannover 1949, S. 15 f; Verzeichnis der Heime der Arbeiter-Wohlfahrt, in: ders. (Hrsg.): Die Arbeiterwohlfahrt 1949/50. Jahrbuch, Hannover 1950, S. 176–184.

4 Vgl. Heime und Einrichtungen der Arbeiterwohlfahrt (Stand: 31.7.1960), in: Jahrbuch 1959, S. 125–160.

5 AW-Pressedienst vom 26.8.1969, AdsD, 4/AWOA003160.

6 Vgl. allgemein: Constantin Goschler: Schuld und Schulden. Die Politik der Wiedergutmachung für NS-Verfolgte seit 1945, Göttingen 2005; Hans Günter Hockerts: Wiedergutmachung in Deutschland. Eine historische Bilanz 1945–2000, in: Vierteljahrshefte für Zeitgeschichte 49 (2001), S. 167–214.

7 Vgl. Chronik von Gohrisch und Kurort Gohrisch. Eine Zeittafel von 1437 bis zur Gegenwart mit historischen Aufnahmen, URL: https://www.gohrisch.de/buerger/pdf/kurzchronik_gohrisch_2014_10_18.pdf [11.3.2019].

8 HHStAW Bestand 502 Nr. 1396.

9 Arbeiterwohlfahrt, Landesverband Württemberg-Baden e. V. , Ortsausschuss Heilbronn-Neckargartack, StAL, FL 300/33 I, Bü 15292.

10 Hauptausschuss: Die Arbeiter-Wohlfahrt 1919–1949, S. 53.

11 Vgl. Wiedergutmachungsakte des Landgerichts Hamburg, StAHH, 213-13_10333.

12 Vgl. Hauptausschuss für Arbeiterwohlfahrt an das Zentralamt für Vermögensverwaltung vom 29.12.1949 (Abschrift), AdsD, 4/AWOA000068.

13 Vgl. StAHH, 213-13_10333.

14 Vgl. Arbeiterwohlfahrt, Landesverband Württemberg-Baden e. V., Stuttgart, StAL, FL 300/33 I, Bü 15238.

15 Vgl. Andreas Feser: Vermögensmacht und Medieneinfluss. Parteieigene Medien und die Chancengleichheit der Parteien, Berlin 2003, S. 123 ff.

16 Arbeiterwohlfahrt Ortsausschuss Bremerhaven, StAB, 4,54 – E 8337.

17 Arbeiterwohlfahrt, Landesverband Württemberg-Baden e. V., StAL, FL 300/33 I, Bü 15297 und Bü 15238.

18 Bezirksverband Hessen-Süd e. V., HHStAW, 518, Nr. 86854.

19 Beschluss des Landgerichts Hamburg, 1. Wiedergutmachungskammer, vom 25. Februar 1956, StAHH.

20 Beschluss des Landgerichts Hamburg vom 2. November 1960, StAL, EL 350 I, Bü 21160.

21 Vergleich zwischen Arbeiterwohlfahrt Landesverband Hamburg und dem Land Baden-Württemberg vom 29. Oktober 1970, StAL, EL 350 I, Bü 21160.

22 Vgl. Renate Trebbel: Marta Schanzenbach (1907–1997). Eine Frau der ersten Stunde, Freiburg im Breisgau 2010.

23 Ursula Münch: Familien-, Jugend- und Altenpolitik, in: Günther Schulz (Hrsg.): Geschichte der Sozialpolitik in Deutschland seit 1945. Bd. 3: 1949–1957 Bundesrepublik Deutschland. Bewältigung der Kriegsfolgen, Rückkehr zur sozialpolitischen Normalität, Baden-Baden 2005, S. 597–651.

24 Vgl. Matthias Willing: Fürsorge: in: Geschichte der Sozialpolitik in Deutschland seit 1945. Bd. 3, S. 559–596.

25 Vgl. Peter Hammerschmidt/Sascha Weber/Bernd Seidenstücker: Soziale Arbeit – die Geschichte, Opladen/Toronto 2017, S. 100 f.

26 Ursula Münch: Familien-, Jugend- und Altenpolitik, in: Michael Ruck/Marcel Boldorf (Hrsg.): Geschichte der Sozialpolitik in Deutschland seit 1945, Bd. 4: 1957–1966 Bundesrepublik Deutschland: Sozialpolitik im Zeichen des erreichten Wohlstandes, Baden-Baden 2007, S. 549–609.

27 Bernhard Löffler: Rahmenbedingungen, in: Geschichte der Sozialpolitik in Deutschland seit 1945, Bd. 4, S. 3–83, S. 8 f.

28 Vgl. Wolfgang Rüfner/Constantin Goschler: Ausgleich von Kriegs- und Diktaturfolgen, Soziales Entschädigungsrecht, in: Geschichte der Sozialpolitik in Deutschland seit 1945. Bd. 3, S. 687–777.

29 Vgl. hierzu als Überblick: Winfried Rudloff: Rehabilitation und Hilfen für Behinderte, in: Geschichte der Sozialpolitik in Deutschland seit 1945. Bd. 3, S. 515–557.

30 Friederike Föcking, Fürsorge im Wirtschaftsboom. Die Entstehung des Bundessozialhilfegesetzes von 1961, München 2007.

31 Christa Hasenclever: Die veränderten Grundlagen der Zusammenarbeit zwischen öffentlicher und freier Wohlfahrtspflege, in: Arbeiterwohlfahrt Hauptausschuß e. V. (Hrsg.): Die Arbeiterwohlfahrt. Jahrbuch 1961, Bonn 1962, S. 20–25, S. 22.

32 Vgl. Christof Dipper: Sozialreform. Geschichte eines umstrittenen Begriffs, in: Archiv für Sozialgeschichte 32 (1992), S. 323–351.

33 Margot Paazig: Das Bundessozialhilfegesetz – eine sachlich gute Lösung, in: Jahrbuch 1961, S. 92–96.

34 Vgl. Münch: Familien-, Jugend- und Altenpolitik II, S. 556.

35 Zur Kindergartenerziehung als Stufe des Bildungswesens. Stellungnahme des Fachausschusses Jugendwohlfahrt, verabschiedet im August 1969, in: Arbeiterwohlfahrt Hauptausschuß e. V. (Hrsg.): Die Arbeiterwohlfahrt. Jahrbuch 1968/69, Bonn 1969, S. 31–33, S. 31.

36 Vgl. Christa Hasenclever: Reform der öffentlichen Erziehungshilfe. Vorschläge und Forderungen der Arbeiterwohlfahrt, Bonn 1957; dies.: Probleme der Reform des Jugendhilferechts – Stellungnahme der Arbeiterwohlfahrt, in: Neues Beginnen 10 (1959), S. 145–148.

37 Christa Hasenclever: Die Novelle zum Jugendwohlfahrtsgesetz – eine bedenkliche und unbefriedigende Lösung, in: Jahrbuch 1961, S. 86–91.

38 Vgl. Lotte Lemke: Das Deutsch-Französische Jugendwerk, in: Arbeiterwohlfahrt Hauptausschuß e. V. (Hrsg.): Die Arbeiterwohlfahrt. Jahrbuch 1963/64, Bonn 1964, S. 41–45; Protokoll Hauptausschuss vom 4.4.1964, AdsD, Bibl, Z 14505; Hans Manfred Bock (Hrsg.): Deutsch-französische Begegnung und europäischer Bürgersinn. Studien zum Deutsch-Französischen Jugendwerk 1963–2003, Opladen 2003.

39 Richtlinien der Arbeiterwohlfahrt, beschlossen am 24. September 1951 von der Reichskonferenz in Stuttgart, in: Hauptausschuß für Arbeiterwohlfahrt (Hrsg.): Die Arbeiterwohlfahrt 1950/1951. Jahrbuch, Bonn 1952, S. 47–53, S. 47.

40 Beschluss Hauptausschuss vom 22.9.1951 in Stuttgart (Anlage zum Protokoll), AdsD, Bibl., Z 14505. Vgl. auch Protokoll geschäftsführender Vorstand vom 18.9.1951, AdsD, 4-AWOA003437.

41 Lotte Lemke: Die Arbeiterwohlfahrt im Jahre 1958, in: Arbeiterwohlfahrt Hauptausschuß e. V. (Hrsg.): Die Arbeiterwohlfahrt. Jahrbuch 1958, Bonn 1959, S. 11–17, S. 14.

42 Vgl. Protokoll Arbeiterwohlfahrt Bundesvorstand vom 9.5.1969 und 14.6.1969,
AdsD, 4/AWOA000957.

43 Vgl. Protokoll Arbeiterwohlfahrt Bundesvorstand vom 3.2.1969, 4/AWOA000957.

44 Lotte Lemke: Die Grundlagen der Arbeiterwohlfahrt, in: Hauptausschuss für
Arbeiterwohlfahrt (Hrsg.): Die Arbeiterwohlfahrt 1952. Jahrbuch, Bonn 1953,
S. 9–24, S. 17.

45 Vgl. Protokoll Arbeiterwohlfahrt Bundesvorstand vom 11.9.1967.

46 Vgl. Erna Donat: Ein Haus in Berlin [Vor-
bemerkung], in: Jahrbuch 1961, S. 109–111,
S. 109.

47 Richtlinien der Arbeiterwohlfahrt, beschlossen auf der Reichskonferenz am
19. September 1959 in Wiesbaden, in: Jahrbuch 1959, S. 122–124.

48 Vgl. Protokoll Hauptvorstand Arbeiterwohlfahrt vom 15.8.1962, AdsD, 4/
AWOA000025.

49 Vgl. Protokoll Hauptvorstand Arbeiterwohlfahrt vom 5.12.1955, AdsD, 4/
AWOA000024.

50 Protokoll Hauptvorstand Arbeiterwohlfahrt vom 23.2 und 15.8.1962, AdsD, 4/
AWOA000025.

51 Protokoll Arbeiterwohlfahrt Bundesvorstand vom 22.6., 11.9. und 27.10.1967, AdsD,
4/AWOA000028.

52 Vgl. Protokoll der Vorstandssitzung vom
1. Dezember 1954, AdsD, 4/AWOA000024.

53 Protokoll geschäftsführender Ausschuss
vom 21.2.1952, AdsD, 4/AWOA000024.

54 Vgl. Protokoll der Vorstandssitzung vom
7. Januar 1956, AdsD, 4/AWOA000024.

55 Vgl. Protokoll der Vorstandssitzung vom
24. Juni 1961, AdsD, 4/AWOA000025.

56 Vgl. Protokoll Hauptausschuss vom
5./6.4.1952, AdsD, 4/AWOA000024.

57 Vgl. Protokoll Hauptausschuss vom
6.6.1959, AdsD, Bibl., Z 14505.

58 Vgl. Eifert: Frauenpolitik und Wohlfahrtspflege, S. 166 f.

59 Vgl. Protokoll Hauptausschuss vom
6.4.1963, AdsD, Bibl., Z 14505.

60 Protokoll Arbeiterwohlfahrt Bundesvorstand vom 9.5.1969, AdsD, 4/
AWOA000957, S. 2 f.

61 Vgl. Protokoll Hauptvorstand vom 5.6.1963
in Berlin, AdsD, 4/AWOA000026.

62 Vgl. Protokoll Arbeiterwohlfahrt Bundesvorstand vom 22.2.1967, AdsD, 4/
AWOA000028.

63 Vgl. Protokoll geschäftsführender Ausschuss vom 22.9.1951, 4/AWOA003437.

64 Vgl. Kurt Klotzbach: Der Weg zur Staatspartei. Programmatik, praktische Politik
und Organisation der deutschen Sozialdemokratie 1945 bis 1965, Bonn 1982, S. 274 ff.

65 Vgl. z. B. Christa Hasenclever: Reform der
öffentlichen Erziehungshilfe, Bonn 1957.

66 Protokoll Hauptvorstand Arbeiterwohlfahrt vom 25.1.1954, AdsD, 4/
AWOA000024.

67 Protokoll Hauptvorstand Arbeiterwohlfahrt vom 16.10.1964, AdsD, 4/
AWOA000026.

68 Vgl. Protokolle Arbeiterwohlfahrt
Bundesvorstand vom 3.7.1964, AdsD,
4/AWOA000026, 1.10.1965, AdsD, 4/
AWOA000027 und 7.12.1966, AdsD, 4/
AWOA000028.

69 Vgl. Arbeiterwohlfahrt Bundesverband
e. V. (Hrsg.): Reichskonferenz der Arbeiterwohlfahrt 1965 vom 24. bis 27. Oktober in
Nürnberg, Bonn 1966.

70 Vgl. Reichskonferenz der Arbeiterwohlfahrt 1958, in: Arbeiterwohlfahrt Hauptausschuß e. V. (Hrsg.): Die Arbeiterwohlfahrt. Jahrbuch 1957, Bonn 1958, S. 30–35,
S. 32.

71 Erna Donat: Die Arbeiterwohlfahrt in
Friedland und Uelzen, in: Unsere Arbeit 1
(1956), H. 2, S. 4–7; Fischerhof: Der Krieg
ist noch mitten unter uns, in: Arbeiterwohlfahrt Hauptausschuss e. V. (Hrsg.):
Die Arbeiterwohlfahrt 1953/54. Jahrbuch,
Bonn 1954.

72 Vgl. Margot Paazig: Vertriebenenhilfe der Arbeiterwohlfahrt. Ein Überblick, in: Neues Beginnen 9 (1958), S. 133–135; Verantwortung für unsere Mischlingskinder. Ergebnisse einer Konferenz der Arbeiterwohlfahrt, in: Neues Beginnen 10 (1959), S. 154–155.

73 Siegfried Birkner: Junge Menschen ohne Heimat. AW hilft heimatlosen ausländischen Jugendlichen, in: Unsere Arbeit 2 (1957), H. 5, S. 4–5.

74 Den Flüchtlingen der Sowjetzone unsere Solidarität!, in: Neues Beginnen 4 (1953), H. 4, S. 1–2.

75 Vgl. Alfred Moritz: Kriegsfolgenhilfe. Über die Betreuung von jugendlichen Flüchtlingen aus der Ostzone, in: Unsere Arbeit 1 (1956), H. 5, S. 6–7; Siegfried Birkner: Die grüne Oase. AW-Haus der Jugend im Flüchtlingslager Wilhelmsburg bei Ulm, in: Unsere Arbeit 1 (1956), H. 7, S. 4–5; Unsere Betreuungsarbeit in den Lagern für Sowjetzonenflüchtlinge, in: Jahrbuch 1953/54, S. 125–131.

76 Vgl. Alfred Moritz: Jugendgemeinschaftswerke, in: Arbeiterwohlfahrt Hauptausschuß e. V. (Hrsg.): Die Arbeiterwohlfahrt 1955/56. Jahrbuch, Bonn 1957, S. 93–96.

77 Lotte Lemke: Gründung des Internationalen Arbeiterhilfswerkes, in: Neues Beginnen 3 (1952), H. 1, S. 2.

78 Vgl. Protokoll des Arbeiterwohlfahrt Hauptausschusses vom 20.11.1956, in: AdsD, Bibl., Z 14505; Ungarnhilfe, in: Unsere Arbeit 1 (1956), H. 12, S. 2–3

79 Hans Damitz: Sprachkurse für Ungarnflüchtlinge, in: Unsere Arbeit 2 (1957), H. 6, S. 6–7.

80 Indien – man kann auch schon mit geringen Mitteln wirksam helfen!, in: Unsere Arbeit 5 (1960), H. 8, S. 4–5; AW-Beitrag zur Entwicklungshilfe, in: Unsere Arbeit 8 (1963), S. 19; Zehn Jahre AW-Entwicklungshilfe in Indien, in: Jahrbuch 1968/69, S. 101–103.

81 Vgl. 100000-DM-Spende für die Kinder- und Jugend-Alijah, in: Arbeiterwohlfahrt Hauptausschuß e. V. (Hrsg.): Die Arbeiterwohlfahrt. Jahrbuch 1967/68, Bonn 1968, S. 86–87.

82 Vgl. Hans Pfaffenberger: Die Sozialarbeit – ein sich wandelnder Beruf in einer sich wandelnden Gesellschaft, in: Neues Beginnen 9 (1958), S. 104–106.

83 Vgl. Jahrbuch 1957, S. 142 ff.

84 Vgl. Der Bundesverband teilt mit, in: Unsere Arbeit 12 (1967), S. 112.

85 Vgl. Lotte Lemke: Die Arbeiterwohlfahrt in der Berichtszeit, in: Arbeiterwohlfahrt Hauptausschuß e. V. (Hrsg.): Die Arbeiterwohlfahrt. Jahrbuch 1965/66, Bonn 1966, S. 22–33, S. 31.

86 Vgl. Protokoll Hauptausschuss Arbeiterwohlfahrt vom 18.2.1965, in: AdsD, Bibl., Z 14505.

87 Protokoll Arbeiterwohlfahrt Bundesvorstand vom 9.6.1965.

88 Vgl. Protokoll Arbeiterwohlfahrt Bundesvorstand vom 11.12.1964 und 17.2.1965; Maria von Buttlar: Die Kinder vom Werscherberg. Besuch im Sprachheilheim der Arbeiterwohlfahrt Weser-Ems, in: Jahrbuch 1963/64, S. 116–119; Hilfe für geistig oder körperlich behinderte Kinder und Jugendliche, in: Jahrbuch 1967/68, S. 107–110.

89 Vgl. Arbeiterwohlfahrt Hauptausschuß e. V. (Hrsg.): Die Arbeiterwohlfahrt. Jahrbuch 1960, Bonn 1961, S. 10.

90 Eine fröhliche Servierlehrstunde als Auftakt. Mädchen aus Ost und West beim Mädchenbildungsseminar im AW-Mädchenwohnheim Delmenhorst, in: Unsere Arbeit 3 (1958), H. 7, S. 4.

91 Vgl. Vielfalt der Aufgaben. Zur Situation der Frauen in unserer Gesellschaft, in: Unsere Arbeit 12 (1967), S. 163.

92 Vgl. Inge Deutschkron: Junge Gartenstadt für alte Leute in Dortmund-Brüninghausen, in: Unsere Arbeit 4 (1959), H. 4, S. 2–3.

93 Vgl. AW-Nürnberg schuf: Ein Altenheim für 120 Männer und Frauen, in: Unsere Arbeit 7 (1962), S. 23.

94 Vgl. Maria von Buttlar: Ein AW-Altenheim wächst: Das »Haus am Philosophenweg« in Gießen, in: Unsere Arbeit 7 (1962), S. 70–71.

95 Berichte und Meldungen, in: Unsere Arbeit 12 (1967), S. 15; Arbeiterwohlfahrt Bundesverband e. V.: Heime der Arbeiterwohlfahrt und ihr angeschlossenen Vereinigungen (nach dem Stand vom 1.10.1969), Bonn 1969.

96 AW-Pressedienst vom 22.9.1970, AdsD, 4/AWOA003160.

97 AW-Pressedienst vom 19.8.1969, AdsD, 4/AWOA003160.

98 Vgl. Zwischenbericht des Runden Tisches Heimerziehung in den 50er und 60er Jahren, Berlin 2010.

99 Vgl. u. a. Sabine Imeri/Christian Schrapper/Claudia Ströder: Verwaltet und vergessen. Erinnerungen an staatliche Heimerziehung in Rheinland-Pfalz 1945–1975, Berlin 2016; Margret Kraul/Dirk Schumann/Rebecca Eulzer/Anne Kirchberg: Zwischen Verwahrung und Förderung. Heimerziehung in Niedersachsen 1949–1975, Opladen/Berlin/Toronto 2012; Nastasja Pilz/Nadine Seidu/Christian Keitel (Hrsg.): Verwahrlost und gefährdet? Heimerziehung in Baden-Württemberg 1949–1975, Stuttgart 2015; Silke Fehlemann/Frank Sparing: Gestörte Kindheiten. Lebensverhältnisse von Kindern und Jugendlichen in psychiatrischen Einrichtungen des Landschaftsverbandes Rheinland (1945–1975), Berlin 2017.

100 Vgl. Claudia Eicke-Diekmann: Das Haus der toten Seelen, in: Hamburger Abendblatt, 31.12.2010.

101 Lotte Lemke: Vorwort, in: Arbeiterwohlfahrt Hauptausschuss e. V. (Hrsg.): Richtlinien für die Planung und Gestaltung von Heimen der Arbeiterwohlfahrt, Bonn 1956, S. 4–5, S. 4.

102 Vgl. Karl Klüwer: Das therapeutisch-pädagogische Heim in Rösrath, Bezirk Köln. Aufgabe und Arbeitsweise, in: Jahrbuch 1961, S. 42–45.

103 [Gerda Hajak-Simons]: 5 Jahre »Seminar für Sozialberufe«, in: Jahrbuch 1952, S. 27–29; Gerda Hajak-Simons: Zehn Jahre Seminar für Sozialberufe, in: Jahrbuch 1958, S. 75–82.

104 Ruth Bang: Arbeitskreis Soziale Fortbildung, in: Jahrbuch 1953/54, S. 63–66; Vgl. Hans Pfaffenberger: Entwicklungslinien der sozialen Ausbildung, in: Jahrbuch 1955/56, S. 54–63.

105 Vgl. Gerda Hajak-Simons: Seminar für Sozialberufe: Erfüllen wir unsere Aufgabe?, in: Jahrbuch 1953/54, S. 29–37, S. 33.

106 Sozialpädagogisches Institut der Arbeiterwohlfahrt der Stadt Berlin, in: Unsere Arbeit 5 (1960), H. 5, S. 7; Ein Haus in Berlin, in: Unsere Arbeit 6 (1961), S. 60–61.

107 Lucy Romberg: Zehn Jahre AW-Schwesternschaft, in: Jahrbuch 1958, S. 83–87, S. 86.

108 Protokoll Hauptausschuss 30.5.1956, AdsD, Bibl., Z 14505; Vgl. Erna Rosenberg: Sechs Jahre zentrale Schulungsarbeit, in: Jahrbuch 1961, S. 37–41.

109 Heinz Wagner: Unser Heimberatungsdienst, in: Jahrbuch 1961, S. 52–54; Ria Schneider: Die Praxis der psychologisch-pädagogischen Heimberatung, in: ebd., S. 55–56.

Z 21788 E

sozialprisma

27. Jahrgang Nr. 4 April 1982

Monatszeitschrift der Arbeiterwohlfahrt
Nordrhein-Westfalen

Taschengeld für Heimbewohner

Der Kanzler:
»Ich werde mich um Ihre Sorgen kümmern«

7

PROFILSUCHE IM ZEICHEN WOHLFAHRTSSTAATLICHER EXPANSION UND DIFFERENZIERUNG

Der Wandel der Arbeiterwohlfahrt
zwischen 1970 und 1989

In den letzten Jahren haben sich viele Faktoren verändert, die die Bedingungen für die Arbeit unseres Verbandes bestimmen. Die Aufgaben der AW sind mehr geworden. Gleichzeitig haben sich die Möglichkeiten für die Arbeit in diesen Aufgabenfeldern verschlechtert. Für unseren Verband stellt sich die Frage, in welcher Verfassung wir diese Herausforderungen annehmen, wie schlagkräftig die Arbeiterwohlfahrt in Zeiten der sozial- und gesellschaftspolitischen Wende ist. [...]

Viele Ortsvereine haben in den letzten Jahren ein begrüßenswertes Eigenleben entwickelt, haben jedoch häufig nur ältere Mitglieder in die Aktivitäten einbezogen. Jüngere sind schon wegen der eingegrenzten Angebote ausgeschlossen. Die überalterte Mitgliedschaft beschäftigt sich fast ausschließlich mit Fragestellungen der Altenhilfe. Funktions- und Mandatsträger haben sich eng zusammengeschlossen und bieten jüngeren Mitgliedern mit anderen Fragestellungen kaum Angebote, Hilfen und echte Partnerschaft.

In übergeordneten Gremien hat sich die Arbeiterwohlfahrt diesen Herausforderungen gestellt, Konzepte entwickelt und verbandspolitische Antworten gefunden und ständig fortgeschrieben. In der Mitgliedschaft sind diese verbandspolitischcn Entwicklungen jedoch nur unzureichend bekannt. [...] Im hauptamtlichen Bereich zeigt sich eine vergleichbare Situation. Etliche hauptamtliche Mitarbeiter sind keine Mitglieder, die Positionen der AW sind ihnen oftmals nicht oder nur lückenhaft bekannt und finden somit nur wenig Niederschlag in der praktischen Arbeit. Die Arbeiterwohlfahrt ist in Gefahr, ihre Tradition zu vergessen und ihr verbandspolitisches Selbstverständnis zu verlieren.

Seit Beginn der 70er Jahre haben sich vielerorts Gruppen und Organisationen gebildet, die Hilfen im sozialen Bereich außerhalb der etablierten Organisationen anbieten. [...] Viele im Sozialbereich engagierte Sozialdemokraten arbeiten heute in anderen Organisationen, wie Arbeitslosentreffs, Selbsthilfeorganisationen und Stadtteilinitiativen mit. [...] Durch die in den letzten Jahren starke Konzentration auf den Bau einer Vielzahl von Einrichtungen (Seniorenzentren, Kindergarten etc.) wurden bestehende Gesprächskontakte zwischen SPD und unserem Verband häufig auf Finanzierungsfragen reduziert. Eine inhaltliche Zusammenarbeit in Fragen moderner Sozialarbeit und die gemeinsame Erarbeitung von Konzepten für die Zukunft blieb offen.[1]

Der hier angeführte, im April 1985 im AWO-Mitgliedermagazin *sozialprisma* veröffentlichte Meinungsbeitrag dokumentiert exemplarisch sowohl die strukturellen Entwicklungen als auch Befindlichkeiten der Arbeiterwohlfahrt in den 1970er und 1980er Jahren. Nachdem die Hochphase des wohlfahrtsstaatlichen Ausbaus der Bundesrepublik in den frühen 1970er Jahren zunächst zu einem weiteren Zuwachs an Aktivitäten und Einrichtungen der Arbeiterwohlfahrt geführt hatte, zeichneten sich ab der Mitte des Jahrzehnts immer stärker die neuen Herausforderungen der Wohlfahrtspolitik ab. Angesichts von Krisensymptomen wie knappen Kassen und Budgetkürzungen sah sich die Arbeiterwohlfahrt vor allem in den 1980er Jahren mit einer zunehmenden Orientierung an Kosten- und Effizienzmaßstäben konfrontiert. Zugleich war sie durch die im Beitrag ebenfalls angesprochene Kritik an der konzeptionellen Erstarrung der Ortsvereine und Bezirksverbände herausgefordert. Ebenso wie andere Wohlfahrtsverbände hatte auch die Arbeiterwohlfahrt vom Ausbau der wohlfahrtstaatlichen Leistungen profitiert und darauf mit einem Ausbau ihrer Angebote und Aktivitäten reagiert. Dieser Ausbau führte zu einer engeren Anbindung an den Staat und zugleich zur Herausbildung regelrechter Kooperationsstrukturen mit den anderen Wohlfahrtsverbänden. Dies hatte zur Folge, dass die Verbände von öffentlichen Vorgaben zunehmend abhängiger wurden, während die Gestaltungsspielräume durch bürokratische Regelungen eingeschränkt wurden. Vor dem Hintergrund dieser Entwicklungen wurden die Stimmen derjenigen lauter, die Reformen anmahnten.

Die 1970er und 1980er Jahre markieren für die Arbeiterwohlfahrt einmal mehr eine Phase des Wandels, aber auch der Suche nach einem zeitgemäßen Profil. Im Mittelpunkt dieses Kapitels stehen die anhaltenden Veränderungsprozesse, die sich sowohl im organisatorischen Aufbau und den Leitbildern als auch in den Tätigkeitsfeldern und Aktivitäten widerspiegeln. Das Augenmerk ist darüber hinaus auf die Veränderungen bei den für die Arbeiterwohlfahrt tätigen Menschen gerichtet: Das Vorhaben, sich als Mitgliederverband zu reorganisieren, wurde in den 1970er Jahren zum Abschluss geführt, die Mitgliederzahl erhöhte sich aber auch in der Folge beständig. Zugleich traten an die Stelle der ehrenamtlich Aktiven verstärkt hauptberufliche Sozialarbeiterinnen und Sozialarbeiter, die nun vielfach ein Studium an einer Fachhochschule absolviert hatten. Diese Veränderungen forcierten innerhalb der Arbeiterwohlfahrt Debatten über das eigene Selbstverständnis. Die Profilsuche im Spannungsfeld von Wohlfahrtsverband und Sozialunternehmen – aber auch von Traditionsbewusstsein und Neuorientierung sowie von Ehrenamtlichkeit und Professionalisierung – geriet dabei wiederholt zu einem Balanceakt.

Gesellschaftlicher Aufbruch und Grenzen des Wachstums

Die Zeitphase zwischen den ausgehenden 1960er und den frühen 1970er Jahren wird von der historischen Forschung als eine Periode weltweiten Wandels beschrieben, die auch für die Entwicklung der Bundesrepublik Deutschland Zäsurcharakter besitzt.[2] Politisch markierte der Beginn der sozial-liberalen Koalition 1969 von SPD und FDP unter Willy Brandt eine Neuorientierung, die am deutlichsten in der neuen Ostpolitik und dem Anspruch »mehr Demokratie wagen« zum Ausdruck kam.[3] Gesellschaftspolitisch wurde seitens des ersten SPD-Kanzlers der Bundesrepublik zudem die Zielsetzung verfolgt, die immer noch bestehenden Gräben zwischen einzelnen gesellschaftlichen Milieus, namentlich zwischen Bürgertum und Arbeiterschaft, zu überwinden. Diese Politik des gesellschaftlichen Wandels, der Liberalisierung und der kulturellen Öffnung stieß in der Bevölkerung auf breite Resonanz: Forderungen nach mehr Partizipation und Pluralität, nach einer grundlegenden Modernisierung von Staat und Gesellschaft gingen einher mit einem Zeitgeist, der stark durch Fortschrittsdenken und Zukunftsoptimismus bestimmt war. Das Jahr 1969 stellte einen tiefen Einschnitt in der politischen Nachkriegsgeschichte der Bundesrepublik dar. Es war aber keine Zeitenwende, sondern steht vielmehr für vielschichtige Veränderungsprozesse, die schon in den 1960er Jahren ihren Anfang genommen hatten und sich im Rahmen eines anhaltenden Struktur- und Wertewandels bis weit in die 1970er Jahre hineinzogen.

Für die westdeutsche Sozial- und Wohlfahrtspolitik markierte das Jahr 1969 ebenfalls einen Einschnitt. Der Beginn der sozial-liberalen Ära wies zwar deutliche Kontinuitätslinien zur Zeit der Großen Koalition von CDU und SPD auf, in der christdemokratische und sozialdemokratische Sozialpolitiker bereits seit 1966 wesentliche Schneisen für den sozial- und wohlfahrtsstaatlichen Ausbau der Bundesrepublik geschlagen hatten.[4] Nach 1969 verschmolzen Wohlfahrts- und Sozialpolitik aber in verstärktem Maße miteinander, sodass staatliche Unterstützungsleistungen nicht mehr nur auf die erwerbsbezogenen Sozialversicherungssysteme ausgerichtet waren, sondern – in Vertiefung der Politik der 1960er Jahre – auf immer weitere Kreise von Bedürftigkeit ausgedehnt wurden. Nicht allein die klassischen Schutzfunktionen bei Krankheit, Unfall, Invalidität und Arbeitslosigkeit, sondern auch weitere nicht-existenzielle Lebensrisiken und verstärkt neue gesellschaftliche »Randgruppen« rückten damit ins Blickfeld. Das zweite Kabinett Brandt/Scheel setzte ab 1972 mit Gesetzesinitiativen im Bereich der Behinderten-beziehungsweise Schwerbeschädigtenpolitik sowie der Besserstellung von Frauen neue sozial- und wohlfahrtspolitische Akzente. Forciert durch hohe Wirtschaftswachstumsraten, anhaltende Einkommenszuwächse und Vollbeschäftigung entwickelten sich Chancengleichheit und Lebensqualität zu neuen Leitbegriffen der gesellschaftspolitischen Debatten der frühen 1970er Jahre.

Zugleich hielten neue (reform-)pädagogische Konzepte Einzug. Mit der Orientierung an stärker kooperativen und demokratischen Umgangsformen im Bereich der Kindergärten und Kindertageseinrichtungen, mit der Erprobung von Modellversuchen der Schulsozialarbeit und Hausaufgabenhilfe, aber auch mit wachsendem Engagement in der Schwangerschaftskonfliktberatung und der Drogenhilfe wurde in den 1970er Jahren eine wohlfahrtspolitische Innovationsphase eingeläutet, die zudem Konzepten wie Prävention und Rehabilitation verstärkte Beachtung schenkte. Der Arbeiterwohlfahrt kam in einigen dieser Felder eine Pionierrolle zu, die zum Teil auch die Distanz zur SPD vergrößerte.

Der Wahlsieg Willy Brandts im November 1972 mit einem SPD-Stimmanteil von 45,8 Prozent markierte den bislang größten sozialdemokratischen Wahlerfolg auf Bundesebene und dokumentierte eine beträchtliche Zustimmung der Bevölkerung zur sozial-demokratischen Reformpolitik. Wenige Jahre später, zur Mitte der 1970er Jahre, sah sich die sozial-liberale Koalition indes mit deut-lichen Problemen konfrontiert. Der Ausbau des Wohlfahrtsstaats stieß vor allem in finanzieller Hinsicht an seine Grenzen. In einer halben Dekade war die Sozialleistungsquote von 25,5 (1969) auf 33,4 Prozent (1975) angestiegen und hatte zu einer deutlichen Aus-weitung des Bundeshaushalts geführt. Nach dem Ölpreisschock des Jahres 1973 durch den drastischen Anstieg des Ölpreises um rund 70 Prozent und einem massiven Anstieg der Inflationsrate machte sich allgemeines Krisenbewusstsein breit.[5] Es zeichnete sich ab, dass eine fast 30-jährige Phase des Wirtschaftsbooms zu Ende ging und zahlreiche Staaten in die Rezession schlitterten.[6] Der damit verbundene Anstieg von Kurzarbeit und Arbeitslosigkeit sowie die Kürzung der Sozialausgaben zeigten Auswirkungen auf die Arbeit der Wohlfahrtsverbände. Zugleich eröffneten sich in anderen Berei-chen, wie etwa der Familienpolitik, durch den weiteren – trotz der finanziellen Engpässe stattfindenden – Ausbau wohlfahrtsstaat-licher Leistungen neue Handlungsfelder.

Neue Richtlinien, neue Fachprogramme und neue Persönlichkeiten

Als die Arbeiterwohlfahrt am 30. Oktober 1969 ihre 12. Bundeskon-ferenz eröffnete, verband sie dies mit einer 50-Jahresfeier, an der mit Willy Brandt erstmals auch ein sozialdemokratischer Bundes-kanzler teilnahm. Brandt, erst wenige Tage zuvor ins Amt gewählt, betonte in seinem Grußwort, dass »in unserem demokratischen Staat, in unserer modernen Industriegesellschaft [...] soziale Hilfe-stellung nicht mehr allein vom Staat erbracht werden [kann]. Bund, Länder und Gemeinden sind auf die Unterstützung der freien Wohl-fahrtsverbände angewiesen«.[7] Und auch Richard Haar, seit 1967 Bundesgeschäftsführer der Arbeiterwohlfahrt, unterstrich, dass die Arbeiterwohlfahrt »einbezogen ist in ein vielschichtiges und viel-gestaltiges Netz von Beziehungen und Kontakten zu Politikern, Mi-nisterien, und Behörden, Gewerkschaften, und Verbänden, Vereini-

Der frisch ge-
wählte Bundes-
kanzler Willy
Brandt begrüßt
Alfred Nau,
Schatzmeister
von SPD und Ar-
beiterwohlfahrt,
auf der Bundes-
konferenz 1969.

gungen und Fachorganisationen. Die Arbeiterwohlfahrt ist keine
Insel in unserer Gesellschaft, sie ist keine Provinz außerhalb der
Gesellschaft. Sie begreift sich als Teil der Gesellschaft.«[8] Diese Worte
dokumentieren eindringlich das Selbstverständnis der Arbeiterwohlfahrt: Der Verband war endgültig zum zentralen Mitspieler
der Wohlfahrtspolitik avanciert; anerkannt und fest verwurzelt in
einem umfassenden Netzwerk wohlfahrtsstaatlicher Akteure.

Zahlreiche Persönlichkeiten, die die Arbeiterwohlfahrt zum Teil
bereits seit den 1920er und 1930er Jahren geprägt hatten, befanden
sich im Jahr 1969 noch immer im Amt: Lotte Lemke wurde auf der
Bundeskonferenz 1969 in Berlin als Vorsitzende, Marta Schanzenbach als Stellvertreterin und Alfred Nau als Schatzmeister im Amt
bestätigt. Mit Kurt Partzsch setzte die Arbeiterwohlfahrt in der
Tradition von Heinrich Albertz abermals auf einen Sozialminister
aus Niedersachsen, der 1969 in Berlin zum neuen stellvertretenden
Bundesvorsitzenden und zwei Jahre später dann zum Vorsitzenden des Bundesverbands gewählt wurde. Damit zeichnete sich für
das Jahr 1971 ein Generationswechsel an der Spitze der Arbeiterwohlfahrt ab. Da auch Schanzenbach erklärte, nicht erneut zu
kandidieren, waren beide Stellvertreterposten neu zu besetzen. Als
stellvertretende Vorsitzende wurden 1971 die sozialdemokratische

Bundestagsabgeordnete Elfriede Eilers aus Bielefeld und Karl Herold aus dem bayerischen Kulmbach, seit 1969 parlamentarischer Staatssekretär beim Bundesminister für innerdeutsche Beziehungen, neu gewählt.[9] Damit standen erstmals drei Politiker der zu diesem Zeitpunkt im Bund und in zahlreichen Bundesländern führenden Regierungspartei an der Spitze der Arbeiterwohlfahrt.

KURT PARTZSCH (1910–1996)

Kurt Partzsch, Vorsitzender des Arbeiterwohlfahrt Bundesverbands von 1971 bis 1983, stammte aus einer sozialdemokratischen Arbeiterfamilie. Bereits mit 15 Jahren schloss er sich im Bezirk Hannover der *Sozialistische Arbeiter-Jugend* und der SPD an. Ab 1934 arbeitete er als Hochbautechniker in der Erdölforschung. Nach Kriegsende engagierte er sich beim Wiederaufbau der SPD. Er gehörte dem Niedersächsischen Landtag von 1951 bis 1974 an. Von 1961 bis 1974 amtierte er als Landesminister für Soziales, Gesundheit, Arbeit und Städte- und Wohnungsbau. Zudem war er von 1954 bis 1970 stellvertretender Vorsitzender des SPD-Bezirks Hannover, von 1959 bis 1986 Vorsitzender des Bezirksverbands Hannover der Arbeiterwohlfahrt und von 1962 bis 1975 auch Präsident des *Arbeiter-Samariter-Bundes*. 1971 wurde er als Nachfolger von Lotte Lemke zum Vorsitzenden gewählt, 1983 zum Ehrenvorsitzenden der Arbeiterwohlfahrt ernannt.

Dass die Zeichen auf Veränderung standen, kam in der Abschiedsrede der scheidenden Bundesvorsitzenden Lotte Lemke auf der Bundeskonferenz 1971 in Hannover zum Ausdruck. Lemke, seit Jahrzehnten das Gesicht der Arbeiterwohlfahrt, warf in ihrer Rede zahlreiche kritische Gedanken auf und fragte: »Wenn wir unsere Arbeit heute bedenken unter dem Aspekt der Verantwortung für morgen, dann müssen wir der Frage Raum geben, ob die Sozialarbeit und ob speziell auch die von uns, der Arbeiterwohlfahrt, geleistete Arbeit die Wandlungen mit vollzogen hat, die unsere Gesellschaft verändert haben.«[10] Sie erinnerte: »Seit vielen Jahrzehnten verwenden wir im Bereich der Sozialarbeit die Begriffe ›geschlossene, halboffene und offene‹ Fürsorge. Eine vor zwei Jahren herausgegebene Schrift der Bundesarbeitsgemeinschaft der freien

Wohlfahrtspflege weist aus, dass die Verbände der freien Wohlfahrtspflege zusammen über 37 Prozent aller Krankenhausbetten, über 57 Prozent aller Plätze in Heimen für Kinder und Jugendliche verfügen [...]. Aber doch: ›geschlossene‹ Fürsorge! Diese Vokabel erinnert peinlich und auch ein wenig erschreckend an die Zeit, in der eine Feudalgesellschaft bestrebt war, alles, was das Bild eines wohlgeordneten Staatswesens stören, was beunruhigen, erschrecken, verwirren konnte, aus den Augen zu entfernen und an einem wohlabgeschirmten Ort aufzuheben, zu isolieren.« Ihr Unbehagen mit dieser Situation erläuternd und gleichzeitig künftige Aufgaben bennenend, führte Lemke weiter aus: »Die Tatsache ist doch einfach alarmierend, dass bei diesem riesigen Investitionsvermögen und dem riesigen angemeldeten Bedarf für dringend notwendige weitere Investititionen, und dass bei einem jährlichen Pflegegeldumsatz von schätzungsweise wenigstens 6 Milliarden DM allein bei den Einrichtungen der Freien Wohlfahrtspflege es bisher an jeder wissenschaftlichen Grundlage, also an Strukturuntersuchungen, an Untersuchungen über Funktionsgerechtigkeit, an Bedarfs- und Effizienz-Analysen fehlt.« Für Lemke bündelten sich diese Überlegungen in der Frage: »Ist es bei dem heutigem Stand des Wissens

In Ihrer Rede auf der Bundeskonferenz 1971 benannte die scheidende Vorsitzende Lotte Lemke wegweisende Herausforderungen.

und der Methoden, über die die Sozialarbeit verfügt, gerechtfertigt, dass die teure und immer teurer werdende ›geschlossene‹ Fürsorge einen so überragenden Raum einnimmt?«

Den Blick nach vorne gerichtet und damit gewissermaßen Forderungen für die Zukunft stellend, konstatierte Lemke: Auf »dem Weg von der Armenpflege zur modernen Sozialarbeit, auf dem Weg von der Suppe an der Klosterpforte bis zur Entwicklung von Methoden, die befähigen, einzelne und Gruppen von Menschen zu resozialisieren, zu rehabilitieren, hat auch die Freie Wohlfahrtspflege eine Entwicklung zu immer stärker fachlich orientierter Arbeit durchgemacht. Und gerade die Arbeiterwohlfahrt«, so die Vorsitzende weiter, »im Bewußtsein ihrer sozialpolitischen, ihrer gesellschaftspolitischen Verantwortung, sollte ihm nicht nur folgen, sondern diesen Trend nach Kräften beschleunigen.« Lemke schloss mit den Worten, die gewissermaßen auch ihr Vermächtnis bildeten: »Die Arbeiterwohlfahrt darf niemals eine starre, festgefügte Struktur und ein für alle Zeiten festgelegtes Programm haben. Sie muss in unserer in Umbildung begriffenen Welt ein lebendiger Organismus sein, mit Antennen ausgestattet, die feinfühlig auffangen, wo sich Bedrohungen für den Menschen und seine innere und äußere Existenz ankündigen.«

Die Abschiedsrede der 68-jährigen Lotte Lemke zeichnet sich durch eine bemerkenswerte Modernität aus: Mit dem Ausbau der offenen Fürsorge, mit der Einbeziehung von Managementprinzipien bei der Steuerung der Wohlfahrtsorganisationen und mit dem verstärkten Rekurs auf die Verwissenschaftlichung des Sozialen sprach sie bereits 1971 jene Problemfelder an, die in den beiden nächsten Dekaden oben auf der Agenda der Arbeiterwohlfahrt stehen sollten.

Mit Spannung blickte die Bundeskonferenz in Hannover 1971 auf die Rede von Kurt Partzsch. Ebenso wie Lotte Lemke betonte er die Rolle der »freien Wohlfahrtspflege als wichtigen Teil der sozialen Sicherung. Sie ist kein Lückenbüßer, wie manche sie sehen, sondern ein starker eigenständiger unverzichtbarer Teil der Wohlfahrtspflege neben der öffentlichen.«[11] Auch Partzsch plädierte für eine »fruchtbare Synthese« und einen Ausgleich zwischen der »Freiheit der Verbände« und den »Interessen des Staates«.[12] Partzsch hob

Auf der Bundeskonferenz 1974 in Wiesbaden konnte die Arbeiterwohlfahrt ein beachtliches Wachstum der Organisation vermelden.

in seiner Rede in Hannover ebenfalls die Kosten hervor als das »Problem, das uns [...] wahrscheinlich mehr als bisher beschäftigen wird«, denn, so der niedersächsische Sozialminister, »ausgebildete hauptberufliche Kräfte machen die angebotenen Dienste selbstredend nicht billiger, sonder teurer«.[13] Und auch Partzsch sah als zentrale Aufgabe der Zukunft die Bereitschaft und Fähigkeit, »sich an zeitgemäßen, gesellschaftspolitischen Zielvorstellungen zu orientieren und den sich ständig wandelnden Hilfsbedürfnissen mit zeitgemäßen Mitteln zu entsprechen«.

Hatte die Bundeskonferenz 1971 die zukünftige Ausrichtung der Arbeiterwohlfahrt diskutiert, so wurden auf der nächsten Bundeskonferenz 1974 in Wiesbaden – die nun wiederum in einem dreijährigen Turnus stattfand – konkrete Beschlüsse gefasst, darunter die neuen »Richtlinien der Arbeiterwohlfahrt«. Diese bildeten weiterhin das Regelwerk des Verbands und garantierten angesichts der

Der Vorsitzende Kurt Partzsch, umrahmt von seinen Stellvertretern Elfriede Eilers und Rudolf Petereit, auf der Bundeskonferenz 1977.

föderalen Strukturen dessen Zusammenhalt. Die Arbeitsgruppen der Wiesbadener Bundeskonferenz unterbreiteten zudem zahlreiche inhaltliche Vorschläge, die nach eingehender Beratung in den verschiedenen Fachausschüssen 1975 veröffentlicht und vom Bundesvorstand als erstes »Fachpolitisches Programm« verabschiedet wurden.[14] In diesem Vorläufer eines Grundsatzprogrammes spiegelt sich die gewachsene Bedeutung der fachpolitischen Diskussionszusammenhänge der Arbeiterwohlfahrt wider. Die Bundeskonferenz 1977 schließlich, die in Timmendorfer Strand stattfand, befasste sich im Zeichen der innerverbandlichen Modernisierung mit den Perspektiven einer weiteren Steigerung der Mitgliederzahlen, aber auch mit der künftigen Ausgestaltung des Jugendwerks der Arbeiterwohlfahrt.

Neue Wege der Ausbildung und Qualifizierung im Zuge der Bildungsexpansion

Im Zuge des Bedeutungszuwachses von Wissen und Bildung für moderne Gesellschaften rückte in den 1970er Jahren neben dem verstärkten Einsatz von Technologie auch eine zunehmende Verwissenschaftlichung von Arbeitsprozessen ins Blickfeld.[15] Hierzu bedurfte es einer größeren Anzahl von akademisch ausgebildeten Fachkräften. Seitens des Staates wurden mit der Abschaffung von Schulgeld und der Einführung des Bundesausbildungsförderungsgesetzes (BAföG) Rahmenbedingungen geschaffen, die Kindern aus »bildungsfernen« Familien, namentlich aus der Arbeiterschaft, den

Zugang zu höherer Bildung eröffneten. Die damit einhergehende weiterführende Qualifizierung der Bevölkerung führte zwischen 1972 und 2004 zu einem Anstieg der Abiturquote auf 41 Prozent. Zugleich wurde von den Bundesländern ein flächendeckender Ausbau der Hochschulen betrieben. Es wurden neue Universitäten gegründet, höhere Fachschulen zu Fachhochschulen umgewandelt und auch Gesamthochschulen als Zwischentyp von Fachhochschulen und Universitäten gegründet. Im Zuge dieser Bildungsexpansion erhöhte sich im Zeitraum von 1972 bis 2004 die Quote der Studienanfängerinnen und -anfänger von rund 19 auf etwa 35 Prozent eines Jahrgangs. Als Folge dieser Entwicklung studierten zu Beginn der 1980er Jahre erstmals mehr als eine Million Menschen in Deutschland.

Die Ausbildung des eigenen Personals hatte bei der Arbeiterwohlfahrt bereits in den 1920er Jahren auf der Agenda gestanden, als Marie Juchacz einen Stipendienfonds gründete, um jungen Sozialdemokratinnen und Sozialdemokraten die Ausbildung in einem sozialen Beruf zu ermöglichen. Die Eröffnung der eigenen *Wohlfahrtsschule* in Berlin im Oktober 1928 dokumentierte frühzeitig den Stellenwert, der seitens der Arbeiterwohlfahrt der Ausbildung von Fachkräften beigemessen wurde. Nach dem Zweiten Weltkrieg hatte der Hauptausschuss diese Politik fortgesetzt und erneut Fortbildungsstätten eingerichtet. Als in den 1960er Jahren staatliche Pläne konkreter wurden, die Ausbildung von Sozialarbeiterinnen und Sozialarbeitern auf das Niveau von Fachhochschulen zu heben, hatte die Arbeiterwohlfahrt zunächst Pläne zur Umwandlung ihrer höheren Fachschule in Düsseldorf in eine private Fachhochschule des Verbands erörtert. Die im Marie-Juchacz-Haus angesiedelte *Fachschule für soziale Arbeit* war – mit mehrfachen Brüchen – aus der Wohlfahrtsschule in Berlin und dem *Seminar für Sozialberufe* in Mannheim als eine dreijährige Ausbildungsstätte für soziale Arbeit hervorgegangen. Als Alternative zu diesem Plan wurde im Bundesvorstand der Arbeiterwohlfahrt die Überlegung verfolgt, die Fachschule in die neu geplante Fachhochschule in Düsseldorf mit den Fachbereichen Sozialarbeit und Sozialpädagogik zu integrieren. Letztere Perspektive wurde zunächst präferiert,[16] auch um eigenständige konfessionelle Fachhochschulen zu verhindern, wie sie 1971 dann unter anderem in Bochum mit der *Evangelischen Fach-hochschule Rheinland-Westfalen-Lippe* doch etabliert wurden. Letzt-lich verzichtete die Arbeiterwohlfahrt aber auch aus finanziellen Gründen auf ein eigenständiges, stärkeres Engagement im höheren Bildungsbereich und stimmte der Eingliederung in die FH Düssel-dorf zum Jahr 1972 zu.

Ganz anders war die Position bei den Planungen zu einem ver-bandseigenen *Institut für Sozialarbeit und Sozialpädagogik*: Bereits im Jahr 1970 waren im Bundesverband Überlegungen angestellt worden, ein – so die ursprüngliche Bezeichnung und Zielsetzung – »Institut für Forschung und praxisbezogene Fortbildung« zu schaf-fen.[17] Dieses Institut sollte in seiner Ausrichtung einerseits Akade-miecharakter haben und mit Veranstaltungen zur sozialen Arbeit die fachliche Qualifikation in der Wohlfahrtspflege untermauern. Andererseits zielte man aber auch auf ein anwendungsbezogenes Forschungsinstitut, das mit Studien und Gutachten die Grundlagen für die künftige soziale Arbeit bereiten sollte. Vor allem durch den Transfer von wissenschaftlicher Expertise in die Praxis beabsich-tigte man hier, fachliche Innovationen zu forcieren und die Qualität der Fortbildungen innerhalb der Arbeiterwohlfahrt zu stärken.

Seitens des von der Sozialdemokratin Käte Strobel geführten Bundesministeriums für Jugend, Familie und Gesundheit waren bereits Gelder zur Mitfinanzierung des Instituts in die Budget-planung eingestellt worden. Zudem hatte eine von Harry Lüdicke, Wolfgang Bäuerle und Arno Kosmale ausgearbeitete Denkschrift eine konkrete Konzeption für »eine neue Einrichtung mit unserem weltanschaulichen Hintergrund« vorgelegt.[18] Dennoch gab man sich im Bundesvorstand der Arbeiterwohlfahrt angesichts der erwarte-ten Kosten jedoch zunächst zurückhaltend. Lotte Lemke betonte »die große Tragweite eines solchen Projektes«, aber auch ihre Zweifel, dass »der Bundesverband es finanziell verwirklichen kann«. Auch Fritz Heine befürchtete, dass »die Finanzierung durch die vorgesehe-nen Gesellschafter (zum Beispiel Friedrich-Ebert-Stiftung, Bank für Gemeinwirtschaft) nicht möglich sein werde, zumal die ausgewiese-nen Beträge für Gehälter und insbesondere für Sachkosten zu gering erscheinen«.[19] Da neben Lotte Lemke aber schließlich auch weitere Vorstandsmitglieder dafür eintraten, den Plan weiterzuverfolgen,

»da zweifellos eine Lücke auszufüllen« sei, gründete man eine neue Trägergesellschaft.²⁰ Die Strategie, auf sogenannte Ausgründungen zu setzen, avancierte in den folgenden Jahren zu einer regelmäßig angewandten Strategie des Bundesverbands der Arbeiterwohlfahrt, der damit das finanzielle Risiko für den Verband minderte, aber dennoch die Kontrolle über die Ausgründung wahrte.

ORT

INSTITUT FÜR SOZIALARBEIT UND SOZIALPÄDAGOGIK, FRANKFURT AM MAIN

Anfang der 1970er Jahre entwickelte die Arbeiterwohlfahrt Pläne für ein verbandseigenes Forschungsinstitut. Durch den Wegfall der eigenen Fachschule in Düsseldorf wurde ein Bedarf an wissenschaftlicher Expertise und Beratung im Bereich der sozialen Arbeit identifiziert. Als Träger des 1973 gegründeten *Instituts für Sozialarbeit und Sozialpädagogik* (ISS) fungierte die gemeinnützige *Gesellschaft für Sozialforschung und Sozialplanung mbH* (GSS), gefördert wurde es vom Bundesministerium für Jugend, Familie und Gesundheit. Das anfangs von Wolfgang Bäuerle und zwischen 1978 und 1990 von Bernd Maelicke geleitete Institut bezog zunächst Räumlichkeiten im *Haus Humboldtstein,* 1976 erfolgte der Umzug ins *Victor-Gollancz-Haus* in Frankfurt-Praunheim, das die GSS zuvor übernommen hatte. Mit der Gründung eines eingetragenen Vereins wurde 1991 die rechtliche Verselbständigung des ISS und eine Aufgabentrennung zwischen Vorstand und Institutsleitung eingeleitet. Enge Bindungen zur Arbeiterwohlfahrt bestehen weiterhin durch personelle Überschneidungen im Vorstand und inhaltliche Gemeinsamkeiten, etwa bei der *AWO-ISS-Langzeitstudie.* Das ISS, das 2004 neue Räumlichkeiten in Frankfurt-Heddernheim bezog und gegenwärtig rund 50 Mitarbeiterinnen und Mitarbeiter beschäftigt, erbringt heute seine Studien und Dienstleistungen in Kooperation mit zahlreichen weiteren Akteuren im sozialen Bereich.

Nach längerem Vorlauf wurde 1973 vom Bundesverband die *Gesellschaft für Sozialforschung und Sozialplanung* (GSS) als »gemeinnützige Gesellschaft mit beschränkter Haftung« etabliert.²¹ Wolfgang Bäuerle und Richard Haar wurden als Geschäftsführer eingesetzt. Damit erfolgte formalrechtlich eine Ausgründung, in der die Arbeiterwohlfahrt aber die vollständige Kontrolle behielt, da der Vorstand aus ihren Treuhändern bestand. Die Vorstandssitzungen der GSS fanden dementsprechend dann auch am Rande der Vorstandstreffen der Arbeiterwohlfahrt statt. Im Jahr 1974 wurde dann von der GSS als Trägerin das *Institut für Sozialarbeit und Sozialpädagogik* (ISS) zunächst mit Sitz in Rolandseck gegründet. Bereits 1976 siedelte das Institut für Sozialarbeit und Sozialpädagogik als eigenständige Einrichtung nach Frankfurt am Main über. Thematisch befasste sich das Institut in den 1970er Jahren vor allem mit der Ausarbeitung von sozialpädagogischen Erziehungskursen als neuen Angebotsformen der Jugendhilfe sowie mit der Wirkungsforschung von Erziehungsarbeit.

Das ISS leistete zu dieser wissenschaftsbasierten Politikberatung und Ideenentwicklung einen wesentlichen Beitrag. Es erfuhr derart hohe Anerkennung, dass die Anzahl von Projekten beziehungsweise Mitarbeiterinnen und Mitarbeitern binnen kurzer Zeit stark zunahm. Im Zuge der Übernahme von Aufgaben der privaten *Victor-Gollancz-Stiftung,* die sich unter dem Vorsitz von Lina Mayer-Kulenkampff seit 1948 vor allem für die Jugendarbeit in Westdeutschland nach englischem und niederländischem Vorbild eingesetzt hatte, erhielt das Institut für Sozialarbeit und Sozialpädagogik zur Mitte der 1970er Jahre auch eine institutionelle Förderung und damit die begehrten Zuwendungen aus dem Bundeshaushalt.[22]

In den 1970er Jahren begann man indes nicht nur seitens des Bundesverbands, sondern auch auf regionaler und noch später auf

Lehrgang in der zentralen Weiterbildungsstätte des Bundesverbands im Haus Humboldtstein in Remagen-Rolandseck.

THEORIE UND PRAXIS DER
SOZIALEN ARBEIT (TUP) (SEIT 1972)

Die Zeitschrift *Arbeiterwohlfahrt,* die von 1926 bis 1933 erschien, blieb auch nach 1945 Referenzgröße für eine anerkannte wissenschaftliche Fachzeitschrift des Verbands. Das seit 1950 herausgegebene Verbandsorgan *Neues Beginnen* konnte diese hohen Ansprüche nur bedingt erfüllen, die Namensgebung, das A4-Format und vor allem die eher kurzen Beiträge waren für zunehmend komplexere Fachdiskussionen nur bedingt geeignet. Mit der Zeitschrift *Theorie und Praxis der Sozialen Arbeit* (TUP), die ab 1972 zunächst zweimonatlich im Eigenverlag erschien, wurde eine größere Reichweite anvisiert. Viele grundsätzliche Fragen zu Praxisfeldern, Theorien und Methoden der sozialen Arbeit wurden in den Spalten der Zeitschrift verhandelt, häufig mit direktem Bezug und Beispielen aus der Tätigkeit der Arbeiterwohlfahrt. Ab 1997 publizierte der Votum Verlag in Münster das Organ, seit 2002 wird es von der Verlagsgruppe Beltz in Weinheim verlegt. Heute erscheint die Zeitschrift, die weiterhin vom Bundesverband der AWO herausgegeben wird und mittlerweile ein breites politisch-wissenschaftliches Themenspektrum aufgreift, vierteljährlich im Umfang von ca. 80 Heftseiten. Zudem gibt es Beihefte und Spezialausgaben.

kommunaler Ebene mit der Einrichtung beziehungsweise dem Ausbau von Bildungsstätten. So entstand beispielsweise in Unterfranken 1981 die *Hans Weinberger-Akademie*. Die Initiative zu diesem Bildungswerk ging vor allem auf Berthold Kamm zurück, der seit 1951 zunächst als Heimleiter von Jugendwohnheimen und dann seit 1955 als Geschäftsführer des Kreisverbandes Nürnberg-Stadt tätig war. Nachdem Kamm 1978 den Vorsitz der bayerischen Arbeiterwohlfahrt übernommen hatte, setzte er sich ehrenamtlich für eine Ausweitung der Bildungsangebote und für die Schulung von Fachkräften ein. Unter dem Dach der *Hans Weinberger-Akademie* wurden gleich mehrere Standorte in Unterfranken etabliert, an denen junge Menschen zu Fachkräften für Altenpflege und Altenhilfe sowie für Physiotherapie ausgebildet wurden. Der Auf- und Ausbau von Bildungseinrichtungen erfolgte vor allem im Süden der Bundesrepublik derart dynamisch, dass in der Folge zahlreiche Zusammenschlüsse beziehungsweise Dachorganisationen etabliert wurden: In Süddeutschland war es beispielsweise die *Landesarbeitsgemeinschaft Erwachsenenbildung der Arbeiterwohlfahrt in Bayern*.

Den immer stärker zum Tragen kommenden wissenschaftlichen Ansprüchen trugen auch die Publikationen der Arbeiterwohlfahrt Rechnung, die in den 1970er Jahren ein moderneres Erscheinungsbild erhielten: Die seit 1947 erscheinende und seit 1955 vor allem als Fachorgan dienende Zeitschrift *Neues Beginnen* wurde 1972 in die *TUP*, die *Theorie und Praxis der sozialen Arbeit*, überführt und damit stärker wissenschaftlich ausgerichtet. 1973 verfügte die monatlich erscheinende Zeitschrift über einen Stamm von rund 1.000 Abonnements.[23] Die seit 1956 publizierte Verbandszeitschrift *Unsere Arbeit* erhielt 1973 ebenfalls ein neues Format. Als *sozialprisma* sollte das Organ lebendiger und moderner über die Verbandsentwicklung auf lokaler, regionaler und Bundesebene berichten, aber auch aktuelle gesellschaftliche Themen aufgreifen. Im ersten Erscheinungsjahr wurde *sozialprisma* in einer Auflage von 80.000 Exemplaren gedruckt.

MEDIEN

SOZIALPRISMA (1973–1993)

Mit der Zeitschrift sozialprisma strebte der Bundesverband der Arbeiterwohlfahrt eine Erneuerung seines Mitgliedermagazins an. Als Nachfolger von *Unsere Arbeit*, die seit 1956 erschien, sollte das monatlich erscheinende sozialprisma angesichts einer stetig wachsenden Zahl von Arbeitsfeldern über die verschiedenen Bereiche informieren. Das Cover fiel durch die Signalfarbe Orange stärker ins Auge, ab 1986 wurde sogar auf ein vierfarbiges Titelblatt mit einem ganzseitigen Foto umgestellt. Die Titelseiten orientierten sich an Nachrichtenmagazinen und hoben jeweils ein Leitthema zentral hervor. Kurze Berichte aus dem Verbandsalltag, darunter auch je nach Erscheinungsort mit spezifischem Regionalbezug, wurden durch Fotos aufgelockert. Trotz zahlreicher Versuche, zusätzliche Anzeigen einzuwerben und die Verbreitung innerhalb der regionalen Gliederungen zu erhöhen, musste der Bundesverband das Magazin regelmäßig bezuschussen.

Hinzu kamen weitere Publikationen der Bezirks- und Kreisorganisationen, die – wie insbesondere der bereits seit 1947 erscheinende *Helfer* des Landesverbands Bayern, der von 2008–2017 den Namen *AWO in Bayern* trug und mittlerweile *WIR* heißt – zum Teil über Jahrzehnte herausgegeben wurden. Andere Druckerzeugnisse wie der *AW-Kurier* des Bezirksverbands Rheinland/Hessen-Nassau (1968–1970) und das *AW-Echo* (1965–1975) aus Südbaden erschienen für eine kürzere Dauer oder wie *AWO-heute* vom Bezirksverband Hannover, sogar nur für ein Jahr (1971), machten aber, wie im letzten Beispiel, das Kürzel »AWO« publik.

Die Arbeiterwohlfahrt Bayern gab seit 1947 eine eigene Zeitschrift heraus.

Ausbau und Wandel der Mitgliederorganisation

Als Folge der 1965 getroffenen Entscheidung des Ausbaus zur Mitgliederorganisation, aber auch als Konsequenz der veränderten politischen Entwicklungen, hatten die Mitgliedszahlen der Arbeiterwohlfahrt bereits in den 1960er Jahren deutlich zugenommen. In den 1970er Jahren schnellten sie nun aber geradezu in die Höhe. Zugleich veränderte sich das Verhältnis von Haupt- zu Ehrenamtlichen. Als Organisationssekretär konnte Hans Damitz anlässlich der Bundeskonferenz 1974 feststellen, dass der Zuwachs auf 428.844 Mitglieder bis zum Jahresende 1973 »uneingeschränkt als positiv« zu sehen sei.[24] In den Jahren 1970 bis 1973 hatte die Arbeiterwohlfahrt rund 86.000 Neumitglieder verzeichnen können. Der Zuwachs hielt auch in den folgenden Jahren noch an. Bundesgeschäftsführer Richard Haar konstatierte auf der Bundeskonferenz 1977, dass die Mitgliederzahl im laufenden Jahr die 500.000-Marke überschritten habe. Seit 1964 hatte die Arbeiterwohlfahrt damit ihren Mitgliederbestand um einen Anteil von 57 Prozent gesteigert.

Zurückgeführt werden kann der Mitgliederzuwachs zum einen auf wiederholte Werbeaktivitäten auf allen Gliederungsebenen. Allein 25.000 neue Mitglieder hatte der Bundesverband im Jahr

Entwicklung der Zahlen der Mitglieder und der hauptberuflichen Mitarbeiter

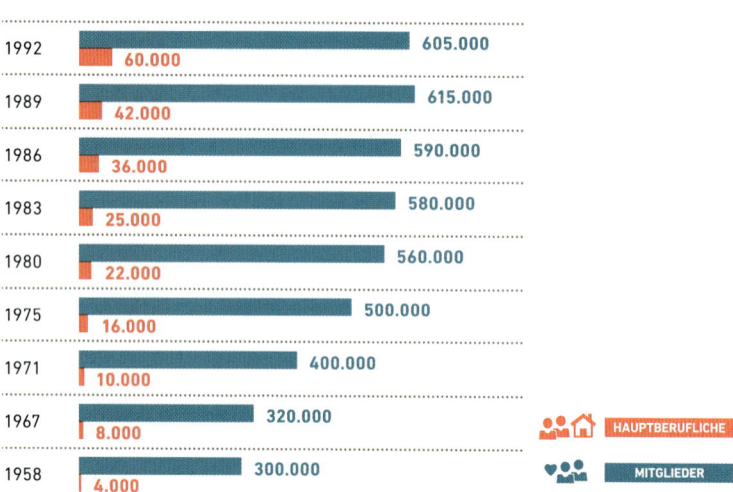

1977 bei einem fünf Monate dauernden Wettbewerb unter dem Motto »Aktion aw« (alle werben) rekrutiert.[25] Zum anderen waren die steigenden Mitgliederzahlen Ausdruck des anhaltenden Ausbaus der wohlfahrtsstaatlichen Aktivitäten in den 1970er Jahren. Angesichts der verstärkten Arbeit auf dem Gebiet der Altenhilfe waren die Zuwächse zu einem erheblichen Teil auf diesen Bereich zurückzuführen. Wer in ein Altenheim zog oder Hilfsangebote der offenen Altenhilfe in Form von Altenklubs oder Altentagesstätten nutzte, wurde in der Regel auch Mitglied der Arbeiterwohlfahrt.

Die wohlfahrtspflegerischen Tätigkeiten in der Arbeiterwohlfahrt in der Breite wurden ebenfalls von Mitgliedern, von den Ehrenamtlichen, im Lichte der traditionellen Parole der Hilfe zur Selbsthilfe vor Ort in den Ortsvereinen ausgeübt. Die ehrenamtlichen Helferinnen und Helfer waren damit, wie auch in Berichten und Festreden wiederholt unterstrichen wurde, die eigentlichen Träger der Wohlfahrtsarbeit. Im *sozialprisma* werden diese Strukturen zu Beginn der 1980er Jahre näher skizziert: »Ein Ortsverein ist nicht unbedingt groß. Er hat vielleicht 200 oder 300 Mitglieder [...]. Sein Programm umfaßt alles, was die AW zu bieten hat. [...] Und für jeden einzelnen Programmpunkt ist eine ehrenamtliche Helferin oder ein ehrenamtlicher Helfer zuständig. Wer Schularbeitenhilfe braucht, wendet sich eben an Frau K, wer am Familienprogramm teilnehmen möchte […], meldet sich bei Frau L. an. Soll Ute mit der AW Ferien machen, ruft deren Mutter Herrn N. an. Um den Seniorenbeirat kümmert sich Herr H., um den Einkaufsdienst für alte oder kranke Mitbürger Frau S. Das alles ist wohlorganisiert und, was noch wichtiger ist, es funktioniert. Eine Geschäftsstelle hat ›unser‹ Ortsverein nicht. Er hat keine eigenen Räume, sondern benutzt – wie auch andere Wohlfahrtsverbände am Ort – für Veranstaltungen das kommunale Bürgerhaus oder die Räume in der Feuerwache; eine kommunale oder eine Begegnungsstätte der örtlichen Arbeitsgemeinschaft der freien Wohlfahrtsverbände. Das ergibt dann oft genug ein fröhliches Nebeneinander, wenn sich in einem Raum die Senioren zum Kaffee und in einem anderen Raum die kleinen Besucher in der Spielstube treffen. Viele der ehrenamtlichen Helfer haben mehrere Funktionen, weil manche Dienste mehrfach mit Mitarbeitern besetzt sind. […] Es gibt viele, sehr viele solcher Ortsvereine. Sie passen sich den Erfordernissen ihrer Gemeinde an. Sie haben nichts an greifbaren materiellen Werten. Ihr Jahrsbericht weist einen Minimalbetrag an Verwaltungskosten auf, und darauf sind sie mit Recht stolz […] [auf] die Bürgernähe, die die ehrenamtlichen Helferinnen und Helfer täglich neu herstellen, jene Bürgernähe, aus der die AW entstand.«[26]

Dem anhaltenden Ausbau der Mitgliederorganisation folgten aber strukturelle Veränderungen: Das Verhältnis zwischen Ehren- und Hauptamt verschob sich angesichts der zunehmenden Anzahl von Einrichtungen, die von der Arbeiterwohlfahrt selbst betrieben wurden, infolge des generationellen Wandels und des Bedeutungsverlusts der klassischen sozialen Milieus und nicht zuletzt durch die anhaltende Professionalisierung der sozialen Arbeit. Die Unterstützung der im Jahr 1970 rund 75.000 ehrenamtlich in der Arbeiterwohlfahrt tätigen Frauen und Männer blieb weiterhin unverzichtbar, den Hauptamtlichen kam aber eine immer größere Bedeutung zu.[27]

In zahlreichen Kommunen Westdeutschlands waren die Stadtbezirke und Kreisverbände ab Ende der 1960er Jahre intensiv mit der Verankerung neuer Satzungen beschäftigt. Wie das Beispiel

RICHARD HAAR (1929–1997)

Richard Haar stieß bereits 1949 als Praktikant zur Arbeiterwohlfahrt. Nach seiner Ausbildung zum Sozialarbeiter arbeitete er von 1952 an für vier Jahrzehnte in der Bonner Geschäftsstelle. Sein fachlicher Schwerpunkt lag in der Flüchtlings- und Jugendhilfe. Besonderes Engagement zeigte er beim Aufbau des Deutsch-Französischen Jugendwerks. Als der Bundesverband 1967 kurzfristig einen neuen Geschäftsführer suchte, stand er bereit. Als Bundesgeschäftsführer hatte Richard Haar großen Anteil an der Expansion und Weiterentwicklung der Arbeiterwohlfahrt. Zwischen 1967 und 1992 vertrauten Lotte Lemke, Kurt Partzsch, Hermann Buschfort, Otto Fichtner und Manfred Ragati als Bundesvorsitzende auf seine Kompetenz. In den letzten Jahren seiner Tätigkeit war er zunehmend mit den wirtschaftlichen Schwierigkeiten des Bundesverbands und einzelner Bezirke konfrontiert.

Düsseldorf zeigt, ging man in der nordrhein-westfälischen Landeshauptstadt in der Regel durchaus engagiert zur Sache. So heißt es: »Vorstand, Geschäftsführung, Organisationssekretär und alle Kreisverbandsaktiven [benötigten] nicht einmal ein ganzes Jahr, um die Düsseldorfer Arbeiterwohlfahrt von der Helfer-/Förderorganisation zur Mitgliederorganisation umzustrukturieren und sie dadurch dem nationalen innerverbandlichen Stand der Arbeiterwohlfahrt anzugleichen.«[28] Angesichts der breiten Unterstützung aus den Kommunen konnte Richard Haar auf der Bundeskonferenz 1977 zufrieden festhalten, dass die »Umstellung der Arbeiterwohlfahrt zu einem einheitlich gegliederten Mitgliedsverband und die Vereinheitlichung im Satzungsbereich als abgeschlossen gesehen werden kann«.[29]

In formaler Hinsicht und mit Blick auf die Bundesebene traf die Feststellung des Bundesgeschäftsführers zu, die mittelfristigen Auswirkungen auf die Organisationstrukturen der Kreis- und Stadtverbände waren indes beträchtlich. Es wurden nicht nur Adressdateien der Mitglieder bereinigt und neue Rahmenbedingungen für eine dauerhafte Einbindung der Helferinnen und Helfer geschaffen, sondern auf lokaler Ebene auch grundlegend neue Strukturen etabliert: Zahlreiche Bezirksverbände der Arbeiterwohlfahrt und auch die meisten der großstädtischen Kreisverbände der Arbeiterwohlfahrt stützten sich bereits in den 1950er und 1960er Jahren auf hauptamtliche Geschäftsführer. Wie im Fall des Kreisverbandes Düsseldorf, wo 1952 ein hauptamtlicher Geschäftsführer eingestellt wurde, mussten hier oftmals Aktivitäten koordiniert und Entscheidungen für mehrere Einrichtungen eines Kreises getroffen werden. Teilweise hatten die Geschäftsführer in den Kreisen in Personalunion auch das Amt des Vorsitzenden inne. Zahlreiche kleinere Kreisverbände waren hingegen in dieser Zeit als unselbstständige Einrichtungen noch ohne Geschäftsführungen von einem Wahlgremium geleitet worden. Wie in Hagen, wo 1969 mit Karl-Heinz Nolzen für den Kreis Hagen/Ennepe-Ruhr der erste hauptamtliche Geschäftsführer auf Kreisebene eingestellt wurde, änderte sich dies im Zuge der 1970er Jahren. Nunmehr kam es durch die neueingerichteten Kreisgeschäftsstellen und durch neue Fachreferenten auf Kreisebene zu einer deutlichen Ausweitung des Personalbestands. Im Jahr 1977 zählte die Arbeiterwohlfahrt bereits 354 hauptamtlich besetzte Geschäftsführer auf Kreisebene, 1986 waren es schon 581. Während die Anzahl der nunmehr rund 80.000 ehrenamtlichen Helferinnen und Helfer in diesem Zeitraum weitgehend unverändert blieb, erhöhte sich das hauptamtliche Personal zwischen 1980 und 1986 von 22.000 auf 36.000 hauptberufliche Angestellte.[30]

Exemplarisch für die mit dem Nebeneinander beider Akteursgruppen verbundenen Spannungen steht die auf der Bundeskonferenz 1977 geführte Debatte, ob hauptberufliche Mitarbeiter für Vorstandsfunktionen auf der Beschäftigungsebene oder der übergeordneten Ebene kandidieren dürfen. Albert Schäffauer aus Aalen erklärte hierzu: »Ich bin Mitglied des Vorstandes eines Ortsvereines, ich bin Kreisvorsitzender und bin Mitglied des Bezirksvorstandes, in allen Gremien ehrenamtlich. Ich wäre glücklich, wenn wir im Ortsverein einen fähigen und dynamischen Geschäftsführer hätten und bin sicher, dass meine Freunde diesen in den Vorstand wählen würden.« Eugen Krautscheid aus Dortmund hielt dem entgegen, dass namentlich hauptamtliche Geschäftsführer andere Möglichkeiten besäßen, ihre Meinung zur Geltung zu bringen und plädierte für eine Trennung von Amt und Mandat in Anlehnung an ähnliche Bestimmungen der öffentlichen Hand.[31] Als Soll-Bestimmung wurde auf der Bundeskonferenz 1977 eine Trennung von Mandat und Amt beschlossen.

Mit den Verschiebungen zwischen Haupt- und Ehrenamt veränderte sich auch die Rolle der Frauen. Während sie als Sozialarbeiterinnen weiterhin stark in der Arbeiterwohlfahrt repräsentiert waren, verschwanden sie mehr und mehr aus den verantwortlichen Vorstandspositionen. Ob dies darauf zurückzuführen ist, dass »die neue dominante unternehmerische Verantwortung nicht ihren Vorstellungen und Neigungen entsprach«[32], wie Paul Saatkamp, von 1977 bis 2007 Vorsitzender des Bezirksverbands Niederrhein, erläuterte, oder ob die vorherrschenden Familien- und Versorgermodelle und »die zu erwartende Doppelbelastung durch Familie und Beruf« abschrecke, wie der Geschäftsführer des Bezirksverbands Östliches Westfalen, Erwin Düker, erklärte,[33] hängt wohl vom Einzelfall ab. Wie am Niederrhein, wo es zwischen 1976 und 1990 mit einer Ausnahme nur männliche Kreisvorsitzende gab, verloren aber auch andernorts in dieser Zeitphase die Frauen erheblich an Einfluss auf die Ausgestaltung der künftigen Ausrichtung der Arbeiterwohlfahrt. Zumeist standen die Frauen in der zweiten Reihe, so auch im Bundesverband; hier war Doris Wagner von 1974 bis 1994 stellvertretende Bundesgeschäftsführerin.

Zu Veränderungen kam es auch im Verhältnis zur SPD. Seitens der Arbeiterwohlfahrt selbst wurde konstatiert, dass eine »größer werdende organisatorische Distanz zu den Gliederungen der SPD, nicht jedoch zu den politischen Mandatsträgern zu beobachten ist«.[34] Zurückgeführt wurde diese Haltung auf die Tendenz, »über den Parteien stehen zu wollen«. Demgegenüber wiesen die Bezirks- beziehungsweise Landesverbände der Arbeiterwohlfahrt im Zeitraum der 1970er Jahre eine erstaunliche Stabilität auf. Lediglich der Zusammenschluss der Bezirksverbände Nordbaden und Südbaden zum neuen Bezirksverband Baden im Jahr 1976 als Folge finanzieller Herausforderungen stellte eine größere Veränderung dar.

Der Zuwachs an Mitgliedern hielt auch in den nachfolgenden Jahren an. 1981 zählte die Arbeiterwohlfahrt 550.000, im Folgejahr 580.000 Mitglieder. Der starke Mitgliederzuwachs im Seniorenbereich und die Rekrutierung einer immer größeren Anzahl von hauptamtlichen Mitarbeiterinnen und Mitarbeitern mit akademi-

schem Hintergrund aus den neu gegründeten Fachhochschulen
führten aber auch zu Spannungen. Hans Damitz hatte bereits auf
der Bundeskonferenz 1974 von einem »Generationenproblem«
gesprochen und erklärt, dass die neuen jungen Hauptamtlichen
bisweilen »in der Arbeiterwohlfahrt zunächst nur den Arbeitgeber
sehen und nicht sofort die Mitgliedschaft erwerben«.[35] Trotz des
Appells an den »guten Willen« verschärften sich die Spannungen
in den folgenden Jahren noch weiter, was sowohl in veränderten
Selbstverständnissen – an die Stelle traditioneller Werte trat zunehmend eine rationalere und professionalisierte Mitarbeiterschaft – als auch in einer neuen, eher passiv-konsumierenden Mitgliedschaft begründet lag. Das Konzept der Mitgliederorganisation
mit seinen ursprünglich stark partizipativen und demokratischen
Zielsetzungen stieß an Grenzen, wenn die Mitglieder nur begrenzte Bereitschaft zeigten – bisweilen aber auch nur begrenzte
Möglichkeiten erhielten – sich vor Ort selbst einzubringen und zu
engagieren.

Im Ringen um die Verbandsfinanzen

Der starke Wandel, der die Arbeiterwohlfahrt in den 1970er Jahren
kennzeichnete, spiegelte sich auch in den Finanzen des Verbandes
wider. Konnten bis 1973 mit einer gewissen Verlässlichkeit bestän-
dige oder sogar zunehmende Einnahmen kalkuliert werden, so
zeigten sich fortan die Grenzen dieser Entwicklung. Richard Haar
verwies in seinem Geschäftsbericht auf der Bundeskonferenz 1977
unter anderem auf Herausforderungen durch »die Kostenentwick-
lung, die Rezession, die Sparmaßnahmen der öffentlichen Hand, die
Zinspolitik der Bundesbank«.[36]
   Die Finanzen der Arbeiterwohlfahrt bilden bis heute ein komplexes Geflecht von öffentlicher und privater Finanzierung, das sich
zudem über die verschiedenen Gliederungsebenen in unterschiedlicher Form erstreckt. Erstmals wurde auf der Bundeskonferenz
1977 das Gesamtvermögen des Verbandes unter Einbeziehung aller
Gliederungen ausgewiesen, das sich dem Geschäftsbericht zufolge
mit Einrichtungen und Heimen auf ein Anlagevermögen von über

Spendensamm-
lung für die Ar-
beiterwohlfahrt
um 1970.

1,6 Millarden DM belief. Dem standen Verpflichtungen von 977 Millionen DM gegenüber.[37]

Die staatlichen Zuwendungen gingen als Pflegesätze zu überwiegenden Teilen direkt an die einzelnen Einrichtungen, wurden zum Teil aber auch – wie bei den Mitteln des Bundesjugendplanes und der Ausländerbetreuung – an den Bundesverband überwiesen. Der Anteil der erstatteten Ausgaben variierte dabei, konnte aber bis zu 100 Prozent der Kosten ausmachen. Dass der Arbeiterwohlfahrt in dem weiter unten näher behandelten Abschnitt zur Ausländerpolitik eine besondere Rolle zukam, dokumentiert der Anteil der hier vorgenommenen Zuwendungen. Im Jahre 1971 erhielt die Arbeiterwohlfahrt von 8 Millionen DM an Eingliederungshilfen mit 4 Millionen DM die Hälfte, während sich Caritas mit 1,6 Millionen, Diakonie mit 1,1 Millionen und das Jugendsozialwerk mit 800.000 DM die andere Hälfte teilten.[38]

Der Bundesverband selbst unterhielt in den 1970er Jahren nur eine begrenzte Anzahl von Einrichtungen, darunter den bereits in der Zwischenkriegszeit betriebenen *Immenhof,* der 1950 unter anderem als heilpädagogisches Schulheim für Kinder und Jugendliche erneut übernommen worden war, den als psychosoziale Klinik aufgebauten *Fischerhof* im nordhessischen Büdingen, die Krankenpflegeschule in Marl, das 1962 als therapeutisch-pädagogisches Jugendheim gegründete *Haus Sommerberg* bei Rösrath, die 1969 vom Bezirksverband Mittelrhein übernommene Bildungsstätte *Haus Weißer Berg* bei Niederbieber und das 1974 als weitere Bildungsstätte erworbene Tagungshaus *Humboldtstein* in Remagen-Rolandseck. Die *Klinik Schildautal* in Seesen (Harz), eine Fachklinik mit verschiedenen Spezialabteilungen, war am 1. Juli 1974 vom Bundesverband mit dem Anspruch übernommen worden, hier ein Modellprojekt für ein klassenloses Krankenhaus mit kollegialer und partizipativer Klinikleitung zu entwickeln.

Eine wichtige Einnahmequelle der Arbeiterwohlfahrt stellten die Beiträge der Mitglieder dar, die zur Mitte der 1970er Jahre einen Mindestbetrag von zunächst 2, später dann 3 DM monatlich zahlten. Rückläufig waren in den 1970er Jahren hingegen die von der Arbeiterwohlfahrt unternommenen Sammlungen. Dies war, wie schon auf der Bundeskonferenz 1971 angemerkt wurde, darauf zurückzuführen, »dass immer weniger Helferinnen und Helfer« zu mobilsieren waren, die »bereit sind, treppauf, treppab die Spenden zusammenzutragen.«[39] Eine demgegenüber beständig wichtige Einnahmequelle bildeten die Wohlfahrtsbriefmarken. Seit 1949 gehen die Verkaufserlöse aus den Wohlfahrts- und seit 1969 aus den Weihnachtsmarken in Form des Zuschlags den sechs Verbänden der Wohlfahrtspflege zu. Nur zeitweilig musste man sich die Erlöse mit dem organisierten Sport teilen. Zudem profitieren die Verbände bis heute von den Briefmarken, die sie selbst zum reinen Frankierwert erhalten, aber mit Zuschlag verkaufen dürfen.

Über die Stiftung *Deutsches Hilfswerk* als Verteilerorganisation flossen der Arbeiterwohlfahrt seit 1967 auch Erlöse aus dem Los-

Wohlfahrtslotterien und Beitragsmarken waren wichtige Einnahmequellen.

Eingangsbereich des Marie-Juchacz-Hauses, der neuen Zentrale in Bonn-Tannenbusch.

verkauf der Deutschen Fernsehlotterie und Initiativen wie »Ein Platz an der Sonne« oder »Glücksspirale« zu. Im Jahr 1973 erhielt die Arbeiterwohlfahrt hier über 2 Millionen DM. Von dieser Summe gingen 616.000 DM zweckgebunden für die Einrichtung der zentralen Bildungsstätte in Remagen-Rolandseck und 250.000 DM für den Bau einer Gymnastik- und Schwimmhalle im Fischerhof in Büdingen an den Bundesverband.[40] Als mittelbare Einnahmequellen können auch die Arbeitsbeschaffungsmaßnahmen und die vom Arbeitsamt bezuschussten Tätigkeiten im Rahmen der Arbeiterwohlfahrt betrachtet werden; hinzu kommt noch der freiwillige und unentgeltliche Einsatz der Ehrenamtlichen als indirekte Finanzierung.

Infolge der immer umfassenderen Aktivitäten und Umsätze hatte sich der Bundesverband bereits 1972 damit befasst, eine neue Geschäftsstelle zu errichten.[41] Der bisherige Sitz in der Ollenhauerstraße, in unmittelbarer Nähe der Parteizentrale der SPD, hatte sich für die beständig steigende Zahl von Angestellten als zu klein erwiesen. Es dauerte aber noch bis 1979, bis von Antje Huber, sozialdemokratische Bundesministerin für Jugend, Familie und Gesundheit, der Grundstein für ein neues Domizil auf einer Liegenschaft in Bonn-Tannenbusch an der Oppelner Straße gelegt werden konnte. Am 19. Juni 1981 konnte die neue Bundesgeschäftsstelle der Arbeiterwohlfahrt, die nach ihrer Pionierin *Marie-Juchacz-Haus* benannt wurde, dann bezogen und im Rahmen eines Nachbarschaftsfestes mit Straßentheater, Folkloredarbietungen und Kinderspielen eröffnet werden.[42] Auch in diesem Fall wurde das Haus mischfinanziert. Die Baukosten von 15 Millionen DM waren vom Bund mit einer Summe von 7,6 Millionen DM bezuschusst worden.[43]

ORT

MARIE-JUCHACZ-HAUS, BONN-TANNENBUSCH

Da die Räumlichkeiten in der alten Geschäftsstelle schon Anfang der 1970er Jahre knapp wurden und eine Erweiterung am alten Standort in Bonn-Gronau nicht möglich war, wurde ab 1979 eine neue Zentrale im Bonner Ortsteil Tannenbusch errichtet. Der Bundesverband bezog das Gebäude in der Oppelner Straße 130 im Juni 1981 und gab ihm den Namen *Marie-Juchacz-Haus*. Der Weg zum SPD-Parteivorstand und zum Regierungsviertel war nun zwar weiter, dafür rückte man näher an die sozialen Probleme in den neu errichteten städtischen Großsiedlungen. Die rot-weiße Gestaltung des Neubaus erinnerte an die Verbandsfarben. Das Haus bot genügend Platz für den Bundesverband und weitere Organisationen und Gesellschaften der Arbeiterwohlfahrt. Die deutsche Einheit veränderte die Planungen jedoch, mit der Entscheidung für Berlin als neue Hauptstadt wurde auch der Umzug des Bundesverbands vorbereitet. Die ersten Mitarbeiter zogen bereits 2004 nach Berlin, 2005 erfolgte der offizielle Umzug. Bis 2008 verblieb jedoch noch ein großer Teil der Angestellten des Bundesverbands am alten Standort in Bonn. Das 2019 an die Stadt Bonn verkaufte Gebäude wird heute von verschiedenen sozialen Organisationen genutzt. In der Nachbarschaft unterhält der AWO-Ortsverein Bonn-Stadt das *Lotte-Lemke-Haus*.

Zum Ende der 1970er Jahre rückten die Finanzen bei den Sitzungen des Bundesvorstands immer häufiger auf die Agenda. Öffentlich sprach sich der Bundesverband gegen eine drohende Kürzung der Sozialetats aus, da dadurch »finanzschwache Träger wie die Arbeiterwohlfahrt in ihrer Existenz gefährdet« seien.[44] Angesichts eines zugleich immer höheren Umsatzes stellte sich der Vorstand auf seiner Sitzung am 19. September 1980 die Frage, ob der Verband sich nicht übernehme. Konkret erörtert wurde, »ob im Blick auf die Leistungsfähigkeit des Verbandes das Verhältnis der vom Verband selbst gewählten Aufgaben und der von ihm getragenen Dienstleistungen auf und für Rechnung Dritter miteinander vereinbar ist oder ob die eigenen Aufgaben dadurch beeinträchtigt werden. [...] Es stellt sich weiter die Frage, ob wir rationell arbeiten und ob der Aufwand im Verhältnis steht zum Zweck. Im Jahre 1969 kamen wir pro Mitarbeiter auf eine Bilanzsumme von 19.419,– DM, im Jahre 1979 waren es dagegen 67.150,– DM.« Seitens der Verantwortlichen wurde konstatiert, dass der »Spielraum trotz wachsendem finan-

ziellem Umsatz immer geringer« werde.[45] Dies auch, weil nur begrenzte Möglichkeiten bestanden, mit den erwirtschafteten Über-
schüssen andere Aufgaben quer zu finanzieren.

Das Beispiel der *Klinik Schildautal* bei Seesen verdeutlicht die mit
dem Betrieb der Einrichtungen verbundenen Schwierigkeiten eindringlich: von hochgesteckten Erwartungen in den frühen 1970er
Jahren über akribische Detailarbeit in den 1980er Jahren bis hin zu
einer für den Bundesverband durch den Klinikbetrieb verursachten
existenzbedrohenden Finanzlage in den 1990er Jahren. Den Ausgangspunkt bildete die Absicht des Landes Niedersachsen, die von
der Landesversicherungsanstalt Braunschweig betriebene Klinik
Schildautal »neuen Zwecken zuzuführen«.[46] Im Bundesvorstand
der Arbeiterwohlfahrt sah man im Jahr 1973 im Erwerb und Betrieb
der Klinik eine »Abrundung der Aufgaben« der Arbeiterwohlfahrt
und befürwortete die »Entwicklung weiterer Spezialkliniken«, da
dies auch die verbandliche »Politik im Bereich des Krankenhaus-
wesens« unterstütze.[47] Nach dem Erwerb zum 1. Juli 1974 und der
Investition von rund 20 Millionen DM in die Klinik[48] zeigte man sich
im Vorstand der Arbeiterwohlfahrt mit den Auslastungsquoten und
Finanzen zufrieden, da in den 1970er Jahren durchweg Überschüsse

Die Klinik Schil-
dautal in Seesen:
neue Aufgaben
des Bundesver-
bands.

KLINIK SCHILDAUTAL, SEESEN

Der Erwerb der Klinik Schildautal im niedersächsischen Seesen im Jahr 1973 stellte für den Bundesverband eine beträchtliche Investition dar. Sie zog in den nächsten Jahren weitere Umbaukosten nach sich und erforderte ein zeitaufwändiges Management. Die Klinik erhielt Fördermittel des Landes Niedersachsen und zusätzlich Bundesmittel als spezialisierte Modelleinrichtung mit kollegialer Führung. Der laufende Betrieb war durch die Erstattung der Pflegekosten durch die Krankenkassen abgesichert. Die Mischfinanzierung des Krankenhausbetriebs brachte dem Verband zunächst hohe jährliche Mehreinnahmen ein. Änderungen der Krankenhausfinanzierung sowie zusätzliche riskante Investitionen bei der Erweiterung um eine Reha-Klinik erwiesen sich in den 1990er Jahren jedoch als große finanzielle Belastungen. Sie führten den AWO Bundesverband an den Rand einer Insolvenz, die Ende 1995 nur durch den Verkauf des gesamten Klinikkomplexes an den privaten Betreiber Asklepios und weitere Konsolidierungsmaßnahmen abgewendet werden konnte.

erwirtschaftet wurden. 1983 wurde sogar von einer »93%igen Belegung« in dem »›klassenlosen Krankenhaus‹ Schildautal« berichtet.[49] Zugleich sah man sich aber im Vorstand nunmehr auch mit Themen wie der Bewerbung eines qualifizierten Anästhesisten[50] oder der Anschaffung eines Geräts zur Computer-Tomographie konfrontiert.[51] Im Jahr 1984 wurde von Bundesgeschäftsführer Richard Haar erstmals die Überlegung aufgeworfen, künftig eine andere Rechtsform für die vom Bundesverband betriebenen Einrichtungen vorzusehen, »um sich haftungsmäßig abzusetzen, damit der Bundesverband bei wirtschaftlichen Schwierigkeiten nicht in der Substanz getroffen werde.«[52] Ein Jahr später drängte der Bundesgeschäftsführer weiter auf Veränderungen, da die Mehrausgaben mittlerweile eine beträchtliche Höhe erreicht hatten[53] und zudem »aufgrund der sich entwickelnden gesetzlichen Grundlagen keine Bundeszuständigkeit mehr gegeben sei; man müsse nach neuen Trägern suchen für den Immenhof, Internat und Ausbildungsstätten in Marl, das Therapeutisch-pädagogische Jugendheim ›Haus Sommerberg‹ in Hoffnungsthal, die Klinik Schildautal und den Fischerhof.«[54] Bestand zu diesem Zeitpunkt augenscheinlich noch kein akuter Handlungsbedarf, da der Haushalt der Klinik »ausgeglichen sei«[55], spitzte sich die Situation, wie im nächsten Hauptkapitel zu zeigen

Die Erweiterung der Klinik Schildautal wurde mit staatlichen Mitteln gefördert.

sein wird, in den 1990er Jahren derart dramatisch zu, dass sich der Bundesverband vor existenzielle Risiken gestellt sah.

Die Verbandsfinanzen erwiesen sich aber auch jenseits der Unterhaltung der Einrichtungen als schwieriges Terrain. In den 1980er Jahren sah sich der Bundesverband wiederholt mit der Kritik von Rechnungshöfen konfrontiert, die monierten, dass der Verband seine unterschiedlichen Auf- und Ausgaben in den Budgets nicht immer auseinanderhielt und teilweise parallel auf mehrere Fördertöpfe gleichzeitig zurückgriff.[56] Hinzu kamen »handwerkliche Fehler« in einzelnen Landesverbänden und Bezirken.[57] Im Dezember 1983 stand die bayerische Arbeiterwohlfahrt kurz vor der Insolvenz und konnte nur durch eine Kraftanstrengung von Staat und Verband wieder in sicheres Fahrwasser gebracht werden. Im Sommer 1986 lasen die Abonnenten der *Berliner Morgenpost*, dass der Landesverband Berlin »in großen finanziellen Schwierigkeiten« steckte und zeitweilig plante, seine Landesgeschäftsstelle am Halleschen Ufer zu veräußern, um mit den Erlösen notwendige Personalkosten vorfinanzieren zu können.[58] In Hessen-Nord wurden im selben Jahr »fehlende Millionen« ausgemacht und die Entlassung von Mitarbeitern erwogen.[59] Dem Bezirksverband Weser-Ems gelang im Sommer 1989 nur durch drastische Einsparungen die Konsolidierung.[60] Einen regelrechten Skandal beschwor im Jahr 1989 der Bezirksverband Hessen-Süd herauf, der mit dem Betrieb seiner über 300 sozialen Einrichtungen erhebliche Verluste eingefahren hatte und vor der Insolvenz stand. Die rabiaten Sanierungsmaßnahmen des Bezirksverbands schürten vor allem die Kritik der Medien.[61] Der Verband hatte rund 40 größere Gebäude – darunter unrentable Hotelbetriebe und ein früheres Bordell erworben –, und diese Käufe über neue Kredite finanziert. Im Zuge eines anhaltenden Zuzugs

von Aus- und Übersiedlern in der zweiten Hälfte der 1980er Jahre
bestand bei den Kommunen derart großer Bedarf nach Wohnraum,
dass die von der Arbeiterwohlfahrt Hessen-Süd erworbenen Gebäude langfristig belegt und auch mit Gewinn finanziert werden
konnten. Galten die Unterbringungsorte der Aus- und Umsiedler
bereits als zweifelhaft, so führte die kolportierte Kapitalrendite von
über 20 Prozent bei diesen Unternehmungen zu massiver Kritik.
Diese fiel umso stärker aus, da auf eine enge Verflechtung zwischen
Politik und Verband verwiesen wurde und im Nachrichtenmagazin
Der Spiegel erklärt wurde, dass an der Arbeiterwohlfahrt »vor allem
in den SPD geführten Städten Frankfurt und Wiesbaden« kein Vorbeikommen sei.[62] Als die Medien dann noch persönliche Verstrickungen des Bezirksgeschäftsführers in Hessen-Süd aufdeckten und
zudem bekannt wurde, dass noch genutzter Wohnraum eigens für
die Übersiedlerunterkünfte geräumt wurde, zeichnete sich – anders
als bei der Krise der Schildautal-Kliniken, die von den Medien weitgehend unbeachtet blieb –, ein beträchtlicher Imageschaden ab.

Etablierte und neue Tätigkeitsfelder in den 1970er und 1980er Jahren

Das vorangegangene Hauptkapitel zur Arbeiterwohlfahrt in den
1950er und 1960er Jahren dokumentiert ein breites Tätigkeitsfeld:
von der Ferienerholung für Kinder und Jugendliche über die Müttergenesung bis hin zur Altenhilfe und familienpädagogischen
Arbeit. Allein in der Presseerklärung zum Jahresbericht 1969 sind
21 Arbeitsfelder aufgelistet.[63] Dass die Bandbreite der Aktivitäten
in den beiden folgenden Dekaden angesichts der bereits bestehenden Vielfalt nochmals ausgeweitet werden sollte, war 1969 nicht
zu erwarten. Als Folge der veränderten gesellschaftlichen Rahmenbedingungen und innenpolitischen Reformen der Bundesrepublik, die sich auch in grundlegenden Gesetzeswerken wie dem
Betriebsverfassungsgesetz von 1972, dem Mitbestimmungsgesetz
von 1976 oder dem Sozialgesetzbuch von 1976 niederschlugen, erwiesen sich aber gerade die 1970er Jahre als derart dynamisch, dass
das Jahrzehnt als eine Innovationsphase der Arbeiterwohlfahrt

charakterisiert werden kann, in der zahlreiche neue Aktivitäten aufgenommen wurden. Vor allem im Bereich der Jugendhilfe und der Familienpolitik, aber auch bei den Frauenrechten und der Suchthilfe engagierte sich die Arbeiterwohlfahrt in besonderem Maße und agierte vielfach als Vorkämpferin für Verbesserungen.

Eine Haus- und Familienpflegerin der Arbeiterwohlfahrt kümmert sich um die Kinder von Berufstätigen.

Exemplarisch für die neuen Akzente, die von der Arbeiterwohlfahrt selbst gesetzt wurden, steht die Familienpolitik. Zwischen 1970 und 1990 stieg die Erwerbsquote von Frauen von 45,9 auf 53,8 Prozent. Zugleich erhöhte sich auch der Anteil alleinerziehender Mütter deutlich, eine Tendenz, die durch die Reform des Scheidungsrechts im Jahre 1977 noch verstärkt wurde. Trotz reformorientierter Ansätze wie die Stellungnahmen des Deutschen Bildungsrats, in denen 1970 der Kindergarten als Elementarstufe des Bildungsbereichs ausgewiesen und 1972 der Ausbau von Kindergärten gefordert wurde, deckte das Angebot nicht den Bedarf. Als Reaktion hierauf

BIOGRAFIE

ELFRIEDE EILERS (1921–2016)

Bei ihrer Ausbildung zur Wohlfahrtspflegerin am *Seminar für Sozialberufe* in Mannheim kam Elfriede Eilers 1950 mit der Arbeiterwohlfahrt in Berührung. Zuvor war sie bereits den Falken und der SPD beigetreten. Als Jugendpflegerin der Stadt Bielefeld war sie in der öffentlichen Fürsorge tätig, außerdem engagierte sie sich in der Arbeiterwohlfahrt und in der SPD im Bezirk Östliches Westfalen. Von 1957 bis 1980 gehörte sie dem Bundestag an, ab 1966 auch dem SPD-Parteivorstand und ab 1973 dem SPD-Präsidium. 1972 wurde sie stellvertretende Bundesvorsitzende der Arbeiterwohlfahrt, außerdem Vorsitzende im Fachausschuss Familie. Beide Funktionen übte sie bis 1989 aus. Zusätzlich war sie von 1973 bis 1977 Vorsitzende der Arbeitsgemeinschaft sozialdemokratischer Frauen und von 1979 bis 1991 erste Bundesbeauftragte für Seniorenarbeit der SPD. Eilers war zudem Ehrenvorsitzende der Arbeiterwohlfahrt in Ostwestfalen-Lippe und gründete 2004 die nach ihr benannte *Elfriede-Eilers-Stiftung*.

wurden zur Mitte der 1970er Jahre unter anderem vom Kreisverband Kassel-Stadt der Arbeiterwohlfahrt in Kooperation mit der *Arbeitsgemeinschaft Tagesmütter* und dem *Deutschen Jugendinstitut* (DJI) in München in einem Modellprojekt Tagesmütter ausgebildet und vermittelt, um dem Mangel an Plätzen für jüngere Kinder in Krippen und Kindergärten mit alternativen Betreuungsformen entgegenzutreten.[64] Als der Bedarf an Betreuungsplätzen in den folgenden Jahren weiter anhielt, führte der Bundesverband im Januar 1984 seine erste Fachtagung zum Thema »Tageseinrichtungen für Kinder« durch. Elfriede Eilers, stellvertretende Vorsitzende der Arbeiterwohlfahrt, skizzierte in ihrer Eröffnungsrede die Veränderungen der vergangenen Jahre: »Familien wurden kleiner, junge Familien haben sich aufgrund stärkerer geographischer Mobilität aus dem engen verwandtschaftlichen Familienverbund gelöst, Frauen suchen verstärkt Berufstätigkeit und ihre Familienrolle zu vereinbaren. Alleinerziehende – sie stellen inzwischen 15 Prozent aller Familien mit Kindern – können nicht länger als Ausnahme abgetan werden«. Als Lösung setzte Eilers weniger auf die »›Selbstheilungskräfte der Familie‹«, sondern vielmehr darauf, dass »Tageseinrichtungen für

Die mobilen
Elternschulen
vermittelten
werdenden
Müttern Basis-
wissen über
Neugeborene.

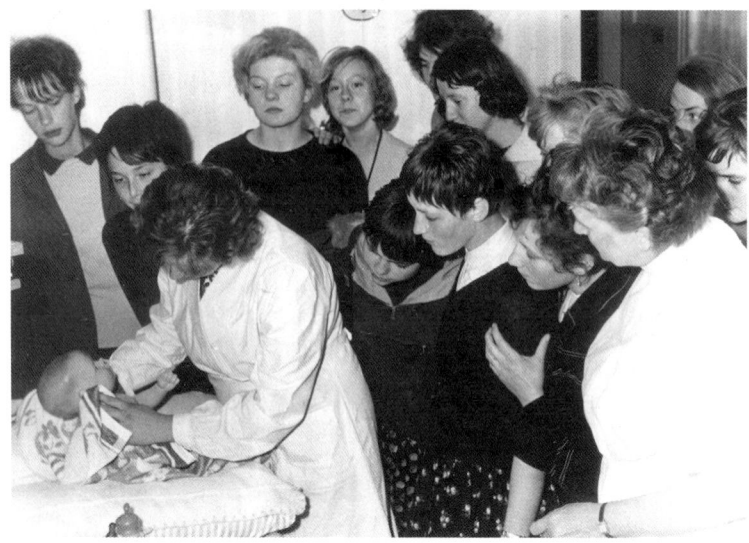

Kinder nicht als Notlösung für ungünstige Lebensverhältnisse betrachtet würden, sondern eigenständige Bildungsangebote zur Bereicherung der kindlichen Entwicklung und des Lebens der Kinder
und ihrer Familien« darstellen.[65]

Zu den in den 1970er Jahren immer populärer werdenden Einrichtungen zählten auch die Familienbildungsstätten mit ihren vielfältigen Bildungsangeboten, die vom Kochkurs bis zur Erziehungsbera-
tung reichten. Vom Bundesverband wurden allein für das Jahr 1977
über 3.000 Kurse und Veranstaltungen sowie annähernd 60.000
Teilnehmer gelistet.[66] Besonders hervorgehoben wurde dabei die
bereits 1960 als »Wandermütterschule« gegründete mobile Eltern-
schule, mit der familienpädagogische Angebote in Form von Kursen
und Diskussionskreisen für alle an der Erziehung beteiligten Fa-
milienmitglieder auch in ländlichen Gebieten ermöglicht wurden.

Die Jugendhilfe bildete weiterhin ein zentrales Handlungsfeld,
hatte die Arbeiterwohlfahrt doch, wie im vorangegangenen Hauptkapitel näher ausgeführt, sowohl das Jugendwohlfahrtsgesetz von
1961 als auch das Jugendgerichtsgesetz bereits in den 1960er Jahren
als unzureichend kritisiert und zahlreiche Alternativvorschläge for-
muliert, die vor allem darauf abzielten, den Bereich der öffentlichen
Jugendhilfe rechtlich abzusichern und auszuweiten. Im September

1970 übergab die Arbeiterwohlfahrt Familienministerin Strobel eine Denkschrift,[67] in der Reformen angemahnt wurden, die »dem Anspruch des jungen Menschen auf Erziehung und Entfaltung seiner Persönlichkeit besser gerecht werden als das geltende, völlig unzusammenhängend entstandene und hinter dem internationalen Standard zurückbleibende Jugendrecht«.[68]

Gefordert wurde in der Denkschrift, dass neben dem Leistungskatalog der Jugendämter auch die Aufgaben der Vormundschafts- und Jugendgerichte neu geordnet werden. Vor allem durch den Ausbau ambulanter Hilfen sollte ein Rückgang der Heimerziehung erreicht und der Schwerpunkt der Jugendhilfe von der Kontrolle zu den Angeboten verlagert werden. Auch wenn die Reform der Jugendhilfe an der Kostenfrage und am Widerstand der Bundesländer scheiterte, setzte man im Rahmen der Arbeiterwohlfahrt weiter auf den Wandel in der Jugendhilfe im Sinne einer präventiv angelegten und gewünschten Dienstleistung.[69]

In den Kindertageseinrichtungen wurden nun auch männliche Sozialpädagogen tätig.

Als Ergänzung zur Jugendhilfe zielten die Aktivitäten der 1970er Jahre auch auf die Schulsozialarbeit. Im Zuge der verstärkten Durchsetzung reformorientierter pädagogischer Ansätze war die Arbeiterwohlfahrt bestrebt, die Grenzen zwischen Schul- und Sozialpädagogik durchlässiger zu gestalten. Hierzu setzte sie vor allem auf eine engere Zusammenarbeit von Jugendhilfe und Schulen durch den Einsatz von Schulsozialarbeitern. Deren Aktivitäten waren darauf gerichtet, sich derjenigen Kinder und Jugendlichen in den Schulen anzunehmen, die mit anderen Formen der Jugendhilfe gar nicht zu erreichen waren.

Ab 1970 bot die Arbeiterwohlfahrt eigene Angebote im Bereich

Hausaufgaben-
hilfe der Arbei-
terwohlfahrt
Siegen für Kin-
der mit Migra-
tionshintergrund.

der Hausaufgabenhilfe an,[70] die auch auf Kinder aus Migranten-
familien ausgeweitet wurden.[71] Das Angebot stieß auf rege Nachfrage. Am Jahresende 1970 existierten bereits in 26 westdeutschen
Gemeinden 145 von der Arbeiterwohlfahrt unterhaltene Hausaufgabenhilfegruppen. Die Ausrichtung auf Schülerinnen und Schüler
mit weniger günstigen Startbedingungen wurde in den folgenden
Jahren noch ausgebaut. Im Jahr 1978 bilanziert die Arbeiterwohlfahrt bereits 316 Hausaufgabenhilfegruppen mit rund 25.800 Teilnehmern, davon ein Großteil mit Migrationshintergrund.[72]

Neben dem Ausbau eigener Aktivitäten setzte die Arbeiterwohlfahrt im Feld der Kinder- und Jugendpolitik aber auch weiterhin auf
die Einflussnahme auf die Politik. Waren es zu Beginn der 1970er
Jahre Forderungen nach einem Kompetenzzuwachs der Jugendämter, etwa wenn es um »die Eingliederungshilfe für seelisch behinderte Minderjährige« ging, die nicht Bestandteil der Sozialhilfe sein
sollte,[73] oder der Ruf nach mehr Kindergärten in städtischer oder
überkonfessioneller Trägerschaft, so wurden zu Beginn der 1980er
Jahre seitens der Arbeiterwohlfahrt die Forderungen erhoben, das
Kindergeld nach Einkommen zu staffeln und mehr integrative Kindergärten einzurichten.

Ein Zivildienst-leistender der Arbeiterwohl-fahrt versorgt im Rahmen des Mobilen Sozia-len Hilfsdienstes eine Seniorin in ihrer Wohnung.

Die Altenhilfe hatte bereits zu Beginn der 1970er Jahre zu den eta-blierten Tätigkeitsfeldern der Arbeiterwohlfahrt gehört, wurde aber in der folgenden Dekade noch deutlich ausgebaut. Mit über 33.000 Plätzen in 268 Alten-, Altenpflege- und Altenwohnheimen sowie Altenwohnanlagen zählte dieser Bereich im Jahr 1980 zum größten Aufgabengebiet der Arbeiterwohlfahrt.[74] Die Hilfe für ältere Men-schen war aber nicht nur quantitativ bedeutsam, sondern sie mar-kierte in den 1970er Jahren auch ein Innovationsfeld, da sich hier vor dem Hintergrund veränderter gesellschaftlichen Rahmenbedingun-gen die Ansprüche der Bewohnerinnen und Bewohner deutlich ge-wandelt hatten. Waren zuvor vorwiegend Altenpflegeheime mit sta-tionärer Betreuung errichtet worden, so sah man sich nun verstärkt mit der Erwartung konfrontiert, dass ältere Menschen Wert darauf legten, in den Einrichtungen weiterhin eigenständig zu leben. Die Arbeiterwohlfahrt musste in ihren bestehenden und neuen Einrich-tungen infolgedessen Wohnraum bereitstellen, der es Alleinstehen-den oder Ehepaaren erlaubte, selbst organisiert zu leben, der aber im Bedarfsfall dennoch medizinische Versorgung und Betreuung bot. Auch Seniorenwohngemeinschaften wurden als neue Wohn-konzepte erprobt. Das 1977 im Kölner Stadtteil Chorweiler eröff-

Das Werbeplakat der Arbeiterwohlfahrt präsentiert die vielfältigen sozialen Dienstleistungen des Verbands.

nete *Marie-Juchacz-Zentrum* mit 450 Heimplätzen galt seinerzeit als Beispiel für ein neuartiges Seniorenzentrum, das die Konzepte eines Altenwohnheims, eines Altenheims und eines Altenpflegeheims unter einem Dach vereinte. Dem Demokratiegedanken wurde in den Häusern der Arbeiterwohlfahrt in besonderer Weise Rechnung getragen, so etwa durch die Einrichtung von Heimbeiräten als Bindegliedern zwischen Heimleitungen und Bewohnern.

Die Veränderung der Lebenswelten der 1970er Jahre spiegelte sich auch in dem Anspruch wider, im Krankheits- oder Pflegefall die bisher genutzte Wohnung nicht verlassen zu müssen. Eine wichtige Modernisierung der Altenhilfe stellte vor diesem Hintergrund der Auf- und Ausbau der *Mobilen Sozialen Hilfsdienste* (MSHD) in den frühen 1980er Jahren dar. Im Jahr 1986 wurden bereits 250 MSHD-Stellen von der Arbeiterwohlfahrt unterhalten. Eine wesentliche Rolle kam im Rahmen dieser Dienste den Zivildienstleistenden zu, die es zwar bereits seit Inkrafttreten des Zivildienstgesetzes am 1. April 1961 gab, die aber erst seit den 1970er Jahren in nennenswerter Größenordnung zu einem wichtigen Bestandteil des deutschen Sozialsystems wurden. Im Jahr 1984 zählte die Arbeiterwohlfahrt allein 1.183 Zivildienstleistende im MSHD.[75] Hierzu zählte der Bereich Pflegehilfe, aber auch die individuelle Schwerstbehindertenbetreuung. Die Zivildienstleistenden unterstützten Hilfebedürftige im Haushalt, leisteten Begleitdienste, übernahmen Besorgungen bei Ämtern und fugierten als Ansprechpartner und Kontaktperson.

Über 70 Prozent aller Zivildienstleistenden bei der Arbeiterwohlfahrt waren 1984 entweder in Pflegeeinrichtungen zur Betreuung alter, behinderter und kranker Menschen tätig oder in der ambulanten Pflege. Demgegenüber entfielen nur knapp 15 Prozent auf handwerkliche, gärtnerische und landwirtschaftliche Tätigkeiten und lediglich gut 5 Prozent auf Verwaltungstätigkeiten. Es bereitete der Arbeiterwohlfahrt allerdings immer wieder Probleme, alle offenen Zivildienststellen zu besetzen. Zum Jahresende 1980 verfügte die Arbeiterwohlfahrt insgesamt über 2.874 Zivildienststellen, von denen aber nur 2.050 im Rahmen des Ersatzdienstes besetzt waren. Auch in den nachfolgenden Jahren konnten rund 30 Prozent der Stellen nicht besetzt werden.

Für Versorgungstätigkeiten und Kraftfahrdienste standen der Arbeiterwohlfahrt rund 7 Prozent der Zivildienstplätze zur Verfügung. Zu einem in der Öffentlichkeit besonders sichtbaren – und bei diesen selbst besonders beliebten – Bestandteil der Aktivitäten von Zivildienstleistenden avancierte die Lieferung von Mahlzeiten. Basierend auf einer ursprünglich britischen Idee, die in den 1960er Jahren in Westdeutschland aufgegriffen worden war, entwickelten sich der Transport und die regelmäßige Lieferung fertig zubereiteter Mahlzeiten in die Wohnungen von Hilfsbedürftigen zu einem stark nachgefragten Angebot. Im Jahr 1969 gab es bereits 60 sogenannter Kombiwagen, die in 48 westdeutschen Gemeinden einen »fahrbaren Mittagstisch« auslieferten. Bei durchschnittlich 50 Mahlzeiten pro Wagen konnten rund 3.000 Menschen durch die Zivildienstleistenden versorgt werden.[76] Drei Jahre später hatte sich die Zahl der Kombiwagen bereits auf 120 verdoppelt und auch die Anzahl der belieferten Städte war auf 90 angewachsen. Im Jahr 1985 zählte die Arbeiterwohlfahrt dann sogar 800 Fahrzeuge, die rund 32.000 Menschen pro Tag versorgten.

Gemeinsames Kennzeichen sowohl der Alten- als auch der Jugendhilfe in den 1970er und 1980er Jahren – in einer Phase der »Heimkritik« – war der Ausbau von offenen Einrichtungen und Ta-

Das sozialprisma berichtet über die Ausweitung der mobilen Hilfsangebote.

gesstätten, wie er von Lotte Lemke in ihrer Abschlussrede als Vorsitzende gefordert wurde. In ihrem »Fachpolitischen Programm« des Jahres 1975 hob die Arbeiterwohlfahrt hervor, dass »im Mittelpunkt der Jugendhilfe ein an den jeweiligen örtlichen Gegebenheiten angeglichenes und differenziertes System offener sozialpädagogischer Einrichtungen und Dienste« stehen solle.[77] In ihrer Stellungnahme zur Heimerziehung aus dem Jahre 1979 untermauerte sie diese Sichtweise und betonte die Bedeutung von »Formen der ambulanten, teilstationären Hilfen sowie Hilfe bei Beendigung der Heimerziehung durch Beratung und Wohngruppen«.[78] Diese Ausrichtung eröffnete den Klienten der Arbeiterwohlfahrt im Idealfall einen einfachen Zugang zur Hilfe, bot aber auch weiterhin einen Rahmen zur Selbsthilfe und ermöglichte damit unabhängig von den Einrichtungen durchgeführte Aktivitäten. Im Jahr 1982 zählte die Arbeiterwohlfahrt rund 3.800 solcher Selbsthilfegruppen, die jenseits von Einrichtungen arbeiteten, darunter 1.700 Jugendgruppen und Jugendklubs sowie rund 1.540 Altenklubs.[79]

Besonders engagierte sich die Arbeiterwohlfahrt für den Ausbau ambulanter sozialpsychiatrischer Dienste und das von einer Sachverständigenkommission, der sogenannten »Psychiatrie-Enquete«, empfohlene »Modellprogramm-Psychiatrie«. Dahinter stand der Gedanke, dass »es nicht genügt, den Abbau von Großkliniken zu fordern«, sondern dass auch »die Voraussetzungen für eine bessere Psychiatrie« gelegt werden müssen. Zu diesen zählte die Arbeiterwohlfahrt neben »Kontaktstellen, Patientenclubs, Wohngemeinschaften« auch die »Einbeziehung der Familien«.[80] Mit dem Ausbau dieser Angebote ging die fachliche Schulung von Sozialarbeitern und zunehmend auch von Therapeuten einher. Nicht zuletzt psychoanalytische Zugänge fanden verstärkte Berücksichtigung, womit einmal mehr die Ausbildung und Qualifizierung des Personals der Arbeiterwohlfahrt als zentrale Aufgabe angesprochen war.

In den bislang angeführten Tätigkeitsfeldern wurde die Arbeiterwohlfahrt in erster Linie als Hilfs- und Pflegeorganisation wahrgenommen, die mit ihren Einrichtungen und Diensten unmittelbar Menschen in Not zur Seite stand. Zugleich betätigte sie sich aber auch in den 1970er Jahren weiter als politischer Verband, der daraufhin wirkte, grundlegend Einfluss auf die Ausgestaltung der Sozial- und Wohlfahrtspolitik der Bundesrepublik zu nehmen. Besonders deutlich wurde diese Rolle in den Debatten zur künftigen Ausgestaltung der Sozialpolitik, die – basierend auf den Vorschlägen einer eigenen Kommission – von der Arbeiterwohlfahrt durch einen umfassenden Vorschlag zur grundlegenden Reform der Sozialhilfe im Jahr 1973 geprägt wurde.[81]

Die Beratungsstellen für ausländische Arbeitnehmer waren wichtige Anlaufstellen für alle Fragen der Migration und Integration.

Zu den in den 1970er und 1980er Jahren neu hinzugekommenen Tätigkeitsfeldern der Arbeiterwohlfahrt zählte die Sozialbetreuung im Rahmen der Ausländerpolitik. Wie andere Wohlfahrtsverbände hatte auch die Arbeiterwohlfahrt den in der zweiten Hälfte der 1950er Jahre einsetzenden Anwerbungen von Gastarbeitern keine besondere Aufmerksamkeit gewidmet. Diese Haltung änderte sich jedoch bereits in den 1960er Jahren grundlegend. Die Arbeiterwohlfahrt entwickelte zunächst einzelne Angebote im Bereich

TÜRK DANIŞ

Die Arbeiterwohlfahrt etablierte ab Juni 1962 mit der Unterstützung des Innenministeriums den ersten Sozialdienst für türkische Arbeitnehmer in Deutschland. Zu diesem Zeitpunkt lebten erst 15.000 Menschen aus der Türkei als »Gastarbeiter« in der Bundesrepublik, die Zahl stieg in den nächsten Jahren jedoch rasch. In Köln, wo sich ein großer Teil ansiedelte, wurde 1963 das erste kulturelle Betreuungszentrum der Arbeiterwohlfahrt mit zahlreichen Freizeit- und Bildungsangeboten eingeweiht. Weitere regionale Schwerpunkte lagen in industriellen Regionen Baden-Württembergs und im Ruhrgebiet. Aber auch in Frankfurt und München richtete die Arbeiterwohlfahrt früh regionale Beratungsstellen ein. Individuelle Fragen zum Berufs- und Alltagsleben wurden durch türkische Sozialarbeiter beantwortet. Sprachkurse, Sport und kulturelle Angebote, die gemeinsam mit türkischen Vereinen organisiert wurden, erfuhren eine große Nachfrage, entsprechend weitete die Arbeiterwohlfahrt ihre Angebote deutlich aus. 1990 lebten bereits über zwei Millionen Menschen mit türkischen Wurzeln dauerhaft in Deutschland. In den 1990er Jahren wurde die staatliche Förderung der Beratungsstellen abgebaut, die AWO reduzierte ihr Engagement in diesem Bereich deutlich, da es inzwischen auch eine vielfältige zivilgesellschaftliche Infrastruktur gab.

der Jugendhilfe für Ausländer und später dann ein umfassendes Engagement für Ausländer. Früher als andere Wohlfahrtsorganisationen – und auch früher als die politischen Parteien der Bundesrepublik –, betonte die Arbeiterwohlfahrt die Notwendigkeit, Maßnahmen zur sozialen und kulturellen Integration der Gastarbeiter sowie ihrer Familien einzuleiten. Diese Aktivitäten führten soweit, dass die Arbeiterwohlfahrt als Folge einer Absprache mit dem Bundesinnenministerium eigene Beratungsstellen für bestimmte Nationalitäten einrichtete. Zu diesen zählten zunächst Arbeitsmigranten aus der Türkei (seit 1962) und Jugoslawien (seit 1969), später auch aus Tunesien und Marokko. Mit den Arbeitsmigranten aus diesen vier Herkunftsländern betreute die Arbeiterwohlfahrt einen Anteil von knapp 60 Prozent aller in der Bundesrepublik lebenden ausländischen Arbeitnehmer.[82] Zu den wichtigsten Aufgaben von Einrichtungen wie der Zentralstelle für türkische Gastarbeiter (Türk Daniş) zählten in den ersten Jahren der Sozialbetreuung für Ausländer die Hilfestellung bei der Arbeitsvermittlung, die Unterstützung bei Betriebsunfällen, der Beistand in Arbeitskonflikten und die verwaltungsbezogene Hilfe bei Kranken- oder Versicherungsangelegenheiten.[83] Zugleich berücksichtigte man aber auch Lebenswelten jenseits der Arbeit. Schon 1967 hatte die Arbeiterwohlfahrt 13 Freizeitheime für türkische Arbeiter betrieben, die eine Alternative zu öffentlichen Aufenthaltsorten wie Bahnhöfen oder anderen wenig einladenden Freizeitorten türkischer Arbeiternehmer bilden, aber auch als Begegnungsstätte für Treffen mit Deutschen dienen sollten.[84]

Innovativ war der Ansatz der Arbeiterwohlfahrt, im Zuge der Sozialberatung für Ausländer auf Personal aus den Herkunftsländern zu setzen. 1971 zählte die Arbeiterwohlfahrt in 113 Sozialberatungsstellen für Türken und Jugoslawen bereits 159 türkische und jugoslawische Angestellte.[85] Im Jahr 1982 konnte man in der Arbeiterwohlfahrt allein auf rund 800 Sozialarbeiter mit Migrationshintergrund zurückgreifen, die in den mittlerweile 220 Sozialberatungsstellen für ihre Landsleute tätig waren. Die vom Bundesverband betriebene Bildungsstätte *Haus Sommerberg* in Rösrath wurde im Zuge dieser Entwicklung als zentrales Fortbildungszentrum für die Ausländersozialarbeit neu ausgerichtet.[86] Die Sozialberatung selbst wurde hingegen dezentralisiert. Liefen bis 1977 alle Anstellungs-

Auf den Fachtagungen wurden Spezialgebiete der Wohlfahrtspolitik diskutiert.

trägerschaften in der Sozialberatung über den Bundesverband, so wurden diese nunmehr auf die Bezirke und Kreise übertragen.

Dass die Arbeiterwohlfahrt bereits zum Ende der 1960er Jahre einen Paradigmenwechsel in der Ausländerpolitik vollzogen hatte, markierten neue Aktivitäten wie das Angebot von Deutschkursen für Türken und Jugoslawen.[87] Während Bundes- und Landesregierungen auch unter sozialdemokratischer Führung der Integrationsfrage noch weitgehend passiv gegenüberstanden, setzte die Arbeiterwohlfahrt bereits auf die längerfristige Einbindung der Gastarbeiter. Schon 1971 bestand Konsens in einer Arbeitsgruppe der Bundeskonferenz Hannover, dass »man nach 15 Jahren Ausländerbeschäftigung in der Bundesrepublik nicht mehr so tun kann, als handele es sich hier um ein befristetes Provisorium«.[88] Im Jahr des Anwerbestopps 1973 waren bereits rund 2,6 Millionen ausländische Arbeitnehmer in der Bundesrepublik beschäftigt. Da sich deren Aufenthalte immer häufiger nicht als temporäre Gastarbeit, sondern als dauerhafte Niederlassung erwiesen, kam es zu einem verstärkten Nachzug von Familienangehörigen. Mit dieser Entwicklung erweiterte sich das Aufgabenspektrum erneut, galt die Betreuung und Schulung ausländischer Familienangehöriger doch als besonders arbeitsintensiv. Dass der Arbeiterwohlfahrt in der Ausländerpolitik eine Vorreiterrolle zukam, dokumentiert auch ihr Plädoyer für eine zunehmende Befassung mit der psychosozialen Lage von Migranten.[89]

Mit dem verstärkten Zuzug von Aussiedlern beziehungsweise Spätaussiedlern als Folge der sich in den 1980er Jahre drastisch verschlechternden wirtschaftlichen Lage in Osteuropa, aber auch mit Bürgerkriegsflüchtlingen aus Sri Lanka, dem Irak oder dem früheren Jugoslawien, erwuchsen der Arbeiterwohlfahrt in der Ausländer- und Asylpolitik in den folgenden Jahren weitere Tätigkeitsbereiche. Zu Beginn der 1980er Jahre kamen jährlich rund 50.000 Aussiedler in die Bundesrepublik. Die 60 von der Arbeiterwohlfahrt unterhaltenen Beratungsstellen für Aussiedler boten hier eine erste Anlaufstelle,

Die Aufnahme von Spätaussiedlern gewann Ende der 1980er Jahre größere Bedeutung.

konnten aber angesichts der Engpässe auf dem Wohnungsmarkt bisweilen nur begrenzt weiterführende Hilfe leisten. Infolgedessen setzte die Arbeiterwohlfahrt hier verstärkt auf die Erstellung von Ratgebern in mehreren Sprachen.

Die Behindertenpolitik markierte seit etwa Mitte der 1960er Jahre ein weiteres, weitgehend neues Aufgabenfeld der Arbeiterwohlfahrt. War Behindertenpolitik lange Zeit als Versehrtenpolitik für insbesondere vom Krieg betroffene Männer betrieben worden, veränderte sich diese Sicht allmählich: Die Unterscheidung zwischen Kriegs- und Zivilbehinderten verschwand; zugleich richtete sich der Blick verstärkt auf Frauen und Kinder. Während seitens des Staats bis in die frühen 1970er Jahre noch die Vorstellung eines individuellen Funktionsdefizits im Hinblick auf Erwerbsfähigkeit und Produktivität dominierte, bezog die Arbeiterwohlfahrt frühzeitig reformorientierte Positionen. Im »Fachpolitischen Programm« von 1975 wurde betont, dass »jeder Behinderte [...] einen gesetzlichen Anspruch auf umfassende und differenzierte Habilitations- und Rehabilitationsleistungen haben« muss.[90]

Im Sinne des Leitbildes eines gleichberechtigten Lebens wurde nicht nur die berufliche Rehabilitation, sondern auch die gesell-

Therapiezentrum der Arbeiterwohlfahrt Heidelberg zur Behandlung von Legasthenie bei Kindern.

schaftliche Eingliederung gefördert. Bereits im Jahr 1971 unterhielt die Arbeiterwohlfahrt »44 Einrichtungen für geistig, körper- und/ oder sinnesbehinderte Kinder und Jugendliche mit insgesamt rund 1.775 Plätzen. Zu diesen Einrichtungen gehören 13 Heime mit etwa 660 Plätzen; 12 Sonderkindergärten mit etwa 215 Plätzen; acht Sonderschulen beziehungsweise Sonder-Tagesbildungsstätten mit 390 Plätzen; 5 Sonder-Erholungsheime für behinderte Kinder sowie Familien mit behinderten Kindern mit 260 Plätzen.«[91]

Im Laufe der 1970er Jahre hatte die Arbeiterwohlfahrt ihre Positionen in der Behindertenpolitik dahingehend weiterentwickelt, dass immer stärker integrative Positionen bezogen wurden. Vor allem das Internationale Jahr der Behinderten 1981 wurde genutzt, um diese Sichtweise in die breite Öffentlichkeit zu tragen und mehrheitsfähig zu machen. Als Bundesvorsitzender betonte Kurt Partzsch, dass bei »der Planung neuer Einrichtungen [...] mehr als früher überlegt werden [müsse], ob solche Hilfen für Behinderte sich nicht an andere Dienste angliedern ließen. Die Arbeiterwohlfahrt habe mit ihren Einrichtungen viele Beispiele dafür, wie Behinderte und Nichtbehinderte gemeinsam Urlaub machen oder in denselben Kindergarten gehen.« Zugleich warnte er davor, Körperbehinderte durch gesonderte Einrichtungen auszugrenzen und forderte, dass »in jedem Schulbezirk zumindest eine Schule jeder Schulart auch für Körperbehinderte zugänglich sein« muss.[92] Der Stellenwert, der seitens der Arbeiterwohlfahrt der Behindertenpolitik beigemessen wurde, zeigte sich auch daran, dass der 1983 zum Nachfolger Partzschs als Bundesvorsitzender der Arbeiterwohlfahrt gewählte Hermann Buschfort von 1979 bis 1982 der erste Beauftragte der Bunderegierung für die Belange der Behinderten war.

Ein stark umkämpftes Tätigkeitsfeld der 1970er Jahre stellte die Schwangerschaftsberatung dar. Der noch aus dem Kaiserreich stammende Paragraph 218 des Strafgesetzbuches sah für den Fall einer Abtreibung eine Freiheitsstrafe von bis zu fünf Jahren vor. Ungeachtet zahlrei-

Die Reform des § 218 gehörte in den 1970er Jahren zu den kontroversen Themen.

cher Proteste hatte er aber zu Beginn der 1970er Jahre nach wie vor
Bestand, sodass Frauen, die eine un-
gewollte Schwangerschaft beenden
wollten, nur die Möglichkeit einer
illegalen Abtreibung blieb. Diese
war neben den möglichen rechtlichen Konsequenzen oftmals auch
mit erheblichen gesundheitlichen
Risiken und negativen psychischen
Folgen verbunden. Nachdem die
DDR 1972 die Fristenlösung eingeführt hatte, die in den ersten drei
Monaten einen Schwangerschafts-
abbruch auch ohne Beratung zu-
ließ, wurde der Reformdruck in der
Bundesrepublik noch größer.

Die Arbeiterwohlfahrt bezog
bei diesem Thema frühzeitig eine
differenzierte Position, indem sie

Eine Beratungs-
stelle der Arbei-
terwohlfahrt
für Fragen von
Schwangerschaft
und Empfängnis-
verhütung.

sowohl für das 1974 kurzfristig rechtlich verankerte Fristenmodell
als auch für das 1976 verabschiedete Indikationsmodell eintrat.
Im Rahmen der Bundeskonferenz hatte sich Kurt Partzsch für die
Berücksichtigung der Gesichtspunkte ausgesprochen, »die unter
dem Sammelbegriff ›Soziale Indikation‹ in der Diskussion sind«,
und darüber hinaus erklärt, dass eine künftige Neugestaltung des
Gesetzes berücksichtigen soll, dass »die in § 218 StGB bezeichneten
Handlungen nicht strafbar sind, wenn sie von einem approbierten
Facharzt innerhalb der ersten drei Monate der Schwangerschaft
vorgenommen werden«.[93]

In den folgenden Jahren sprach sich die Arbeiterwohlfahrt
wiederholt für präventive Maßnahmen und für qualifizierte
Beratungs- und Hilfeangebote aus. Dazu gehörte auch die – umstrittene – Bereitstellung von Empfängnisverhütungsmitteln für
einkommensschwache Personen und Minderjährige. In der Praxis
zeigte die Arbeiterwohlfahrt vor allem mit Blick auf die Schwangerschaftskonfliktberatung besonderes Engagement. Sie forderte 1975

Hilfe für Frauen

Schwangerschaftskonfliktberatung der Arbeiterwohlfahrt, Kreisverband Düsseldorf e.V., Bagelstraße 113
Telefon 0211/445397, Sprechzeiten: Dienstag 15 bis 18, Donnerstag 9 bis 12 Uhr, und nach Vereinbarung

Die Frauenhäuser der Arbeiterwohlfahrt nahmen Betroffene von häuslicher Gewalt auf.

vordringlich »gut ausgebaute Beratungsstellen für Schwangere und junge Familien, ausreichende und zweckmäßige Wohnraumversorgung, Einführung eines Ausgleichsgeldes für Mütter (Muttergeld), ein bedarfsgerechtes Angebot von Einrichtungen der Kinderhilfe«.[94] Wie in Kassel wurden 1975 im Rahmen von Modellprojekten an mehreren Orten in Deutschland von der Arbeiterwohlfahrt Beratungsstellen für Eheberatung, Familienplanung und Schwangerschaft eröffnet, die Frauen in Notsituationen Unterstützung geben sollten.[95] In Essen wurde nach langen Debatten und unter höchst kontroversen Umständen 1983 vom Bezirksverband Niederrhein ein »Institut für Schwangerschaftskonflikte« eröffnet. Die schon bald in *Beratungszentrum für Familienplanung, Schwangerschaftskonflikte und Fragen der Sexualität* umbenannte Einrichtung verfolgte im Lichte der ganzheitlichen Leitbilder der Arbeiterwohlfahrt das Ziel, sexualpädagogisch und sexualberaterisch zu arbeiten, um so nicht nur über Schwangerschaft und Schwangerschaftskonflikte, sondern auch über Sexualität und Familienplanung grundsätzlich zu beraten. Als *AWO Beratungszentrum Lore-Agnes-Haus* verfolgt die Einrichtung auch heute neben der Funktion als staatlich anerkannte Schwangerschaftskonfliktberatungsstelle die Zielsetzung, Sexualberatung im weitesten Sinne zu leisten. Damit Frauen in schwierigen Lebenssituationen eine möglichst freie Entscheidung treffen konnten, entstanden ab der zweiten Hälfte der 1970er Jahre zunehmend auch Frauenhäuser. Auch hier trat die Arbeiterwohlfahrt in die Trägerschaft ein. So wurde 1979 das erste Frauenhaus in Saarbrücken vom Landesverband Saarland der Arbeiterwohlfahrt gegründet.

Anknüpfend an frühere Aktivitäten der hessischen Strafrechtsreformerin Helga Einsele, die wie ihre Schwester Erdmuthe Falkenberg der Arbeiterwohlfahrt sehr nahestand, engagierte man sich in den 1970er Jahren auch verstärkt in der Straffälligenhilfe. Seit längerem hatte man hier bereits gefordert, dass die Befähigung zum Leben in Freiheit das zentrale Ziel des Strafvollzugs sein sollte.[96] Mit dem zum Jahresbeginn 1977 neu in Kraft getretenen Strafvollzugsgesetz wurde von der Bundesregierung die resozialisierende Zielsetzung verfolgt, dass der Gefangene während seiner Inhaftierung in die Lage versetzt werde, künftig ohne Straftaten auszukommen. Die hierzu notwendige Betreuung übernahm der Staat aber nicht selbst, sondern übertrug sie den Wohlfahrtsverbänden. Auch hier übernahm die Arbeiterwohlfahrt Verantwortung, scheute sich aber auch nicht, Konsequenzen zu ergreifen, wie der Austritt aus dem *Bundeszusammenschluß für Straffälligenhilfe* dokumentierte, dem die Arbeiterwohlfahrt vorhielt, nicht in der Lage zu sein, »intensive Beratungen über zentrale und aktuelle Probleme der Strafvollzugsreform und der Haftentlassenenhilfe kontinuierlich durchzuführen«.[97] Im Zuge eines vom Land Nordrhein-Westfalen ab 1981 geförderten Modellprojektes beteiligte sich die Arbeiterwohlfahrt am Aufbau von Einrichtungen, die dafür Sorge trugen, dass Strafgefangene bereits während der Haftzeit Unterstützung und Sozialberatung erhielten und nach verbüßter Haftzeit eine Anlaufstelle fanden, die ihnen eine Unterkunft oder Unterstützung bei der Suche nach einem Arbeitsplatz bot.

Bisweilen eng verbunden mit der Straffälligenhilfe war die Drogen- und Suchtberatung. Auch dieses Problemfeld rückte erst zum Ende der 1970er Jahre in das Blickfeld der Arbeiterwohlfahrt; zuvor hatte man sich mit der Bereitstellung eines entsprechenden Therapieangebots noch nicht näher befasst. Mit dem Aufkommen von neuen Lebensformen in den ausgehenden 1960er und vor allem den 1970er Jahren hatten sich nicht nur Musik und Mode, sondern auch die Sexualität und der Konsum von Rauschmitteln geändert. Das Experimentieren mit Drogen wurde zu einem wichtigen Bestandteil der Jugendkultur der 1970er Jahre. Waren es zunächst noch weiche Drogen wie Haschisch und Marihuana, wurden harte Drogen zunehmend zum Problem. In der Bundesrepublik Deutschland stieg die Zahl der polizeibekannten Heroinsüchtigen zwischen 1972 und 1977 von 2.000 auf 25.000 Menschen; die Anzahl der Drogentoten überstieg 1979 mit 623 Opfern erstmals die Schwelle von 500 Menschen. Damit war der Drogenmissbrauch zu einem zentralen gesellschaftlichen Problem geworden, dem sich auch die Wohlfahrtsverbände annahmen. Wie in Hagen, wo Ende 1982 in den Räumlichkeiten des bereits in der Weimarer Republik errichteten Kindererholungsheims Deerth eine neue Drogenfachklinik im Stadtwald errichtet wurde, entstanden auch andernorts neue Einrichtungen, die zum Teil offene Beratungen anboten, zum Teil aber auch stationäre Aufenthalte mit medizinischen, psycho- und soziotherapeutischen Maßnahmen. Die Besonderheit des Hagener Modellprojekts bestand darin, Maßregelvollzug und Rehabilitation in einer Einrichtung zu verbinden. Straftäter wurden hier nicht im geschlossenen Vollzug behandelt, sondern in einem offenen Rahmen, der vor allem auf die therapeutische Bindung setzt.

Wie sensibel, aber auch wie umstritten manche Initiative der Arbeiterwohlfahrt war, dokumentiert das Beispiel einer Sterbeklinik, die von der Arbeiterwohlfahrt München 1979 – ohne Erfolg – als Modellprojekt beantragt wurde. Vorgesehen war, hier eine Art Sterbehospiz in Form einer stationären Pflegeeinrichtung wie es sie bereits in Großbritannien gab, einzurichten. Seitens des Bundesgesundheitsministeriums wurde der Antrag ebenso abgelehnt wie von den Bundesländern. Erst 1986 wurde das erste deutsche Hospiz in Aachen eröffnet.[98]

Insgesamt betrachtet markiert der Zeitraum von 1970 bis 1989 mit Blick auf die Tätigkeitsfelder der Arbeiterwohlfahrt eine Innovationsphase. Während manche Aktivitäten aus früheren Jahrzehnten konsequent fortgeführt wurden, kamen andere, die in den 1960er Jahren konzipiert und vorbereitet wurden, erst jetzt zum Tragen. Und vieles entstand auch erst in der Aufbruchsstimmung der 1970er Jahre. Das Erscheinungsbild der Arbeiterwohlfahrt unterschied sich am Vorabend der deutschen Einigung 1989 deutlich von demjenigen des Jahres 1969, als die Arbeiterwohlfahrt den 50. Jahrestag ihrer Gründung gefeiert hatte. Seitens der wissenschaftlichen Forschung ist die Ausweitung der wohlfahrtspolitischen Aktivitäten in Deutschland in den 1970er Jahren aus unterschiedlichen Perspektiven erklärt worden: funktionalistisch mit der notwendigen Abfederung weiterhin bestehender sozialer Härten, modernisierungstheoretisch mit der Etablierung neuer sozialer Rechte, konfliktregulatorisch mit der Aufrechterhaltung des sozialen Friedens und institutionell mit der zunehmenden Verstetigung eines eigenen wohlfahrtstaatlichen Organisationsgefüges, das die wohlfahrtspflegerische Entwicklung durch entsprechende Angebote weiter vorantrieb. Für die Arbeiterwohlfahrt lassen sich alle diese Erklärungsansätze heranziehen, ihre Relevanz unterscheidet sich aber je nach Politikfeld.[99]

Insbesondere von sozialwissenschaftlicher Seite ist in den frühen 1980er Jahren mit Blick auf die institutionelle Dimension der Wohlfahrtspolitik die enge Zusammenarbeit von staatlichen Akteuren und Wohlfahrtsverbänden kritisch beleuchtet worden. Im Sinne eines »neokorporatistischen Verflechtungssystems«[100] wurde diagnostiziert, dass auch die Arbeiterwohlfahrt nicht nur eng mit dem Staat verbunden sei, sondern sich auch hier – namentlich im Bereich der Seniorenarbeit – gemeinsam mit den anderen Verbänden ein regelrechtes Kooperationssystem herausgebildet habe. Ausgemacht wurden dabei eine Bevorzugung der eigenen Klientel und eine Orientierung an deren typischen Problemlagen. Dass die Arbeiterwohlfahrt sich entsprechenden Bewertungen nicht verschloss, zeigte im Jahr 1983 die Veröffentlichung einer von ihr veranlassten Studie über »Alternative Projekte der Jugendhilfe in Berlin«, die zu dem Ergebnis kam, dass »die Wohlfahrtsverbände […] in ihrer Funktion von echten Innovationsträgern zu manchmal mit der öffentlichen Hand deckungsgleichen Anbietern geworden [sind]. Enge Förderungsrichtlinien mit detaillierten inhaltlichen Vorgaben der öffentlichen Geldgeber und die allgemeine Professionalisierung in der Jugendhilfe haben dazu geführt, daß sie sich aus der Sicht der Betroffenen von den öffentlichen Trägern kaum noch unterscheiden und als eine Art verlängerter Arm betrachtet werden.«[101] Angesichts dieser Diagnosen kam man auch in der Arbeiterwohlfahrt selbst zu der Einschätzung, dass Alternativ- und Initiativgruppen zu stärken sind und im Sinne der von der Wissenschaft betonten und geforderten »neuen Subsidiarität« auch neue Förderungs- und Finanzierungsverfahren zu entwickeln sind.[102]

Auf- und Ausbau vom Jugendwerk und Internationalem Arbeiterhilfswerk

Im Zuge der Ausweitung ihrer Tätigkeitsfelder nahm auch die organisatorische Ausdifferenzierung der Arbeiterwohlfahrt weiter zu. Exemplarisch hierfür stehen das Jugendwerk und das Internationale Arbeiterhilfswerk. Zu den traditionellen Angeboten der Arbeiterwohlfahrt zählten Freizeit- und Ferienangebote für Kinder und Jugendliche. Sowohl für kürzere Stadtranderholungen und Kindererholungsfahrten als auch für länger dauernde Ferienzeltlager und Ferienfahrten bestand eine rege Nachfrage. Viele dieser Aktivitäten wurden – ähnlich wie in der Zwischenkriegszeit – nach 1945 nicht allein durch die Arbeiterwohlfahrt, sondern im Verbund mit anderen Organisationen wie *Naturfreunden, Arbeiter-Samariter-Bund* und vor allem den *Falken* durchgeführt. Diese Entwicklung hatte schon in den 1950er Jahren zu Spannungen zwischen den Verbänden geführt, die im Sinne einer Arbeitsteilung aber durch den Beschluss des Hauptausschusses der Arbeiterwohlfahrt, dass diese keine eigene Kinder- und Jugendgruppenarbeit betreibe, zunächst beigelegt wurden. Da zahlreiche Ortsvereine indes entsprechende Aktivitäten für unverzichtbar erachteten, wirkte man auf den Hauptausschuss ein, bis dieser auf der Reichskonferenz 1955 den weiteren Auf- und Ausbau der Kinder- und Jugendarbeit gemeinsam mit den Falken unter der Bezeichnung *Freundschaftsgruppen* empfahl. Die Schwerpunkte der in diesen Gruppen unternommenen Aktivitäten lagen auf unpolitischen Freizeit- und Ferienangeboten.

Es wurde indes immer deutlicher, wie Marcus Mesch in seinen Studien zum Jugendwerk der Arbeiterwohlfahrt hervorhebt,[103] dass man sich mit diesem Kompromiss eine wesentliche Einnahmequelle verschloss, da weder die Freundschaftsgruppen noch die Arbeiterwohlfahrt selbst als Jugendpflegeverband anerkannt waren und so aus den staatlichen Töpfen keine institutionelle Förderung für die eigene Jugendarbeit beantragt werden konnte. Stattdessen wurden verstärkt Fördermittel des – im Gefolge des Élysée-Vertrags von 1963 – neu eingerichteten *Deutsch-Französischen Jugendwerks* (DFJW) beantragt, um deutsch-französische Jugendbegegnungen oder auch Reisen nach England durchzuführen.

Mit der Grün-
dung des Bundes-
jugendwerkes
verbesserte die
Arbeiterwohl-
fahrt ab 1978
ihre Angebote
für jugendliches
Engagement.

Zur Neuorientierung trug schließlich die Regelung bei, dass eine finanzielle Unterstützung der Jugendarbeit in dem Fall gewährt wird, wenn eine Satzung vorliegt und diese den Gruppen das Recht zugesteht, eigene Vorstände zu wählen. Mit Blick auf diese Perspektive beschloss die Bundeskonferenz 1969 von der bisherigen Position abzuweichen und in den Richtlinien des Verbands eine Passage zu »Aufbau, Führung und Förderung von Kinder- und Jugendgruppen als Jugendwerk der Arbeiterwohlfahrt« zu verankern.[104] Damit setzte die Arbeiterwohlfahrt nunmehr doch auf einen eigenen Jugendverband, der fester Bestandteil der eigenen Organisation werden sollte. Er sollte aber nur über begrenzte Unabhängigkeit verfügen. In den folgenden Jahren wurden zunächst von zehn Bezirksverbänden eigene Jugendwerke eingerichtet, während auf Bundesebene mit Blick auf ein Bundesjugendwerk weiterhin Satzungsfragen kontrovers erörtert wurden. Erst auf der Bundeskonferenz 1977 gelang es, sich auf eine Satzung und Leitsätze zu verständigen, denen zufolge das künftige Bundesjugendwerk »ein politisch und konfessionell unabhängiger Jugendverband mit selbständigen Aufgaben« sein wird. »Sein Ziel ist es, junge Menschen mit den Werten des demokratischen Sozialismus vertraut zu machen, zum Beispiel zu solidarischem und sozialem Verhalten zu führen.« In der Praxis sollte das Jugendwerk vor allem darauf hinwirken, »soziales Bewußtsein zu wecken. Kinder und Jugendliche werden speziell im Jugendwerk aufgefordert, über soziale Probleme in ihrer Umwelt nachzudenken und entsprechend zu handeln.«[105]

Am 30. September 1978 wurde schließlich offiziell in Bonn das Bundesjugendwerk der Arbeiterwohlfahrt als Dachorganisation gegründet. Mitglieder im Bundesjugendwerk sind die Bezirks- und Landesjugendwerke. Mit dem Jugendwerk hatte die Arbeiterwohlfahrt die innerverbandlichen Fundamente in generationeller Perspektive deutlich ausgebaut und wesentliche Grundlagen für die potenzielle Nachwuchsrekrutierung bereitet: Im Jugendwerk konnte nicht nur jeder Mitglied werden, der jünger als 25 Jahre und Mitglied der Arbeiterwohlfahrt war, sondern es konnten auch Kinder und Jugendliche im Alter von 7 bis 18 Jahren beitreten, die die Grundsätze, Ziele und Aufgaben des Jugendwerks teilten.

Dass die Arbeiterwohlfahrt in den 1970er Jahren auch in anderen Politikfeldern nicht nur funktional, sondern auch organisatorisch auf Expansionskurs ausgerichtet war, zeigen die verstärkten grenzüberschreitenden Aktivitäten, die ihren Anfang bereits in der Zwischenkriegszeit hatten. Die Idee einer engeren Zusammenarbeit zwischen sozialdemokratisch beziehungsweise sozialistisch ausgerichteten Wohlfahrtsorganisationen war bereits in den 1920er Jahren – angelehnt an das Vorbild der sozialdemokratischen Parteien- und Gewerkschaftskooperation – aufgekommen. Es wurden ein Nachrichtenbulletin und Kinderurlaubstreffen vereinbart, zu weitergehenden Aktivitäten kam es infolge der nationalsozialistischen Diktatur und des Zweiten Weltkriegs jedoch nicht. Nach 1945 wurden die Überlegungen zur Kooperation im Wohlfahrtsbereich erneut aufgenommen. Im Rahmen der Neuformierung der *Sozialistischen Internationale*, der Kooperation sozialdemokratischer und sozialistischer Parteien, wurde eine Arbeitsgruppe eingerichtet, in der Parteien aus Österreich, Belgien, Frankreich, Deutschland und der Schweiz mit vor allem humanitärer Zielsetzung enger kooperierten. Die gemeinsamen Aktivitäten bestanden im Wesentlichen in der Betreuung von Flüchtlingen und Vertriebenen sowie in der Koordination von Hilfslieferungen.

Als sich die Sozialistische Internationale 1951 in Frankfurt am Main neugründete, vereinbarten die Kooperationspartner, eine eigene Hilfs- und Wohlfahrtsorganisation zu etablieren, die im Dezember 1951 unter der offiziellen Bezeichnung *Entraide Ouvrière International – Internationales Arbeiterhilfswerk – International Labour Assistance* (EOI/IAH/IWA) gegründet wurde.[106] In der Folge traten zahlreiche Organisationen aus weiteren Ländern dem IAH bei. In den 1960er Jahren rückte unter schweizerischer Ägide die Entwicklungszusammenarbeit, aber auch die Katastrophenhilfe verstärkt in das Blickfeld. Zugleich wurde die Reichweite der Aktivitäten größer und umspannte zunehmend außereuropäische Aktivitäten. Die Arbeiterwohlfahrt hatte sich – trotz der Übernahme der Vizepräsidentschaft des IAH durch Lotte Lemke 1958 – in dieser Phase nur zurückhaltend beteiligt und angesichts anhaltender Konflikte über die Ausrichtung und Finanzierung der Arbeit des Internationalen Arbeiterhilfswerks stärker auf bilaterale Kooperationsprojekte gesetzt.

Die grenzüberschreitende Kooperation der Arbeiterwohlfahrt erfolgte vor allem im Rahmen des Internationalen Arbeiterhilfswerks.

Im Blickfeld der Arbeiterwohlfahrt stand dabei vor allem Indien. Die hier 1959 begonnenen Aktivitäten wurden in den 1970er und 1980er Jahren weiter ausgebaut. So wurden in Zusammenarbeit mit indischen Organisationen in der Nähe der Stadt Poona verschiedene Wasseraufbereitungs- und Wiederaufforstungsprojekte betrieben.[107] Die Arbeiterwohlfahrt setzte bei dieser »Sozialstrukturhilfe« gezielt auf indische Partnerorganisationen und verzichtete darauf, deutsche Mitarbeiter vor Ort anzustellen.[108] Vertreten wurde die Anschauung, dass »Sozialarbeit [...] in einem Land wie Indien keine unabhängige, garantierte Dienstleistung sein« kann.[109] Ganz im Sinne der eigenen Traditionslinien wurde Entwicklungszusammenarbeit somit nicht als mildtätige Gabe, sondern als Hilfe zur Selbsthilfe verstanden. Zu den geförderten Sozialstrukturhilfen zählten unter anderem »die Rehabilitation landloser Unterschichten, Arbeitsbeschaffung, Bewässerung und Bodenverbesserung, auch zum Beispiel die Ausbildung von Siedlungsberatern und Dorfhelfern.«[110]

Der Bundesvor-
sitzende Kurt
Partzsch be-
suchte 1973
ein Projekt der
Arbeiterwohl-
fahrt in Madras
(Indien).

In den 1980er Jahren richtete sich der Blick der Arbeiterwohlfahrt verstärkt auf Afrika. Zu den Projekten, die nun aus Mitteln
des Verbandes gefördert wurden, zählten kleinere Vorhaben wie
Brunnenbau- und Gesundheitsmaßnahmen in Mauretanien, die
Nahrungsmittelveredlung in Benin oder der Dammbau und die
Wasserkonservierung in Äthiopien.[111] Dabei wurde auch hier mit
kleineren, privaten Organisationen kooperiert.[112] Hingegen sprach
man sich ausdrücklich gegen Kinderpatenschaften für Entwicklungsländer aus. »Es kann«, so hieß es in einem programmatischen
Beitrag, »nicht Ziel der Hilfe sein, den Aufbau und Betrieb von Kin-
derheimen in der Dritten Welt zu fördern. Zum Leben und gesunden
Aufwachsen gehören mehr als nur Nahrung und ein Dach über dem
Kopf. [...] Für die Arbeiterwohlfahrt bedeutet Hilfe für Kinder zuerst
eine Hilfe für die Eltern (Arbeit, Wohnung, Ernährung, Gesundheit).
Die Situation der Eltern als Verantwortliche für Kinder muss ver-
bessert werden, dann verringert sich auch die Not der Kinder.«[113]
Verstärkte Aufmerksamkeit galt nach mehreren Ernteausfällen
1984 und 1985 insbesondere Zentral-Eritrea und Tigray, wo es zu
einer humanitären Katastrophe gekommen war, bei der fast acht
Millionen Menschen vom Hungertod bedroht waren. Im Gegen-

satz zu anderen Hilfsorganisationen leistete die Arbeiterwohlfahrt selbst aber nur in begrenztem Ausmaß Lebensmittelhilfe. Stattdessen erhielten Familien »Ochsen, Pflüge, Hacken und Saatgut, um die Felder wieder bestellen zu können«. Zudem wurden für »kleine Bewässerungsprojekte [...] Wasserpumpen und Rohre gekauft«.[114] Im Sinne der Ergebnisse der Studie der internationalen Nord-Süd-Kommission unter dem Vorsitz von Willy Brandt setzte man mit diesen Aktivitäten weiterhin auf das Ziel einer neuen Wirtschaftsordnung und auf eine partnerschaftliche Kooperation zwischen Industrienationen und Entwicklungsländern.[115]

Die Arbeiterwohlfahrt wirbt um Spenden für ihr Engagement in Afrika.

Im Wesentlichen auf Betreiben von Lotte Lemke hatte die Arbeiterwohlfahrt in den 1970er Jahren begonnen, parallel zu den bilateralen Aktivitäten auch die Zusammenarbeit im Internationalen Arbeiterhilfswerk zu verstärken. Auf der Generalversammlung des Internationalen Arbeiterhilfswerks 1970 wurde Lotte Lemke zur neuen Präsidentin gewählt, Geschäftsführer Richard Haar wurde in Personalunion zum neuen Generalsekretär des IAH bestellt. Damit lag die Verantwortung für das Internationale Arbeiterhilfswerk weitgehend in den Händen der Arbeiterwohlfahrt und blieb es auch bis zum Jahr 2003. Unter der Ägide von Lotte Lemke und Kurt Partzsch, der 1974 zum neuen Präsidenten des IAH gewählt wurde, verabschiedete das Arbeiterhilfswerk neue Leitlinien zu unter anderem den Bereichen Gesundheits-, Familien-, Bildungs- und Jugendpolitik, aber auch zur Hilfe für junge und ältere Menschen, Behinderte und Delinquenten, womit das Handlungsfeld beträchtlich ausgeweitet wurde. In den folgenden Jahren wurde nicht nur Katastrophen- und Entwicklungshilfe in unter anderem Angola, Nicaragua und Vietnam, sondern nach dem Ende der Diktaturen in Spanien und Portugal auch Hilfestellung beim Aufbau neuer Wohlfahrtsorganisationen in den europäischen Transformationsstaaten geleistet.

Mit Hermann Buschfort übernahm 1983 erneut ein Vorsitzender der Arbeiterwohlfahrt in Personalunion den Vorsitz im Arbeiterhilfswerk; Manfred Ragati führte diese Tradition 1993 als neuer Präsident von Arbeiterwohlfahrt und Hilfswerk fort. Zugleich wurde unter seiner Ägide aber auch eine Neuausrichtung in die Wege geleitet: 1995 wurde das Hilfswerk in SOLIDAR umbenannt und der Sitz dauerhaft nach Brüssel verlegt. Mit diesen Neuerungen veränderte das Hilfswerk seinen Charakter und entwickelte sich fortan stärker zu einem lockeren Netzwerk, das sich stärker auf den Bereich der Sozialpolitik und Arbeitnehmerrechte in Europa konzentrierte, dem aber auch immer mehr Organisationen beitraten.

Da die Arbeiterwohlfahrt in Zeiten der Globalisierung ihrerseits aber verstärkte Aufmerksamkeit der internationalen humanitären Hilfe und dem Katastrophenschutz sowie der eigentlichen Entwicklungszusammenarbeit und Bildungskampagnen widmete, begann man hier, eigene Strukturen aufzubauen. Im Zuge einer anhaltenden Professionalisierung der Entwicklungszusammenarbeit gründete die Arbeiterwohlfahrt 1998 mit *AWO International* eine eigene auf die Entwicklungszusammenarbeit ausgerichtete Mitgliedsorganisation, während man sich aus den Aktivitäten von SOLIDAR zunehmend zurückzog.

Die Verbandspolitik in den 1980er Jahren

Auf der Stuttgarter Bundeskonferenz im November 1980 war Kurt Partzsch als Vorsitzender der Arbeiterwohlfahrt bestätigt worden, womit verbandsintern auf Kontinuität gesetzt wurde. Politisch standen diese Jahre indes unter schwierigen Vorzeichen. Die Bundeskonferenz befasste sich ebenso wie die Politik der folgenden Monate in erster Linie mit den drohenden Sparmaßnahmen. Seitens der Arbeiterwohlfahrt konstatierte man, »sich der schwierigen Gesamtsituation bewußt« zu sein, »die zum Sparen in allen Bereichen zwinge; das dürfe aber nicht eine Durchlöcherung des sozialen Netzes bedeuten«.[116] In diesem Zusammenhang kritisierte die Arbeiterwohlfahrt zunehmend die Politik der sozialdemokratisch geführten Bundesregierung. Die geplanten Kürzungen der staatlichen Leistungen in der Sozial- und Gesundheitspolitik wurden als »Flickwerk« bezeichnet und als »ungeeignet zu langfristig wirksamer qualitativ orientierter Kostendämpfungspolitik«.[117] Jenseits der Diskussionen um knappe Finanzmittel zeigte sich aber auch in anderen Feldern eine wachsende Distanz zur SPD-Regierung, so etwa, als die Arbeiterwohlfahrt sich gegen die Asylpolitik der Bundesregierung wendete, die beabsichtigte, das Arbeitsverbot für Asylsuchende zeitlich auszuweiten.[118] Zugleich trat man wiederholt für eine Verkürzung des Asylverfahrens ein. In diesem Sinne wurden von der Arbeiterwohlfahrt auch Stellungnahmen der *Bundesarbeitsgemeinschaft der Freien Wohlfahrtspflege* (BAGFW) initiiert, an deren Spitze Kurt Partzsch zum 1. Januar 1982 turnusgemäß trat.

Nach dem Rückzug der FDP aus der sozial-liberalen Koalition und dem konstruktiven Misstrauensvotum vom 1. Oktober 1982, verbunden mit der Übernahme der Regierungsverantwortung durch Helmut Kohl, richteten sich die politischen Interventionen der Arbeiterwohlfahrt an die neue christdemokratisch-liberale Koalition. Anders als in den frühen 1970er Jahren, als zu Beginn der Kanzlerschaft Willy Brandts soziale Reformen, außenpolitische Aufbruchsstimmung und das Ziel einer progressiveren und offeneren Gesellschaft den Kern des Regierungsprogramms – und auch das Lebensgefühl weiter Teile der Bevölkerung – prägten, rückten nun Leitbilder wie Sicherheit, Konsolidierung und Stabilität, aber auch das Ziel einer »geistig-moralischen Wende« in den Mittelpunkt. Ordnungspolitisch setzte die Regierung Kohl mit ihrer »Politik der Mitte« trotz der Ankündigung, auf eine »neue Wirtschafts- und eine neue Gesellschaftspolitik« hinzuarbeiten, eher auf partiellen

Der neue Vorstand präsentiert sich am Ende der Bundeskonferenz 1980.

sozialpolitischen Umbau, denn auf grundlegende wohlfahrtspoliti-sche Veränderungen.[119] Anders als in Großbritannien, wo die konservative Regierungschefin Margret Thatcher seit 1979 umfassende Deregulierungsmaßnahmen in die Wege leitete und die Sozial- und Wohlfahrtspolitik weniger am Bedarf, sondern vielmehr an der Finanzierbarkeit ausrichtete, bewegte sich die Wohlfahrtspolitik der Bundesrepublik auch unter der neuen Regierung in traditionelleren Bahnen. Der Wohlfahrtsforscher Jens Alber bewertete den Kurs der neuen CDU/FDP-Regierung entsprechend ambivalent: »Während die Leistungen des traditionellen, an der Sicherung der Arbeitnehmer orientierten Kerns der Sozialversicherung gestutzt wurden, wurden die Leistungen für marginale Gruppen an den traditionellen Rändern des Sozialstaates ausgebaut, sodass Hausfrauen, Kinder und pflegebedürftige ältere Menschen nun höhere Rechtsansprüche haben als früher.«[120] Seitens der Arbeiterwohlfahrt wurden die ersten Monate der neuen Regierungskoalition aber anders wahrgenommen. Kurt Partzsch brandmarkte in seiner letzten Rede als Bundesvorsitzender der Arbeiterwohlfahrt im Oktober 1983 mit deutlichen Worten eine »kaltschnäuzige und rücksichtslose Politik auf dem Rücken der Schwachen in unserem Volke« und warnte vor einer Rückkehr in das »sozialpolitische Mittelalter«.[121]

Nach zwölf Jahren an der Spitze des Verbandes und angesichts seines Alters von 72 Jahren stand Kurt Partzsch für eine Wiederwahl nicht mehr zur Verfügung. Auf einen Nachfolger hatte man sich – ein Novum in der Geschichte der Arbeiterwohlfahrt – im Vorfeld nicht verständigen können. Annemarie Renger, Vizepräsidentin des Bundestags, die zeitweilig als Nachfolgerin im Gespräch war, stand für eine Kampfkandidatur nicht zur Verfügung. Neben den beiden bisherigen Stellvertretenden Bundesvorsitzenden der Arbeiterwohlfahrt, Elfriede Eilers aus Bielefeld und Rudolf Petereit aus Mannheim, langjähriger Jugendamtsleiter in Kassel beziehungsweise Mannheim und Vorsitzender der Arbeiterwohlfahrt in Baden, trat dann Hermann Buschfort als Kandidat an. Buschfort hatte als Parlamentarischer Staatssekretär im Arbeitsministerium seit 1974 vielfach mit der Arbeiterwohlfahrt kooperiert, angesichts der Kürzung von Sozialleistungen zuletzt aber auch einige Kontroversen mit ihr ausgetragen. Sein besonderes Engagement galt der Behindertenpolitik. Die Kandidaten wurden jeweils von unterschiedlichen Landesverbänden und Bezirken unterstützt und kandidierten, wie es im Mit-

HERMANN BUSCHFORT (1928–2003)

Der gelernte Feinmechaniker Buschfort war in seiner Geburtsstadt Bocholt ab 1951 Betriebsrat bei Siemens und von 1959 bis 1974 Erster Bevollmächtigter der IG Metall, außerdem von 1956 bis 1974 SPD-Stadtverordneter. 1965 wurde er in den Bundestag gewählt, dem er anschließend 25 Jahre angehörte. In der Arbeiterwohlfahrt engagierte er sich ab 1966 als Vorsitzender des Ortsvereins Bocholt und als Kreisvorsitzender in Borken. Im Mai 1974 wurde er von Helmut Schmidt als parlamentarischer Staatssekretär ins Bundesministerium für Arbeit und Sozialordnung berufen. Mit dem Regierungswechsel 1982 schied er aus dem Ministerium aus. Auf der Bundeskonferenz 1983 in Saarbrücken setzte sich Buschfort bei der Wahl zum Vorsitzenden der Arbeiterwohlfahrt gegen Elfriede Eilers und Rudolf Petereit durch. 1989 verzichtete er auf eine weitere Kandidatur.

gliedermagazin der AWO hieß, »im Grundkonsens demokratischen Selbstverständnisses«.[122] Nachdem es im ersten Wahlgang keine absolute Mehrheit unter den 388 stimmberechtigten Delegierten für einen Kandidaten gegeben hatte, wurde ein zweiter Wahlgang notwendig, zu dem Elfriede Eilers als Drittplatzierte nicht mehr antrat. Hier konnte sich Hermann Buschfort mit 209 zu 179 Stimmen durchsetzen; die beiden unterlegenen Kandidaten wurden als Stellvertretende Bundesvorsitzende wiedergewählt. In seiner ersten Ansprache betonte Buschfort die Notwendigkeit, den »Sozialstaat zu verteidigen«, da die »von der Bonner Koalition angekündigte ›Wende‹« darauf abziele, »die von der Arbeiterbewegung erreichten sozialen Errungenschaften in ihrer Substanz zu treffen«.[123]

Die Bundeskonferenz tagte 1989 in der Hauptstadt Bonn.

Die verbandliche Ausrichtung der Arbeiterwohlfahrt änderte sich mit der Präsidentschaft von Hermann Buschfort nicht grundlegend, es wurden aber kleinere strukturelle Anpassungen vorgenommen,

die zum Teil auch noch Dekaden später in Kraft sind. Als Ergänzung zu den etablierten Fachausschüssen zielte der Bundesverband mit der Einsetzung von Trägergruppen und Koordinierungskreisen, so etwa zum Freiwilligen Sozialen Jahr, strukturell auf eine »Belebung und Intensivierung der Arbeit im Bundesausschuss«.[124] Mit der Einführung der regelmäßigen Treffen der Geschäftsführungen der Landes- und Bezirksverbände, der Geschäftsführerkonferenz, setzte man auf einen stärkeren Austausch der Leitungsebene, mit dem Fachausschuss Öffentlichkeitsarbeit auch auf eine einheitlichere Außendarstellung. Dabei dominierte zur Mitte der 1980er Jahre weiterhin das Kürzel »AW«. Im Verbandsmagazin hieß es dazu erläuternd: »Das Markenzeichen der Arbeiterwohlfahrt ist das rote Herz mit den weißen stilisierten Buchstaben ›AW‹«.[125]

Die tägliche Wohlfahrtspflege stand unverändert im Mittelpunkt der Arbeiterwohlfahrt. Die Berichte in den Publikationen, namentlich in dem eingangs dieses Kapitels länger zitierten monatlich erscheinenden Mitgliedermagazin *sozialprisma,* zeugen von einem ebenso aktiven wie breit aufgestellten Verband. Neben Informationen und Kommentaren zur allgemeinen Sozial- und Wohlfahrtspolitik der Bundesrepublik finden sich hier zahlreiche Berichte über Aktivitäten, Persönlichkeiten und Veröffentlichungen der Arbeiterwohlfahrt, aber auch über die Kultur-, Freizeit- und Erinnerungsarbeit: von der Ausstellung zum neu aufgelegten Kunstkalender *Grafik der Gegenwart* über die »AW-Hallenfußball-Meisterschaft« bis hin zum 1986 neu eingeführten *Lotte-Lemke-Preis.* Auch innerverbandliche Kontroversen wurden im *sozialprisma* ausgetragen, so etwa als die Arbeiterwohlfahrt der Forderung eine Absage erteilte, »durch ein gemeinsames Bekenntnis, etwa einen Konferenzbeschluss«, die Friedensbewegung zu unterstützen. Bundesgeschäftsführer Richard Haar begründete diese Haltung im Mitgliedermagazin mit den Worten: »Unsere praktische Arbeit für den Frieden beginnt täglich in den pädagogischen Feldern. In den Kindergärten, in der Gruppenarbeit, bei der Beratung in Ehefragen und bei Schwangerschaftskonflikten, in den Heimen für mißhandelte Frauen! Unsere Arbeit ist Arbeit für den Frieden.«[126] Innerverbandlich erntete Haar dafür einige Kritik und den Hinweis, dass »Kindergärten und Heime [zwar] kleine Friedensinseln« sein können, die aber auch »leicht vom Sturm heimgesucht werden können«.[127]

Kaum ein *sozialprisma*-Heft kam zudem ohne die Vorstellung von kürzlich neu eröffneten Einrichtungen aus. Schaut man nur auf das Bundesland Nordrhein-Westfalen und die ersten sechs Monate des Jahres 1983, so konnte sich der Leser im Januar 1983 über eine neue Altentagesstätte in Lockhausen (Bad Salzuflen) informieren, im Februar über den neuen *Mobilen Sozialen Hilfsdienst* in Detmold, im März über die *Hagener Drogenklinik Deerth,* im April über das neue Seniorenzentrum für Therapie, Begegnung und Tagespflege in Dortmund, im Mai über eine neue psychosoziale Beratungsstelle in Paderborn und im Juni über ein neues Seniorenzentrum in Düren.

Die mobilen
Hilfsdienste
übernahmen für
Bedürftige viele
Aufgaben des
Alltags.

Die hier angeführte Bandbreite dokumentiert, dass ungeachtet aller sozialpolitischen Krisenerscheinungen die Alltagsarbeit weiterging, ja sogar noch ausgebaut wurde. Dass die Sparmaßnahmen im Sozialbereich die Alltagsarbeit der Arbeiterwohlfahrt aber stark berührten, zeigt die Aktion »Sozialabbau«, bei der die Arbeiterwohlfahrt ihre Mitglieder und Betroffene mit Anzeigen und einem Faltblatt aufforderte, persönliche Berichte über eigene Erfahrungen mit Sozialabbau einzusenden, um diese später in einem Schwarzbuch zu veröffentlichen. Wie aufgeheizt die Stimmung war, zeigt die Reaktion von Heiner Geißler, seinerzeit Bundesminister für Familie, Senioren, Frauen und Jugend, der drohte, der Arbeiterwohlfahrt die Gemeinnützigkeit zu entziehen.

Unverändert trat der Bundesvorstand mit Stellungnahmen hervor, in denen zu grundlegenden Fragen der Sozial- und Wohlfahrtspolitik Position bezogen wurde. Gekennzeichnet waren diese Stellungnahmen durch ihren weiterhin hohen Pragmatismus und ihre Realitätsnähe. Anders als bei der Faltblattaktion, der vielfach »schlechter Stil« vorgehalten wurde,[128] verzichtete die Arbeiterwohlfahrt in den Stellungnahmen auf Polemiken und zeigte einen hohen Grad an fachlicher Orientierung. So wurde in der 1984 veröf-

fentlichten »Denkschrift« zur Sozialpolitik der 1980er Jahre hervorgehoben, dass man am »Ende einer Zeit des allgemeinen Ausbaus
von Sozialleistungen« stehe und infolgedessen der »Versuch einer
Neubewertung und Neukonzeption [...] des bewährten Systems«
anstehe. Mit der Zielsetzung »mehr soziale Gerechtigkeit und mehr
Effizienz« zu erzielen, setzte die Arbeiterwohlfahrt weniger auf
einen großen Wurf, sondern vielmehr auf »punktuelle Reformen,
die in eine langfristige Konzeption eingebettet sind«. Dass diese
Reformen nicht ohne Verteilungskonflikte erfolgen konnten, war
der Arbeiterwohlfahrt bewusst, wenn sie erklärte: »Wer neue soziale Bewegungen einbezieht, muß [...] auch nach vertretbaren Einsparungen suchen. Denn dieses System beinhaltet ebenso Unter-
versorgungen und nicht gesicherte elementare Lebensrisiken wie
umstrittene Überversorgungen und Sonderrechte für bestimmte
Gruppen.«[129]

Ein seit 1954 – seit Abschluss des ersten Manteltarifvertrags mit
der ÖTV – wiederkehrendes sozialpolitisches Konfliktfeld stellten
für die Arbeiterwohlfahrt selbst die Tarifverhandlungen dar. Trotz
eines eigenen Tarifvertrags orientierte sich der Verband weitestgehend an den Vereinbarungen für den Öffentlichen Dienst. Als die
Gewerkschaft ÖTV 1986 mit den Vertretern des Öffentlichen Diens-

Angestellte der
Arbeiterwohl-
fahrt demons-
trieren 1986 für
den Erhalt des
Bundesmantel-
tarifs.

tes neben einer Erhöhung der Grundvergütung um 3,5 Prozent auch zusätzliche Verbesserungen für die niedrigeren Lohngruppen vereinbarte, forderte die Arbeiterwohlfahrt, diese Zusatzzahlungen auf einen längeren Zeitraum als im öffentlichen Dienst zu strecken, da sie sich mit Zusatzkosten von rund 60 Millionen Mark jährlich konfrontiert sah. Da keine Einigung erzielt wurde, argumentierte die Arbeiterwohlfahrt, dass sie gezwungen sei, »mit den Beitrags- und Spendenaufkommen ihrer Mitglieder die nicht gedeckten Kosten ihrer sozialen Dienste und Einrichtungen finanziell« aufzufangen.[130] Letztlich übernahm die Arbeiterwohlfahrt die Regelungen des öffentlichen Dienstes dann aber doch vollständig, kündigte indes den eigenen Bundesmanteltarif. Ein Jahr später wurde der Manteltarifvertrag dann wieder in Kraft gesetzt, zugleich aber eine zeitlich befristete Öffnung für einzelne Kreis- oder Bezirksverbände vereinbart.

Zu den weiteren Politikfeldern, zu denen sich die Arbeiterwohlfahrt zu Worte meldete, zählten die Gesundheits- und die Wohnungspolitik. Während man für »das Gesundheitssystem grundlegende Strukturveränderungen« als notwendig erachtete und hierbei vor allem eine stärkere Berücksichtigung langfristig oder chronisch Kranker einforderte,[131] stellte man in der Wohnungspolitik »einen erheblichen Wohnungsbedarf einkommensschwacher Familien gerade in Ballungszentren« fest und verlangte eine »verstärkte Neubautätigkeit von Sozialwohnungen«.[132] Auch die Themen Jugendarbeitslosigkeit und Pflegeversicherung standen wiederholt im Zentrum von Stellungnahmen der Arbeiterwohlfahrt. Im Herbst 1982 hatten die Arbeitslosenzahlen in der Bundesrepublik erstmals die Schwelle von zwei Millionen überschritten, sodass allenthalben von Massenarbeitslosigkeit gesprochen wurde. Hinzu kam eine drastische Lehrstellenknappheit, die dazu beitrug, dass zahlreiche Jugendliche ihren Berufswunsch nicht weiterverfolgen konnten. Während von der Arbeiterwohlfahrt zur Jugendarbeitslosigkeit im Oktober 1984 ein »10-Punkte-Programm« mit Forderungen nach weiteren Investitionen vorgelegt wurde, hatte man im Juni 1984 ein Positionspapier zur »Einführung einer Pflegeversicherung« vorgelegt, das die erstmals 1976 erhobenen Forderungen nach einer Pflegekostenneuordnung ergänzte und präzisierte. Seitens der

Arbeiterwohlfahrt setzte man in der Pflege-
frage auf einen differenzierten Maßnahmen-
katalog, an dessen Spitze die »Einführung einer
besonderen, organisatorisch an die gesetzliche
Krankenversicherung angebundene Pflegeversicherung für alle Bürger« stand. Für notwendig erachtet wurden einkommensabhängige
Versicherungsbeiträge, mit der die Kosten für
die Pflege abgedeckt werden sollten. In den
Stellungnahmen der Arbeiterwohlfahrt wurde
sowohl eine Pflege in der eigenen Wohnung als
auch eine Unterbringung in Heimen vorgesehen.[133] Da es 1984 jedoch lediglich zur Einführung von privaten Pflegezusatzversicherungen
kam und eine staatliche Regelung bis 1995 auf
sich warten ließ, hielt die Kritik an der offiziellen Regierungspolitik an.

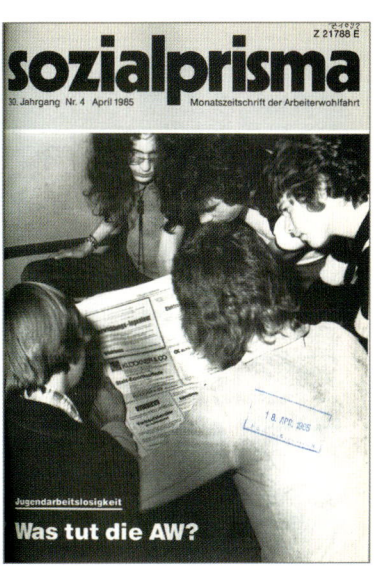

Strategisch wurde seitens der Arbeiterwohlfahrt nun stärker
als zuvor die Kooperation mit Partnern im Wohlfahrtsbereich gesucht. So vereinbarte man 1984 eine engere Zusammenarbeit mit
dem Arbeiter-Samariter-Bund, die sich sowohl auf den Bereich der
Mobilen Sozialen Hilfe als auch auf die humanitäre Auslandshilfe
bezog. Auf Bezirksebene setzte man auf eigene Kooperationsfor-
mationen. So wurde in Rheinland-Pfalz eine Arbeitsgemeinschaft
von Arbeiterwohlfahrt und Naturfreunden aus der Taufe gehoben,
um bei Ferien- und Erholungsmaßnahmen enger zusammenzu-
arbeiten. Gemeinsam mit der Caritas, der Diakonie und dem DGB
veröffentlichte der Bundesverband der Arbeiterwohlfahrt eine Bro-
schüre zur Aufenthaltsberechtigung von Ausländern und startete
eine Kampagne, in deren Mittelpunkt die Forderung stand, dass der
gesetzlichen Bestimmung, dass Ausländer nach acht Jahren in der
Regel eine Aufenthaltsberechtigung bekommen, auch in der Praxis
Rechnung getragen werde.

In den 1980er
Jahren rückte die
Arbeitslosigkeit
von Jugendlichen
in den Fokus der
Wohlfahrtsorga-
nisationen.

Unter dem Vorsitz der Arbeiterwohlfahrt in der *Bundesarbeitsgemeinschaft der Freien Wohlfahrtspflege* gelang es im Juni 1987,
das erste gemeinsame Treffen aller Präsidenten und Vorsitzenden
der Wohlfahrtsverbände mit einem Regierungschef der Bundes-

Gemeinsam mit anderen Verbänden warb die Arbeiterwohlfahrt für Solidarität mit ausländischen Mitbürgern.

republik zu arrangieren. Dass Helmut Kohl die Wohlfahrtsverbände als unverzichtbaren Bestandteil des Sozialstaats bezeichnete und ihnen volle Unterstützung für die Zukunft versprach, stellte für die Verbände ein wichtiges Signal für die weitere Arbeit dar; dies umso mehr, weil in der wissenschaftlichen Forschung zunehmende Kritik am »funktionalen Dilettantismus« der Wohlfahrtsverbände aufkam und rege Resonanz fand.[134] Zugleich wurde aber auch in dem Gespräch mit dem Bundeskanzler deutlich, welche Schwierigkeiten es weiterhin bereiten sollte, einen Konsens hinsichtlich einer künftigen Pflegeversicherung zu erzielen.[135]

Das Verhältnis zu den Gewerkschaften und zur SPD stand trotz eines Bundesvorsitzenden der Arbeiterwohlfahrt, der zugleich Mitglied des Vorstands der SPD-Bundestagsfraktion war, nicht zum Besten. Bei den Gewerkschaften hatte die »Neue Heimat-Affäre« – die Überschuldung des gemeinnützigen Bau- und Wohnungsunternehmens des DGB, zu der nicht zuletzt die Bereicherung mehrerer Vorstände beigetragen hatte – eine tiefe Krise verursacht. Da zudem weitere Managementfehler bei den gewerkschaftlichen und gemeinwirtschaftlichen Unternehmungen hinzukamen, erwiesen sich die Gewerkschaften in dieser Zeitphase nur begrenzt als schlagkräftiger Partner. Zwischen SPD und Arbeiterwohlfahrt hatte sich bereits zum Ende der 1970er Jahre eine gewisse Entfremdung eingestellt, die in der Schlussphase der Regierung Schmidt noch zementiert wurde. Als Willy Brandt als SPD-Parteivorsitzender am 1. Juni 1985 an einer gemeinsamen Sitzung von Bundesvorstand, Bundesausschuss und Fachausschüssen der Arbeiterwohlfahrt teilnahm und die Absicht bekräftigte, wieder »näher

Im Juni 1985 nahm Willy Brandt als Gast an einer Sitzung des Bundesausschusses teil.

zusammen[zu]rücken«, wurde dies als ebenso willkommenes wie notwendiges Signal zu einer neuerlichen Annäherung gesehen.[136]

Zur Mitte der 1980er Jahre mehrten sich auch die von der Arbeiterwohlfahrt alleine oder in Kooperation ausgerichteten Fachtagungen. Seit den 1970er Jahren hatte in der Regel jährlich eine Fachtagung zu einem spezifischen wohlfahrtspolitischen Thema stattgefunden; nunmehr zeigte sich ein verstärkter Bedarf nach fachlicher Information, aber auch nach einer Bestandsaufnahme angesichts der anhaltenden gesellschaftlichen Veränderungen und ökonomischen Herausforderungen. So wurde im Januar 1985 eine Fachtagung zum Thema »Heimerziehung und aktuelle gesellschaftliche Entwicklung« und im November 1985 zur »psychosozialen Lage von Migranten in der Bundesrepublik Deutschland« durchgeführt. In den Fachtagungen kamen externe Experten und Praktiker der Sozialarbeit mit den Funktionsträgern der Arbeiterwohlfahrt zusammen, tauschten Erfahrungen aus, erörterten in Arbeitsgruppen und Foren Lösungsansätze einzelner Problemfelder und formulierten Vorschläge und Forderungen.

Das Spannungsverhältnis von sozialen Leistungen und ökonomischen Anforderungen markierte eine zentrale Aufgabe im Verbandsalltag.

Im Rahmen dieser Tagungen zeichnete sich die Notwendigkeit eines neuen Fachpolitischen Programms der Arbeiterwohlfahrt immer deutlicher ab, das den Vorgänger aus dem Jahre 1975 ersetzen sollte. Auf der Dortmunder Bundeskonferenz sollte im November 1986 das Programm, das intern zunehmend häufiger als neues Grundsatzprogramm der Arbeiterwohlfahrt bezeichnet wurde, beraten und beschlossen werden. Während die bisherigen Vorsitzenden bei den Wahlen in Dortmund ohne größere Debatten in ihren Ämtern bestätigt und eine Fülle von Anträgen bewältigt wurden, gelang jedoch keine Verständigung auf das Fachprogramm. Ebenso wie die SPD, die sich im selben Jahr auf ihrem Nürnberger Parteitag nicht auf ein neues Grundsatzprogramm hatte einigen können, vertagte auch die Arbeiterwohlfahrt die Entscheidung. Dies war unter anderem der Fülle der Themen und Änderungsvorschläge geschuldet; allein die gedruckten »Anträge, Anregungen und Meinungen der Landes- und Bezirksverbände zum fachpolitischen Programm« umfassten mehr als 400 Seiten. Darüber hinaus erwies sich die Anforderung, die erheblichen gesellschaftlichen Veränderungen der vergangenen Dekaden programmatisch zu verarbeiten, aktuelle Herausforderungen wie die ökologische Frage oder die Immunschwächekrankheit AIDS einzubeziehen und schließlich auch der veränderten Grundstimmung – statt Reformeuphorie nunmehr Sozialabbau – Rechnung zu tragen als äußerst ambitiös. Schließlich trug aber auch eine nicht ganz glückliche Handhabung der Programmkommission, der vorgehalten wurde, »die Entwürfe durch rigorose Kürzungen in ihrem Aussagewert beeinträchtigt« zu haben und es zugleich »durch ausufernde Detaildarstellungen an Klarheit« habe fehlen lassen, zum Aufschub bei.[137]

Im Laufe des Jahres 1987 fand auf allen Verbandsebenen eine intensive Debatte über die Neubearbeitung des Programms statt. Am 18. Oktober 1987 wurde die Bundeskonferenz dann als Sonderkonferenz in Kassel wiedereröffnet, dem Ort der ersten Reichskonferenz der Arbeiterwohlfahrt nach dem Zweiten Weltkrieg. Angesichts der engagierten Vorarbeiten konnte – trotz einer sich nochmals über zwei Tage erstreckenden regen Beratung – ein überzeugender Erfolg verbucht werden: Das neue Programm wurde einstimmig verabschiedet. Anders als von der Antragskommission vorgesehen, erhielt es in Anlehnung an ein Referat von Lotte Lemke auf der Reichskonferenz 1953 den Titel »Humanitäres Handeln aus politischer Verantwortung«. Und es wurde im Untertitel nunmehr auch offiziell als »Grundsatzprogramm der Arbeiterwohlfahrt« ausgewiesen. Im Verband selbst wurde das neue Programm als gelungener und tragfähiger Kompromiss betrachtet. Es vermittelte die Grundwerte und das Selbstverständnis der Arbeiterwohlfahrt, es diente aber auch als Leitbild und Orientierungsrahmen. Darüber hinaus bot es den Mitgliedern und Ehrenamtlichen eine Handlungsanleitung für die anstehenden sozial- und wohlfahrtspolitischen Aktivitäten. Der zu Beginn dieses Kapitels zitierten

Auf einer Sonderkonferenz in Kassel verabschiedete die Arbeiterwohlfahrt 1987 ihr erstes Grundsatzprogramm.

kritischen Stellungnahme zum Zustand der Arbeiterwohlfahrt war damit ein gutes Stück weit Rechnung getragen worden, wenngleich »darauf verzichtet wurde, differenzierte Aussagen zur organisatorischen Weiterentwicklung des Verbandes zu treffen«.[138]

Trotz günstiger Wirtschaftslage und boomender Exporte stand das Ende der 1980er Jahre im Zeichen von kontroversen Debatten über die Zukunftsfestigkeit des deutschen Sozialleistungssystems und die Wahrung des sozialen Friedens im Lande. Mit der Erhöhung der Verbrauchssteuern, mit der Selbstbeteiligung von Patienten im Krankheitsfall, mit den Protesten von Krankenschwestern und -pflegern gegen den Pflegenotstand in Krankenhäusern, mit anhaltender Wohnungsnot, nicht zuletzt unter Aussiedlern, und vor allem mit weiterhin hohen Arbeitslosenzahlen sind die Problemfelder angesprochen, in denen die Arbeiterwohlfahrt sich verstärkt engagierte. Noch im November 1987 hatte der Verband eine Fachtagung zum Thema »Kinder der Krise« organisiert, die den materiellen und psychischen Folgen von Arbeitslosigkeit für Kinder und Jugendliche besondere Beachtung widmete.

Als vom 27. bis 31. Oktober 1989 die nächste Bundeskonferenz in Bonn ausgerichtet wurde, standen – ungeachtet der mittlerweile verabschiedeten Gesundheits- und Rentenreform – die sozialpolitischen Themen und die Frage der neuen Armut weiterhin im Blickfeld. Zugleich deutete sich aber in zweifacher Hinsicht eine neuerliche Zäsur an: Die Arbeiterwohlfahrt hatte den 70. Jahrestag ihrer Gründung genutzt, um eingehender das Verbandsjubiläum zu feiern. Bei den Feierlichkeiten war aber oft genug auch Kritik aufgekommen, die von Hermann Buschfort in seiner letzten Rede als Vorsitzender auf der Bundeskonferenz besonders vehement zum Ausdruck gebracht wurde. Buschfort sprach in Bonn »strukturelle Fehler […] und verbandliche Schwachstellen« an, er räumte eine »amateurhafte Verbandsführung«, »Vetternwirtschaft« und »Interessenkollisionen« des hauptamtlichen Personals ein. Er mahnte

»Offenheit und Transparenz« an, aber auch die Einholung von »qualifiziertem Rat«. Schließlich bedauerte Buschfort, dass »Richtlinien, Empfehlungen, Rundschreiben oder Programme über die praktische soziale Arbeit häufig in unteren Gliederungen weder gelesen noch eingesetzt werden« und dass es überhaupt »keine einheitliche Arbeiterwohlfahrt« gebe. Selbstkritisch empfahl er seinem Nachfolger, »es besser zu machen«.[139] Angesichts derart umfassender Kritik war absehbar, dass der Wandel der Arbeiterwohlfahrt auch in der nächsten Dekade auf der Agenda stehen sollte. Eingeleitet wurde in Bonn bereits ein generationeller Wechsel an der Verbandsspitze: Mit dem Duisburger Sozialdezernenten Otto Fichtner als Vorsitzendem sowie der Karlsruher Bundestagsabgeordneten Gerlinde Hämmerle und dem Herforder Stadtwerke- und Verkehrsbetriebe-Geschäftsführer Manfred Ragati als Stellvertretern war das gesamte engere Führungsteam auf der Bonner Bundeskonferenz neu bestellt worden.

Als noch bedeutsamer Einschnitt sollte sich indes erweisen, dass die Delegierten der Bundeskonferenz 1989 im westdeutschen Provisorium Bonn am Vorabend einer deutschland- und weltpolitischen Zeitenwende standen, die auch die Strukturen und Aktivitäten der Arbeiterwohlfahrt in den kommenden Jahren erheblich prägen sollte.

Im Spannungsfeld von Wohlfahrtsverband und Sozialunternehmen

Die in diesem Kapitel beschriebenen Jahre markieren den bis dahin umfassendsten Wandel der Arbeiterwohlfahrt. Forciert durch die politischen und gesellschaftlichen Veränderungen seit den ausgehenden 1960er Jahren stellten vor allem die 1970er Jahre eine Innovations- und Reformphase, aber auch eine Expansionsphase des Verbandes dar. Die Arbeiterwohlfahrt war in diesem Zeitraum weder nur Getriebene der Umstände noch allein Vollstreckerin einer voranschreitenden Leistungsversorgung, sondern oftmals auch Impulsgeberin in neuen Problemfeldern. Sie entwickelte – vielfach in Modellprojekten wie bei der Schwangerschaftskonflikt- oder

Suchtberatung – neue Konzepte und Zugänge, die bis heute wirksam sind. Ihre Tätigkeitsfelder erstreckten sich nunmehr von der Familienhilfe bis zur Krebsberatung und vom Sprachheilzentrum bis zur Behindertenwerkstatt. Dabei kümmerte sie sich, wie in der Ausländerpolitik, einmal mehr um Klienten, die ansonsten kaum Ansprechpartner und Repräsentanten in der Gesellschaft fanden. Parallel dazu erweiterten Kooperationen und grenzüberschreitende Kontakte, wie das Beispiel der Entwicklungspolitik zeigt, den Aktionsradius der Arbeiterwohlfahrt und erschlossen neue Handlungsfelder.

In den 1980er Jahren hielt der von der Arbeiterwohlfahrt begleitete wohlfahrtsstaatliche Ausbau der Bundesrepublik an. Angesichts sich verengender finanzieller Spielräume stand aber nunmehr eine verstärkte Kosten- und Effizienzorientierung im Blickfeld. Während sich in Bereichen wie der Kinder-und Jugendhilfe ein »regulierter Korporatismus«[140] ausbreitete, kam es in anderen Feldern, wie der Altenhilfe, im Zuge von Sparmaßnahmen zu einer Wettbewerbsverdichtung. Im Zeichen der Debatten über eine neue Subsidiarität spielten zudem Selbsthilfeorganisationen und neue soziale Bewegungen eine zunehmend wichtigere Rolle, die aber letztlich von den etablierten Wohlfahrtsverbänden aufgesogen und in deren Organisationsstrukturen integriert wurden.

Mit der zunehmenden Expansion und Ökonomisierung der Wohlfahrtspolitik, aber auch mit einer verstärkten Akademisierung der Gesellschaft ging ein innerverbandlicher Umstrukturierungsprozess einher, der zu einem Ausbau des Unternehmens Arbeiterwohlfahrt führte, während der Wohlfahrtsverband in den Hintergrund trat. Vor dem Hintergrund dieser Entwicklung wurden zunehmend kontroversere Debatten über das eigene Selbstverständnis geführt. Da die Arbeiterwohlfahrt sich bisweilen gezwungen sah, Einrichtungen zu schließen, wenn diese finanziell nicht mehr unterhalten werden konnten und den Verband mit erheblichen Belastungen konfrontierten, wurde verstärkt die Frage erörtert, inwieweit Wohlfahrtspolitik überhaupt noch werteorientiert betrieben werden könne. Das 1987 in Kassel verabschiedete erste Grundsatzprogramm löste diese Profilsuche im Lichte eines Kompromisses beider Dimensionen auf und stärkte das gemeinsame Fundament einer

weiterhin stark durch die föderalen Strukturen und regionalen Eigenheiten geprägten Arbeiterwohlfahrt.

Zur gemeinsamen Identität des Verbandes trug auch
die in dieser Zeitphase einsetzende verstärkte geschichts-
politische Arbeit bei. Eine ganze Reihe von Zeitzeugen
erinnerte sich in Interviews – oder wie Lotte Lemke sogar in filmischen Dokumentationen – an persönliche
Erfahrungen beim Aufbau der Arbeiterwohlfahrt, aber
auch an die dunklen Jahre des Nationalsozialismus. Ein
zunehmend größerer Anteil der zahlreichen neuen Einrichtungen wurde zudem nach Persönlichkeiten der Geschichte der Arbeiterwohlfahrt benannt. Da Marie Juchacz bereits
vielfach als Namenspatronin gedient hatte und sie seit 1969 auch
eine Briefmarke zierte, wurde bei der Namensgebung nunmehr vor
allem an die zahlreichen Frauen erinnert, die als Pionierinnen auf
lokaler beziehungsweise regionaler Ebene den Aufbau der Arbeiterwohlfahrt betrieben hatten. Männer wurden hingegen seltener
als Namenspatron herangezogen; in den wenigen Fällen, die zumeist aus der Zwischenkriegszeit stammen, wurden sie bisweilen
aber sogar mehrfach in Anspruch genommen. Während die schwä-
bische Arbeiterwohlfahrt zu Ehren von Clemens Högg, Vorsitzender
der Arbeiterwohlfahrt in Augsburg und Schwa-
ben von 1928–1933, zwei Häuser in Augsburg
und Neu-Ulm in den 1980er Jahren benannte,
wurde Paul Gerlach, einer der Gründerväter des
Bezirks Niederrhein der Arbeiterwohlfahrt, sowohl zum Namensgeber des *Paul-Gerlach-Bil-
dungswerks* der Arbeiterwohlfahrt Essen als auch
des *Paul-Gerlach-Hauses* in Düsseldorf, ein Dau-
erwohnheim für psychisch behinderte Frauen
und Männer.

Nicht nur die Arbeiterwohlfahrt selbst, sondern auch ihre Geschichte rückte damit immer
stärker in das öffentliche Bewusstsein. Zum Jahresende 1983 war einer Allensbach-Umfrage zufolge rund 91 Prozent aller Deutschen der Name
Arbeiterwohlfahrt mittlerweile ein Begriff.[141]

Quellen und Literatur

1 Westliches Westfalen sucht Schwachstellen. Alle Gliederungen zur Diskussion aufgerufen, in: sozialprisma 30 (1985), H. 4, S. 57.

2 Vgl. Thomas Raithel/Andreas Rödder/Andreas Wirsching (Hrsg.): Auf dem Weg in eine neue Moderne? Die Bundesrepublik Deutschland in den siebziger und achtziger Jahren, München 2009.

3 Vgl. Bernd Faulenbach: Die Siebzigerjahre – ein sozialdemokratisches Jahrzehnt?, in: Archiv für Sozialgeschichte 44 (2004), S. 1–37.

4 Vgl. Hans Günter Hockerts: Rahmenbedingungen: Das Profil der Reformära, in: ders. (Hrsg.): Geschichte der Sozialpolitik in Deutschland seit 1945. Bd. 5: Bundesrepublik Deutschland 1966–1974. Eine Zeit vielfältigen Aufbruchs, Baden-Baden 2006, S. 1–156; Wilfried Süß: Sozialpolitische Handlungsfelder in der Reformära, in: ebd., S. 157–222; Hans Günter Hockerts: Der deutsche Sozialstaat. Entfaltung und Gefährdung seit 1945, Göttingen 2011.

5 Vgl. Jens Hohensee: Der erste Ölpreisschock 1973/74. Die politischen und gesellschaftlichen Auswirkungen der arabischen Erdölpolitik auf die Bundesrepublik Deutschland und Westeuropa, Stuttgart 1996.

6 Vgl. Anselm Doering-Manteuffel/Lutz Raphael: Nach dem Boom. Perspektiven auf die Zeitgeschichte seit 1970, Göttingen 2008; Anselm Doering-Manteuffel/Lutz Raphael/Thomas Schlemmer (Hrsg.): Vorgeschichte der Gegenwart. Dimensionen des Strukturbruchs nach dem Boom, Göttingen 2016; Konrad Jarausch (Hrsg.): Das Ende der Zuversicht? Die siebziger Jahre als Geschichte, Göttingen 2008.

7 Willy Brandt: Für eine Welt des Friedens und der sozialen Gerechtigkeit, in: Arbei-terwohlfahrt Bundesverband e. V. (Hrsg.): Arbeiterwohlfahrt Bundeskonferenz Berlin '69, Bonn [1969], S. 6.

8 Richard Haar: Die Arbeiterwohlfahrt 1967–69, in: ebd., S. 30.

9 Vgl. zu den Personaldebatten im Vorfeld das Protokoll des Bundesvorstands der Arbeiterwohlfahrt vom 23.4.1971, AdsD, 4/AWOA000956.

10 Hier und zum folgenden: Lotte Lemke: Unsere Verantwortung heute für morgen, in: Arbeiterwohlfahrt Bundesverband e. V. (Hrsg.): Arbeiterwohlfahrt Bundeskonferenz Hannover '71, Bonn [1971], S. 51ff.

11 Kurt Partzsch: Freie Wohlfahrtspflege im System sozialer Sicherung, in: Arbeiterwohlfahrt Bundesverband e. V. (Hrsg.): Arbeiterwohlfahrt Bundeskonferenz Hannover '71, Bonn [1971], S. 22.

12 Ebd., S. 24.

13 Ebd. S. 26.

14 Arbeiterwohlfahrt Bundesverband e. V.: Fachpolitisches Programm der Arbeiterwohlfahrt, Bonn 1975.

15 Vgl. Wolf Rainer Wendt: Geschichte der sozialen Arbeit. Bd. 2: Die Profession im Wandel ihrer Verhältnisse, Stuttgart 2008.

16 Vgl. hierzu Protokoll des Bundesvorstands der Arbeiterwohlfahrt vom 3.2.1969, AdsD, 4/AWOA000957.

17 Protokoll des Bundesvorstands der Arbeiterwohlfahrt vom 18.2.1970. AdsD, 4/AWOA000956.

18 Protokoll des Bundesvorstands der Arbeiterwohlfahrt vom 27.11.1970, AdsD, 4/AWOA000956.

19 Protokoll des Bundesvorstands der Arbeiterwohlfahrt vom 18.2.1970, AdsD, 4/AWOA000956.

20 Ebd.

21 Zunächst wurde eine »Gesellschaft für progressive Pädagogik« mit den Kooperationspartnern »Gesellschaft für Neue Erziehung« in Berlin und dem Vorstand der Sozialistischen Jugend »Die Falken« gegründet. Vgl. hierzu Protokoll des Bun-

desvorstands der Arbeiterwohlfahrt vom 9.6.1970, AdsD, 4/AWOA000956.

22 Protokoll des Bundesvorstands der Arbeiterwohlfahrt vom 13.9.1975, AdsD, 4/AWOA001719.

23 Protokoll des Bundesvorstands der Arbeiterwohlfahrt vom 18.5.1973, AdsD, 4/AWOA000963.

24 Hans Damitz: Zur Organisation, in: Arbeiterwohlfahrt Bundesverband e. V. (Hrsg.): Arbeiterwohlfahrt Bundeskonferenz Wiesbaden '74, Bonn [1974], S. 22.

25 AW-Pressedienst vom 21.6.1977, AdsD, 4/AWOA003168.

26 Alice Ohrenschall: Der unbekannte Ortsverein, in: sozialprisma 27 (1982), H. 9, S. 99f.

27 AW-Pressedienst vom 6.1.1970, AdsD, 4/AWOA003161.

28 Dietmar Niemann/Franz-Josef Göbel: Die Düsseldorfer Arbeiterwohlfahrt von ihren Ursprüngen bis zur Gegenwart 1904–1980. Ein Beitrag zur Stadtgeschichte der Stadt Düsseldorf, Düsseldorf 1981, S. 72.

29 Richard Haar: Zum Geschäftsbericht 1974–1977, in: Arbeiterwohlfahrt Bundesverband e. V. (Hrsg.): Arbeiterwohlfahrt Bundeskonferenz Timmendorfer Strand '77, Bonn [1977], S. 13.

30 Ebd.

31 Bundeskonferenz Timmendorfer Strand '77, S. 36f.

32 Arbeiterwohlfahrt Bezirksverband Niederrhein e. V.: 90 Jahre Arbeiterwohlfahrt. Festakt im Theater und Konzerthaus Solingen. 7. November 2009, [Solingen 2009], S. 8.

33 Zit. nach: sozialprisma 29 (1984), H. 11, S. 167.

34 Zit. nach: sozialprisma 28 (1981), H. 1, S. 3.

35 Hans Damitz: Zur Organisation, in: Bundeskonferenz Wiesbaden '74, S. 23.

36 Richard Haar: Zum Geschäftsbericht 1974–1977, in: Bundeskonferenz Timmendorfer Strand '77, S. 13.

37 Ebd.

38 Zahlen nach: Ulrich Herbert/Karin Hunn: Beschäftigung, soziale Sicherung und soziale Integration von Ausländern, in: Hans Günter Hockerts (Hrsg.): Geschichte der Sozialpolitik in Deutschland seit 1945. Bd. 5: Bundesrepublik Deutschland 1966–1974. Eine Zeit vielfältigen Aufbruchs, Baden-Baden 2006, S. 781–812, hier S. 797.

39 Arbeiterwohlfahrt Bundesverband e. V. (Hrsg.): Arbeiterwohlfahrt Bundeskonferenz Hannover '71, Bonn [1971], S. 14.

40 Protokoll des Bundesvorstands der Arbeiterwohlfahrt vom 1.3.1974, AdsD, 4/AWOA000966.

41 Protokoll des Bundesvorstands der Arbeiterwohlfahrt vom 22.1.1971, AdsD, 4/AWOA000956.

42 AW-Pressedienst vom 16.6.1981, AdsD, 4/AWOA003172.

43 AW-Pressedienst vom 15.3.1979, AdsD, 4/AWOA003170.

44 Zit. nach AW-Pressedienst vom 21.11.1980, AdsD, 4/AWOA003172.

45 Protokoll des Bundesvorstands der Arbeiterwohlfahrt vom 19.9.1980, AdsD, 4/AWOA001792.

46 Protokoll des Bundesvorstands der Arbeiterwohlfahrt vom 21.11.1973, AdsD, 4/AWOA000963.

47 Protokoll des Bundesvorstands der Arbeiterwohlfahrt vom 26.10.1973, AdsD, 4/AWOA000963.

48 Protokoll des Bundesvorstands der Arbeiterwohlfahrt vom 20.1.1978, AdsD, 4/AWOA001787.

49 Siehe Detlef Dobiat: Sozialdienst in der Klinik Schildautal, in: sozialprisma 27 (1982), H. 7, S. 84; Manfred Fricke: Vom Hürdenläufer zum Zehnkämpfer, in: sozialprisma 29 (1984), H. 9, S. 143.

50 Protokoll des Bundesvorstands der Arbeiterwohlfahrt vom 27.6.1975, AdsD, 4/AWOA001719.

51 Protokoll des Bundesvorstands der Arbeiterwohlfahrt vom 2.2.1979, AdsD, 4/AWOA001789.

52 Protokoll des Bundesvorstands der Arbeiterwohlfahrt vom 10.10.1984, AdsD, 4/AWOA002127.

53 So für den Immenhof 373.424 DM, für das Haus Sommerberg 330.634 DM, für das Haus Fischerhof im Jahr 1985 insgesamt 232.340 DM und das Haus Humboldstein 150.257 DM. Siehe Protokoll des Bundesvorstands der Arbeiterwohlfahrt vom 12.9.1986 (Tischvorlage), AdsD, 4/AWOA001872.

54 Protokoll des Bundesvorstands der Arbeiterwohlfahrt vom 8.3.1985, AdsD, 4/AWOA002127.

55 Protokoll des Bundesvorstands der Arbeiterwohlfahrt vom 6.3.1987, AdsD, 4/AWOA002160.

56 Vgl. hierzu etwa den 165-seitigen Bericht des Landesrechnungshofs Nordrhein-Westfalen zur Förderung der Schwangerschaftskonfliktberatung vom 25.2.1988. Anlage zur Vorlage der Sitzung des Bundesvorstands der Arbeiterwohlfahrt vom 15.4.1988, AdsD, 4/AWOA002164.

57 So Andreas Niedermaier: Franz Maget und die Sanierung der AWO, in: Rainer Ostermann (Hrsg.): Franz Maget. Es geht auch anders ... Politische Bilanz eines bayerischen Sozialdemokraten, München 2013, S. 215–220, hier S. 217.

58 Berliner Morgenpost vom 3.8.1986.

59 Frankfurter Neue Presse vom 20.6.1986.

60 Vgl. Nordwest-Zeitung Oldenburg vom 4.9.1989.

61 Vgl. taz vom 4.2.1989.

62 Der Spiegel vom 21.8.1989.

63 Vgl. AW-Pressedienst vom 16.9.1969, AdsD, 4/AWOA003160.

64 Arbeiterwohlfahrt Bezirksverband Hessen-Nord e. V.: Unser das Leben, die Zukunft und die Freiheit, Kassel [2019], S. 45.

65 Zit. nach: AW-Pressedienst vom 25.1.1984, AdsD, 4/AWOA001447.

66 AW-Pressedienst vom 12.7.1978, AdsD, 4/AWOA003169.

67 Vgl. Arbeiterwohlfahrt Bundesverband: Vorschläge für ein erweitertes Jugendhilferecht, Bonn 1970. Bereits 1967 war ein Vorläufer entstanden. Vgl. Arbeiterwohlfahrt Bundesverband: Vorschläge für ein erweitertes Jugendhilferecht: Denkschrift der Arbeiterwohlfahrt zur Reform des Jugendwohlfahrtsrechtes, des Jugendgerichtsgesetzes und der Vormundschaftsgerichte, Bonn 1967.

68 Zit. nach: AW-Pressedienst vom 30.9.1970, AdsD, 4-AWOA003161.

69 Vgl. Thomas Rauschenbach/Christoph Sachße/Thomas Olk (Hrsg.): Von der Wertegemeinschaft zum Dienstleistungsunternehmen. Jugend- und Wohlfahrtsverbände im Umbruch, Frankfurt am Main 1995.

70 Vgl. AW-Pressedienst vom 14.4.1970, AdsD. 4/AWOA003161.

71 Vgl. AW-Pressedienst vom 3.11.1970, AdsD, 4/AWOA003161.

72 Vgl. AW-Pressedienst vom 21.8.1979, AdsD, 4/AWOA003170.

73 Siehe hierzu die AW-Pressemitteilung vom 13.1.1970, AdsD, 4/AWOA003161.

74 Zahlen nach: Heime der Arbeiterwohlfahrt und ihr angeschlossene Vereinigungen, Bonn 1980.

75 Vgl. AW-Pressedienst vom 16.4.1984, AdsD, 4/AWOA003175.

76 AW-Pressedienst vom 19.8.1969, AdsD, 4/AWOA003160.

77 Zit. nach: Fachpolitisches Programm 1975, S. 21.

78 Zit. nach: AW-Pressedienst vom 18.11.1982, AdsD, 4/AWOA003173.

79 AW-Pressedienst vom 23.2.1982, AdsD. 4/AWOA003173.

80 AW-Pressedienst vom 30.7.1981, AdsD. 4/AWOA003172.

81 Arbeiterwohlfahrt: Sozialhilfe als Hilfe in besonderen Lebenslagen. Anregungen und Vorschläge zur Einfügung des Sozialhilferechts in ein Sozialgesetzbuch, in: Theorie und Praxis der sozialen Arbeit 24 (1973), H. 6, S. 202–232.

82 Vgl. AW-Pressedienst vom 15.10.1979, AdsD, 4/AWOA003170.

83 Richard Haar: Türkische Arbeiter in der Betreuung durch die Arbeiterwohlfahrt, in: Arbeiterwohlfahrt Hauptausschuß e. V. (Hrsg.): Die Arbeiterwohlfahrt. Jahrbuch 1963/64, Bonn 1964, S. 56–60.

84 Siehe den Auszug aus dem Geschäftsbericht der Bundeskonferenz in Essen 1967, in: Arbeiterwohlfahrt Bundesverband e. V.: Stellungnahmen der Arbeiterwohlfahrt zur Ausländerpolitik von 1965 bis 1978, Bonn 1979, S. 11 f.

85 Vgl. AW-Pressedienst vom 10.8.1971, AdsD, 4/AWOA003162.

86 AW-Pressedienst vom 16.11.1982, AdsD, 4/AWOA003173.

87 Siehe hierzu auch das Dokument: Arbeiterwohlfahrt Bundesverband e. V.: Denkschrift zur Reform der Ausländerpolitik, Bonn 1973.

88 Zit. nach ebd., S. 15.

89 Vgl. grundlegend die vom Arbeiterwohlfahrt Bundesverband herausgegebene Dokumentensammlung: Stellungnahmen der Arbeiterwohlfahrt zur Ausländerpolitik von 1965–1978, Bonn 1979.

90 Zit. nach: Fachpolitisches Programm 1975, S. 16.

91 Vgl. AW-Pressedienst vom 4.5.1971, AdsD, 4/AWOA003162.

92 Zit. nach: AW-Pressedienst vom 27.1.1981, AdsD, 4/AWOA003172.

93 Zit. nach: AW-Pressedienst vom 26.10.1971, AdsD, 4/AWOA003162.

94 Zit. nach: AW-Pressedienst vom 4.3.1975, AdsD, 4/AWOA003166.

95 Bezirksverband Hessen-Nord: Unser das Leben, die Zukunft und die Freiheit, S. 44.

96 Vgl. Fachpolitisches Programm 1975, S. 16.

97 AW-Pressedienst vom 24.9.1981, AdsD, 4/AWOA003172.

98 Vgl. Hilflose Helfer, in: Der Spiegel vom 23.7.1979, S. 50.

99 Vgl. zur Bandbreite der Zugänge: Ulrich Becker/ Hans Günter Hockerts/Klaus Tenfelde (Hrsg.): Sozialstaat Deutschland. Geschichte und Gegenwart, Bonn 2010; Gerhard Bäcker/Gerhard Naegele/ Reinhard Bispinck/Klaus Hofemann/ Jennifer Neubauer: Sozialpolitik und soziale Lage in Deutschland, 2 Bde., 5. Aufl. Wiesbaden 2010.

100 Siehe Rolf Heinze/Thomas Olk: Die Wohlfahrtsverbände im System sozialer Dienstleistungsproduktion. Zur Entstehung und Struktur der bundesrepublikanischen Verbändewohlfahrt, in: Kölner Zeitschrift für Soziologie und Sozialpsychologie 33 (1981), H. 1, S. 94–114.

101 Zit. nach: AW-Pressedienst vom 14.10.1983, AdsD, 4/AWOA003174.

102 Vgl. Rolf G. Heinze (Hrsg.): Neue Subsidiarität. Leitidee für eine zukünftige Sozialpolitik?, Opladen 1986.

103 Vgl. Marcus Mesch: Jugendwerks-Historie Nr. 1, Die Anfänge des Jugendwerkes der AWO, Bonn 2003; ders.: Jugendwerks-Historie Nr. 2, Die Entwicklung des Jugendwerkes der AWO von 1989 bis 2000, Bonn 2004; ders.: Geschichte des Jugendwerkes der Arbeiterwohlfahrt (AWO). Gründungsmotive und Entwicklung des Kinder- und Jugendverbandes der AWO, Berlin 2008.

104 Zit. nach: Arbeiterwohlfahrt Bundesverband e. V. (Hrsg.): Arbeiterwohlfahrt Bundeskonferenz Berlin '69, Bonn [1969], S. 46.

105 Zit. nach: AW-Pressedienst vom 20.9.1978 und vom 2.10.1978, AdsD, 4/AWOA003169.

106 Vgl. hierzu und zum folgenden Katharina Luger: Since 1948. 60. Solidar. Inter-

national Workers Aid. Entraide Ouvrière International. Internationales Arbeiterhilfswerk, Brüssel 2008, S. 8 ff.

107 Vgl. Ulrich Lottmann: Die Hungersnot ist besiegt, in: sozialprisma 30 (1985), H. 4, S. 62 f.

108 Siehe Richard Haar: Arbeiterwohlfahrt 1969–1971. Geschäftsbericht, in: Arbeiterwohlfahrt Bundesverband e.V. (Hrsg.): Bundeskonferenz Hannover 1971, Bonn [1971], S. 13.

109 Zit. nach: Pressemitteilung Arbeiterwohlfahrt Bundesverband zur Bundeskonferenz 1974 vom 3.10.1974, S. 13, AdsD, 4/AWOA003165.

110 Zit. nach: AW-Pressedienst vom 18.9.1975, AdsD, 4/AWOA003166.

111 Vgl. Ulrich Lottmann: Die Hungersnot ist besiegt, S. 63.

112 Vgl. Ulrich Lottmann: Ein halber Kontinent leidet: Afrika, in: sozialprisma 29 (1984), H. 7, S. 99.

113 Ulrich Lottmann: Kinderhilfe ja – Kinderpatenschaften nein, in: sozialprisma 30 (1985), H. 12, S. 191.

114 sozialprisma 31 (1986), H. 1, S. 15.

115 Vgl. Christian G. Kiem (Hrsg.): Entwicklungszusammenarbeit im Umfeld der Sozialdemokratie: Friedrich-Ebert-Stiftung und Arbeiterwohlfahrt, Bielefeld 1987.

116 AW-Pressedienst vom 22.1.1980, AdsD, 4/AWOA003171.

117 AW-Pressedienst vom 20.8.1981, AdsD, 4/AWOA003172.

118 AW-Pressedienst vom 28.10.1980, AdsD, 4/AWOA003171.

119 Vgl. umfassend zur Sozialpolitik der Jahre 1982 bis 1989: Manfred G. Schmidt: Rahmenbedingungen, in: ders. (Hrsg.): Geschichte der Sozialpolitik in Deutschland seit 1945. Bd. 7: Bundesrepublik Deutschland 1982–1989. Finanzielle Konsolidierung und institutionelle Reform, Baden-Baden 2005, S. 1–60 und ders.: Gesamtbetrachtung, in: ebd., S. 749–811.

120 Jens Alber: Der deutsche Sozialstaat in der Ära Kohl: Diagnosen und Daten, in: Stephan Leibfried/Uwe Wagschal (Hrsg.): Der deutsche Sozialstaat. Bilanzen – Reformen – Perspektiven, Frankfurt am Main 1999, S. 235–275, hier S. 270 f.

121 Zit. nach: AW-Pressedienst vom 28.10.1983, AdsD, 4/AWOA003174.

122 Zit. nach: sozialprisma 28 (1983), H. 10, S. 147.

123 Zit. nach: AW-Pressedienst vom 29.10.1983, AdsD, 4/AWOA003174.

124 Zit. nach: sozialprisma 29 (1984), H. 6, S. 85.

125 Zit. nach: sozialprisma 30 (1985), H. 4, S. 53.

126 Zit. nach: sozialprisma 28 (1983), H. 9, S. 143.

127 Zit. nach: sozialprisma 29 (1984), H. 1, S. 5.

128 Vgl. sozialprisma 30 (1985), H. 2, S. 19.

129 Arbeiterwohlfahrt Bundesverband (Hrsg.): Zur Sozialpolitik der 80er Jahre. Denkschrift der Arbeiterwohlfahrt, Bonn 1984, S. 5 f

130 Zit. nach: sozialprisma 31 (1986), H. 6, S. 94.

131 Vgl. Hans Trees: Im Blickpunkt, in: sozialprisma 31 (1986), H. 2, S. 19.

132 Zit. nach: sozialprisma 28 (1983), H. 2, S. 30.

133 Zit. nach: AW-Pressedienst vom 8.6.1984, AdsD, 4-AWOA003175.

134 Vgl. Wolfgang Seibel: Der funktionale Dilettantismus. Zur politischen Soziologie von Steuerungs- und Kotrollversagen im ›Dritten Sektor‹, Habil-Schr. Gesamthochschule Kassel 1988.

135 Pressedienst der Bundesarbeitsgemeinschaft der Freien Wohlfahrtpflege, 15.6.1987, AdsD.

136 Detlev Oster: Verwandtschaftsbesuch. Willy Brandt bei der AW, in: sozialprisma 30 (1985), H. 7, S. 101.

137 Arbeiterwohlfahrt in Staat und Gesellschaft. Fachpolitisches Programm der Arbeiterwohlfahrt. Leitantrag der Antragskommission, o. O., [Bonn 1987], S. »b«.

138 So der verantwortliche Redakteur des sozialprisma, Joachim F. Kendelbacher, in: sozialprisma 32 (1987), H. 11, S. 174.

139 Zit. nach dem Redemanuskript von Hermann Buschfort auf der Bundeskonferenz Bonn: Arbeiterwohlfahrt: 70 Jahre für sozialen Fortschritt. Bericht des Bundesvorsitzenden vom 29.10.1989, AdsD, 4/AWOA001306.

140 Vgl. Ulrich von Alemann/Rolf G. Heinze (Hrsg.): Verbände und Staat. Vom Pluralismus zum Korporatismus, Opladen 1979.

141 Vgl. sozialprisma 29 (1984), H. 1, S. 1.

NORDSEE

OSTSEE

Landesverband
Schleswig-Holstein e.V.

Kiel ●

Schleswig-Holstein
19.636

Landesverband
Mecklenburg-Vorpommern e.V.

Hamburg
3.376 ● Hamburg

Landesverband
Hamburg e.V.

Mecklenburg-Vorpommern
4.453

● Schwerin

Landesverband
Bremen e.V.

Bremen
3.032 ● Bremen

Bezirksverband
Weser-Ems e.V.

Niedersachsen
45.574

● Hannover

Bezirksverband
Hannover e.V.

Landesverband
Sachsen-Anhalt e.V.

Berlin
7.520 ● Berlin

Landesverband
Berlin e.V.

Potsdam ●

Brandenburg
12.653

● Magdeburg

Landesverband
Brandenburg e.V.

Bezirksverband
Westl. Westfalen e.V.

Bezirksverband
Östl. Westfalen e.V.

Bezirksverband
Braunschweig e.V.

Sachsen-Anhalt
6.000

Nordrhein-Westfalen
120.806

Düsseldorf ●

Bezirksverband
Niederrhein e.V.

Bezirksverband
Hessen-Nord e.V.

Landesverband
Thüringen e.V.

● Erfurt

Sachsen
7.365

● Dresden

Landesverband
Sachsen e.V.

Bezirksverband
Mittelrhein e.V.

Hessen
29.040

Thüringen
9.501

Bezirksverband
Rheinland e.V.

Bezirksverband
Hessen-Süd e.V.

Bezirksverband
Unterfranken e.V.

Rheinland-
Pfalz
26.464

● Mainz

Bezirks-
verband
Pfalz e.V.

Bezirksverband
Ober-/Mittelfranken e.V.

16.121
Saarland

● Saarbrücken

Landesverband
Saarland e.V.

Bezirksverband
Württemberg e.V.

● Stuttgart

Bayern
72.569

Bezirksverband
Niederbayern/
Oberpfalz e.V.

Baden-Württemberg
33.900

Bezirksverband
Baden e.V.

Bezirks-
verband
Schwaben e.V.

Bezirksverband
Oberbayern e.V.

● München

0 20 40 60 80 100 km

Mitgliederzahlen 2006
(nach Bundesländern)

Im November 1990 traten die fünf ostdeutschen Landesverbände dem
AWO Bundesverband bei. Während die sozialen Dienstleistungen
kontinuierlich ausgeweitet wurden und die Zahl der Beschäftigten rasant
anstieg, ging die Zahl der Mitglieder nun deutlich zurück.

8

ZWISCHEN WERTORIENTIERUNG UND ÖKONOMISCHEN ZWÄNGEN

Herausforderungen für Verbandsstrukturen und soziale Dienste zwischen 1990 und 2005

> *Die volkswirtschaftliche Leistungsfähigkeit in den neuen Bundeslän-*
> *dern wird noch auf lange Sicht nicht den Standard erreicht haben,*
> *der in den alten Ländern der Bundesrepublik aufgebaut wurde. [...]*
> *Gerade die, die auf vorbildliche Weise eine friedliche Revolution zur*
> *Demokratie und Freiheit durchführten, stehen heute vor einem wirt-*
> *schaftlichen und sozialen Fiasko. Deshalb dürfen wir es nicht zulassen,*
> *daß die Menschen in den neuen Bundesländern ausgegrenzt werden,*
> *in Existenznöte geraten und jegliche gesellschaftspolitische Orientie-*
> *rung verlieren. Wir sind alle aufgerufen, nicht nur aktive Solidarität zu*
> *üben und durch ehrliches Teilen baldmöglichst gleiche Lebensverhält-*
> *nisse im vereinten Deutschland zu schaffen, sondern jetzt durch eine*
> *beherzte Sozialpolitik die unmittelbaren Lebensinteressen der Bürge-*
> *rinnen und Bürger in den neuen Bundesländern zu sichern. Dazu ge-*
> *hören neben einer sinnvollen Wirtschaftsförderung zum Ausbau der*
> *Arbeitsplätze die Sicherung und menschliche Gestaltung der sozialen*
> *Infrastruktur in den Bereichen Wohnen, Kindererziehung, Pflege und*
> *Versorgung behinderter Menschen. Insbesondere für typische Fehl-*
> *entwicklungen einer freien Marktwirtschaft müssen zur Vermeidung*
> *von Existenzvernichtungen Beratungs- und Hilfsangebote aufgebaut*
> *werden, die den Betroffenen wirklich Schutz und Hilfe zur Selbsthilfe*
> *ermöglichen. Die Förderung des bürgerschaftlichen Engagements und*
> *der Freien Wohlfahrtspflege ist dazu unverzichtbar. [...]*
> *Angesichts zunehmender Lücken in unseren Sozialversicherungs-*
> *systemen fordert die AWO die Einführung einer bedarfsorientierten,*
> *einkommensabhängigen sozialen Grundsicherung bei Arbeitslo-*
> *sigkeit, bei Frühinvalidität und im Alter. [...] In der Bundesrepublik*
> *Deutschland erwartet die AWO bei der anstehenden Verfassungsre-*
> *formdiskussion die Verankerung neuer Grundrechte als Staatsziele in*
> *das Grundgesetz, zum Beispiel Recht auf Arbeit, Recht auf Wohnen,*
> *Recht auf gesunde Umwelt. [...]*
> *Die bisherige staatliche Politik, Zuwanderer abzuschrecken, oder,*
> *wenn die Abschreckung versagt, sie zurückzuschicken, ist gescheitert.*
> *Die AWO wendet sich deshalb gegen eine Politik der sozialen Ab-*
> *schreckung, die unterschiedslos alle ausländischen Flüchtlinge trifft,*
> *und fordert eine einheitliche Linie der europäischen Staaten für die*
> *Aufnahme von Flüchtlingen. Der Bestand des Grundrechtes auf poli-*
> *tisches Asyl muß gesichert bleiben.*[1]

In ihrer hier auszugsweise zitierten »Berliner Erklärung« von 1992 thematisierte die Arbeiterwohlfahrt die großen politischen Aufgaben, mit denen sie die Gesellschaft insgesamt und sich als wertegebundener Wohlfahrtsverband in besonderem Maße konfrontiert sah. In ihren selbstgewählten Rollen als »Sozialanwalt, Impulsgeber und als Träger vielfältiger sozialer Dienste und Einrichtungen« rückte das Eintreten für soziale Gerechtigkeit und Solidarität in neue Dimensionen. Dazu trugen vor allem der europäische Einigungsprozess und eine wachsende Zahl weltweiter Konflikte bei. Steigende Arbeitslosenzahlen, die Bewältigung der deutschen Einheit sowie die vermehrte Aufnahme von Aussiedlern und Asylbewerbern brachten für das deutsche Sozialmodell substanzielle Probleme mit sich. Mit der Öffnung des Binnenmarkts und dem Bedeutungszuwachs supranationaler Institutionen setzte die Arbeiterwohlfahrt auf eine Stärkung der europäischen Zusammenarbeit. Das tragfähige soziale Netz für ganz Europa, das sie einforderte, erschien aufgrund fortbestehender sozialer Ungleichheiten und auseinandergehender Interessen jedoch ein ambitioniertes Ziel.

Das von der Bundeskonferenz 1992 verabschiedete Papier enthielt darüber hinaus zahlreiche konkrete soziale Forderungen, die bis heute kaum an Aktualität eingebüßt haben: die »Intensivierung des staatlich geförderten sozialen Wohnungsbaus«, »eine Befähigung zum gewaltfreien Umgang miteinander«, eine familienpolitische Öffnung für Lebensgemeinschaften jenseits der Ehe, eine aktive Gleichstellungspolitik sowie die Einführung einer leistungsfähigen Pflegeversicherung.[2] Mit diesen Grundwerten und politischen Positionen brachte der Gesamtverband seine fortdauernde Verankerung in der sozialdemokratischen Tradition zum Ausdruck. Vor diesem Hintergrund wurde die Sparpolitik der konservativ-liberalen Koalition unter Helmut Kohl seit 1982, vor allem im Bereich der Arbeitslosenunterstützung, als Einschnitt in sozialpolitische Grundsicherungen und somit als zusätzliche Belastung für die Sozialhilfe und die Wohlfahrtsarbeit empfunden.

Das praktische Eintreten für diese Werte im Alltag erwies sich jedoch als Mammutaufgabe: Der Verband war, nicht zuletzt durch den sozialpolitischen Umbau, seit Mitte der 1980er Jahre in einigen Bereichen in eine wirtschaftliche Schieflage geraten. Das teilweise

Die Bundeskonferenz der Arbeiterwohlfahrt im November 1992 stand unter dem Motto »Soziale Einheit – Soziales Europa«.

existenzbedrohende Ausmaß der Probleme war ein unbeabsichtigtes Nebenprodukt der von großem Optimismus getragenen Ausweitung der Tätigkeitsfelder in den Jahrzehnten zuvor. Diese war dank vielfältiger staatlicher Zuwendungen und weiterer Finanzierungsquellen möglich gewesen. Sobald sich die ökonomischen Rahmenbedingungen aber verschlechterten, Förderungen gekürzt oder Leistungsentgelte umstrukturiert wurden, wurde der Betrieb von sozialen Einrichtungen zu einem wirtschaftlich riskanten Unterfangen. Schwerfällige Verbandsstrukturen, unsichere Geschäftsmodelle und daraus resultierend eine drückende Schuldenlast vieler Gliederungen verstärkten die Probleme. Im Gegensatz zu den kirchlichen Verbänden hatte die Arbeiterwohlfahrt in dieser Situation keine Steuereinnahmen und nur geringe Eigenmittel in der Hinterhand, um Fehlentscheidungen und sinkende Einnahmen abzufedern. Das gewachsene Verbandsvermögen, das vor allem im Besitz von Grundstücken und Immobilien bestand, sowie das Engagement der Mitglieder und Beschäftigten verblieben als Substanz und Ressource, aus der man Kraft für anstehende Veränderungen zu gewinnen suchte.

Allerdings hatten politische Skandale und die Debatten um Misswirtschaft und Dilettantismus bei den Wohlfahrtsverbänden deren öffentliches Image getrübt und die »Politikverdrossenheit« verstärkt.[3] Angestammte Aufgaben der Verbände wurden nun aus marktwirtschaftlicher Perspektive als legitimierungsbedürftige Privilegien thematisiert. Hinzu kamen Zweifel an der Wirksamkeit des als verkrustet und bürokratisch wahrgenommenen »Wohlfahrtskartells«, die Selbsthilfebewegungen und kritische Sozialwissenschaftler artikulierten – auch aus dem Umfeld der Arbeiterwohlfahrt.[4] Angesichts dieser Ausgangssituation wurden die Bewältigung der Deutschen Einheit und der Ausbau des europäischen Binnenmarkts sowohl für die sozialstaatliche Stabilität als auch für die freien Verbände zu einer gewaltigen Aufgabe, bei der die Arbeiterwohlfahrt gezwungen war, ihre Verbandsausrichtung und Geschäftspraxis grundlegend zu überprüfen und zu reformieren.

Neben diesen politischen Entwicklungen, die den Handlungsrahmen des Gesamtverbands bestimmten, aber in erster Linie Vorstände und Geschäftsführungen in Atem hielten, liefen die alltäglichen Aufgaben und Verantwortungen einer sozialen Dienstleistungsorganisation mit bundesweit über 7.000 Einrichtungen weiter. Allein im Jahr 1992 wurde in 1.186 Kindertageseinrichtungen eine wachsende Zahl von Drei- bis Sechsjährigen täglich betreut. Ohne die 527 Altenheime, die 586 ambulanten Pflegedienste und weitere 782 mobile Dienste, ohne die 662 Altentagesstätten und die 1.560 Altenclubs der Arbeiterwohlfahrt hätten Zehntausende von Seniorinnen und Senioren ihren Alltag nicht bewältigen können. Dazu kamen 156 Hausgemeinschaften und rund 100 stationäre und ambulante Einrichtungen für Menschen mit Behinderungen, rund 150 Heime für Aussiedler und Asylbewerber, 246 Beratungsstellen, Tagesstätten und Werkstätten für Arbeitslose, 26 Frauenhäuser und 38 Frauenselbsthilfegruppen sowie über 1.000 weitere Beratungsstellen unterschiedlichster Art, die der Verband betrieb. Im Bewusstsein der erheblichen sozialen Bedeutung der Arbeiterwohlfahrt, die 1992 von über 600.000 Mitgliedern, fast 100.000 Ehrenamtlichen, rund 60.000 Beschäftigten und 6.000 Zivildienstleistenden getragen wurde, trat die Organisation den Krisendiagnosen entgegen. Offensiv verteidigte sie sich gegen pauschale Vorwürfe, wie sie etwa im *Spiegel* oder im *Bayerischen Rundfunk* artikuliert wurden.[5] Gliederungen und Betriebe der Arbeiterwohlfahrt, die wirtschaftlich erfolgreicher agierten oder sich von größerer Eigenständigkeit Vorteile erwarteten, griffen aber die Diskrepanzen zwischen veränderten Förderungsbedingungen, reformbedürftigen Verbandsstrukturen und prosperierenden sozialen Einrichtungen auf, um professionelles Sozialmanagement und eine stärkere Marktorientierung der gesamten Arbeiterwohlfahrt einzufordern.

Neuaufbau im Osten Deutschlands

Auf den Zusammenbruch der DDR und eine territoriale Ausweitung des Tätigkeitsgebiets war in der Arbeiterwohlfahrt im Jahr 1989 niemand vorbereitet. Die friedlichen Massenproteste in der DDR und der Fall der Berliner Mauer am 9. November 1989 waren in den Vorstandsitzungen dieser Phase kein Thema. Die Verbindungen der Arbeiterwohlfahrt in die DDR hinein blieben nach 1949 auf wenige Kanäle beschränkt. Berlin-Ost stellte bis 1961 die einzige Ausnahme dar, bis der Mauerbau auch diese letzte direkte Betätigung der Arbeiterwohlfahrt auf dem Gebiet der DDR unterband. Mit ihren Paketaktionen und der Aufnahme und Betreuung von DDR-Flüchtlingen demonstrierte die Organisation aber insbesondere in den 1950er Jahren ihre Verbundenheit mit der Bevölkerung in Ostdeutschland. Darüber hinaus gehende Kontakte, etwa über Delegationen, fachlichen Austausch oder gar Kooperationen, konnten angesichts der Teilung Deutschlands kaum etabliert werden. Die offiziellen Begegnungen beschränkten sich auf wenige Besuche: eine Fachstudienreise von 15 Mitarbeitern und Funktionsträgern der Arbeiterwohlfahrt im Jahr 1979 in die DDR, Gespräche des *Bundesjugendwerks* der AWO mit der *Freien Deutschen Jugend* (FDJ) 1982 und 1987 sowie einen Besuch des Bundesgeschäftsführers Richard Haar bei der *Volkssolidarität* (VS) im September 1988 in Berlin und eine darauf folgende einwöchige Besuchsreise von drei VS-Vertretern beim Bundesverband in Bonn im August 1989.[6] Für die konkrete Arbeit vor Ort spielten die sozialen Zustände im anderen deutschen Staat fast dreißig Jahre kaum eine Rolle. Und auch der Fokus der vom Innenministerium finanzierten Beratungsstellen und Einrichtungen hatte sich auf deutschstämmige Aussiedler aus Osteuropa verschoben, die angesichts der gravierenden wirtschaftlichen Probleme im gesamten Ostblock Ende der 1980er Jahre verstärkt nach Deutschland kamen.[7]

Die friedliche Revolution des November 1989 änderte diese Ausgangssituation grundlegend. Schnell wurde für die Arbeiterwohlfahrt deutlich, dass auf dem Gebiet der DDR eine neue zivilgesellschaftliche Dynamik im Gang war. Im Bundesvorstand kam das Thema am 19. Dezember 1989 erstmalig zur Sprache. Die Arbeiter-

OTTO FICHTNER (1929–2013)

Der Bundesvorsitzende der Jahre von 1989 bis 1991 hatte bei Amtsantritt bereits eine lange sozialpolitische Laufbahn hinter sich. Der aus Bremen stammende Verwaltungsjurist war von 1956 bis 1961 für den SPD-Vorstand in Bonn tätig. Im Bremer Senat wurde er anschließend Abteilungsleiter für Jugend und Wohlfahrt, außerdem Mitglied der Arbeiterwohlfahrt, für die er in mehreren Fachausschüssen mitarbeitete. Ab 1965 war er Sozialdezernent in Essen, von 1969 bis 1976 Abteilungsleiter im Bundesministerium für Jugend, Familie und Gesundheit, danach wieder Sozialdezernent in Duisburg. Zudem übernahm er ab 1978 für elf Jahre den Vorsitz des *Deutschen Vereins,* dessen Vorstand er schon seit 1966 angehört hatte. Nach der Wiedervereinigung arbeitete er in Brandenburg als Abteilungsleiter im Sozialministerium und von 1991 bis 1993 als Präsident des Landesamts für Soziales und Versorgung.

wohlfahrt artikulierte ihre Bereitschaft, »eine selbständige Arbeiterwohlfahrt oder einen wohlfahrtspflegerischen Verband in der DDR« zu unterstützen und die neu gegründete *Sozialdemokratische Partei in der DDR* (SDP) bei ihren Bemühungen zu beraten. Gleichzeitig hegte man anfangs Hoffnungen, dass es innerhalb der *Volkssolidarität* einen »Demokratisierungsprozess« geben könne und die ehrenamtlichen Helfer für eine Zusammenarbeit zu gewinnen seien.[8] Eine Wiedervereinigung lag zu diesem Zeitpunkt noch in weiter Ferne.

Um den Aufbau von Strukturen in der DDR aber in Gang zu bringen, ohne die basisdemokratischen Initiativen abzuwürgen oder zu kontrollieren, koordinierte der stellvertretende Bundesvorsitzende Manfred Ragati in den ersten Wochen von Bielefeld aus die ersten Kontakte. Im März 1990 beschloss der Bundesvorstand die Einrichtung eines *Verbindungsbüros* in Berlin, das Räumlichkeiten im *Haus der sozialen Arbeit* am Halleschen Ufer nutzte und zusätzlich bald in Berlin-Hohenschönhausen ein »EDV-Dienstleistungszentrum-Ost« installierte.[9] Im September 1992 zog das Verbindungsbüro in das *Theodor-Fontane-Haus* in Falkensee nordwestlich von Berlin.

Die Hauptarbeit des Aufbaus leisteten jedoch die ehrenamtlichen Helferinnen und Helfer sowie Hauptamtliche, die oft nur prekär

THEODOR-FONTANE-HAUS, FALKENSEE

Das ehemalige *Kulturhaus Theodor Fontane* in der Mainstraße 11 im brandenburgischen Falkensee, in dem zu DDR-Zeiten Lesungen und Diskoabende stattfanden, hatte der AWO Bundesverband Ende 1991 von der Gemeinde in Erbpacht übernommen. Es wurde grundlegend renoviert, bevor am 10. September 1992 das Verbindungsbüro einziehen konnte. Ein Team um Fritz Thürnau und Horst Opolka koordinierte von hier die Aufbauarbeit in den neuen Bundesländern. Es entwickelte Fort- und Weiterbildungskonzepte für Mitarbeiter von Einrichtungen und für Ehrenamtliche. Außerdem bot es Unterstützung bei einer Vielzahl von Alltagsaufgaben an: Organisations- und Bauberatung, Jugendsozialarbeit und Jugendberufshilfe. 1994 übernahm Brigitte Winkler die Leitung. Nach der Auflösung des Verbindungsbüros wurde das Haus unter anderem von 2013 bis 2018 für die *Lernwerkstatt Kita-Museum* des Vereins *pädal – pädagogik aktuell e.V.* genutzt.

über *Arbeitsbeschaffungsmaßnahmen* (ABM) angestellt waren. Die *Bundesagentur für Arbeit* förderte Anfang der 1990er Jahre großflächig ABM-Stellen vorwiegend im sozialen Bereich, um die Massenarbeitslosigkeit zu senken und die dringend benötigten Träger sozialer Dienstleistungen im Osten zu unterstützen. Ähnlich wie im Westen 45 Jahre zuvor, hatte die Arbeiterwohlfahrt in der DDR, wiederum im Gegensatz zu den konfessionellen Verbänden, keinerlei Infrastruktur oder personelle Ressourcen als Ausgangsbasis: keine Geschäftsstellen, keine Einrichtungen, keine Büroausstattung, keine Fachkräfte, keine Mitglieder. Die Traditionslinien zur Arbeit vor 1933, als die Arbeiterwohlfahrt insbesondere in Sachsen und Thüringen starke Organisationskerne hatte, waren abgebrochen, es gab keine früheren Mitstreiter, die – wie 1945 im Westen – als Gründungsgeneration hätten vorangehen können. Es existierten auch nur wenige, für die aktuelle soziale Arbeit unbedeutende Einrichtungen wie das *August-Bebel-Kinderheim* in Gohrisch, die vor 1933 im Besitz der Arbeiterwohlfahrt gewesen waren und nun, fast 60 Jahre später, nach Nationalsozialismus und SED-Herrschaft, zurückgefordert werden konnten.[10]

Die ersten Schritte hingen also sehr stark von den lokalen Gegebenheiten und der Initiative Einzelner ab. Viele der anfänglichen Impulsgeber waren im mittleren Alter und sammelten sich in den

Reihen der SDP, so etwa Ralf Rauch und Dagmar Künast in Thürin-
gen, Bernd Dehler und Frank Heltzig in Sachsen, Rosemarie Hajek,
Helmut Rommel und Erdmuthe Fikentscher in Sachsen-Anhalt oder
Rita Wurziger in Brandenburg.[11]

Zudem hatten die westdeutschen Bezirks- und Kreisverbände
frühzeitig Patenschaften für neu gegründete Gliederungen auf dem
Gebiet der DDR aufgenommen. Ohne diese Aufbauhilfe wäre die
rasche Etablierung einer Struktur im Osten nicht möglich gewesen.
Auch dank der finanziellen Stärke und des organisatorischen, politischen und fachlichen Erfahrungswissens konnte die Anpassung
an das bundesrepublikanische System der Wohlfahrtspflege vollzogen werden. Der Bezirk Ostwestfalen-Lippe kümmerte sich um
Neubrandenburg, das westliche Westfalen übernahm die Betreuung von Westsachsen, der Bezirk Niederrhein engagierte sich in der
Region Chemnitz, die Westberliner Kreisverbände »adoptierten«
Ostberliner Stadtteile und halfen tatkräftig beim Aufbau im um-
liegenden Brandenburg. Auch die Kreisverbände in den Bezirken
Braunschweig und Hessen-Nord begannen vielfältige Kooperationen mit Gemeinden in den benachbarten Ländern Sachsen-Anhalt
und Thüringen, die dank der Öffnung der Grenzen nun wieder er-
reichbar waren.

Aufbau der Ar-
beiterwohlfahrt
in den neuen
Bundesländern:
In Dresden wird
eine neue Ein-
richtung einge-
weiht.

IN EINIGKEIT
FÜR FREIHEIT
GERECHTIGKEIT
UND SOLIDARITÄT

Nach dem Verbot der Arbeiterwohlfahrt 1933 und der
gewaltsamen Teilung Deutschlands nach Kriegsende 1945
erklären mit dem heutigen Datum die nachfolgend
aufgeführten Landes- und Bezirksverbände ihre
Mitgliedschaft beim Bundesverband der
Arbeiterwohlfahrt

Berlin, 10.11.1990
Für die am heutigen Tage bestehenden Gliederungen der Länder

Brandenburg   Mecklenburg -Vorpommern   Thüringen

Sachsen   Sachsen-Anhalt

Arbeiterwohlfahrt Bundesverband e.V.

Für den Bundesvorstand

Die Beitritts-
erklärung der
ostdeutschen
Landesverbände
zum Bundesver-
band im Novem-
ber 1990.

Ein Zusammengehen mit der Volkssolidarität lehnte der AWO-Bundesvorstand ab, weil die Prägung der Monopolorganisation durch das DDR-System als problematisch angesehen wurde und daher zuerst eine Demokratisierung des Verbands erfolgen solle. Den regionalen Gliederungen wurde jedoch eine Kooperation freigestellt.[12] Die Volkssolidarität schloss sich schließlich im Dezember 1990 dem *Deutschen Paritätischen Wohlfahrtsverband* (DPWV) an, der durch die zum damaligen Zeitpunkt rund eine Million Mitglieder auf einen Schlag eine starke Verankerung in den neuen Bundesländern erreichte. Anschließend gelang ihr der radikale Wandel zu einem großen Träger von Altenpflege und Kinderbetreuung in Ostdeutschland.[13] Auch der *Deutsche Caritasverband,* das *Deutsche Rote Kreuz* und das *Diakonische Werk* hatten in der DDR eigene Strukturen und Einrichtungen, sodass sie nach dem Zusammenschluss ihrer ost- und westdeutschen Gliederungen über ein flächendeckendes Netz verfügten.[14]

Die Arbeiterwohlfahrt setzte dagegen, in Einklang mit der Sozialdemokratie, ganz auf eine Distanzierung von der SED und auf den mühsamen Neuaufbau eigener Strukturen. Am 10. November 1990, ein Jahr nach dem Fall der Mauer, wurde in Berlin auf einem Bundestreffen aller Vorstände der Bezirks- und Landesverbände der Beitritt der neu gegründeten Landesverbände Mecklenburg-Vorpommern, Brandenburg, Sachsen-Anhalt, Sachsen und Thüringen zum Bundesverband vollzogen.[15] Dabei musste sie auch einen Umgang mit Verstrickungen ihrer neuen Mitglieder ins DDR-System finden, was nur durch eine individuelle Einschätzung möglich war. In Rostock hatte beispielsweise die 70-jährige Käte Woltemath, die bereits vor 1933 den *Kinderfreunden* angehört hatte und in der DDR aufgrund ihrer sozialdemokratischen Positionen verfolgt und für 15 Monate im Frauengefängnis Bützow inhaftiert worden war, die Initiative in die Hand genommen. Als im November 1991 jedoch bekannt wurde, dass Woltemath auch über Jahre *Inoffizielle Mitarbeiterin* (IM) des *Ministeriums für Staatssicherheit* der DDR (MfS, im Alltag: Stasi) gewesen war, um sich und ihre Familie vor weiteren Verfolgungen zu schützen, musste sie aufgrund des Umfangs ihrer Kooperation vom Amt als AWO-Kreisvorsitzende in Rostock zurücktreten.[16] Die Arbeiterwohlfahrt nahm ihren Rücktritt zum Anlass, um ihre führenden Mitglieder hinsichtlich einer etwaigen Stasivergangenheit zu befragen, eine einfache Mitarbeit ehemaliger IMs im Verband wurde zunächst nicht kategorisch geahndet.[17] Im Juli 1993 präzisierte der Bundesvorstand seine Position jedoch dahingehend, dass eine ehemalige Stasi-Tätigkeit ein Ausschlussgrund für eine ehrenamtliche Mitarbeit in der Arbeiterwohlfahrt sein sollte.[18] Bis in die Gegenwart hinein gab es weitere Rücktritte und Entlassungen, wenn eine frühere IM-Tätigkeit von AWO-Mitarbeitern oder Funktionsträgern bekannt wurde.

Wie sahen die ersten Schritte der Arbeiterwohlfahrt in den neuen Bundesländern konkret aus? Im November 1991, ein Jahr nach der Vereinigung, zog der neue Bundesvorsitzende Manfred Ragati eine positive Zwischenbilanz. Mit rund 25.000 Mitgliedern in 282 Gliederungen und 4.000 hauptberuflichen Mitarbeiterinnen und Mitarbeitern in den fünf neuen Bundesländern sei trotz widriger Bedingungen ein nahezu flächendeckender Aufbau gelungen.[19] Die ersten Geschäftsführer kamen oft aus dem Westen, wie etwa Wolfgang Schuth, der als ehemaliger Referent des Bundesverbands die Geschäfte im Landesverband Sachsen-Anhalt führte. Der Kreisverband Quedlinburg wurde zunächst von

Solidaritätsaktion zum Aufbau sozialer Dienste in Ostdeutschland.

Franz-Dieter Fuchs aufgebaut, der 1990 aus Celle ins benachbarte Bundesland kam. Nachdem die ersten Strukturen geschaffen worden waren, übergab er die Geschäftsführung im März 1991 an Günter Hulsch, der aus Quedlinburg stammte und die Arbeiterwohlfahrt erst nach der Grenzöffnung kennengelernt hatte. Zu diesem Zeitpunkt verfügte der Kreisverband bereits über ein Alten- und Pflegeheim mit 175 Plätzen, 16 Kindertagesstätten, eine Sozialstation, eine Beratungsstelle, Essen auf Rädern, Mobile Soziale Dienste sowie vier Begegnungsstätten. Die Tätigkeit wurde durch 210 ABM-Kräfte, acht Zivildienstleistende sowie 80 Mitarbeiterinnen und Mitarbeiter des Altenheims ausgeübt.[20]

In Ostsachsen koordinierte der junge Dresdener Tilo Kramer zunächst als Kreisgeschäftsführer und bald als Bezirksgeschäftsführer die erfolgreiche Aufbauarbeit. 1994 umfasste der Bezirk schon 12 Kreisverbände und 19 Ortsvereine. Die Mitgliederzahl war mit 1.631 vergleichsweise niedrig, dafür arbeiteten zu diesem Zeitpunkt schon 1.820 Mitarbeiterinnen und Mitarbeiter hauptberuflich in den Einrichtungen der ostsächsischen Arbeiterwohlfahrt, die sich insbesondere in der Altenpflege, in der Kinder- und Jugendhilfe sowie mit Behindertenwerkstätten und Beratungsstellen betätigten.[21] Ein Teil der sozialen Dienste wurde durch eingetragene Vereine oder ausgegliederte gemeinnützige GmbHs betrieben, die dem Verband als korporative Mitglieder beigetreten waren. Dieses Organisationsmodell gewann bald in ganz Deutschland an Attraktivität, um besser zwischen politischer Verantwortung für den Verband und dem Management sozialer Dienstleistungen zu differenzieren. Angesichts einer geringen Mitglieder- und Finanzbasis bei großen sozialen Erwartungen und einer maroden Infrastruktur musste die Arbeiterwohlfahrt in Ostdeutschland ungewohnte und kreative Wege gehen, die im Gesamtverband durchaus kontrovers diskutiert wurden. Da aber auch viele westdeutsche Gliederungen Probleme zu bewältigen hatten, wurde die Tätigkeit in den neuen Bundesländern somit auch zum Experimentierfeld für eine stärkere Ökonomisierung der sozialen Arbeit.

Sozialpolitische Rahmenbedingungen der 1990er Jahre

Die Übertragung des westdeutschen Sozialmodells auf die neuen Bundesländer brachte nicht nur große finanzielle Belastungen für den Staatshaushalt und die sozialen Sicherungssysteme mit sich, sondern war angesichts der fehlenden strukturellen Voraussetzungen eine Aufgabe für Jahrzehnte. Insbesondere fehlten in den neuen Bundesländern vergleichbare gemeinnützige und zivilgesellschaftliche Akteure sowie eine öffentlich-rechtliche Infrastruktur, ohne die die Akzeptanz und Komplexität des bundesrepublikanischen Wohlfahrtssystems nicht denkbar gewesen wären: ehrenamtliches Engagement und privatwirtschaftliche Initiative, selbstverwaltete Rentenversicherungsträger, Berufsgenossenschaften und Krankenkassen, unabhängige Arbeits- und Sozialgerichte, freie Gewerkschaften und ein vielfältiges Vereinswesen und nicht zuletzt starke Verbände und Selbsthilfestrukturen.[22]

Zwar hatte es auch in der DDR in einigen Bereichen eine bemerkenswerte soziale Absicherung gegeben. Ihre Leistungen waren allerdings häufig staatlich zentralisiert und sozialpolitisch anders akzentuiert als im Westen. Die Bündelung ärztlicher Grundversorgung in Polikliniken (Gesundheitszentren), der Rechtsanspruch auf Kleinkindkrippen und Ganztagsbetreuung sowie eine staatliche Finanzierung von Pflegeleistungen fanden bei westlichen Wohlfahrtsorganisationen Zuspruch. Hier mussten Übergangslösungen gefunden werden, die von den realen Bedingungen vor Ort und den Erwartungen der Bevölkerung ausgingen, aber dennoch das Ziel ausgaben, ein einheitliches sozialstaatliches Grundgerüst in Ost und West zu etablieren, das für den sich verschärfenden internationalen Wettbewerb gewappnet war. Für eine Aufnahme des Rechts auf Arbeit, Wohnung oder soziale Sicherheit in das Grundgesetz, wie es die ostdeutschen Runden Tische, die SPD und auch die Arbeiterwohlfahrt forderten, fehlten jedoch die politischen Mehrheiten.[23]

Eine große Aufgabe bestand darin, die sozialen Verwerfungen zu bewältigen, die der Zusammenbruch des Staatssozialismus mit sich brachte. Mit der raschen Integration in den Weltmarkt erwies sich,

Einsatzplanung
der ambulanten
Dienste.

dass kaum ein Bereich der ostdeutschen Wirtschaft unter Markt-
bedingungen überlebensfähig war. Der massenhafte Verlust von
Arbeitsplätzen im Staatssektor und in der Industrie entwickelte
sich in vielen Regionen Ostdeutschlands zum sozialpolitischen
Grundproblem für Jahrzehnte. Die Zerschlagung und Abwicklung
unproduktiver DDR-Unternehmen durch die *Treuhandanstalt* und
der Verkauf lukrativer Teile an westdeutsche und internationale
Unternehmen raubten vielen Menschen die großen Hoffnungen,
die sie angesichts neuer Freiheiten in der Bundesrepublik erwartet
hatten.[24]

Nicht nur in Ostdeutschland, sondern auch in der alten Bundesrepublik gab es aus Sicht der Arbeiterwohlfahrt in den 1990er Jahren wachsende Missstände zu beklagen. Die Öffnung der Märkte
im Rahmen der europäischen Integration und die zunehmenden
internationalen Verflechtungen der Weltwirtschaft brachten eine
Verschärfung des ökonomischen Wettbewerbs mit sich, die kaum
Spielräume für kostenintensive sozialpolitische Reformen ließ. Die
Stärkung des Wirtschaftsstandorts erhielt von der CDU/FDP-Regie-
rung nun oberste Priorität, ausgehend von der Prämisse, dass nur
mit Effizienzsteigerungen in allen Bereichen sowie durch attraktive

Bedingungen für Unternehmen ein Abbau der Massenarbeitslosigkeit, eine Senkung der Staatsverschuldung und eine konjunkturelle
Belebung erreicht werden könne.

Dieser marktliberale Umschwung traf auf vielfältige strukturelle Hindernisse und massiven Unmut aus der Bevölkerung. Die
zwischen 1993 und 1996 verabschiedeten »Standortsicherungsge-
setze«, »Konsolidierungsprogramme« und »Sparpakete« der Bundesregierung hatten Auswirkungen sowohl für die öffentliche
Daseinsfürsorge als auch für die sozialpolitischen Akteure: Globalmittel und kostendeckende Zuwendungen für Verbände wurden
reduziert, stattdessen wurden Leistungsentgelte, feste Kostenbudgets und befristete Projektförderungen eingeführt. Viele der sozialen Dienstleistungen, die bislang primär von gemeinnützigen
Trägern erbracht wurden, sollten ihre Konkurrenzfähigkeit unter
Beweis stellen, eine Öffnung für private Anbieter wurde eingeleitet.
Öffentliche Verwaltungen unterwarfen sich neuen EDV-gestützten
Managementtechniken und Kontrollmechanismen, die in der Pri-
vatwirtschaft schon alltäglich waren, um unproduktive Abläufe zu
identifizieren, prozessorientiertes Den-
ken zu etablieren und formale Verein-
heitlichungen vorzunehmen.

Kampagne der
AWO gegen Ar-
mut Mitte der
1990er Jahre:
»Niemand ist
freiwillig arm«.

Asylbewerber, Sozialhilfeempfänger
und Langzeitarbeitslose bekamen über
Leistungskürzungen und strengere Auf-
lagen das rauere soziale Klima zu spüren.
Aber auch Rentner und Arbeitnehmer erfuhren im Laufe der 1990er Jahre trotz
aller Beteuerungen des langjährigen Ar-
beits- und Sozialministers Norbert Blüm
(»Die Rente ist sicher«), dass den Renten-
versicherungen aufgrund des demografi-
schen Wandels eine Unterfinanzierung
drohte. Sie seien mittelfristig nur durch
ein sinkendes Rentenniveau, längere Ein-
zahlungszeiten und eine private Zusatz-
vorsorge auszugleichen. Gewerkschaften,
Wohlfahrtsverbände, soziale Bewegun-

gen und Nichtregierungsorganisationen, die sich als Anwälte der betroffenen Bevölkerungsteile verstanden, kritisierten im Mai 1996 mit einer gemeinsamen Sozialcharta sowie mit Großdemonstrationen gegen das Sparpaket diese politische Entwicklung vehement.[25] Sie stellten die Alternativlosigkeit des marktgläubigen Standortdenkens in Frage und plädierten stattdessen für die Schließung von Steuerschlupflöchern und eine höhere Besteuerung von Gewinnen, Eigentum, Vermögen und Umweltbelastungen.[26]

Diese politischen Verschiebungen und Konflikte waren kein isoliertes Phänomen in Deutschland und deswegen auch nicht allein der Wiedervereinigung oder der CDU/FDP-Regierung anzulasten, sondern eine europäische Reaktion auf sinkende Wachstumsraten, die finanzmarktgetriebene und durch digitale Kommunikation beschleunigte Globalisierung und die verschärfte internationale Konkurrenz in einer multipolaren Welt. Für die Wohlfahrtsverbände im Allgemeinen und die AWO im Besonderen brachen unangenehme Zeiten an. Einerseits konnte sie Anfang der 1990er Jahre die höchsten Mitgliedszahlen ihrer Geschichte vorweisen. Andererseits deuteten das nachlassende Engagement von Jüngeren sowie eigene finanzielle Schwierigkeiten bereits die Herausforderungen an, mit denen der Verband in den nächsten Jahren konfrontiert war. Ihre rechtlich abgesicherte Stellung als Träger von sozialen Einrichtungen und Erbringer sozialer Dienstleistungen war in Artikel 32 des Einigungsvertrags von 1990 als »unverzichtbare[r] Beitrag zur Sozialstaatlichkeit des Grundgesetzes« noch einmal unterstrichen und als förderungswürdig anerkannt worden. Die exponierte Stellung der Wohlfahrtsverbände war jedoch eine nationale Besonderheit des deutschen Sozialsystems.

Die europäische Integration war vor diesem Hintergrund durchaus ein zweischneidiges Schwert: Einerseits unterstützte die AWO die internationale Zusammenarbeit und Bewegungsfreiheit und das Bemühen um soziale Grundrechte in der Europäischen Union, ab Sommer 1993 auch mittels eines eigenen Büros in Brüssel, um vor Ort Einfluss auf die Politik der europäischen Institutionen zu nehmen.[27] Andererseits musste sie eine Öffnung der Märkte für private Dienstleister und internationale Sozialunternehmen als Herausforderung für die eigene Geschäftsgrundlage hinnehmen.[28]

Zwar hatte sich auch die Europäische Union 1992 in Maastricht zur »Zusammenarbeit [...] mit den Verbänden der Wohlfahrtspflege und den Stiftungen als Trägern sozialer Einrichtungen und Dienste« bekannt. Gleichzeitig waren die Formulierungen zu den sozialen Grundrechten im EG-Vertrag sehr allgemein und marktfreundlich gehalten. Mit dem Bekenntnis zur Waren- und Kapitalverkehrsfreiheit, zur Freizügigkeit und Niederlassungsfreiheit sowie zur Dienstleistungsfreiheit hatte die EU wirtschaftliche Grundprinzipien verankert, die grundsätzlich auch für den »Sozialmarkt« galten. Mit Verweis auf das »Diskriminierungsverbot« konnten hier etwa private Heimbetreiber oder mobile Dienstleister aus dem europäischen Ausland im deutschen Markt aktiv werden.

Neue rechtliche Regelungen im sozialen Bereich

Seit ihrer Gründung sah die Arbeiterwohlfahrt die Verrechtlichung der Wohlfahrtspflege als eine ihrer zentralen Aufgabenstellungen an. Ihr Anliegen war es deshalb stets gewesen, soziale Notlagen und Bedürfnisse zu identifizieren und in gesetzlich verankerte und gemeinschaftlich finanzierte Leistungen und Aufgaben zu überführen. Viele der gesetzlichen Regelungen, die in den 1990er Jahren getroffen und diskutiert wurden, kamen ihr – trotz aller Kritik an der konkreten Ausgestaltung – entgegen, da sie für zentrale und drängende gesellschaftliche Herausforderungen – Kindererziehung, Integration, Altenpflege, Sozialversicherung – eine notwendige, allerdings häufig auch umstrittene Anpassung der rechtlichen Rahmenbedingungen mit sich brachten.

Mit dem »Kinder- und Jugendhilfegesetz« (KJHG) wurde zum 1. Januar 1991 ein einheitliches Sozialgesetzbuch (SGB VIII) für den großen Bereich der Kinder-, Jugend-, und Familienpolitik eingeführt. Es brachte aus Sicht der Arbeiterwohlfahrt trotz einzelner Schwächen und Finanzierungslücken einen begrüßenswerten Paradigmenwechsel mit sich, weil es nicht mehr die Kontroll- und Interventionsmöglichkeiten der Jugendämter, sondern vielmehr die Leistungen und Unterstützungs-

Der »Asylkompromiss« vom Dezember 1992 beschränkte das Grundrecht auf Asyl.

angebote in den Mittelpunkt rückte. Allerdings musste die entsprechende Infrastruktur der freien Jugendhilfe insbesondere in den neuen Bundesländern erst aufgebaut werden. Durch das ergänzende »Schwangeren- und Familienhilfegesetz« vom Juli 1992 wurde der Rechtsanspruch auf einen Kindergartenplatz für Kinder ab drei Jahren im SGB VIII verankert. Um die Umsetzung bis 1996 zu ermöglichen, schufen die Kommunen und Verbände bis September 1995 bereits 250.000 neue Plätze.[29] Es fehlten allerdings aus Sicht der Arbeiterwohlfahrt zusätzliche 600.000 Kindergartenplätze und 50.000 Erzieherinnen und Erzieher sowie Betreuungsangebote für unter Dreijährige, Ganztagsplätze, Krippen und Horte, um Alleinerziehende und berufstätige Eltern zu entlasten.[30] Ein anderer wichtiger inhaltlicher Schwerpunkt der Jugendhilfe wurde durch verschiedene Programme und Präventionsmaßnahmen gegen Rechtsextremismus und Gewalt identifiziert, die eine Reaktion auf die ansteigende Zahl fremdenfeindlicher Überfälle und Brandanschläge darstellten.[31]

Der Umgang mit der ansteigenden Zuwanderung von Spätaussiedlern und Asylbewerbern nach Deutschland gehörten Anfang der 1990er Jahre zu den großen Streitthemen. Zwischen 1988 und 1994 hatte sich die Zahl der ausländischen Bevölkerung von 4,5 auf rund 7 Millionen erhöht. Von den 1,9 Millionen Flüchtlingen, die bis 1993 in Deutschland Asyl beantragt hatten, waren erst 238.500 als Asylsuchende offiziell anerkannt, 530.000 befanden sich noch in offenen Verfahren. Hinzu kamen 755.000 geschützte De-Facto-Flüchtlinge (Asyl nicht beantragt oder abgelehnt, aber Abschiebung ausgesetzt) sowie 350.000 Bürgerkriegsflüchtlinge aus dem zerfallenden Jugoslawien. Außerdem reisten zwischen 1988 und 1995 etwa zwei Millionen Aussiedler aus Osteuropa nach Deutschland ein, vor allem aus der ehemaligen Sowjetunion, aus Polen und Rumänien.[32]

Viele dieser Menschen benötigten materielle und praktische Unterstützung bei ihrem temporären Aufenthalt oder beim dauerhaften Ankommen, eine schwierige Integrationsaufgabe, die auch den Wohlfahrtsverbänden zufiel. Die Arbeiterwohlfahrt engagierte sich in diesem Bereich traditionell besonders stark: »Jeder, der zu uns nach Deutschland kommt, ist ein Mensch und hat Anspruch auf die Achtung seiner Würde, unabhängig von Nation, Rasse und Religion«, hieß es in einem Beschluss der Bundeskonferenz 1992.[33] Neben den sozialen Angeboten stand der Einsatz für Solidarität und Toleranz, gegen rassistische Übergriffe auf Migrantinnen und Migranten sowie gegen Brandanschläge auf Einrichtungen für Asylsuchende im Zentrum der Verbandsarbeit.

Der »Pflegenotstand« war in den 1990er Jahren ein dominierendes Thema in der AWO.

Die Arbeiterwohlfahrt kritisierte deshalb die Einschränkungen des in Artikel 16 GG festgeschriebenen Grundrechts auf Asyl, die beim »Asylkompromiss« im Dezember 1992 beschlossen wurden, forderte aber gleichzeitig auch eine Beschleunigung der Asylverfahren nach rechtstaatlichen Kriterien und »ein eindeutiges Vorgehen gegen diejenigen, die das Asylrecht kriminell ausnutzen«. Grundsätzlich setzte sich der Verband für ein »in ein europäisches Recht eingebettetes deutsches Zuwanderungsgesetz« sowie für den durch die Genfer Konvention festgeschriebenen besonderen Schutz von Kriegsflüchtlingen ein.[34] Die Vorschläge von Gesundheitsminister Horst Seehofer (CSU) im

Es ist 5 nach 12

Pflege in Deutschland: In schlechter Verfassung!

Eine Initiative der AWO in Deutschland ♥ unter Mitwirkung von: GEW, ÖTV, DGB, HDH, Reichsbund, BAG Hilfe für Behinderte

Kundgebung 23. Mai 1991, 11 Uhr

Bonn, Beethovenhalle

Sommer 1995, die Sozialhilfe für Bürgerkriegsflüchtlinge zu kürzen, bezeichnete sie daher als »rechtslastige Stimmungsmache«.[35] Sie wehrte sich zudem gegen Kürzungen bei der Finanzierung der Sozialdienste und Beratungsstellen für ausländische Arbeitnehmer in Deutschland, die sie über 30 Jahre aufgebaut hatte.

Eine neue Säule im deutschen Sozialversicherungssystem wurde mit der Einführung der Pflegeversicherung (SGB XI) zum April 1995 geschaffen. Schon seit 1976 hatte sich die Arbeiterwohlfahrt als erster Wohlfahrtsverband für eine paritätisch finanzierte besondere Versicherung für Pflegeleistungen eingesetzt, die bei den Krankenkassen angesiedelt sein sollte. Das durch Arbeits- und Sozialminister Norbert Blüm und die schwarz-gelbe Bundesregierung ausgearbeitete Gesetzeswerk empfand sie jedoch als völlig unzureichende »Teilkasko-Lösung«.[36] Über die ab Januar 1995 eingezahlten Beiträge wurde zunächst nur eine minimale Grundversorgung bei bestimmten Pflegesituationen abgedeckt, zudem waren Antrags- und Abrechnungsverfahren kompliziert und bürokratisch. Die AWO richtete deshalb Beratungshotlines ein und trat für Reformen und Verbesserungen ein. Insbesondere kritisierte sie das Vorgehen der Krankenkassen, vormalige Regelleistungen der Krankenversicherung wie Krankenhilfe oder Blindengeld nun mit Verweis auf die Pflegeversicherung einzustellen. Mit der zweiten Stufe der Pflegeversicherung im Juli 1996 wurden, finanziert durch eine Erhöhung der Beitragssätze, auch Pflegeleistungen in Heimen übernommen. Die Deckelung der Kosten sowie die Eingruppierung in drei Pflegestufen durch den Medizinischen Dienst brachten jedoch neue Konfliktfälle mit sich.

Eine weitere Folge der Pflegeversicherung war die stärkere Öffnung für einen Wettbewerb der Träger, der eine finanzielle Entlastung der Kommunen sowie Kundenorientierung, Wirtschaftlichkeit und Qualitätssicherung in der Pflege garantieren sollte, aber auch bei einer verschärften Konkurrenz mit gewinnorientierten Pflegedienstleistern zu Personaleinsparungen, Leistungsdruck und Billigangeboten führen konnte.[37] Mit neuen Abrechnungsverfahren und Dokumentationspflichten wurden den Trägern schulungsintensive Aufgaben auferlegt, die ein Selbstverständnis als soziales Dienstleistungsunternehmen beförderten.[38] Die AWO sah sich in dieser Situation vor die Herausforderung gestellt, den geänderten Rahmenbedingungen einerseits durch grundlegende Verbandsreformen Rechnung zu tragen und andererseits durch ein Leitbild und Qualitätsmanagement das Profil als werteorientierter Wohlfahrtsverband zu stärken.

Krise und Konsolidierung des Verbands

Obwohl durch die deutsche Einheit die alten westdeutschen Debatten der 1980er Jahre ein wenig in den Hintergrund getreten waren, bestanden die ökomischen Schwierigkeiten vieler Gliederungen fort. Die Studie von Wolfgang Seibel über das »Selbststeuerungsversagen« und den »funktionalen Dilettantismus« innerhalb der Verbände des »Dritten Sektors« von 1988 hatte auch innerhalb der Arbeiterwohlfahrt großen Nachhall gefunden. Die Diagnose des Sozialwissenschaftlers ließ sich nicht als Angriff auf die freien Wohlfahrtsverbände pauschal zurückweisen, sondern sorgte für Nachdenken und Diskussionen innerhalb des Verbands. Da auch mehrere Strukturen der Arbeiterwohlfahrt von Seibel empirisch untersucht wurden und manche der angesprochenen Probleme – zum Beispiel

Finanzentwicklung AWO Bundesverband (in DM)

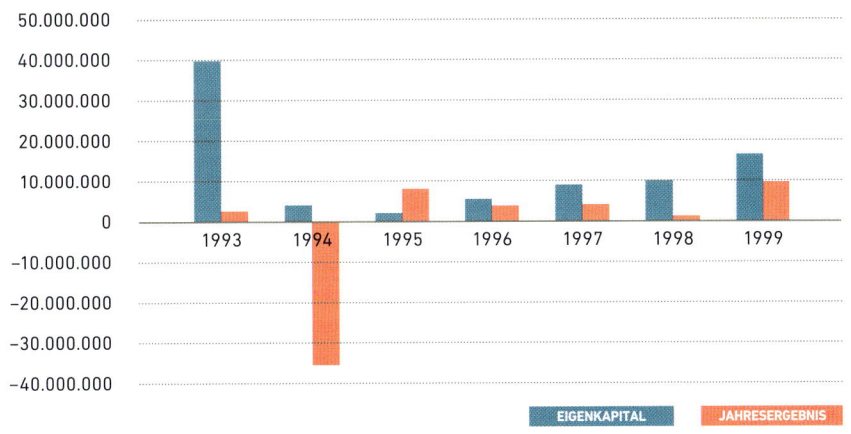

Überalterung, Mängel im Rechnungswesen, in der Finanzplanung und -kontrolle, Überforderung der ehrenamtlichen Vorstände – kaum zu bestreiten waren, setzte sich der Bundesvorstand mit der Kritik detailliert auseinander.[39] In den nächsten Jahren entwickelten sowohl die Fachausschüsse als auch die Geschäftsführerkonferenz Vorschläge für eine Verbandsreform, die eine Professionalisierung auf verschiedenen Ebenen bewirken sollten. Sie betrafen sowohl Personalwesen, Mitgliederservice und Fortbildungskonzepte als auch Innenrevision und Wirtschaftsprüfung.[40] Sie leiteten somit einen fundamentalen Umbruchprozess ein, der im nächsten Jahrzehnt zahlreiche weitere Schritte nach sich zog.

In mehreren Bezirksverbänden zeigten sich im Jahr 1989 ernsthafte wirtschaftliche Probleme. Am dramatischsten gestaltete sich die Situation des Bezirksverbands Südwürttemberg-Hohenzollern. Der kleine Bezirk zwischen Tübingen und dem Bodensee, der seine Existenz dem Zuschnitt der Besatzungszonen der Nachkriegszeit verdankte, war schon Anfang der 1980er Jahre so hoch verschuldet, dass der Bundesverband für neue Kredite bürgen musste. Ende des Jahrzehnts kamen dann auch noch unsaubere Abrechnungen und organisationsinterne Konflikte hinzu, der Bezirksgeschäftsführer

BIOGRAFIE

MANFRED RAGATI (GEB. 1938)

Der AWO-Bundesvorsitzende von 1991 bis 2004 stammt aus dem Raum Würzburg. Nach dem Abschluss des Jurastudiums wurde er 1966 Mitglied der Arbeiterwohlfahrt. 1970 zog es ihn nach Nordrhein-Westfalen, wo er zunächst als Mitarbeiter im Landtag für den SPD-Fraktionsvorsitzenden Fritz Kassmann arbeitete. Ab 1975 war er für zehn Jahre Oberkreisdirektor in Herford, anschließend langjähriger Geschäftsführer des Elektrizitätswerks und der Verkehrsbetriebe Minden-Ravensberg. Daneben übernahm er 1983 in Ostwestfalen-Lippe den Bezirksvorsitz der Arbeiterwohlfahrt und behielt ihn bis 2004. Während der Umbruchjahre 1989–1991 amtierte er zusätzlich als stellvertretender Bundesvorsitzender. Nach seiner Wahl zum Vorsitzenden im April 1991 in Nürnberg musste er zahlreiche Krisen und Konflikte bewältigen. Als Ehrenvorsitzender des Bundesverbands blieb er nach 2004 der AWO eng verbunden.

wurde entlassen. Trotz Unterstützung des Bundesverbands gelang jedoch kein Kurswechsel, der Bezirk war schließlich im März 1990 zahlungsunfähig und musste seine Einrichtungen verkaufen. Er wurde schließlich aufgelöst, alle Kreisverbände traten dem Nachbarbezirk (Nord-)Württemberg bei.[41]

Im Bezirk Hessen-Süd hielten die Konflikte um den großangelegten Ankauf von Wohnungen für Spätaussiedler im Jahr 1989 während der 1990er Jahre an. Auch hier reichten die wirtschaftlichen Probleme weiter zurück, zwei Sanierungsprogramme brachten kaum Besserung. Der Bezirksvorstand und der Geschäftsführer hatten die riskanten Geschäfte gemeinsam getragen. Sie argumentierten, dass eine Notsituation angesichts der großen Zahl von Spätaussiedlern vorgelegen habe und die Instandsetzung und Vermietung von Wohnraum auch wirtschaftlich erfolgreich gewesen sei. Am Ende standen hohe Verbindlichkeiten bei den Banken und weiteren Kreditgebern, die einen Millionenkredit des Bundesverbands erforderten.[42] Ein Untersuchungsausschuss und die Revisoren des Bundesverbands befassten sich eingehend mit der Finanzsituation in Hessen-Süd. Die neuen Bezirksführungen und ein Sanierungsbeirat leiteten zwar Maßnahmen zur Verbesserung der Liquidität ein, es blieben jedoch wirtschaftliche Probleme und dauerhafte, bis in die Gegenwart reichende Spannungen zwischen dem Bundesverband und dem Bezirk Hessen-Süd zurück.[43]

In den neuen Bundesländern traten beim Neuaufbau von Strukturen ebenfalls zahlreiche finanzielle Probleme auf. Aufgrund des dünnen ehrenamtlichen Unterbaus waren die ostdeutschen Landesverbände frühzeitig zu größeren unternehmerischen Aktivitäten mit hauptberuflichen Mitarbeiterinnen und Mitarbeitern übergegangen. Ein großer Teil der Verbandsarbeit wurde unter unsicheren Bedingungen durch ABM-Programme finanziert, die im Laufe der 1990er Jahre deutlich reduziert wurden. Der anfängliche Versuch, mehrere Bezirksverbände zu etablieren, wurde in Mecklenburg-Vorpommern im Juni 1993 zugunsten eines Landesverbands aufgegeben.[44] Im Landesverband Brandenburg gab es bald größere finanzielle Schwierigkeiten sowie divergierende Vorstellungen, sodass die Landesvorsitzende Rita Wurziger nach anonymen Drohungen ihren Rücktritt erklärte: »Die AWO-Arbeit war

mein Lebensinhalt gewesen. Leitbild meiner ehrenamtlichen Tätigkeit waren dabei immer die im Grundsatzprogramm deklarierten
Grundwerte wie Toleranz und Solidarität. Diese Werte gelten aus
meiner jetzigen Erkenntnis wohl vorwiegend gegenüber Dritten –
innerhalb der AWO werden sie seltener praktiziert.«[45] Unter diesen
Umständen war die Identifikation mit den Grundwerten der Arbeiterwohlfahrt kein Selbstläufer.

Die Krisenerscheinungen und Konflikte betrafen in den 1990er
Jahren allerdings nicht nur regionale Gliederungen, sondern den
Bundesverband in besonderem Maße. Schon in den 1980er Jahren
hatte sich angedeutet, dass er ein großes Risiko eingegangen war,
indem er selbst zahlreiche Einrichtungen übernommen und betrieben hatte. Sobald eine Förderung als Modelleinrichtung auslief und
größere Investitionen für Erneuerungen oder neue Verwendungs-
zwecke notwendig wurden, war aufgrund hoher Personalkosten
ein wirtschaftlicher Betrieb nur in wenigen Fällen möglich. Die
wirtschaftlichen Schwierigkeiten wurden durch den Rückgang der
Bundeszuwendungen zusätzlich verschärft. Erhielt der Bundesverband 1992 noch rund 80,4 Millionen DM an öffentlichen Zuschüssen, waren es 1995 nur noch 67,3 Millionen DM.[46] Hinzu kamen
strengere Prüfungen des Bundesrechnungshofs, der Mängel in den
Abrechnungen der Beratung und Betreuung für Aussiedler und
Flüchtlinge und den Zuschüssen für die Durchführung zentraler und
internationaler Aufgaben konstatierte und dem Bundesverband
1997 eine hohe Rückzahlung auferlegte.[47] Die Zahl der Beschäftigten in der Bundesgeschäftsstelle sank zwischen 1992 und 1995 von
158 auf 134 Angestellte. 1997 wurden weitere Einsparungen in Höhe
von rund 1,3 Millionen DM bei den Personalkosten erforderlich, die
durch freiwillige Arbeitszeitverkürzungen, betriebsbedingte Kün-
digungen und damit einhergehende Umstrukturierungsprozesse
erreicht wurden.[48]

Der *Immenhof* und der *Fischerhof* hatten schon in den 1980er Jahren große Sorgen bereitet und mussten stetig aus Rücklagen des Verbands subventioniert werden. Um weitere Schulden zu vermeiden,
wurde der Verkauf der Immobilien beschlossen, was sich aber auch
als diffizile Angelegenheit erwies. Der *Immenhof* in der Lüneburger Heide konnte zwar im Herbst 1994 veräußert werden, der Käu-

fer musste jedoch einige Jahre später Insolvenz anmelden, sodass ein großer Teil des Verkaufspreises verloren war.[49] Der *Fischerhof* in Büdingen war, nachdem 1987 ein Verkauf gescheitert war, seit 1988 an den Bezirk Hessen-Süd verpachtet, der jedoch aufgrund der wirtschaftlichen Probleme als Käufer nicht in Frage kam. Erst 1998 konnte die Immobilie verkauft werden. Die verbandseigene *ARWO Kuren und Reisen GmbH*, über die der Verband seit 1982 Bildungsreisen und Kuren organisiert hatte, wurde 1992 abgewickelt.[50]

Zwei traditionsreiche Bildungseinrichtungen des Bundesverbands in Nordrhein-Westfalen gingen in den Besitz von Bezirksverbänden über. Das *Lucy-Romberg-Haus* in Marl wurde 1993 an den AWO-Bezirksverband Westliches Westfalen abgegeben[51], das *Haus Sommerberg* in Rösrath-Hoffnungsthal wurde 1994 an den Bezirk Mittelrhein verkauft.[52] Außerdem wurden im November 1995 die Neubauten und Bungalows beim *Haus Weißer Berg* in Neuwied-Niederbieber, das der Bundesverband seit Anfang der 1970er Jahre als Fortbildungsstätte und später als Führungsakademie genutzt hatte, an den AWO-Kreisverband Koblenz übertragen. Das Hauptgebäude in Niederbieber, eine alte Industriellenvilla mit Parkgrundstück, wurde im Juni 1996 an einen privaten Investor verkauft. Mit dem *Haus Humboldtstein* in Remagen-Rolandseck verblieb somit nur noch eine einzige Einrichtung neben der Geschäftsstelle in Besitz des Bundesverbands. Das Anlagevermögen hatte sich somit binnen weniger Jahre von rund 100 Millionen DM (1992) auf etwa 35 Millionen DM (1995) drastisch reduziert.

Diese umfassenden Maßnahmen waren jedoch unvermeidlich geworden, um eine Insolvenz des Bundesverbands abzuwenden. Die größten, existenzbedrohenden Schwierigkeiten, die sinnbildlich für die Bandbreite der Probleme der 1990er Jahre stan-

Das Haus Humboldtstein verblieb als einzige Bildungsstätte bis 2018 im Besitz des Bundesverbands.

HAUS HUMBOLDTSTEIN, REMAGEN-ROLANDSECK

Im September 1973 erwarb der Arbeiterwohlfahrt Bundesverband südlich von Bonn die denkmalgeschützte Villa Rolandshöhe aus dem 19. Jahrhundert, um sie zur zentralen Tagungs- und Fortbildungsstätte auszubauen. Durch die idyllische Lage oberhalb des Rheins, in der Nähe der Geschäftsstelle in Bonn, wurde sie bald auch für Sitzungen des Bundesvorstands und weiterer Verbandsgliederungen genutzt. Durch den Kauf eines benachbarten Grundstücks wurden zusätzliche Übernachtungsplätze und Freizeitangebote geschaffen. Das Haus verfügt so über mehrere Seminarräume, ein gastronomisches Angebot sowie 50 Einzelzimmer. In den 1990er Jahren waren grundlegende Sanierungen erforderlich. Auch für externe Veranstaltungen wurde die Tagungsstätte nun häufiger freigegeben, um ihren Betrieb dauerhaft zu finanzieren. Nach dem Umzug der Geschäftsstelle nach Berlin blieb *Haus Humboldtstein* als bedeutsame Einrichtung in der Trägerschaft des AWO Bundesverbands. Im März 2018 ging die Einrichtung an den AWO Bezirk Westliches Westfalen über, sie wird jedoch weiterhin für bundesweite Tagungen und Weiterbildungen genutzt.

den, resultierten für den Bundesverband aus einer folgenschweren Investitionsentscheidung. Im März 1991, kurz vor dem Ende seiner über 40-jährigen Tätigkeit für den Verband, hatte Bundesgeschäftsführer Richard Haar dem Vorstand ausgearbeitete Pläne für den Bau einer Rehabilitationsklinik im niedersächsischen Seesen vorgelegt. Am gleichen Standort befand sich bereits die *Klinik Schildautal,* die größte Investition des Bundesverbands von 1973. Wie im vorherigen Kapitel bereits geschildert, hatte sie in den 1970er und 1980er Jahren noch hohe Gewinne abgeworfen. Mittlerweile schrieb sie aber aufgrund geänderter Förderungsbedingungen im Krankenhauswesen ebenfalls rote Zahlen. Dass mit dem Bau einer weiteren Klinik und vor allem dem Betrieb durch eine verbandseigene *Reha-Klinik GmbH* wirtschaftliche Risiken verbunden waren, hatte der Bundesvorstand nicht ausreichend erkannt.[53] Nachdem bereits Investitionen im Umfang von 70 Millionen DM getätigt worden waren, fielen der Geschäftsstelle im April 1994 Unregelmäßigkeiten und Fehlkalkulationen bei der Trägergesellschaft auf. Der seit 1992 amtierende Bundesgeschäftsführer Rainer Brückers leitete zwar umgehend Rettungsmaßnahmen ein, um die Liquidität und Kreditwürdigkeit des Verbands zu erhalten. Ohne das finanzielle Entgegenkommen der Landes-, Bezirks- und Kreisverbände hätte der Bundesverband die Krise jedoch nicht bewältigen können. Obwohl die Rehaklinik im Juni 1995 sogar noch offiziell durch den Bundesvorsitzenden Manfred Ragati eingeweiht wurde,[54] erwiesen sich die finanziellen Lasten als zu groß. Im Dezember 1995 gelang es schließlich, den gesamten Klinikkomplex in Seesen an den Krankenhausbetreiber *Asklepios* zu verkaufen und damit weitere Verluste und schwerwiegende Folgen für den Bundesverband abzuwenden.[55]

Organisationsreformen und Leitbilddiskussion

Durch die wirtschaftliche Schieflage war der Verband zu einer grundlegenden Reflexion seiner Aufgaben gezwungen. Die abgewendete Insolvenz des Bundesverbands warf sowohl die Frage nach den primären Aufgaben eines überregionalen Spitzenverbands als auch nach der persönlichen Verantwortung und Haftung der ehrenamtlichen Vorstände für Fehlentscheidungen auf. Einzelne Gliederungen stellten in dieser Situation sogar die Sinnhaftigkeit eines Dachverbands in Frage.[56]

Aus Sicht von Brückers erwuchs daraus die Konsequenz, dass der Bundesvorstand sich nun auf seine Kernkompetenzen besinnen müsse: »Die Trägerschaft unterschiedlicher sozialer Einrichtungen passt nicht in das Aufgabenspektrum eines Bundesspitzenverbandes der Freien Wohlfahrtspflege. Wenn der Bundesverband seiner Rolle als sozialpolitisches Sprachrohr des Gesamtverbandes und als Service- und Dienstleister für seine Verbandsgliederungen gerecht werden will, kann er nicht gleichzeitig Träger sozialer Einrichtungen sein.«[57]

Angesichts des Investitionsvolumens der Arbeiterwohlfahrt wurde die alte vereinsrechtliche Trennung von Vorstand und Geschäftsführung der Tragweite der wirtschaftlichen Entscheidungen kaum noch gerecht. Die Vorstandsmitglieder waren, wie in Seesen offenkundig wurde, neben ihrer ausfüllenden beruflichen Tätigkeit nicht in der Lage, ökonomische Sachverhalte in ihrer ganzen Tragweite zu verantworten und zu kontrollieren. Verbandsrevision und Wirtschaftsprüfung konnten erst nachträglich Versäumnisse konstatieren, sie waren zudem, wie beispielsweise die *Allgemeine Treuhandgesellschaft mbH* (ATH) und der 1984 gegründete *ERGO – Beratungs- und Prüfungsverband e. V.,* eng an das Verbandsgeschehen angebunden, sodass ihre Unabhängigkeit fraglich war. Der Verband musste hier neue Konzepte und Strukturen entwickeln, um seine ehrenamtlichen Strukturen rechtlich abzusichern und gleichzeitig den wirtschaftlichen Erfolg der sozialen Unternehmen zu gewährleisten.

Dieser Umbruchprozess, der die nächsten zehn Jahre in Anspruch nahm, war eine schmerzhafte und gleichzeitig produktive Auseinandersetzung mit Wertbindungen, Gegenwartsaufgaben und Zielen. Ein wichtiger Baustein zur Umsetzung wurde durch die *Gesellschaft für Organisationsentwicklung und Sozialplanung mbH* (GOS, später: *Gesellschaft für Organisationsberatung in der sozialen Arbeit*) abgedeckt. Nach der rechtlichen Verselbständigung des *Instituts für Sozialarbeit und Sozialpädagogik* (ISS) im Juni 1990 wurde die verbandseigene *Gesellschaft für Sozialforschung und Sozialplanung* (GSS), die das ISS zuvor rechtlich getragen hatte, zunehmend als Träger von Fortbildungen und Qualifizierungsmaßnahmen

für Führungskräfte der Arbeiterwohlfahrt tätig. Durch die Umbenennung in GOS im Juni 1993 wurde die geänderte Aufgabenstellung unterstrichen. Die GOS beriet Organisationsgliederungen zukünftig bei der Neustrukturierung des Mitgliederverbands, bei der strategischen Umsetzung von Ausgründungen sowie bei der Steuerung des Qualitätsmanagements (QM). Auch die Beratung der neuen AWO-Unternehmen gehörte zu ihren neuen Tätigkeiten.

Aus den wirtschaftlichen Problemen zahlreicher Verbandsgliederungen zog der Bundesverband unter anderem den Schluss, dass ein Netzwerk von rechtlich eigenständigen Dienstleistungsorganisationen und sozialen Initiativen unter dem Dach des Verbands zu bevorzugen sei. Um der Verselbständigung entgegenzuwirken und die Integration der ausgegründeten Gesellschaften und Sozialunternehmen in das Verbandsleben zu formalisieren, wurden im März 1994 die Leitlinien für die Aufnahme korporativer Mitglieder entwickelt. Ehemals verbandseigene Strukturen wie das ISS oder die GOS und eigenständige soziale, kulturelle und sozialpolitische Initiativen konnten zukünftig sowohl auf Bundesebene als auch regional den Verbandsgliederungen beitreten. Die Zahl der korporativen Mitglieder stieg in den nächsten Jahren kontinuierlich an. Allein in der neuen Bundeshauptstadt Berlin hatte der dortige Landesverband bis 2006 beispielsweise 101 korporative Mitglieder aufgenommen.

In einer umfassenden Leitbilddiskussion wurden ab 1994 grundlegende Herausforderungen des Gesamtverbands identifiziert. Der nach dem Vereinsrecht organisierte Mitgliederverband konnte die Geschäftsführung spezialisierter sozialer Dienstleistungsunternehmen nicht mehr verantworten – an dieser Erkenntnis gab es Mitte der 1990er Jahre angesichts der Krise des AWO Bundesverbands und zahlreicher regionaler Gliederungen kaum mehr Zweifel. Auch auf Ebene der Landes- und Bezirksverbände waren die Bilanzsummen so groß und die wirtschaftlichen Abläufe so komplex geworden, dass sie ohne Managementfähigkeiten und rechtliche Absicherungen kaum tragbare Risiken bargen. Gleichzeitig konnte die AWO sich ohne ein klares fachliches und politisches Profil nicht auf dem zunehmend umkämpften Sozialmarkt behaupten. Sie stand also vor der schwierigen Aufgabe, die wirtschaftliche Professionalität

Die neuen Leit-
sätze zielten auf
ein klares Werte-
profil als Wohl-
fahrtsverband in
der Öffentlich-
keit.

und Effizienz zu erhöhen und parallel dazu die eigene Identität als Mitgliederorganisation und sozialpolitischer Interessenverband zu stärken.

Das »Leitbild« sollte auf den Grundsätzen und Werten der Organisation fußen, aber auch Signale nach außen senden. »Ein Leitbild ist keine Leuchtreklame für eine Sozialboutique«, hieß es in einem ersten Meinungsbeitrag, sondern ein Identifikationsangebot für Mitglieder, Mitarbeiterinnen und Mitarbeiter sowie eine Garantie für die »Kunden«: »Das Leitbild ist eine umfassende Selbstdarstellung und konkretisiert unter anderem geschichtlich gewachsene Werte und Überzeugungen, beschreibt Prinzipien im Umgang mit MitarbeiterInnen und ›Kunden‹, ist Ausdruck einer veröffentlichten Selbstverpflichtung, die unterstreicht: Darauf können Sie sich bei der AWO verlassen!«[58] Unverkennbar war vor allem der Einzug einer neuen Managementsprache. Prozesse der Selbstverständigung, die traditionell durch die Satzung und das Grundsatzprogramm primär in die Organisation hinein kommuniziert worden waren, wurden nun als Leitbild im Sinne des Marketings parallel für die Öffentlichkeitsarbeit eingesetzt.

Das neue Grundsatzprogramm, das im November 1998 auf einer Sonderkonferenz in Düsseldorf beschlossen wurde, bildete den vorläufigen Abschluss dieser Selbstverständigungsdebatte. Es löste das Programm »Humanitäres Handeln aus politischer Verantwortung« von 1987 ab. Die zuvor entwickelten »Leitsätze« und das »Leitbild« wurden den fachlichen Positionen vorangestellt. Die ersten Sätze brachten die traditionellen Werte klar zu Ausdruck, das Programm insgesamt war nun aber stärker auf die Gegenwart zugeschnitten: »Wir bestimmen – vor unserem geschichtlichen Hintergrund als Teil der Arbeiterbewegung – unser Handeln durch die Werte des freiheitlich-demokratischen Sozialismus: Solidarität, Toleranz, Freiheit, Gleichheit und Gerechtigkeit. Wir sind ein Mitgliederverband, der für eine sozial gerechte Gesellschaft kämpft und politisch Einfluss nimmt. Dieses Ziel verfolgen wir mit ehrenamtlichem Engagement und professionellen Dienstleistungen.«[59]

Die Veränderungen der Arbeiterwohlfahrt in den 1990er Jahren kamen auch im äußeren Erscheinungsbild zum Ausdruck. Das alte Logo, ein flächiges, meist rotes Herz mit den weißen Buchstaben AW in Frakturschrift, wurde als nicht mehr zeitgemäß empfunden. Im Sprachgebrauch hatte sich ohnehin seit längerem die Kurzform AWO als praktischer herausgestellt, sodass zunehmend auf die längere Bezeichnung Arbeiterwohlfahrt verzichtet wurde. Der Bundesvorstand ließ deshalb 1992 ein gänzlich neues Logo sowie ein einheitliches und registriertes Corporate Design entwickeln, das mit einer Übergangsfrist von zwei Jahren für alle Gliederungen, Publikationen, Einrichtungen und Materialien verbindlich war.[60] Durch das Festhalten am roten Herzsymbol wurde eine Wiedererkennung ermöglicht, die nun auch offizielle Abkürzung AWO war schon auf den ersten Blick zu erkennen. Auf einem ersten Ver-

bandstag im September 1993 in Braunschweig präsentierte die AWO mit einer Informationsbörse, einem Familientag und einem Kulturprogramm den rund 20.000 Gästen auch die Bandbreite ihrer Tätigkeit im neuen Design. Auch die Publikationen wurden modernisiert. Die monatliche Mitgliederzeitschrift *sozialprisma,* die trotz mehrerer Veränderungen sinkende Abonnentenzahlen und recht wenig Anerkennung zu beklagen hatte, erschien ab 1994 in neuer Aufmachung unter dem Titel *AWO magazin.*[61]

Eine retrospektiv wichtigere Entscheidung stellte jedoch der erste Online-Auftritt der AWO ab Juli 1997 unter der Adresse *www.awo.org* dar.[62] Auch wenn gedruckte Materialien und der direkte Kontakt

Oben: Das 1993 eingeführte Logo etablierte die Abkürzung AWO.

Unten: Im neuen *AWO magazin* wurden die richtungsweisenden Debatten zur Verbandsentwicklung aufgegriffen.

AWO-HOMEPAGE (SEIT 1997)

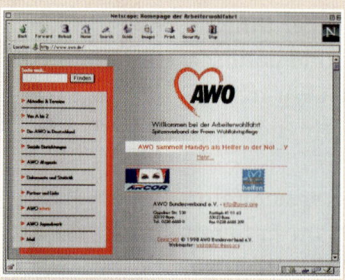

Die rasant ansteigende Anzahl von Internetnutzern und die sich stetig verbessernden technischen Voraussetzungen ließen frühzeitig das Potenzial einer Homepage für die Organisation erkennen. Die Seite wurde nach dem Start im Juli 1997 rasch ausgebaut, weitere Auftritte einzelner Gliederungen und themenspezifische Portale wie *www.vitawo. de* kamen in den nächsten Jahren stetig hinzu. Zukünftig konnten Informationen über Angebote und Einrichtungen, aktuelle Dokumente und die Zeitschrift *AWO magazin* weltweit und frei zugänglich von jedem Computer mit Internetanschluss abgerufen werden. Der rasante technische Wandel im Bereich der Digitalmedien machte eine regelmäßige Aktualisierung der Gestaltung bis hin zu einer kompletten Überarbeitung erforderlich.

weiterhin die wichtigste Informationsquelle für Mitglieder und Interessierte blieben, war dieser erste Einstieg in die digitale Kommunikation ein Meilenstein für den Gesamtverband.

Die Entwicklung verbandseigener QM-Standards war ein weiterer Teil der Organisationsentwicklung. Ab 1998 wurden AWO-Einrichtungen nach den Industrienormen DIN EN ISO 9000 ff. in Verbindung mit dem AWO-Leitbild zertifiziert. Durch ein eigenes QM-Handbuch sowie die Ausbildung von QM-Auditoren wurde die regelmäßige Selbstüberprüfung im Gesamtverband verankert.[63] Das vom *Deutschen Zentralinstitut für soziale Fragen* (DZI) 1999 eingeführte Spendensiegel (»Spenden-TÜV«), mit dem auch die AWO ausgezeichnet wurde, diente angesichts einer undurchsichtigen Zahl privater Sammlungen als Gütekriterium für die Spendenakquise.

Die Reformen betrafen auch die Mitgliedsorganisation. Mit der »Initiative Ehrenamt«, an der sich 15 Landes- und Bezirksverbände beteiligten, wurde ab 1997 das ehrenamtliche Engagement gestärkt. Durch die Einrichtung einer Stabstelle beim Bundesverband, acht Freiwilligenzentralen sowie ein Netzwerk von Mentoren wurde eine eigene Struktur für diesen Bereich geschaffen. Sie gaben ein Praxishandbuch heraus, richteten Fachkongresse, Workshops und

Ein nach ISO zertifizierte QM-Siegel sollte Qualitätsstandards etablieren.

Methodentrainings aus und berichteten regelmäßig im *AWO magazin* über diese Aktivitäten.[64] 1999 wurde eine »Imagekampagne« lanciert, die auf Plakaten und Postkarten mit dem Slogan warb: »Aktiv in der AWO. Bunt wie das Leben«.[65] Mit der Kampagne »1000 × ist was passiert...« wurden innovative Freiwilligenprojekte präsentiert und ausgezeichnet.[66] Das *Internationale Jahr der Freiwilligen* 2001 bot Anlass für zahlreiche weitere Aktivitäten und den eigenen Sozialbericht über das »Ehrenamt im Wandel«. Auch an der Enquete-Kommission des Deutschen Bundestags zur »Zukunft des bürgerschaftlichen Engagements« war die AWO beteiligt.

Trotz dieser vielfältigen Maßnahmen sanken die Mitgliederzahlen in den 1990er Jahren erstmals. Durch die deutsche Einheit kamen zwar neue Mitglieder in den ostdeutschen Gliederungen hinzu, gleichzeitig ging das Interesse am lebenslangen Engagement in großen Strukturen weiter zurück. Die fortschreitende Individualisierung der Lebenswelten und Wertvorstellungen, durch neue Konsum- und Medienangebote in einer zunehmend globalen Welt verstärkt, betraf die Wohlfahrtsverbände ebenso wie Parteien und Gewerkschaften. Eigene Krisen und Konflikte trugen zu einer kritischen Wahrnehmung bei. So sank die Zahl der zahlenden Mitglieder zwischen 1990 und 2005 um rund 30 Prozent: von 612.348 auf 413.388, während sich die Zahl der Hauptamtlichen im gleichen Zeitraum von rund 50.000 auf 146.000 fast verdreifachte. Mit der Einführung einer »Zentralen Mitglieder- und Adressverwaltung« wurden ab 2002 alle Mitgliederdaten in einer Datenbank verwaltet. Sie löste den Verkauf der traditionellen Beitragsmarken ab und ermöglichte zeitnah eine exakte Statistik. Durch die Einführung einer weiteren »Dienstleistungsdatenbank« wurden ab 2005 erstmals alle Einrichtung des Verbands zentral elektronisch erfasst.

Zum Internationalen Jahr der Freiwilligen entwickelte die AWO eine eigenständige Kampagne zur Stärkung des Ehrenamts.

Der AWO Bundesverband entwickelte zudem strukturelle Maßnahmen zur Gleichstellung der Geschlechter. Mit Traute Roscher
wurde 1997 eine Gleichstellungsbeauftragte eingesetzt.[67] 2001
wurde Gender Mainstreaming in das QM-Konzept integriert.[68] Zur
Umsetzung des Managing Diversity entwickelte die AWO 2003 als
erster Wohlfahrtsverband einen »Leitfaden bewährter Praxis zum
diskriminierungsfreien Zugang zu sozialen Diensten«.[69] Im folgenden Jahr wurde eine Betriebsvereinbarung für einen respektvollen,
partnerschaftlichen Umgang am Arbeitsplatz, gegen Diskrimine-
rung, sexuelle Belästigung und Mobbing verabschiedet.[70]

Zusammenarbeit mit der SPD und Rot-Grün

Die Zusammenarbeit mit der SPD wurde in den 1990er Jahren
häufig in Vorstandssitzungen angesprochen. Insbesondere bei den
Mitarbeiterinnen und Mitarbeitern, aber auch bei den Mitgliedern
war eine Zugehörigkeit zur Sozialdemokratie keine Selbstverständlichkeit mehr, wenn es auch in vielen Fällen, insbesondere
bei Führungspersönlichkeiten, weiterhin die charakteristischen
Doppelrollen bei SPD und AWO gab. Zumindest die Geschäftsführer
sollten aber der SPD angehören und die Werte des demokratischen
Sozialismus verinnerlicht haben, so wie auch kirchliche Träger eine
entsprechende Glaubenszugehörigkeit ihrer Mitarbeiterinnen und
Mitarbeiter erwarteten.[71]

Um die Kooperation zwischen AWO und SPD zu verbessern, wurden immer wieder Anläufe für regelmäßige offizielle Gespräche gestartet. Sowohl Björn Engholm als auch Rudolf Scharping betonten
als SPD-Vorsitzende die Bedeutung der Arbeiterwohlfahrt für die
Partei- und Fraktionsarbeit im Bereich der Sozialpolitik. Mit Franz
Müntefering benannte die SPD 1995 einen offiziellen Verbindungsmann, der regelmäßig an den Sitzungen des AWO-Bundesvorstands
teilnehmen sollte, durch sein neues Amt als SPD-Geschäftsführer
allerdings meist verhindert war.[72] Die Zusammenarbeit mit und in
der SPD-Bundestagsfraktion verbesserte sich ab März 1997 durch die
Institutionalisierung einer *AWO-Parlamentariergruppe* im Bundestag.[73] Ein Jahr später wurde der erste *Parlamentarische Abend* von

Mit jährlichen Parlamentarischen Abenden wurde die Zusammenarbeit mit der SPD-Bundestagsfraktion institutionalisiert.

der AWO ausgerichtet, der dem Thema »Vom Helfen zum Sozialmanagement. Das Prinzip Wohlfahrt am Ende seines Jahrhunderts«[74] gewidmet war. Ab 1999 fanden diese Empfänge jährlich statt und wurden gemeinsam mit dem *Arbeiter-Samariter-Bund* organisiert.[75] Dadurch ergaben sich Gelegenheiten zum informellen Austausch.

Mit der Einrichtung des *Heinrich-Albertz-Friedenspreises*, der zukünftig alle zwei Jahre als höchste Auszeichnung des Verbands für ein besonderes Engagement öffentlicher Persönlichkeiten für den sozialen Frieden verliehen wurde, schuf der AWO-Bundesvorstand eine weitere Gelegenheit, um seine Anbindung an die Sozialdemokratie zu unterstreichen. Als erster Preisträger wurde 1999 der nordrhein-westfälische Ministerpräsident (und künftige Bundespräsident) Johannes Rau ausgezeichnet, 2001 wurde Paul Spiegel, Präsident des *Zentralrats der Juden,* geehrt, in den nächsten Jahren erhielten den Preis ausschließlich exponierte Sozialdemokraten und Sozialdemokratinnen.[76]

Durch den Regierungswechsel im September 1998, der nach 16 Jahren mit Gerhard Schröder wieder einen sozialdemokratischen Bundeskanzler und erstmalig eine rot-grüne Bundesregierung mit sich brachte, gewann die AWO neue Kanäle in die Regierungspolitik hinein. Bereits im Vorfeld der Wahl hatten sich führende AWO-

Rede von Bundes-
kanzler Gerhard
Schröder bei einer
Veranstaltung der
AWO Westliches
Westfalen.

Vertreter für eine Wählerinitiative ihrer Mitglieder für Schröder und die SPD ausgesprochen. Dank ihrer Verankerung in Partei und Fraktion konnte die AWO ihre Expertise bei Gesetzesinitiativen einbringen, etwa 2001 bei der Novellierung des Heimgesetzes und beim Pflege-Qualitätssicherungsgesetz.[77] Auch bei den Debatten um ein Zuwanderungsgesetz von 2002 beteiligte sich die AWO, unter anderem in Kooperation mit *Pro Asyl,* intensiv an Gesprächen, Workshops und Anhörungen und mit öffentlichen Stellungnahmen.

Durch die Doppelrolle von Wilhelm Schmidt als Erster Parlamentarischer Geschäftsführer der SPD-Bundestagsfraktion und stellvertretender AWO-Bundesvorsitzender bestand eine enge Anbindung der AWO an die rot-grünen Sozialreformen. Durch diese informellen Kanäle war der AWO-Bundesvorstand über die Hintergründe umstrittener Reformpläne frühzeitig unterrichtet. Die öffentlichen Stellungnahmen der AWO zur Sozialpolitik klangen deutlich zurückhaltender als unter Helmut Kohl. Bei der Einführung der »Riester-Rente« betonte sie beispielsweise die »positiven Elemente« der vorgelegten Reform und »begrüßt[e] ausdrücklich« die »Ergänzung des Umlageverfahrens durch eine stärkere kapitalgedeckte Rente« sowie die »eigenständige Sicherung der Frau«. Zur Überarbeitung der

Reform forderte sie jedoch die Einführung einer steuerfinanzierten »bedarfsgerechte[n] Grundsicherung« und eine Verbreiterung der Einnahmebasis der gesetzlichen Rentenversicherung durch die Einbeziehung von Beamten und Selbständigen.[78]

Im Spätsommer 2002 wurde die AWO durch das »Jahrhunderthochwasser« hart getroffen und zugleich intensiv gefordert. Allein bei eigenen Einrichtungen war ein Schaden in Höhe von 10 Millionen Euro entstanden. Die AWO engagierte sich hier an der Seite der rot-grünen Bundesregierung, die um ihre Mehrheit bangte, mit einer großen Spendenkampagne und direkten Hilfsaktionen. Insgesamt sammelten die AWO-Gliederungen 6,5 Millionen Euro von 14.545 Einzelspendern, fast die Hälfte des Geldes stammte dabei von der Volkswagen AG. Die Spenden kamen unter anderem dem *Bildungs- und Sozialwerk Muldental* zugute, das dem paritätischen Wohlfahrtsverband angehörte und sich in der Jugendberufshilfe und Jugendsozialarbeit in Sachsen engagierte.[79] Auch dank dieses Einsatzes für die Opfer des Hochwassers gelang der SPD im September 2002 ein weiterer Wahlsieg.

Auch bei der anschließend verkündeten Agenda 2010 und den Hartz-IV-Reformen des Arbeitsmarkts, die die Sozialdemokratie in eine tiefe Identitätskrise führen und nachhaltig für Verunsicherung sorgen sollten, stützte die AWO-Spitze den Kurs der Bundesregierung. Sie befürwortete die Zusammenlegung von Arbeitslosenhilfe und Sozialhilfe, um die Kommunen zu entlasten. Zugleich forderte sie aber auch Korrekturen wie beispielsweise eine Neuberechnung des Regelsatzes, zusätzliche Instrumente zur Eingliederung von Langzeitarbeitslosen sowie die ergänzende Einführung einer Kindergrundsicherung und eines Mindestlohns.[80] Die Auswirkungen

Auch mit einer Sondermarke wurde Geld für die Opfer des Hochwassers von 2002 gesammelt.

der Reformen müssten durch einen Monitorprozess überprüft werden, um bei Bedarf nachsteuern zu können. Die AWO griff die neu geschaffenen Instrumente im sozialen Bereich auf, indem sie eigene *Personal-Service-Agenturen* (PSA) einrichtete und die Einführung von 2.500 »Ein-Euro-Jobs« plante. Sie kritisierte zudem die Proteste, die sich gänzlich gegen die Agenda 2010 aussprachen: »Viele Demonstranten und auch die Gewerkschaften sind in der Realität noch nicht angekommen«, betonte der scheidende AWO-Bundesvorsitzende Manfred Ragati 2004.[81]

Neue Strukturen, neue Themenfelder

Die Qualifikation der Mitarbeiterinnen und Mitarbeiter blieb trotz aller Sparanforderungen die zentrale Aufgabe des Bundesverbands. Jährlich wurden etwa 30 Millionen Mark (inklusive Personalkosten) in die Fortbildung der Mitarbeiterschaft investiert. Auf diese Weise wurde rund 40 Prozent der gesamten Mitarbeiterschaft eine Teilnahme an Fortbildungsmaßnahmen und Seminaren ermöglicht.[82] Um die Qualifizierungsangebote des Bundesverbands nach dem Verkauf von *Haus Weißer Berg* und *Haus Sommerberg* bedarfs- und praxisorientiert zu bündeln und zu stärken, wurden die Fortbildung und die Führungsakademie 1999 in der *AWO Akademie Helene Simon* (AHS) zusammengefasst. Ein großer Teil der Seminare fand weiterhin, auch nach dem Berlin-Umzug, im *Haus Humboldtstein* statt.

Auch die regionalen Gliederungen betätigten sich in der Ausbildung und Qualifizierung. Der Landesverband Berlin war auf diesem Gebiet traditionell sehr aktiv. Mit Hilfe der verbandseigenen *Stiftung Sozialpädagogisches Institut »Walter May«* (SPI) organisierte er ein breit gefächertes Ausbildungs- und Qualifizierungsangebot. Das *Institut für Sozialarbeit und Sozialpädagogik* (ISS) in Frankfurt am Main hatte zwar 1990 als eingetragener Verein seine rechtliche Unabhängigkeit erhalten, es blieb aber (bis in die Gegenwart) durch die Vereinsstruktur, seine Arbeitsschwerpunkte und einzelne Forschungsprojekte mit der Arbeiterwohlfahrt eng verbunden. Von

STIFTUNG SOZIALPÄDAGOGISCHES
INSTITUT »WALTER MAY« (SPI), BERLIN

Das *Sozialpädagogische Institut* (SPI) wurde 1951 von der Berliner Arbeiterwohlfahrt in der Tradition der Wohlfahrtsschule gegründet. Erster Leiter der Ausbildungsstätte war Walter May. Zunächst hatte das SPI seinen
Sitz in der Alemannenallee 6 in Charlottenburg, 1961 zog es ins neue *Haus
der sozialen Arbeit* am Halleschen Ufer 32–38 in Kreuzberg. Als Fachschule für soziale Arbeit hatte das Institut über Jahrzehnte für die AWO
eine zentrale Ausbildungsfunktion. Die *Walter-May-Stiftung* wurde Anfang
der 1980er Jahre vom AWO-Landesverband Berlin als Träger des SPI gegründet. Nach 1990 gewann die Stiftung mit Fachschulen für Altenpflege,
Erziehungsberufe, Sozial- und Heilpädagogik, als Anbieter von Weiterbildungen für Fachkräfte, als Träger von Gesundheits- und Wohnprojekten
sowie durch ihr Engagement in der Jugendhilfe an Bedeutung. Mit ihrer
Niederlassung in Brandenburg ist sie seit 1997 dort eine wichtige Akteurin unter anderem in den Bereichen von Schulsozialarbeit, Jugendarbeit,
Kindertagesstätten und sozialer Integration.

besonderer Bedeutung erwies sich die Langzeitstudie zu »Lebenslagen und Zukunftschancen von Kindern und Jugendlichen«, die
1997 als Auftrag der AWO im ISS gestartet wurde.[83]

Als verbändeübergreifender familienpolitischer Fachverband
wurde 2002 von 18 Landes-, Bezirks- und Kreisverbänden der AWO
und weiteren Organisationen das *Zukunftsforum Familie e. V.* (ZFF)
gegründet. Es erhielt Förderung durch das Bundesministerium für
Familie, Senioren, Frauen und Jugend (BMFSFJ). Als (bis heute amtierende) Vorsitzende wurde mit der niedersächsischen Sozialpädagogin Christiane Reckmann ein AWO-Vorstandsmitglied gewählt.[84]
Durch die korporative Mitgliedschaft beim AWO Bundesverband
war eine zusätzliche offizielle Anbindung gegeben. Das ZFF setzte
sich für die »Vielfalt von Lebensformen der Familie« ein und sah
sich als »Scharnier zwischen Familien, Fachpraxis, Wissenschaft
und Politik«.[85] Die AWO schaltete zudem im Mai 2002 mit »Vitawo.
Leben in der Familie« ein erstes Familienportal im Internet. Neben
allgemeinen Informationen zur Familienpolitik des Verbands gab
es regelmäßige redaktionelle Beiträge, einen Vorteilsclub »Vitawo-
Exklusiv«, mit »AWO-intern« das bundesweit erste AWO-Intranet
sowie kindgerechte Online-Angebote für »Knirpse«.[86]

AWO-ISS-LANGZEITSTUDIE (1997–2019)

Mit der 1997 gestarteten ersten Untersuchung »Gute Kindheit – Schlechte Kindheit« wurden die Lebenslagen von 900 Kindern aus 60 AWO-Kitas im Alter von sechs Jahren erforscht, um Ursachen für Armut und Entwicklungsdefizite zu identifizieren. In einer darauf aufbauenden Vertiefungsstudie »Armut im frühen Grundschulalter« wurden zwischen 2000 und 2002 die weiteren Erfahrungen von 185 dieser Kinder in der Grundschule ausgewertet, die mit mehrfachen Benachteiligungen gestartet waren. In einer abschließenden Studie »Zukunftschancen für Kinder!? – Wirkung von Armut bis zum Ende der Grundschulzeit« wurden 2004 und 2005 erneut die aktuellen Lebenslagen von rund 500 Kindern der Ausgangsstudie erhoben, um langfristige Prägungen durch Armut zu erkennen. Für Ende 2019 ist die Veröffentlichung einer weiteren Follow-Up-Studie »Kindheit – Jugend – Junges Erwachsenenalter: (Langzeit-)Wirkungen von Armut im Lebensverlauf« geplant, um anhand der qualitativen Befragung einiger der heute 25-Jährigen weitere Erkenntnisse zu gewinnen.

Auch im finanziellen Bereich ging die AWO neue Wege. Mit der Gründung der *Marie-Juchacz-Stiftung der Arbeiterwohlfahrt* im Dezember 1997 wurde eine eigene gemeinnützige Stiftung des Bundesverbands geschaffen, die sich den Zielen der AWO und der Förderung der Aufgaben der freien Wohlfahrtspflege verschrieb.[87] Die aus der Erstausstattung von 450.000 DM erzielten Vermögensgewinne und zukünftige Spenden und Erbschaften konnten mittels dieser Struktur für besondere soziale und erinnerungspolitische Projekte eingesetzt werden. Ende 2004 betrug das Stiftungskapital bereits 662.390 Euro.[88] Einen ganz anderen Zweck verfolgte der 2001 gemeinsam mit der *Bank für Sozialwirtschaft* aufgelegte Aktienfonds *AWO-BfS-Invest*. Mitgliedern und Förderern sollte durch diese moderne und populäre Form die Möglichkeit zur Geldanlage im sozialen Bereich gegeben werden, der Bundesverband erhoffte sich durch diesen Schritt flüssiges Kapital für Investitionen. 2002 kam ein eigener Rentenfonds hinzu.[89]

Große Veränderungen gab es auch in der internationalen Arbeit. Das *Internationale Arbeiterhilfswerk* (IAH), in dessen Rahmen die Arbeiterwohlfahrt seit den 1950er Jahren ihre Beteiligung an internationalen Hilfsaktionen und Aktivitäten der Entwicklungszusammenarbeit organisiert hatte, richtete seinen Fokus zunehmend auf die europäische Sozialpolitik. Durch die Verlegung der Geschäftsstelle nach Brüssel und die Umbenennung 1996 in *SOLIDAR* wurde diese Entscheidung bestärkt.[90] Um die eigenen internationalen Aktivitäten zu koordinieren, schuf der AWO Bundesverband im März 1998 mit *AWO International* eine neue Struktur.[91] Um zukünftig bei Naturkatastrophen und politischen Konflikten durch gemeinsame Spendensammlungen koordiniert humanitäre Hilfe leisten zu können, wurde 2002 das Bündnis *Aktion Deutschland Hilft* ins Leben gerufen, an dem sich die AWO und acht weitere große deutsche Hilfsorganisationen beteiligten.[92]

Mit AWO International wurde 1998 eine neue Struktur für internationale Hilfsaktionen ins Leben gerufen.

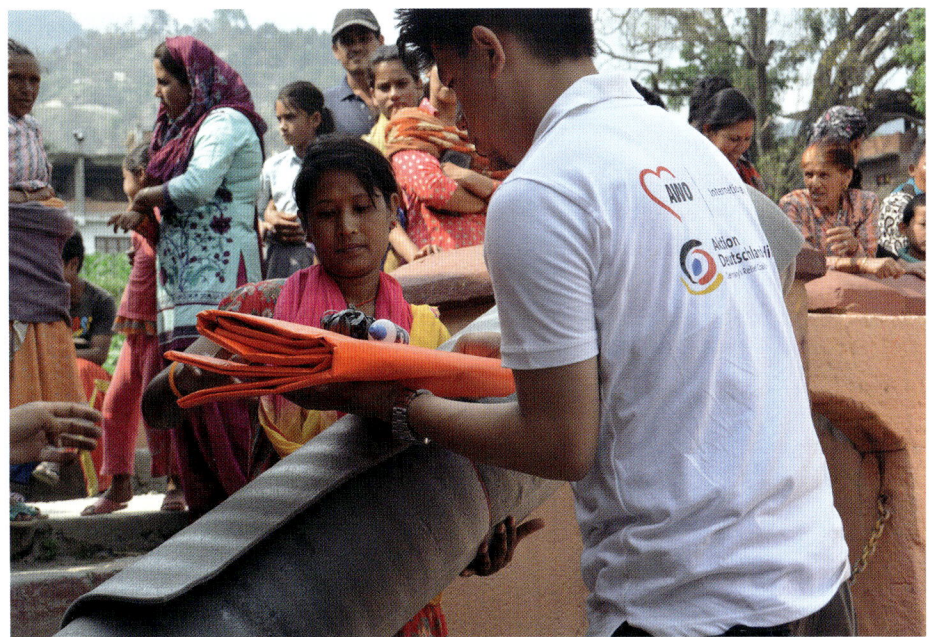

AWO INTERNATIONAL

Internationalismus hat in der Arbeiterbewegung eine lange Tradition. Das Engagement der AWO in diesem Bereich geht auf die 1950er Jahre zurück. Mit der Gründung einer eigenen Organisationsstruktur AWO International 1998 trug der Verband dem Umstand Rechnung, dass weltweite humanitäre Hilfsprojekte und die Entwicklungszusammenarbeit besondere Fachkenntnisse und Strukturen erforderten. 300 regionale AWO-Gliederungen sind Mitglieder, als Vorsitzender amtiert Rudi Frick, die Geschäftsstelle wird von Ingrid Lebherz geleitet. Beim Wiederaufbau im Kosovo und Serbien nach dem Krieg 1999, anlässlich der schweren Erdbeben in der Türkei im selben Jahr sowie in Indien und El Salvador 2001 engagierte sich *AWO International* erstmalig im Rahmen der Katastrophenhilfe, ab 2005 wurden auch die Projekte des Bundesverbands in der Entwicklungszusammenarbeit übernommen. Rund Zweidrittel der Zuwendungen stammen vom BMZ, der Rest wird durch Spenden, Mitgliedsbeiträge und weitere Erträge finanziert.

Weitere Öffnung für den Sozialmarkt und Umzug nach Berlin

Obwohl die Arbeiterwohlfahrt innerhalb kurzer Zeit einen grundlegenden Umbruch innerhalb der eigenen Strukturen eingeleitet hatte, ließ der öffentliche Veränderungsdruck nicht nach. Im zwölften Hauptgutachten der Monopolkommission von 1998 mit dem Titel »Marktöffnung umfassend verwirklichen« wurde erneut die starke Stellung der Wohlfahrtsverbände im Gesundheitswesen als Hindernis für den freien Wettbewerb hervorgehoben. Die AWO wehrte sich gegen diese Deutungen, die eine Vergleichbarkeit mit privaten Konzernen nahelegten. Der Gesamtverband sei ein heterogenes Netzwerk von einzelnen selbständigen Vereinen, Absprachen über Preise und Angebote mit den anderen Wohlfahrtsverbänden fänden nicht statt, von einem »Kartell« könne daher keine Rede sein.[93]

In der Tat hatte sich die AWO seit Mitte der 1990er Jahre in rechtlicher Hinsicht völlig neu aufgestellt, um das Risiko für den Verband zu minimieren und wirtschaftlich konkurrenzfähige Einheiten zu bilden. Der Bundesverband hatte durch den Verkauf von Einrichtungen und die Ausgliederung von einzelnen Organisationsbereichen an wirtschaftlichem Einfluss verloren, durch eine Schärfung des eigenen Profils und indirekte Beteiligungen aber eine neue Relevanz als Dachverband entwickelt. Auch viele Bezirksverbände hatten die wirtschaftliche Verantwortung delegiert, entweder, wie beispielsweise in Ostsachsen und Schleswig-Holstein, durch überregionale gemeinnützige GmbHs für einzelne Bereiche der sozialen Arbeit, oder, wie in Baden, Hessen-Süd oder Mittelrhein, durch eine Stärkung der Kreisverbände als rechtlich eigenständige Akteure.[94] Eine besondere Struktur wurde im Westlichen Westfalen geschaffen. Hier wurden ab 1995 Unterbezirke durch die Fu-

sion von Kreisverbänden als neue Zwischeninstanz etabliert, die für alle professionellen Dienstleistungen zuständig waren, während die neu gegründeten Kreisverbände sich zukünftig auf die Aufgaben des Mitgliederverbands fokussierten.[95] Der Bezirksverband Sachsen-West wandelte sich 1997 sogar als Ganzes in eine gGmbH um.[96]

Die AWO Alten-, Jugend- und Sozialhilfe (AJS) gGmbH übernahm ab 1993 zentrale Dienstleistungen des Landesverbands Thüringen.

Im Jahr 2004 war bereits ein Viertel der 140.000 Beschäftigten nicht mehr direkt bei einem Verein der AWO, sondern in ausgegliederten gGmbHs beschäftigt.[97] In vielen regionalen Geschäftsstellen gab es großen Unmut über die tarifliche Kopplung an den Öffentlichen Dienst. Die neuen Leistungsentgelte für soziale Dienstleistungen berücksichtigten die ansteigenden Personalkosten nur unzureichend, die ausgegliederten gGmbHs der AWO entzogen sich zudem häufig dem AWO-Manteltarif. In mehreren Spitzengesprächen mit der Gewerkschaft ver.di drängte der AWO Bundesverband daher auf eine Flexibilisierung des Tarifvertrags.[98] Durch die Aufkündigung des Tarifvertrags zum 31. März 2004 und die Gründung eines eigenen *AWO-Arbeitgeberverbands* (AGV) gab der Bundesverband die Tarifhoheit schrittweise ab, was wiederum bei vielen Beschäftigten auf Unverständnis und Kritik stieß.[99]

Angesichts dieser auseinanderdriftenden Tendenzen bemühte sich der Bundesverband nach der Jahrtausendwende um gemeinsame strategische Vorschläge für die Verbandsentwicklung. Drei Szenarien standen 2002 im Raum: eine Anpassung der Vereinsstrukturen, ein Franchising-Modell für AWO-Dienste und ein Spartenmodell. Die beiden letztgenannten Vorschläge wurden als bundesweite Lösungen rasch ausgeschlossen, Elemente wurden jedoch durch den QM-Prozess und die Stärkung fachspezifischer Querstrukturen umgesetzt.[100] Die Öffnung des Verbands für den Sozialmarkt und die daraus resultierenden Konsequenzen für den Mitgliederverband blieben bis zu den Beschlüssen in Magdeburg im Juni 2007 (und darüber hinaus) sowohl innerhalb der AWO als auch in der sozialwissenschaftlichen Forschung ein intensiv und kontrovers diskutiertes Thema.

Mit dem Hauptstadtbeschluss von 1991 war die Debatte über einen Umzug der AWO-Bundesgeschäftsstelle nach Berlin auf die Tagesordnung gerückt. Aus historischen Gründen sprach viel für eine Verlagerung in die alte und zukünftige Hauptstadt Berlin, in der Marie Juchacz 1919 den Aufbau der Arbeiterwohlfahrt eingeleitet hatte. Im Herbst 1999 wurde ein Berliner Verbindungsbüro des Bundesverbands im *Haus der sozialen Arbeit* am Halleschen Ufer eingerichtet, um den Kontakt zum Bundestag und den Ministerien nach deren Umzug zu halten. Die AWO-Bundeskonferenz 2000 empfahl den baldigen Umzug der gesamten Geschäftsstelle, 2002

Das 2005 eingeweihte Heinrich-Albertz-Haus in Berlin-Kreuzberg ist Sitz des AWO Bundesverbands.

erfolgte der entsprechende Vorstands-
beschluss.[101] Im Gebäude einer ehemaligen Fabrik in der Blücherstraße 62/63
in Berlin-Kreuzberg, nahe dem früheren
Standort am Mehringplatz, wurde 2003
eine geeignete Immobilie gefunden.[102]
Die ersten Mitarbeiterinnen und Mitarbeiter des Bundesverbands nahmen
dort im Januar 2004 ihre Arbeit auf, der
vollständige Umzug zog sich über Jahre.[103] Mit dem Marathon »Die AWO be-
wegt« wurde der Umzug vom *Marie-Juchacz-Haus* in Bonn-Tannenbusch nach
Berlin-Kreuzberg im September 2005 –
während des vorgezogenen Bundestags-
wahlkampfs – öffentlichkeitswirksam
inszeniert. Das Gebäude, in dem auch
der AWO-Landesverband Berlin nun
seine Zentrale einrichtete, erhielt 2006

den Namen *Heinrich-Albertz-Haus*. Die AWO unterstrich damit ein
weiteres Mal, dass die Erinnerung an herausragende Persönlichkeiten angesichts des stetigen Wandels zu einem zentralen Pfeiler
der Traditionsstiftung zählte.

Mit einem Staffellauf von Bonn nach Berlin wurde der Umzug der Geschäftsstelle im September 2005 symbolisch unterstrichen.

Quellen und Literatur

1 »Berliner Erklärung«, in: Arbeiterwohlfahrt Bundesverband e.V. (Hrsg.): Soziale
Einheit – Soziales Europa. Arbeiterwohlfahrt Bundeskonferenz 1992 vom 11. bis 13.
November 1992 in Berlin, Bonn 1993, S. 70–
72, hier S. 70 f.

2 Ebd.

3 Vgl. Peter Kramper: Das Ende der Gemeinwirtschaft. Krisen und Skandale ge-
werkschaftseigener Unternehmen in
den 1980er-Jahren, in: Archiv für Sozialgeschichte 52 (2012), S. 111–138; Wolfgang
Seibel: Funktionaler Dilettantismus. Erfolgreich scheiternde Organisationen im
»Dritten Sektor« zwischen Markt und
Staat, Baden-Baden 1992; Klaus Christoph:
»Politikverdrossenheit«, in: Deutschland
Archiv, 1/2012, online: http://www.bpb.
de/geschichte/zeitgeschichte/deutsch-
landarchiv/61504/politikverdrossenheit
[12.8.2019]

4 Vgl. Dietrich Thränhardt/Wolfgang Ger-
nert/Rolf G. Heinze u.a. (Hrsg.): Wohlfahrtsverbände zwischen Selbsthilfe und
Sozialstaat, Freiburg im Breisgau 1986; Helmut Breitkopf/Norbert Wohlfahrt (Hrsg.):
Sozialpolitik jenseits von Markt und Staat?
Beiträge zur Analyse der Entwicklung einer gesellschaftspolitischen Alternative,
Bielefeld 1990; Thomas Rauschenbach/
Christoph Sachße/Thomas Olk (Hrsg.): Von
der Wertgemeinschaft zum Dienstleistungsunternehmen. Jugend- und Wohlfahrtsverbände im Umbruch, Frankfurt
am Main 1995.

5 Vgl. »Nur noch saugen und mauscheln«.
Korruption, Filz und Inkompetenz im Sys-
tem der deutschen Wohlfahrtsverbände,
in: Der Spiegel, 25/1988, S. 52–66; Einige
Bomben, in: Der Spiegel, 1/1990, S. 45, 47;
Günther von Lojewski/Uwe Sauermann:

Unsere Wohlfahrt: Verbände, Funktionäre
– und Filz?, in: ARD, 13.8.1989, 22:40 Uhr.

6 Protokolle Arbeiterwohlfahrt Bundesvorstand vom 29.6.1979, 17.9.1982,
16.10.1987, 28.10.1988 und 1.9.1989. AdsD,
4/AWOA001790, 4/AWOA001954, 4/AWO
A002163, 4/AWOA002172 und 4/AWO
A002176.

7 Vgl. z.B. Protokoll Arbeiterwohlfahrt Bundesvorstand vom 20.9.1974. AdsD, 4/AWO
A000966.

8 Protokoll Arbeiterwohlfahrt Bundesvorstand vom 19.12.1989. AdsD, 4/AWO
A002259.

9 Protokolle Arbeiterwohlfahrt Bundesvorstand vom 9.3.1990. AdsD, 4/AWOA002260.

10 Vgl. Beate Häupel: Das Vermögen der sozialdemokratischen Arbeiterbewegung. Aufbau, Enteignung und Wiedergutmachung,
in: Helga Grebing/Karin Junker (Hrsg.):
Frau. Macht. Zukunft. Festschrift für Inge
Wettig-Danielmeier, Marburg 2001, S. 359–
374, hier S. 369 ff.

11 Vgl. AWO-Landesverband Sachsen-Anhalt
(Hrsg.): 20 Jahre AWO Sachsen-Anhalt,
Magdeburg 2010; AWO-Landesverband
Mecklenburg-Vorpommern (Hrsg.):
25 Jahre AWO mit dem Herzen in Meck-
lenburg-Vorpommern, Schwerin 2015;
AWO-Landesverband Sachsen (Hrsg.): Die
Wiederbegründung der AWO Kreisver-
bände in Sachsen. Sonderheft meeting.
Mitgliederjournal der AWO in Sachsen.

12 Protokoll Arbeiterwohlfahrt Bundesvorstand vom 27.4.1990. AdsD, 4/AWO
A002261; Die Volkssolidarität in der DDR:
Kontakte (un-)erwünscht?, in: sozialprisma 35 (1990), S. 68.

13 Vgl. Susanne Angerhausen: Radikaler Or-
ganisationswandel. Wie die »Volkssolidarität« die deutsche Vereinigung überlebte,
Opladen 2003.

14 Vgl. Susanne Angerhausen/Holger Back-
haus-Maul/Claus Offe u.a. (Hrsg.): Über-
holen ohne einzuholen. Freie Wohlfahrtspflege in Ostdeutschland, Opladen 1998.

15 Der Zusammenschluss der Arbeiterwohlfahrt, in: sozialprisma 35 (1990), S. 180–181; AWO Bundesverband (Hrsg.): 20 Jahre AWO-Einheit in Deutschland, Berlin 2011.

16 Vgl. Rainer Frenkel: Die verlorene Ehre der Käte Woltemath, in: Die ZEIT, 27.8.1993.

17 Protokoll Arbeiterwohlfahrt Bundesvorstand vom 13.12.1991. AdsD, 4/AWOA002358.

18 Protokoll Arbeiterwohlfahrt Bundesvorstand vom 2.7.1993. AdsD, 4/AWOA002363.

19 Manfred Ragati: Zwischenbilanz, in: sozialprisma 36 (1991), S. 203.

20 Katrin Lampe-Wendlandt: Es geht immer voran in Quedlinburg, in: sozialprisma 36 (1991), S. 204–206.

21 Vgl. W. Warnke/M. Linke: AWO Ostsachsen. Drei Säulen der sozialen Arbeit, in: AWO magazin 39 (1994), H.9, S. 23.

22 Vgl. Gerhard A. Ritter: Sozialpolitische Denk- und Handlungsfelder im Einigungsprozess, in: ders. (Hrsg.): Geschichte der Sozialpolitik in Deutschland seit 1945, Bd. 11: 1989–1994, Bundesrepublik Deutschland. Sozialpolitik im Zeichen der Vereinigung, Baden-Baden 2007, S. 107–339, insb. S. 234 ff.

23 Vgl. Gerhard A. Ritter: Rahmenbedingungen der innerdeutschen Einigung, in: Geschichte der Sozialpolitik in Deutschland seit 1945, Bd. 11, S. 1–106.

24 Vgl. Marcus Böick: Die Treuhand. Idee – Praxis – Erfahrung 1990–1994, Göttingen 2018.

25 AWO-Pressedienst vom 26.4.1996.

26 Vgl. Sozialgipfel '96: Sozialstaat braucht Zukunft. Dokumentation, in: Gewerkschaftliche Monatshefte 47 (1996), S. 331–344.

27 Protokoll AWO Bundesverband vom 26.6.1992 und 7.5.1993; Büro Brüssel? Die AWO hat ein Büro in Brüssel?, in: AWO magazin 42 (1997), H. 2, S. 15.

28 Vgl. u.a. Arbeiterwohlfahrt Bundesverband (Hrsg.): Freie Wohlfahrtspflege. Die Reformdiskussion in der TuP 1998/1999/2000. Sonderheft Theorie und Praxis, Bonn 2000.

29 Astrid Wirtz: Die Frist läuft ab, in: AWO magazin 40 (1995), H. 9, S. 3.

30 AWO-Pressedienst vom 6.8.1996; Edith Niehuis: Schwarze-Peter-Spiel, in: AWO magazin 40 (1995), H. 3, S. 3.

31 Walter Hornstein: Jugendpolitik, in: Geschichte der Sozialpolitik in Deutschland seit 1945, Bd. 11, S. 831–850.

32 Vgl. Ulrich Herbert/Karin Hunn: Beschäftigung, soziale Sicherung und soziale Integration von Ausländern, in: Geschichte der Sozialpolitik in Deutschland seit 1945, Bd. 11, S. 943–975, hier S. 946 ff.

33 Beschlüsse der Bundeskonferenz 1992 in Berlin, in: Arbeiterwohlfahrt Bundesverband e.V. (Hrsg.): Arbeiterwohlfahrt Bundeskonferenz '92 vom 11. 13. November 1992 in Berlin, Bonn 1993, S. 45–61, hier S. 48.

34 Ebd., S. 49; AWO Bundesverband: Das Ausländergesetz vom 1.1.1991. Eine Bilanz der Arbeiterwohlfahrt, Bonn 1995.

35 AWO-Pressedienst vom 27.7.1995.

36 Manfred Ragati auf AWO-Bundeskonferenz 1996. Bericht im AWO-Pressedienst vom 1.11.1996; AWO Bundesverband: Die Pflegeversicherung. – von der guten Absicht zur bürokratischen Lösung. Stellungnahme der Arbeiterwohlfahrt, Bonn 1995.

37 Holger Reinders: Frischer Wind durch den Wettbewerb, in: AWO magazin 41 (1996), H. 8, S. 8–11.

38 Bericht des AWO-Bundesvorsitzenden Manfred Ragati, in: AWO Bundesverband (Hrsg.): AWO-Bundeskonferenz 31.10.–2.11.1996 in Mainz. Eine Dokumentation, Bonn 1997.

39 Richard Haar: Der funktionale Dilettantismus von Wolfgang Seibel. Anlage zum Protokoll des Bundesvorstands vom 30.8.1988. AdsD, 4/AWOA002171.

40 Protokolle Arbeiterwohlfahrt Bundesvorstand vom 19.1.1990 und 15.1.1993. AdsD, 4/
AWOA002259 und 4/AWOA002362.

41 Protokoll Arbeiterwohlfahrt Bundesvorstand vom 31.8.1990. AdsD, 4/AWOA
002262.

42 Protokoll Arbeiterwohlfahrt Bundesvorstand vom 15.5.1992. AdsD, 4/AWOA
002360.

43 Vgl. Protokolle AWO Bundesvorstand vom
3.9.1999 und 22.10.1999. AdsD, 4/AWOA
002644 und 4/AWOA002645.

44 Protokoll AWO-Bundesvorstand vom
2.7.1993. AdsD, 4/AWOA002363.

45 Brief Rita Wurziger an AWO-Bundesvorstand vom 6.5.1996, Anlage zum Protokoll AWO-Bundesvorstand vom 28.6.1996.
AdsD, 4/AWOA002393; vgl. Anlagen zum
Protokoll AWO-Bundesvorstand vom
3.2.1996. AdsD, 4/AWOA002392.

46 Manfred Ragati auf AWO-Bundeskonferenz 1996. Bericht im AWO-Pressedienst
vom 1.11.1996. AdsD, 4/AWOA003184.

47 Vgl. Protokolle AWO-Bundesvorstand vom
20.6.1997 und 12.9.1997. AdsD, 4/AWO
A002395.

48 Protokoll AWO-Bundesvorstand vom
20.6.1997.

49 Protokoll AWO-Bundesvorstand vom
16.9.1994. AdsD, 4/AWOA002389.

50 Protokoll Arbeiterwohlfahrt Bundesvorstand vom 16.10.1992. AdsD, 4/AWOA
002361.

51 Protokoll AWO-Bundesvorstand vom
12.11.1993. AdsD, 4/AWOA002364.

52 Protokoll AWO-Bundesvorstand vom
2.7.1993. AdsD, 4/AWOA002363.

53 Erklärung des Bundesvorstandes vom
26.4.1996 zum Abschlussbericht der
»Seesen-Kommission«. Anlage Protokoll
AWO-Bundesvorstand 26.4.1996. AdsD, 4/
AWOA002392.

54 Rehaklinik Schildautal eröffnet, in: AWO
magazin 40 (1995), H. 9.

55 AWO-Pressedienst vom 5.12.1995. AdsD, 4/
AWOA003183.

56 Protokoll AWO-Bundesvorstand vom
27.10.1995. AdsD, 4/AWOA002391.

57 AWO-Pressedienst vom 5.12.1995. AdsD, 4/
AWOA002363.

58 Ludwig Pott: Leitbild zwischen Tradition
und Fortschritt: Polieren reicht nicht, in:
AWO magazin 39 (1994), H. 9, S. 6–7.

59 https://www.awo.org/sites/default/
files/2016-10/Grundsatzprogramm_
Layout_neu_09.pdf [18.8.2019]

60 Protokoll Arbeiterwohlfahrt Bundesvorstand 18.9.1992. AdsD, 4/AWOA002361; Vgl.
Neues Logo. AWO ändert Erkennungszei-
chen, in: sozialprisma 37 (1992), H. 12, S. 6.

61 Protokoll AWO-Bundesvorstand vom
2.7.1993. AdsD, 4/AWOA002363.

62 Vgl. Arbeiterwohlfahrt Bundesverband
e.V., Geschäftsbericht 1998. Programm
und Profil, Bonn 1999, S. 10.

63 Vgl. ebd., S. 19.

64 Vgl. ebd., S. 8.

65 Vgl. Arbeiterwohlfahrt Bundesverband
e.V., Geschäftsbericht 1999. Hilfe für den
Frieden, Bonn 2000, S. 10.

66 Vgl. Arbeiterwohlfahrt Bundesverband
e.V., Geschäftsbericht 2000. Verantwortung auf neuen Wegen, Bonn 2001, S. 13.

67 Protokoll AWO-Bundesvorstand vom
20.6.1997. AdsD, 4/AWOA002395.

68 Vgl. Arbeiterwohlfahrt Bundesverband
e.V., Geschäftsbericht 2001. Ein Jahr für
das Ehrenamt, Bonn 2002, S. 32.

69 Vgl. Arbeiterwohlfahrt Bundesverband
e.V., Geschäftsbericht 2003. Weichenstel-
lungen, Bonn 2004, S. 41.

70 Arbeiterwohlfahrt Bundesverband e.V.,
Geschäftsbericht 2004. ... was gemeinsam
zu tun ist, Bonn 2005, S. 41.

71 Protokoll Arbeiterwohlfahrt Bundesvorstand vom 22.6.1990. AdsD, 4/AWOA
002261.

72 Protokoll Arbeiterwohlfahrt Bundesvorstand vom 16.10.1992 und 8.9.1995. AdsD,

4/AWOA002361 und 4/AWOA002391; Vermerk über ein Gespräch mit dem Vorsitzenden der SPD am 29.05.1995, Anlage zum Protokoll Arbeiterwohlfahrt Bundesvorstand vom 23.6.1995. AdsD, 4/AWOA002391.

73 Protokoll AWO-Bundesvorstand vom 25.4.1997. AdsD, 4/AWOA002395.

74 Vgl. Geschäftsbericht 1998, S. 11.

75 Vgl. Geschäftsbericht 1999, S. 14.

76 Protokoll AWO-Bundesvorstand vom 27.6.1998. AdsD, 4/AWOA002642. Preisträger waren u.a. Gerhard Schröder (2005), Hans-Jochen Vogel (2008), Jutta Limbach (2011), Egon Bahr (2013), Franz Müntefering (2015), Martin Schulz (2016) und Malu Dreyer (2018).

77 Vgl. Geschäftsbericht 2001, S. 27.

78 Resolution: Rentenreform überarbeiten!, in: Arbeiterwohlfahrt Bundesverband e.V. (Hrsg.): Verantwortung auf neuen Wegen. Bundeskonferenz in Würzburg, 30.10.–1.11.2000, Bonn 2001, S. 58–60.

79 Vgl. Arbeiterwohlfahrt Bundesverband e.V., Geschäftsbericht 2002. Soziale Demokratie im Wandel, Bonn 2003, S. 20f.

80 Arbeiterwohlfahrt Bundesverband e.V., Geschäftsbericht 2006. Gemeinsam stark, Bonn 2007, S. 28.

81 Arbeiten für einen Euro?, in: AWO magazin 49 (2004), H. 5, S. 4–5; vgl. Geschäftsbericht 2004, S. 10.

82 Manfred Ragati auf AWO-Bundeskonferenz 1996. Bericht im AWO-Pressedienst vom 1.11.1996. AdsD, 4/AWOA003184.

83 URL: <www.iss-ffm.de/themen/alter/projekte-1/langzeitstudie-zur-lebenssituation-und-lebenslage-armer-kinder> [16.9.2019]

84 Vgl. Geschäftsbericht 2002, S. 29.

85 Vgl. Zukunftsforum Familie e.V.: Wer wir sind – wofür wir stehen, Berlin 2016.

86 Vgl. Geschäftsbericht 2002, S. 30f.

87 Protokoll AWO-Bundesvorstand vom 12.12.1997. AdsD, 4/AWOA002641.

88 Vgl. Geschäftsbericht 2002, S. 18f.

89 Vgl. Geschäftsbericht 2002, S. 33.

90 Manfred Ragati auf AWO-Bundeskonferenz 1996. Bericht im AWO-Pressedienst vom 1.11.1996. AdsD, 4/AWOA003184.

91 Vgl. Geschäftsbericht 2000, S. 20f.

92 Vgl. Geschäftsbericht 2002, S. 23.

93 Vgl. Geschäftsbericht 1998, S. 15.

94 Vgl. u.a. Ute Eisenacher: AWO Baden: Entwicklung zu mehr Markt, in: AWO magazin 40 (1995), H. 5, S. 23; Rainer Wiedemann: Nach 50 Jahren: AWO Hessen-Süd im Wandel, in: AWO magazin 41 (1996), H. 5, S. 23.

95 Vgl. Erfahrungen mit veränderter Organisationsstruktur: Das Unternehmen »Unterbezirk«, in: AWO magazin 40 (1995), H. 2, S. 23; Peter Mathias: Westliches Westfalen, in: AWO magazin 40 (1995), H. 4, S. 23.

96 Vgl. Protokoll AWO-Bundesvorstand vom 25.4.1997. AdsD, 4/AWOA002395.

97 Geschäftsbericht 2004, S. 18.

98 Vgl. Geschäftsbericht 2002, S. 9.

99 Vgl. Geschäftsbericht 2003, S. 9f; Arbeiterwohlfahrt Bundesverband e.V., Geschäftsbericht 2005. Auf Zukunftskurs, Bonn 2006, S. 11.

100 Geschäftsbericht 2004, S. 17.

101 Vgl. Geschäftsbericht 2002, S. 10.

102 Vgl. Geschäftsbericht 2003, S. 5.

103 Vgl. Geschäftsbericht 2004, S. 41.

Ansicht

100 Jahre AWO. Seit 1919 kämpfen wir für Freiheit, Gleichheit, Gerechtigkeit, Toleranz und Solidarität. Ein Heft darüber, wie historische Grundwerte die Zukunft der Gesellschaft gestalten helfen. #WIRMACHENWEITER.

9

BEWÄHRUNGSPROBEN DER GEGENWART UND KONZEPTE FÜR DIE ZUKUNFT

Die Entwicklung der AWO seit 2005

Interview mit einer Engagierten [...]

Frau Würner, Sie sind seit einem Jahr in der Flüchtlingshilfe aktiv. Warum machen Sie das ehrenamtlich? Anders könnte sich die AWO das gar nicht leisten. Wir bekommen kein Geld, sind keine offizielle Sozialberatungsstelle für Migranten, obwohl wir dasselbe machen. Im Landkreis Tirschenreuth haben wir derzeit etwa 700 Flüchtlinge, es gibt aber nur eine Sozialberatungsstelle von der Caritas mit einer Kraft, die 30 Stunden wöchentlich arbeitet. Das kann nicht funktionieren. [...]

Wie kam es zum Engagement in der Flüchtlingshilfe? [...] Mitte August 2014 rief mich die Stadt Mitterteich an. Sie hätten ein Problem: Der Bürgermeister sei in Urlaub, der 2. Bürgermeister auch, der 3. sei nicht da. Und heute kommen Kriegsflüchtlinge. Du warst doch schon in Fuchsmühl und hast Erfahrung. Kannst Du uns helfen?

Und Sie haben »ja« gesagt. Selbstverständlich wollte ich helfen. Was aber dann kam, werde ich nie vergessen: Ich stand vor der Unterkunft, es kam ein Bus, die Türen gingen auf, 16 Menschen kamen raus. Unterschiedliche Nationalitäten, spärlich bekleidet, und jeder hatte nur eine Plastiktüte dabei. Ein kleines Kind hatte einen Bindfaden um den Hals mit einem Schnuller dran. Dann gingen die Türen zu, der Bus fuhr weg, die Menschen standen da. Niemand war da zum Helfen außer mir. Ich hatte von der Stadt den Schlüssel für die Unterkunft. Es gab natürlich eine enorme Sprachbarriere.

Und wie haben Sie sich verständigt? Mit Englisch, Händen und Füßen und einer Sprachapp am Handy. [...]

Wie oft arbeiten Sie bis nachts? Bis 22 Uhr bin ich fast täglich unterwegs. In der Sporthalle in Wiesau kommen mal drei Busse am Tag, mal drei pro Woche an. Das Rote Kreuz und die AWO arbeiten Hand in Hand, da gibt es keine Konkurrenz, nur die Jacken unterscheiden sich. Das BRK stellt die meisten Helfer. [...]

Es gibt ja auch viele kritische Stimmen, ob Frau Merkels Aussage »Wir schaffen das« wirklich richtig war. Ja. ›Der Asylbewerber bekommt alles, und wir bekommen nichts.‹ Ich sage immer: Jedem, der an die Tür der AWO klopft, dem wird geholfen. Wenn ich im Internet kritisiert werde, schreibe ich zurück: Ist alles kein Problem, komm zu mir, ich kann dir helfen. Du bekommst auch ein Willkommens-

paket, drei gebrauchte Pullover, drei gebrauchte Handtücher und selbstverständlich eine Flasche Wasser. Und du kannst gern auch auf 25 Quadratmetern mit neun Personen wohnen und die Gemeinschaftsdusche nutzen. [...]

Und – schaffen wir das? Wenn wir alle zusammenhelfen, werden wir das schaffen. Und wenn nicht immer jeder mehr haben möchte als der andere, haben wir weniger Neid und Missgunst. Es kann doch nicht sein, dass man jemandem einen gebrauchten Pulli neidet!

Fühlen Sie sich manchmal ausgenutzt? Was heißt ausgenutzt? Ich denke, die Regierung macht es sich leicht. Wenn sich alle Ehrenamtlichen zurückziehen würden, hätte sie ein großes Problem. Wir können uns aber nicht zurückziehen, weil wir ja helfen wollen. Ich tu das nicht für die Regierung, sondern für diese vom Krieg gebeutelten Menschen. Im ganzen sozialen Bereich müsste mehr gemacht werden. Es gibt viele hilfsbedürftige Menschen in Deutschland.[1]   "

Das im Dezember 2015 im Mitgliedermagazin *AWO in Bayern* veröffentlichte Interview mit Angelika Würner aus Mitterteich, hauptberuflich Geschäftsführerin im oberpfälzischen Kreisverband Tirschenreuth der Arbeiterwohlfahrt und ehrenamtlich in der Flüchtlingshilfe aktiv, veranschaulicht nicht nur die vielfältigen Probleme im Zuge der Flüchtlingskrise 2015/2016, sondern dokumentiert zugleich, dass die Arbeiterwohlfahrt auch im 21. Jahrhundert auf die ausgeprägte Eigenmotivation und Unterstützung der Ehrenamtlichen zählen konnte. Im Jahr 2019 engagierten sich rund 70.000 ehrenamtliche Helferinnen und Helfer für die Arbeiterwohlfahrt und trugen dazu bei, dass Hilfesuchende vor Ort einen Ansprechpartner fanden.

Während die Zahl der Ehrenamtlichen damit weitgehend konstant geblieben war, zeigten sich bei den Mitglieder- und Beschäftigtenzahlen deutliche Veränderungen: Die Zahl der Mitglieder war seit Jahren rückläufig und lag im Mai 2019 bei 317.767. Demgegenüber stieg die Beschäftigtenzahl fortlaufend und belief sich Ende 2018 auf rund 230.000 Hauptberufliche. In diesen Zahlen spiegelt sich auch der multifunktionale Charakter der Arbeiterwohlfahrt wider: Man war noch stärker als in früheren Zeitphasen Unternehmen, Arbeitgeber und Träger sozialer Einrichtungen; zugleich war

Mitglieder
von 1959–2017

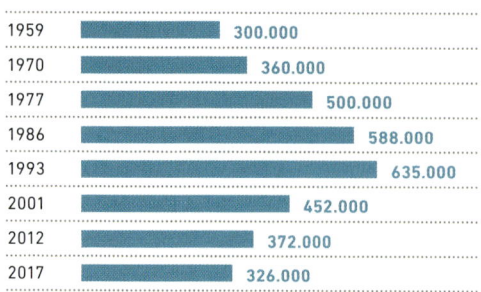

1959	300.000
1970	360.000
1977	500.000
1986	588.000
1993	635.000
2001	452.000
2012	372.000
2017	326.000

Mitarbeiterinnen und Mitarbeiter
von 1959–2017

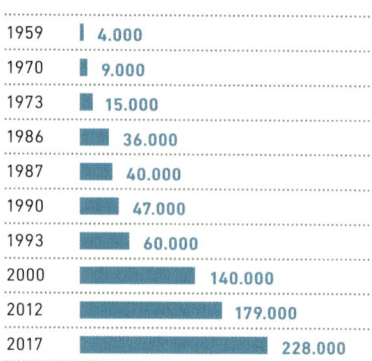

1959	4.000
1970	9.000
1973	15.000
1986	36.000
1987	40.000
1990	47.000
1993	60.000
2000	140.000
2012	179.000
2017	228.000

man aber auch weiterhin Verband, Mitgliederorganisation und sozialpolitischer Anwalt. Das Zusammenspiel dieser verschiedenen Dimensionen stellte die Arbeiterwohlfahrt seit der Jahrhundertwende vor verstärkte Probleme und führte dazu, dass die Entflechtung von unternehmerischen und verbandlichen Aufgaben zu einer zentralen Zielsetzung erhoben wurde. Vor diesem Hintergrund war mit dem Umzug nach Berlin 2005 die Reorganisation des Verbandes auch nicht abgeschlossen. Vielmehr sah sich die Arbeiterwohlfahrt in ihrer bislang jüngsten Zeitphase zu verstärkten Umstrukturierungsanstrengungen veranlasst. In den beiden ersten Teilen dieses Hauptkapitels stehen die grundsätzlichen Probleme der Wohlfahrtsverbände und die eingeleiteten verbandlichen Reformen im Blickfeld.

Mit dem Ende der rot-grünen Koalition und neuen Regierungskonstellationen im Bund sowie mit neuen Problemlagen eines zunehmend globalisierten und wettbewerbsintensiven Umfelds der Wohlfahrtspolitik veränderten sich auch die Handlungsfelder der Arbeiterwohlfahrt. Während es mit Blick auf steigende Armut, vor allem unter Kindern, und wachsende Ungleichheit in der Alltagsarbeit, aber auch hinsichtlich des Pflegebereichs galt, bereits bekannte gesellschaftliche Problemlagen zu bewältigen, stellte die Flüchtlingskrise, aber auch die internationale Entwicklungsarbeit die Arbeiterwohlfahrt zum Teil kurzfristig vor neue Herausforderungen.

Ehrenamtliche
von 1959–2017

1959	70.000
1970	70.000
1986	80.000
1993	100.000
2012	72.000
2017	96.000

Anzahl der Einrichtungen und Dienste
von 1979–2017

1979	3.620
1986	4.670
1993	7.000
2017	14.000

Mit dem Anspruch auf Ganztagsbetreuung, dem Bundesfreiwilligendienst und den Angeboten des Präventionsgesetzes eröffneten sich der AWO aber auch in dieser Phase einmal mehr neue Chancen und Tätigkeitsfelder. Die wohlfahrtspolitischen Handlungsfelder bilden den Kern des dritten Unterkapitels, dem sich eine kurze Betrachtung der jüngsten Programmdebatte der Arbeiterwohlfahrt anschließt.

**Die AWO gliedert sich 2019
in bundesweit**

30 Bezirks- und Landesverbände

411 Kreisverbände

3514 Ortsvereine

Die Wohlfahrtsverbände im Kreuzfeuer der Kritik

Das Ergebnis der Bundestagswahl 2005 besiegelte das Ende der rotgrünen Bundesregierung. Aber erst nach schwierigen Koalitionsverhandlungen war der Weg zu einer Großen Koalition von Union und SPD bereitet. Während die CDU-Vorsitzende Angela Merkel an die Spitze der neuen Regierungskoalition rückte, verabschiedete sich der scheidende Bundeskanzler Gerhard Schröder mit seiner letzten öffentlichen Rede auf der Bundeskonferenz der Arbeiterwohlfahrt 2005 in Hannover aus dem Amt. Schröder brachte in dieser Rede die Erwartung zum Ausdruck, dass die neue Bundesregierung die unter seiner Kanzlerschaft eingeleitete Außen- und Gesellschaftspolitik fortführe.[2]

Sozial- und wohlfahrtspolitisch bedeutete der Regierungswechsel dann in der Tat mehr Kontinuität als Wandel. Obwohl sich die wirtschaftlichen Rahmenbedingungen in der zweiten Hälfte der

2000er Jahre deutlich verschlechterten und es im Zuge von Immo-
bilien-, Finanzmarkt- und Staatsschuldenkrise zu erheblichen globalen Verwerfungen kam, wurden die wohlfahrtspolitischen Fundamente Deutschlands nicht grundsätzlich in Frage gestellt, sondern
erneut angepasst. Die sozialpolitische Richtschnur für die neue,
durch die Union geführte Regierung im Bund bildete – in Anknüpfung an die Politik der rot-grünen Vorgängerkoalition – der aktivie-
rende Sozialstaat im Sinne einer Verknüpfung von staatlicher Ge-
samtverantwortung und bürgerschaftlicher Eigenverantwortung.
Diese Zielsetzung wurde auch in dem vierjährigen schwarz-gelben
Zwischenspiel von 2009 bis 2013 nicht aufgegeben und unter der
neuerlichen Großen Koalitionen von Union und SPD nach den Bun-
destagswahlen 2013 und 2017 beibehalten.[3] Im Zuge dieser Politik
eines aktivierenden Sozialstaats sicherte der Staat weiterhin die sozialstaatlichen Grundlagen, richtete sein Handeln aber vor allem auf
die Mobilisierung und Unterstützung von Selbsthilfepotenzialen
aus. Den gesellschaftlichen Kräften wurde damit verstärkte Eigen-
initiative abverlangt. Neben dem Einzelnen kam dabei auch den
Wohlfahrtsverbänden als zentralen Akteuren des Dritten Sektors,
jenseits von Staat und Markt, eine wichtige Rolle zu, da sie das Gros
der Aktivitäten verantworteten.[4]

Für eine Ausweitung des Aufgabenbereichs war die Arbeiterwohlfahrt im Jahr 2005 jedoch nicht gut aufgestellt. Hatten Missmanagement im Bundesverband und in den Gliederungen sowie
Skandale einzelner Persönlichkeiten in der Vergangenheit bereits
punktuelle Kritik hervorgerufen, wurde nun immer häufiger grundsätzliche Systemkritik geübt. Das arbeitgebernahe Institut der deutschen Wirtschaft hielt den Wohlfahrtsverbänden insgesamt in
einer viel beachteten Schmähschrift des Jahres 2004 vor, sich »zu
gigantischen Wohltäter-Unternehmen« entwickelt zu haben und
»weite Teile des Sozialstaats fest im Griff« zu haben.[5] Selbst der
sozialdemokratische *Vorwärts* veröffentlichte 2008 eine Polemik
gegen die Rolle der Wohlfahrtsverbände in der Pflege, in der »lu-
krative Geschäfte auf Kosten von Pflegebedürftigen« moniert und
Zuschreibungen wie »Pflegemafia« verwendet wurden.[6] Zahlreiche
differenziertere Betrachtungen machten aber ebenfalls auf Missstände aufmerksam.[7] Das Wirtschaftsmagazin *brand eins* stellte im

Jahr 2005 eine lange Liste von Defiziten der Wohlfahrtsverbände auf: »Sie betreiben kaum Benchmarking und Risikomanagement; sie vernachlässigen Personalentwicklung und Qualitätsmanagement; sie haben vielfach kein transparentes Rechnungswesen und steuern ihre Einrichtungen ungenügend; die wenigsten legen ihre Bilanzen offen; sie produzieren immer wieder Skandale wegen Veruntreuung von Spendengeldern und Missmanagement durch überforderte Funktionäre, und sie werden regelmäßig von den Landesrechnungshöfen gerügt.«[8] Auf den expansiven Kurs der Wohlfahrtsverbände wurde ebenfalls verwiesen, aber auch eingeräumt, dass die Expansion »mit Duldung oder unter Mitwirkung von Politik und anderen gesellschaftlichen Kräften« erfolge. Dass diese Strategie zu hohen Marktanteilen führte, wurde gleichermaßen hervorgehoben: »Bei Pflegeheimen 56 Prozent, bei Kindertagesstätten 49 Prozent, bei Krankenhäusern 40 Prozent [...].« Als Schlussfolgerung wurde in dem Artikel festgehalten, dass es den Verbänden nicht gelungen sei, ihren unterschiedlichen Zielsetzungen gerecht zu werden. In diesem Sinne folgerte *brand eins:* »Jahrzehntelang ließ man sie unbehelligt wachsen, bis sie die Größe von Großkonzernen hatten. Aber ihre ehren- und hauptamtlichen Vormänner bestanden darauf: Wir sind kein Konzern. Wir sind ein gemeinnütziger Verein, der selbstlos wirtschaftet. [...] Wenn man dann plötzlich als ›Armutsfunktionär‹ verschrien wird, der mit fremdem Geld prasst und den Sozialstaat in den Ruin treibt, ist das ein Problem.«[9] In diesem Artikel spiegelte sich, ebenso wie in zahlreichen ähnlichen Ausführungen, zum einen die ausgeprägte Marktorientierung des Zeitraums um die Jahrhundertwende wider, in dem mit politischer Unterstützung die Zielsetzung verfolgt wurde, den privaten Sektor weiter auszubauen. Zum anderen zeigen entsprechende Beiträge aber auch, dass das Spannungsverhältnis von Wohlfahrtsorganisation und Sozialunternehmen, das sich schon zuvor als Problem erwiesen hatte, weiterhin eine zentrale Herausforderung darstellte.

Von einigen Landes- beziehungsweise Bezirksverbänden der Arbeiterwohlfahrt wie etwa in Schleswig-Holstein oder Hessen-Nord, wo man im April 2004 fast alle Einrichtungen in die »AWO gemeinnützige Gesellschaft für soziale Einrichtungen und Dienste in Nordhessen mbH« überführt hatte, waren bereits Dienstleistungsbe-

Wilhelm Schmidt trieb als Bundesvorsitzender der AWO die Strukturreformen voran.

triebe ausgegliedert worden. In anderen Fällen waren auch unter dem Dach von gemeinnützigen Holdings wie der 1995 von Mecklenburg-Vorpommern, Niedersachsen und Thüringen gegründeten *AWO SANO GmbH* neue Gesellschaften nach Regionen oder Sparten neu geordnet worden. Trotz vielfältiger Reformanstrengungen war die Neuausrichtung der Arbeiterwohlfahrt angesichts sich anhaltend verändernder Rahmenbedingungen aber noch nicht abgeschlossen. Wilhelm Schmidt räumte dies als Bundesvorsitzender auch unumwunden ein, als er den Delegierten der Bundeskonferenz 2005 in Hannover erklärte, dass »ohne eine Strukturreform« der Bestand der Organisation »aufs Spiel gesetzt« werde. Er verwies darauf, dass sich manche »Gliederungen bereits mit erfolgreichen Einzellösungen flexibel auf die Veränderungen eingestellt« haben, der Verband als Ganzes aber nicht gewappnet sei: »Für den Zusammenhalt und die Stärkung der Gesamtorganisation«, so Schmidt, »reichen Einzellösungen aber nicht aus. Gefragt sind gemeinsam getragene Strategien.« In seiner Grundsatzrede bemängelte Schmidt vor allem die bislang allzu zögerlichen Reformanstrengungen und warnte, dass die »Zeit langsam knapp« werde.[10]

Da die verschiedenen Tätigkeits- und Geschäftsfelder der Arbeiterwohlfahrt mittlerweile ein kaum mehr überschaubares Ausmaß angenommen hatten, die Bezirks- und Kreisverbände zunehmend mit wirtschaftlichen Fragen befasst waren und die Ehrenamtlichen die anstehenden Aufgaben nur mit Mühen überhaupt bewältigen konnten, standen die Zeichen vor allem auf eine Entflechtung von unternehmerischen und verbandlichen Aufgaben. So galt es neue, adäquate Formen zu finden, um die AWO-Unternehmungen zu steuern. Den Kern des verbandlichen Bereichs machten hingegen die wertegeleiteten Aktivitäten der Mitgliederorganisationen aus. Neben wettbewerbsfähigen Sozialbetrieben bedurfte es mithin auch eines Rahmens für die AWO-Mitglieder, der ihnen erlaubte, sich mit ihrem Engagement in der Arbeiterwohlfahrt wiederzufinden und gleichermaßen Sinn und Anerkennung für das Engagement zu erhalten. Zum Reformfahrplan, der von Wilhelm Schmidt für die beiden nächsten Jahre skizziert wurde, gehörte damit auch die Sicherung der Werteorientierung und des ehrenamtlichen Engagements.

Die Reformnotwendigkeit war umso dringlicher, weil sich auch die Rahmenbedingungen der Wohlfahrtsarbeit im 21. Jahrhundert grundlegend veränderten: Die Wohlfahrtsverbände sahen sich nicht nur mit neu kalkulierten Leistungsentgelten aus Pflegekassen, sondern auch mit neuer Konkurrenz konfrontiert, mit der sie in einem zunehmend wettbewerbsorientierten Wohlfahrtsmarkt kaum noch mithalten konnten. Zum einen waren neue private Anbieter wie die Herforder *Bonitas Holding, Pro Seniore* und auch internationale Akteure wie die *Korian*-Gruppe auf den Plan getreten, die – angesichts ihrer rein marktwirtschaftlichen Orientierung – vielfach günstigere Preise kalkulierten und mit ihrer offensiven Expansionsstrategie sich für die etablierten Wohlfahrtsverbände zu einer beträchtlichen Herausforderung entwickelten. Zum anderen hatte sich der Pflegebereich zu einem bevorzugten Feld für informelle Beschäftigungsverhältnisse entwickelt. Im Zuge des seit Ende 1992 weitgehend vollendeten EU-Binnenmarktes und vor allem seit der Erweiterung der Europäischen Union um zwölf Staaten Mittel- und Osteuropas in den Jahren 2004 beziehungsweise 2007 war es zwar nicht zu der vor allem in Wahlkämpfen kontrovers diskutierten Masseneinwanderung in das westliche Europa gekommen. Durch zahlreiche ausländische Pflegekräfte aber, die teils legal, teils illegal in Privathaushalten beschäftigt wurden, gerieten neben der Arbeiterwohlfahrt auch andere Verbände weiter unter Druck. Die Wochenzeitschrift *Die Zeit* verwies allein für Deutschland im November 2007 auf »rund 100.000 illegale Pflegerinnen aus Osteuropa«.[11] Um dem weiteren Ausbau des Marktanteils der gewerblichen beziehungsweise privaten Anbieter entgegenzuwirken, brandmarkte die Arbeiterwohlfahrt im Rahmen ihrer politischen Einflussnahme Dumpinglöhne im Sozialbereich und trat für Mindestlöhne ein, insbesondere im Pflegebereich.

Es sollte aber noch bis August 2010 dauern, bis mit der »Verordnung über zwingende Arbeitsbedingungen in der Pflegebranche« Mindestlöhne für West- und Ostdeutschland verankert wurden. Infolgedessen war die Arbeiterwohlfahrt gezwungen, bei Tariffragen im eigenen Haus Zugeständnisse zu machen. Von einzelnen Bezirks- und Landesverbänden, vor allem aus Ostdeutschland, waren seit längerem Öffnungsklauseln gefordert worden, die es ihnen erlaubten, flexible Lösungen zu finden und vom ausgehandelten einheitlichen AWO-Tarifvertrag abzuweichen. Unter dem Druck entsprechender Forderungen und mehrerer Rechtsklagen, die von regionalen Gliederungen angestrengt wurden, traf die Bundeskonferenz 2005 in Hannover den Beschluss, dass die einzelnen Gliederungen nicht mehr über den Bundesverband zwangsläufig an den von diesem abgeschlossenen Tarifvertrag gebunden sind. Dem 2003 neu gegründeten Arbeitgeberverband der Arbeiterwohlfahrt konnten die Gliederungen indes auf freiwilliger Basis beitreten. In der Folge kündigte die Arbeiterwohlfahrt im Januar 2006 alle weiteren Tarifverträge. Nachdem die Gewerkschaft *ver.di*, die bis dahin auf einen Flächentarifvertrag gesetzt hatte, ihren Widerstand gegen eine Dezentralisierung der Tarifverträge für die Arbeiterwohlfahrt aufgegeben hatte, wurden in der Folge zunehmend Tarifverträge auf Landesebene abgeschlossen.

Auf einer Sonderkonferenz in Magdeburg im Juni 2007 wurden wegweisende Beschlüsse gefasst.

Neuerliche Strukturreformen und Verbandsmodernisierung

Anknüpfend an die bereits im März 2004 in Bonn durchgeführte Tagung »Verbandsentwicklung braucht Strategie« erstellte eine Arbeitsgruppe unter der Leitung von Bundesgeschäftsführer Rainer Brückers ein Grundlagenpapier, dessen Kernpunkte die Basis für die anstehende Modernisierung bildeten. Das Papier verfolgte dabei eine doppelte Zielsetzung: die Modernisierung der Mitgliederorganisation und die Reform zum professionellen Dienstleister. In der Arbeiterwohlfahrt waren – ebenso wie in den anderen Wohlfahrtsverbänden[12] – mit den Reformüberlegungen zahlreiche, oftmals auch kontroverse Debatten verbunden. Im Rahmen eines umfassenden innerverbandlichen Dialogprozesses, der neben zahlreichen Veranstaltungen auf lokaler Ebene allein im Jahr 2006 zwei Themenkonferenzen und fünf Regionalkonferenzen vorsah und zahlreiche Experten einbezog, gelang es einen Konsens über das Grundlagenpapier zu erzielen, das unter dem Titel »Grundsätze und Eckpunkte zur verbandsinternen Entwicklung der AWO« auf der Sonderkonferenz 2007 in Magdeburg angenommen wurde.

Den Kern der Reform bildete dabei die Entflechtung der Verantwortung für den unternehmerischen und den verbandlichen Bereich. Zur Implementierung dieser Zielsetzung wurden unterschiedliche Möglichkeiten zur Auswahl gestellt. Das auf der Magdeburger Sonderkonferenz verabschiedete neue Verbandsstatut führte hierzu aus: »Die Entflechtung der strategischen und operativen Verantwortung kann alternativ geregelt werden: – durch Ausgliederung von sozialen Betrieben in rechtlich selbständige Unternehmen, – durch Trennung der Verantwortungsbereiche innerhalb des Mitgliederverbandes.« Zugleich verankerte man im Statut einen Passus, der neben der Markt- auch die Werteorientierung betonte. Im Verbandsstatut wurde dazu festgehalten: »Der AWO-Mitgliederverband trägt Verantwortung für die Orientierung der rechtlich selbständigen AWO-Unternehmen an den Werten der AWO, die im Grundsatzprogramm festgelegt sind.«[13]

In der Folge wurden die Reformen dann stufenweise und in vielfältiger Form umgesetzt wie das Beispiel des Bezirks Mittelrhein zeigt: Hier war bereits 2004 das *Haus Sommerberg* in eine Betriebsgesellschaft mbH ausgegliedert und 2005 eine *AWO Gesellschaft für Altenhilfeeinrichtungen mbH* gegründet worden, die den Großteil der Seniorenzentren im Bezirk betrieb. Im Jahr 2006 wurde dann seitens des Bezirks Mittelrhein eine GmbH für *Dienstleistungen für soziale Einrichtungen* neu gegründet, die unter anderem den Reinigungsbetrieb der Häuser und Heime übernahm.[14] Mit diesen Ausgliederungen war nicht nur die Verantwortlichkeit für die wirtschaftliche Lage zahlreicher Einrichtungen im Bezirk verlagert, sondern auch die Vorstandsarbeit der Bezirke und Kreise deutlich vereinfacht worden. Baupläne und Anstellungsfragen von einzelnen Mitarbeitern aus AWO-Einrichtungen verschwanden damit von der Tagesordnung der ehrenamtlichen Vorstände einzelner Gliederungen, während die Immobilien selbst im Besitz des Mitgliederverbandes blieben. Die ausgegliederten Unternehmen wurden dem neuen Statut zufolge dann korporative Mitglieder der Arbeiterwohlfahrt und entrichten als solches auch ihren Mitgliedsbeitrag.

Der Hausnotruf sollte rund um die Uhr angemessene Hilfe gewährleisten.

Eine weitere Neuerung stellte die Gründung von Servicegesellschaften dar. Noch während der Reformdebatten wurde als gemeinsame Initiative des Bundesverbands mit dem Bezirksverband Ostwestfalen-Lippe und dem Landesverband Berlin der ElternService AWO mit Sitz in Bielefeld gegründet .[15] Diese neue Servicegesellschaft verfolgte das Ziel, in Konkurrenz zu privaten Anbietern einen eigenen Beratungs- und Vermittlungsservice für Kinderbetreuung und Pflegeleistungen zu schaffen, der Arbeitgebern Angebote für eine familienfreundlichere Personalpolitik eröffnen sollte. Die Initiative stieß im Verband auf positive Resonanz und gewann gegen konkurrierende Bewerber Ausschreibungen, sodass unter der Leitung von Wolfgang Stadler im September 2006 die *ElternService AWO GmbH* (heute: *awo lifebalance GmbH*) mit allen 29 Bezirks- und Landesverbänden der Arbeiterwohlfahrt sowie dem Bundesverband als Gesellschaftern etabliert wurde. In der Folge wurden mit dem *SeniorenService* und dem *GesundheitsService* ähnlich strukturierte bundesweite Servicegesellschaften gegründet, die sich aber nicht dauerhaft auf Bundesebene behaupten konnten. Dass sowohl lokale und regionale Vorhaben als auch Projekte des Bundesverbands wieder eingestellt wurden, wenn sie sich wirtschaftlich nicht rentierten, dokumentiert der von Menschen mit Behinderung betriebene Hildener AWO-Supermarkt der Arbeiterwohlfahrt Niederrhein, der 2006 eröffnet und 2010 auf Grund der Konkurrenz der großen Ketten im Umfeld wieder geschlossen wurde,[16] sowie die mittlerweile aufgelöste *AWO Betriebsgesellschaft für Integrationsdienste mbH* des Bezirks Mittelrhein. Auch die Gesellschaft *Vitawo*, die vom Bundesverband 2002 mit dem Ziel des Aufbaus eines Internet-Familienportals gegründet worden war, erwies sich als kurzlebig. Im Jahre 2007 wurde auf der Geschäftsführerkonferenz nüchtern vermerkt: »Da keines mit der Gründung von VITAWO GmbH erwarteten Ziele erreicht ist, wird die Auflösung der Gesellschaft vereinbart.«[17]

Während es der Arbeiterwohlfahrt mit der Entflechtung gelang, die wirtschaftlichen Risiken für die einzelnen Gliederungen deutlich zu minimieren, blieb die Personal- und Lohnpolitik weiterhin ein schwelendes Problem. Insbesondere aufgrund der Ausgliederungen und der in den neuen Gesellschaften oftmals geringeren Löhne – die im Regelfall aber immer noch deutlich über denjenigen der privaten Anbieter lagen – wurde zunehmende Kritik an der Arbeiterwohlfahrt geübt. Die Missbilligung nahm noch weiter zu, als seitens einzelner Gliederungen der Arbeiterwohlfahrt verstärkt auf Leiharbeit gesetzt wurde, die nicht nur zu schlechteren Konditionen bezahlt wurden als die bei der AWO angestellten Mitarbeiterinnen und Mitarbeiter, sondern auch bei Arbeitnehmerrechten schlechter gestellt waren. Wenn über die Leiharbeit Beschäftigte dann nicht nur bei Bedarfsspitzen eingestellt wurden, sondern – wie etwa bei der Arbeiterwohlfahrt in Essen im Jahr 2010 – auch zur Erledigung von Daueraufgaben, dann wurde seitens der Medien ein »krasser Widerspruch zwischen Bundesforderung und städtischer Umsetzung« ausgemacht und sogar von der »Pervertierung des Awo-Leitbildes« gesprochen.[18]

In den von der AWO betriebenen CAP Supermärkten fanden Menschen mit Behinderung neue Arbeitsmöglichkeiten in der Öffentlichkeit.

WILHELM SCHMIDT (GEB. 1944)

Seit 2004 steht der aus dem Raum Salzgitter stammende Verwaltungsbeamte Wilhelm Schmidt an der Spitze des AWO Bundesverbands. Neben seinen Funktionen innerhalb der Arbeiterwohlfahrt und zahlreichen weiteren Ehrenämtern wirkte er über Jahrzehnte als sozialdemokratischer Parlamentarier. Von 1978 bis 1986 war Schmidt Landtagsabgeordneter in Niedersachsen, im Anschluss von 1987 bis 2005 Mitglied des Bundestags. Seine Schwerpunkte lagen auf der Kinder-, Jugend- und Sportpolitik. Als Erstem Parlamentarischen Geschäftsführer der SPD-Bundestagsfraktion kam ihm zwischen 1998 und 2005 eine zentrale Funktion für die Koordination der rot-grünen Regierungspolitik zu. 1989 wurde Schmidt in den Bundesvorstand der Arbeiterwohlfahrt gewählt, zwischen 1992 und 2004 amtierte er zunächst als stellv. Vorsitzender, ab 2004 dann als Vorsitzender. Seit 2008 ist Schmidt Vorsitzender des neu formierten Präsidiums.

Neben der Ausgliederung von Einrichtungen hatten die in Magdeburg verabschiedeten Reformstatuten eine Trennung von Verantwortungsbereichen innerhalb des Mitgliederverbandes empfohlen. Hierzu zählte auch die Trennung von Aufsicht und Geschäftsführung. Seitens des Bundesverbandes hatte diese Empfehlung dazu geführt, dass die bereits seit längerem debattierten Überlegungen zur Reorganisation des Vorstands forciert wurden. Als Wilhelm Schmidt auf der Bundeskonferenz 2004 zum Vorsitzenden der Arbeiterwohlfahrt gewählt wurde, bestand Konsens, dass ein ehrenamtlicher Vorsitzender den umfangreichen Erfordernissen an Arbeit für den Verband nicht mehr gerecht wird. Für Schmidt, der zum Zeitpunkt der Wahl Erster Parlamentarischer Geschäftsführer der SPD-Bundestagsfraktion war und damit zu den meistbeschäftigten Politikern seiner Partei gehörte, galt dies in besonderem Maße. Bereits auf der Bundeskonferenz 2005 in Hannover war deswegen vereinbart worden, verschiedene Organisationsmodelle zu erörtern und dabei auch auf die Erfahrung der einzelnen Gliederungen zurückzugreifen. Nach längeren Aussprachen entschied man sich schließlich für ein Präsidialmodell, bei dem in Anlehnung an Unternehmensstrukturen vorgesehen wurde, dass der Verband künftig von einem hauptamtlichen Vorstand geführt werde, der alle zentralen operativen Aufgaben des Alltagsbetriebs verantwortete und auch die Außenvertretung übernahm. Dem Präsidium sollte hingegen die längerfristigen strategischen Planungen obliegen, aber auch die Kontrolle des Vorstands, ähnlich wie der Aufsichtsrat eines Unternehmens. Im Jahr 2008 wurde diese Neuerung im Zuge der Neuwahlen der Bundeskonferenz in Berlin realisiert. Der bisherige Geschäftsführer Rainer Brückers wurde zum hauptamtlichen AWO-Bundesvorstand, Wilhelm Schmidt zum Präsidenten gewählt.

In den folgenden Jahren zeigten die Reformen – zeitversetzt – Wirkung. Die unternehmerischen Aktivitäten der AWO wurden rasch weiter ausgebaut, erfolgten nunmehr aber in einem professionelleren Rahmen und trotz vereinzelter Auswüchse stärker regelgeleitet. Der Mitgliederverband bewegte sich hingegen noch einige Jahre lang in schwierigen Gewässern. Die angestrebte Zielmarke von 1.000.000 Mitgliedern blieb außer Reichweite und die innerverbandlichen politischen Turbulenzen, die sich nicht zuletzt an der Debatte über die Hartz-Gesetze festmachen ließen, beschäftigten die Arbeiterwohlfahrt noch mehrere Jahre. Allmählich zeichnete sich aber auch hier im Rahmen der neuen Strukturen eine Phase des Umdenkens und Umsteuerns ab. Vor allem die Rolle des Bundesverbandes, der nunmehr weniger stark in der unternehmerischen Verantwortung stand, änderte sich. Der Bundesverband agierte unter der Ägide von Wolfgang Stadler zunehmend als Hüter der Werte der Arbeiterwohlfahrt und setzt darauf, die Widersprüche zwischen den Grundwerten und der Praxis aufzuheben. So positionierte der Bundesverband sich in den 2010er Jahren öffentlich gegen Leiharbeit und Tarifflucht. Mit den seit 2010 jährlich stattfindenden Sozialkonferenzen erhielt die Facharbeit neue Impulse, die zudem durch eine veränderte Fach-Abteilungsstruktur gestärkt wurde. Im Jahr 2012 wurde von der Bundeskonferenz in Bonn der Beschluss zum wertegebundenen Unternehmen gefasst.

Als förderlich für Zusammenspiel von Unternehmen und Verband erwies sich, dass zusätzlich

Die Beschlüsse zum wertegebundenen Unternehmen von 2012 sollten das Auseinanderdriften von Verbandszielen und sozialen Dienstleistungen verhindern

Anzahl der Zertifizierungsverfahren in den Jahren 2005 bis 2018

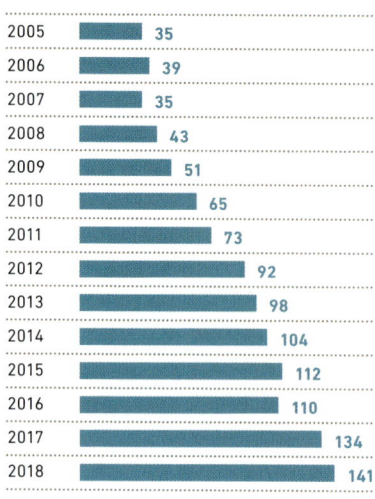

Jahr	Anzahl
2005	35
2006	39
2007	35
2008	43
2009	51
2010	65
2011	73
2012	92
2013	98
2014	104
2015	112
2016	110
2017	134
2018	141

Immer mehr Einrichtungen der AWO strebten eine Zertifizierung an.

zu den seit 2005 vorgenommenen Strukturreformen weitere Maßnahmen zur Verbesserung der Standards eingeleitet worden waren, die sich auf der Managementebene bewegten. Hierzu zählten unter anderem die Einführung eines Risikomanagements für den Bundesvorstand im Jahr 2006,[19] die Verabschiedung von Compliance-Regelungen zur verantwortungsvollen Unternehmensführung im Jahr 2008, die im Jahre 2017 nochmals verschärft wurden, und die zunehmende Zertifizierung von AWO-Einrichtungen im Hinblick auf Mindestanforderungen an ein Qualitätsmanagementsystem. Mit diesen Ansätzen dokumentierte man interne Prozesse, zielte auf eine Verbesserung der Dienstleistungen und stellte die eigene Professionalität und Transparenz unter Beweis. Zahlreiche Einrichtungen der Arbeiterwohlfahrt wurden nach dem branchenübergreifenden Standard DIN EN ISO 9001 zertifiziert, darunter auch die Bundesgeschäftsstelle als erste Einrichtung der Wohlfahrtsverbände auf Bundesebene. Den höchsten Anteil an zertifizierten Einrichtungen erzielten stationäre Pflegeeinrichtungen. In der Folge wurden weitere, hohe jährliche Zuwächse in den Zertifizierungsprozessen des Qualitätsmanagements erreicht. Dabei setzte man verstärkt auf Tandem-Modelle, bei denen neben den ISO-Normen auch aus dem Leitbild der Arbeiterwohlfahrt abgeleitete AWO-Normen als Grundlage der Zertifizierung dienen.

Der Unternehmenskodex des Jahres 2008 richtete sich an alle Betriebe der Arbeiterwohlfahrt, die mehr als 30 Vollzeitkräfte beschäftigten beziehungsweise einen Jahresumsatz von mehr als zwei Millionen Euro erzielten. Er gab einen Orientierungsrahmen für die Besoldung der hauptamtlichen Funktionsträger und Funktionsträgerinnen an der Verbandsspitze, die »ein angemessenes Gehalt beziehen« sollten,[20] enthielt aber auch Richtlinien für Interessenskonflikte zwischen ehrenamtlichen Aufsichtsorganmitgliedern und hauptamtlicher Geschäftsführung. Da es in Einzelfällen, wie zum Beispiel im in Kreisverbänden in Mecklenburg-Vorpommern, aber dennoch zu Konstellationen kam, in denen sich zwei Personen gegenseitig unverhältnismäßig hohe Gehälter beziehungsweise Zusatzzahlungen und Vergünstigungen genehmigten, verabschiedete der Bundesausschuss 2017 einen erweiterten Unternehmenskodex, der die Bestimmungen zu Aufsicht und Führung präzisierte, für eine noch schärfere Trennung sorgte und Ausnahmeregelungen begrenzte.[21] Festgelegt wurde des Weiteren, dass die Vergütung »transparent« sein müsse und dass unangemessene Zusatzleistungen, so etwa Rentenzusagen außerhalb der regulären betrieblichen Altersversorgung, ausgeschlossen wurden. Der Unternehmenskodex übte grundlegenden Einfluss auf die Strukturen der Arbeiterwohlfahrt aus. Hatte diese mit den Entflechtungsprozessen die wirtschaftlichen Risiken für den Verband minimiert, zugleich aber auch das Wachstum des sozialwirtschaftlichen Bereichs befördert und damit einem gewissen Eigenleben der Unternehmen Vorschub geleistet, so sorgte der Kodex nunmehr dafür, dass auch die gemeinnützigen Wurzeln nicht aus dem Auge verloren wurden. Wolfgang Stadler zufolge, hat die AWO mit dem neu gefassten Unternehmenskodex ihre »Unternehmen in den Verband zurückgeholt«.[22]

Anleitung zur Tandem-Qualifizierung der AWO.

Zur Modernisierung der Arbeiterwohlfahrt trug einmal mehr auch die Reform der Außendarstellung bei. Neben dem 2008 aktualisierten Logo und dem mehrfach – zuletzt 2019 – überarbeiteten Corporate Design wurde auch das Mitgliedermagazin grundlegend neu gestaltet. Im *AWOmagazin,* das 1994 an die Stelle von *sozialprisma* getreten war, hatten neben dem Bundesverband auch die Landes- und Bezirksverbände über ihre aktuelle Arbeit und einzelne Projekte berichtet. Da aber die termingebundene Zusammenarbeit mit den Gliederungen in Form von Artikeln und Texten Probleme bereitete und zudem einer veränderten Bild-Textrelation Rechnung getragen werden sollte, setzte das neue Publikationsorgan *AWO Ansicht* auf ein verändertes Konzept.

AWO ANSICHT (SEIT 2011)

Seit 2011 erscheint vierteljährlich die Zeitschrift *AWO Ansicht*, die vom Bundesverband herausgegeben wird. Das Layout wurde den veränderten Lese- und Sehgewohnheiten angepasst und unterscheidet sich vom Vorgänger durch ein moderneres Layout mit mehr Bildern und Grafiken sowie der Fokussierung auf ein Schwerpunktthema und kürzere Texte. Regelmäßige Interviews mit Persönlichkeiten des öffentlichen Lebens sollen dazu beitragen, dass die Arbeiterwohlfahrt sich nicht nur mit sich selbst befasst, sondern immer wieder auch aktuelle gesellschaftliche Fragen einbezieht. Mit den in der *AWO Ansicht* veröffentlichten Umfragen des AWO-Sozialbarometers, basierend auf verschiedenen Bevölkerungsumfragen von Meinungsforschungsinstituten, hat der Verband zudem ein Instrumentarium entwickelt, das Einstellungen der Bevölkerung zu sozialen Fragen veranschaulicht und dem Verband eine Handreichung für gleichermaßen aktuelle Stimmungen und grundlegende Entscheidungen eröffnet.

Dass die *AWO Ansicht* ebenso online bereitgestellt wird wie Mitgliedshandbücher und Redaktionsservice-Angebote dokumentiert, dass auch im Wohlfahrtsbereich an digitalen Formaten kein Vorbeikommen ist. Seitens der Bezirke und auch von zahlreichen Kreis- und Ortsverbänden wird seit den 2010er Jahren neben der Pflege und Aktualisierung der eigene Webseiten verstärkt auf online versendete Newsletter gesetzt, in welchen die Aktivitäten der Gliederung kurz darstellt werden. Hier finden sich neben konkreten Hinweisen zu den Einrichtungen und zu Veranstaltungen oftmals auch allgemeine Informationen zu Neuerungen in der Sozialpolitik oder Berichte über das Personal der Arbeiterwohlfahrt.

Wilhelm Schmidt hatte in seiner Grundsatzrede auf der Bundeskonferenz 2005 auch eine verbesserte Kooperation mit den politischen, strategischen und funktionalen Partnern gefordert. Obwohl die Arbeiterwohlfahrt seit 1999 Persönlichkeiten des öffentlichen Lebens für ihr Engagement für den sozialen Frieden mit dem *Heinrich-Albertz-Friedenspreis* auszeichnete – und dabei als eine Form der Kontaktpflege sozialdemokratischen Politikern besondere

Beachtung widmete – erwies sich die Kooperation mit der SPD erneut als nicht einfach:
Dies wurde vor allem deutlich, als die Partei
im Zuge der Arbeit am neuen Grundsatzprogramm 2007 plante, die Arbeiterwohlfahrt nicht mehr gesondert zu erwähnen.
Stattdessen betonte die SPD im Hamburger
Programm den vorsorgenden Sozialstaat, der
verhindere, dass soziale Notlagen überhaupt erst
entstehen.[23] Erst nach entsprechender Einwirkung
wurde von der SPD im Hamburger Parteiprogramm
der Passus verankert, dass »freie Wohlfahrtsverbände [...]
wichtige Partner« seien und dass man »der Arbeiterwohlfahrt und
dem Arbeiter-Samariter-Bund [...] besonders verpflichtet« sei.[24]
Einfacher erwies sich für die AWO hingegen die Zusammenarbeit
mit dem *Deutschen Verein für öffentliche und private Fürsorge*, dem
bereits Otto Fichtner für elf Jahre vorgestanden hatte und dessen
Vorsitz Wilhelm Schmidt 2006 übernahm. Zu einem wichtigen Ko-
operationsrahmen hatte sich auch das im Jahr 2000 gegründete
Bundesforum Familie (BFF) entwickelt, in dem sich zunächst 80 und
später rund 120 Partner für eine familienfreundlichere Gesellschaft
einsetzten. Eng verzahnt waren die hier unternommen Aktivitäten
mit dem 2002 gegründeten familienpolitischen Fachverband der
Arbeiterwohlfahrt, dem *Zukunftsforum Familie e. V.* (ZFF).

Verstärkt wurde die Zusammenarbeit mit Unternehmen. Unter
der Zielsetzung »Kooperation statt Konfrontation« wurde im März
2006 der Kongress »Verantwortung für das Soziale – Neue Part-
nerschaften zwischen Wirtschaftsunternehmen und Sozialverbän-
den« ausgerichtet. Vom Aufbau neuer Kontakte und Partnerschaf-
ten versprach man sich eine verbesserte Zusammenarbeit nicht nur
mit Großunternehmen, sondern auch mit dem Mittelstand. Als notwendig erachtet wurde ein verstärktes Engagement »für ein funk-
tionierendes soziales Umfeld«, das unter anderem durch projekt-
bezogene Freistellungen erreicht werden sollte.[25]

Zum 1. Mai 2010 erfolgte mit der Bestellung von Wolfgang Stadler,
der von einer Findungskommission des Präsidiums vorgeschlagen
wurde, der bislang jüngste Wechsel an der Spitze des Verbandes.

Das Logo des
Verbands wurde
2008 erneut
modernisiert.

BIOGRAFIE

WOLFGANG STADLER (GEB. 1954)

Der in Duisburg geborene Diplom-Soziologe Wolfgang Stadler leitet als Vorstandsvorsitzender seit 2010 den AWO Bundesverband. Bereits seinen Zivildienst leistete Stadler bei der Arbeiterwohlfahrt in Bielefeld; nach seinem Studium war er beruflich in der Altenhilfe und der Erwachsenenbildung des AWO-Bezirks Ostwestfalen-Lippe tätig. 1983 übernahm er dort zunächst die stellvertretende Geschäftsführung, zehn Jahre später wurde er Geschäftsführer des Bezirksverbands und blieb es bis 2009. Zusätzlich übernahm Stadler ab 2005 die Geschäftsführung des bundesweiten *AWO ElternService*. Seit 2010 bildet er als Vorsitzender des aus drei Personen bestehenden Vorstands die hauptamtliche Verbandsspitze auf Bundesebene.

Rainer Brückers, der als Vorsitzender des Vorstands nicht mehr zur Verfügung stand, schied aus. Mit Wolfgang Stadler setzte der Verband fachlich auf Kontinuität. Wie sein Vorgänger war auch Stadler Diplomsozialwissenschaftler, wie Brückers war auch Stadler bereits länger hauptamtlich auf Bezirksverbandsebene tätig und mit dem *ElternService* der AWO hatte auch er bereits bundesweite Verantwortung übernommen. Politisch setzte Stadler hingegen andere Akzente als sein Vorgänger. Hatte Rainer Brückers vor allem die ökonomische Ausrichtung der Arbeiterwohlfahrt gestärkt, widmete Wolfgang Stadler der verbandlichen Entwicklung verstärkte Aufmerksamkeit, indem er sich um das Zusammenwirken beider Dimensionen bemühte beziehungsweise wie er es selbst auf der Wolfsburger Bundeskonferenz 2016 erklärte »um eine AWO der gleichen Geschwindigkeit […], um eine Symbiose von Ehrenamt und Hauptamt«.[26]

Sozialpolitische Reform- und Konfliktfelder

Als eines der konfliktträchtigsten sozial- und wohlfahrtspolitischen Themen erwies sich die Debatte über das Arbeitslosengeld II, das – nach seinem Initiator, dem VW-Personalvorstand Peter Hartz –

Neben Präsident
Wilhelm Schmidt
trat 2010 ein
hauptamtlicher
Vorstand: Brigitte
Döcker, Wolfgang
Stadler und Hans-
Peter Niemeier.

unter dem Kürzel Hartz IV in den allgemeinen Sprachgebrauch
eingegangen ist. Als die Reformvorschläge zum Arbeitslosengeld beziehungsweise zur Sozialhilfe 2003 vorgestellt wurden, waren diese
von der Arbeiterwohlfahrt – wie auch von den anderen Wohlfahrtsverbänden – weitgehend mitgetragen worden.[27] Allerdings wurde
auch angemahnt, dass schwer vermittelbaren Arbeitslosen »besondere Aufmerksamkeit« gewidmet werden sollte.[28] Diese Politik verfolgte man auch noch in den nachfolgenden Jahren und bezeichnete die Agenda 2010 weiterhin als »wichtigen Reformanstoß«.[29]
Im Jahr 2006 beteiligten sich der Vorsitzende und der Geschäftsführer der Arbeiterwohlfahrt sogar an einem Brief von Wohlfahrtsorganisationen an Spitzenpolitiker der Großen Koalition, in dem
gefordert wurde, die passiven Leistungen für Langzeitarbeitslose
wie Mietzuschüsse und individuelle Zuschläge zu kürzen.[30] In der
Folge entzündete sich an der Haltung zu Hartz IV innerverbandlich
eine kontroverse Debatte. Der Bundesausschuss sprach sich 2006
gegen eine Kürzung von Leistungen aus. Er erklärte, dass die AWO
zwar weiterhin zur Zusammenlegung von Arbeitslosen- und Sozialhilfe stehe, dass man aber auch »enorme strukturelle und qualitative Defizite« sehe und eine Neuberechnung des Regelsatzes for-
dere.[31] In der Folge distanzierte sich die Arbeiterwohlfahrt immer
stärker von einzelnen Hartz IV-Bestimmungen, so etwa 2010, als

die Bundesregierung plante, das Mindestelterngeld zu streichen. Im Jahre 2018 konstatierte die Arbeiterwohlfahrt dann, dass die Bilanz »vernichtend« ausfalle und Hartz IV mittlerweile als Inbegriff des gesellschaftlichen Abstiegs gelte. Infolgedessen trat man nun für eine grundsätzliche Reform von Hartz IV ein, da »eine einfachere, transparentere und betroffenenorientiertere Grundsicherung für Arbeitsuchende« gefordert sei.[32]

Die Problemfelder Kinderbetreuung, Kinderbildung und vor allem Kinderarmut markierten die zentralen Themen der Arbeiterwohlfahrt in der zweiten Hälfte der 2000er Jahre. Die Arbeiterwohlfahrt hatte wiederholt darauf verwiesen, dass in Deutschland fast jedes fünfte Kind von Armut bedroht sei. Besondere Resonanz hatte hierbei die von der AWO beauftragte und vom Institut für Sozialarbeit und Sozialpädagogik in Frankfurt veröffentlichte Studie »Zukunftschancen für Kinder!? – Wirkung von Armut bis zum Ende der Grundschulzeit« hervorgerufen. Der Studie zufolge bestand ein enger Zusammenhang zwischen sozialer Herkunft und Bildungslaufbahn. Als stärkstes Handicap für einen erfolgreichen Bildungsverlauf wurde die mangelnde Unterstützung in der frühkindlichen Betreuung und im vorschulischen Bereich ausgemacht. In ihrem 2006 veröffentlichten Sozialbericht »Chancengerechtigkeit durch Bildung – Chancengerechtigkeit in der Bildung« forderte

Der Einsatz gegen Kinderarmut gehörte zu den Schwerpunktthemen aller Gliederungen.

die AWO infolgedessen den »infrastrukturellen Ausbau der Kinderbetreuungseinrichtungen vor weiteren direkten oder indirekten monetären Leistungen für Kinder und ihre Familien«.[33] Das am 16. Dezember 2008 in Kraft getretene Kinderförderungsgesetz (KiföG) mit einem verankerten Rechtsanspruch auf einen Krippenplatz ab August 2013 wurde begrüßt und als entscheidender Schritt zu einem umfassenden Betreuungsangebot für Kinder unter drei Jahren gesehen. Die Arbeiterwohlfahrt erinnerte in diesem Zusammenhang nicht nur daran, sich bereits 1978 für den Ausbau von Plätzen für Kinder unter drei Jahren eingesetzt zu haben, sondern erklärte auch, die eigenen Angebote im Jugendbereich in den

Wandgemälde der Kita Dietersheim (Mittelfranken) zur AWO-Kampagne »Kinder sind unsere Zukunft«.

kommenden Jahren von mehr als 2.000 auf rund 4.000 Einrichtungen in etwa verdoppeln zu wollen.

Im Sinne ihrer Rolle als Sozialanwalt bezog die Arbeiterwohlfahrt auch politisch in diesem Feld Position. Während das 2007 eingeführte Elterngeld angesichts seiner Anreize für eine stärkere Beteiligung der Väter an der Kindererziehung sowie der rascheren Möglichkeit zur Berufsrückkehr der Mütter begrüßt wurde, kritisierte die AWO wiederholt den Bildungsföderalismus der Bundesrepublik als entscheidende Schwachstelle, da er ihrer Ansicht nicht dazu beitrage, eine Qualitätsverbesserung bei der Entwicklung von Kindern zu erzielen.

In den folgenden Jahren trat die Arbeiterwohlfahrt in der Kinder- und Jugendpolitik mit weiteren, zum Teil weitreichenden Vorschlägen hervor. Während ein bedingungsloses Grundeinkommen und auch ein Bürgergeld abgelehnt wurden, schlug man – im Verbund mit weiteren Partnern des 2009 gebildeten *Bündnisses Kindergrundsicherung* – die Einführung eines flächendeckenden Mindestlohns und eine Kindergrundsicherung vor. Angesichts höchst unterschiedlicher Fördermodelle für Kinder als Folge der Erwerbssituation ihrer Eltern sollte die Kindergrundsicherung im Jahre 2010 bei 502 Euro liegen und unabhängig vom Einkommen der Eltern

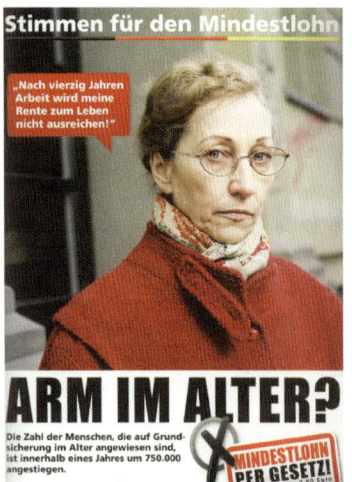

Gemeinsame Initiative von Wohlfahrtsverbänden und Gewerkschaften zur Einführung eines Mindestlohns.

bis zum 27. Lebensjahr gezahlt werden, aber zusammen mit dem Grenzsteuersatz des elterlichen Einkommens versteuert werden.[34] Der Arbeiterwohlfahrt war bewusst, dass sie mit diesem Vorschlag für einen kostenintensiven Systemwandel in der Kinder- und Jugendpolitik eintrat; im Sinne eines Gesamtkonzeptes, das idealerweise durch die Aufnahme von Kinderrechten in das Grundgesetz noch flankiert werden sollte, erachtete sie ihren Vorschlag aber als zweckmäßigste Lösung zur Bekämpfung der Kinderarmut.

Zur Kinder- und Jugendpolitik der Arbeiterwohlfahrt gehörte auch, dass die Beratungstätigkeit angepasst und auf lokaler Ebene immer wieder mit neuen Projekten aufgewartet wurde. Hierzu gehören erzieherische Hilfen in Form von AWO-Elternwerkstätten ebenso wie Schuldnerberatungen an Schulen. Angesichts einer steigenden Anzahl von Schwangerschaften Minderjähriger wurden auch die sexualpädagogischen Aktivitäten an Schulen mit entsprechenden Präventionsangeboten ausgebaut. Kinder und Jugendliche standen auch bei der Umsetzung der UN-Behindertenrechtskonvention für die Arbeiterwohlfahrt im Mittelpunkt. Im Zuge der hier vorgesehenen Inklusions- und Teilhabe-Konzepte wurden seitens der Arbeiterwohlfahrt verschiedene Modellprojekte, immer wieder aber auch Fachveranstaltungen durchgeführt, so etwa im November 2010 die Berliner Fachtagung »Zukunft Teilhabe«.

Ergänzend zu ihrem intensiven politischen Bemühen um eine Reduzierung der Kinderarmut setzte sich die Arbeiterwohlfahrt in dieser Zeitphase als Sozialanwalt auch grundsätzlich für Verbesserungen in der Armutsfrage ein. Als die neue Bundesregierung von Union und FDP nach den Wahlen 2009 vor allem auf Betreiben der Liberalen größere Sparbeschlüsse ankündigte, befürchtete die Arbeiterwohlfahrt einen sozialen Kahlschlag und führte unter dem Motto »Jetzt geht's ans letzte Hemd« eine bundesweite Kampagne gegen Sozialabbau durch. Ähnlich wie bereits zu Zeiten der schwarz-gelben Koalition unter Helmut Kohl fielen die Regie-

»Jetzt geht's ans letzte Hemd« – Kampagne der AWO gegen Sozialabbau mit Protestaktion vor dem Reichstag.

rungsmaßnahmen dann jedoch weniger rigide aus als es die politischen Ankündigungen zuvor erwarten ließen. Daraufhin wandte sich die Arbeiterwohlfahrt wieder stärker einzelnen von Armut betroffenen Gesellschaftsgruppen zu. So drängte sie darauf, dass vollbeschäftigte Werktätige nicht unter die Armutsgrenze fielen und sprach sich einmal mehr für Mindestlöhne aus. Zugleich trat sie dafür ein, dass Langzeitarbeitslosen sowie Alleinerziehenden neue Perspektiven eröffnet werden, um der Armutsfalle zu entgehen. Als wichtigste Maßnahme wurde in diesem Fall auf besondere, dauerhaft geförderte sozialversicherungspflichtige Beschäftigungsverhältnisse gesetzt.

In der praktischen Arbeit spielte die Pflegeversicherung eine zentrale Rolle. In der Altenhilfe konnte die Arbeiterwohlfahrt durch die am 1. Juli 2008 in Kraft getretene Reform der Pflegeversicherung und die damit verbundene Erhöhung der Beitragssätze zumindest kurzfristig eine Entlastung der angespannten finanziellen Lage verzeichnen. Das Pflege-Weiterentwicklungsgesetz ermöglichte der Arbeiterwohlfahrt neben der Einstellung weiterer Betreuungskräfte auch, für einzelne Patientengruppen mehr Zeit aufzuwenden. In diesem Zusammenhang wurde vor allem Demenzkranken besondere Beachtung gewidmet, da man infolge einer starren Leis-

Die AWO wirbt für ihre Aus-bildungsplätze zur Altenpflege-fachkraft.

tungssystematik dieser Klientel bislang nicht hinreichend Rechnung hatte tragen können. Im Zuge der Schulung von hauptberuflichen und ehrenamtlichen Kräften in der Pflege legte die Arbeiterwohlfahrt besonderes Augenmerk auf Qualitätsstandards und individuelle Betreuung. Mit einem vom Bundesverband angeschobe-nen Projekt zur Abschiedskultur, das neben der Frage von Patientenverfügungen unter anderem auch spezifische Abschieds- und Erinnerungsri-tuale einbezog,[35] sowie mit dezentralen Projek-ten wie dem *Verein EsCor – AWO-Begleitdienste in Abschiedszeiten* oder dem *AWOcura*-Modell für Sterbebegleitung in Seniorenzentren, wurde ver-stärkte Sensibilität für dieses bislang wenig be-achtete Problemfeld geweckt.

Insgesamt betrachtet ist der Zeitraum seit der Jahrhundertwende durch einen weiteren Ausbau und eine nochmals gesteigerte Aus-differenzierung der Aktivitäten gekennzeichnet. Als gemeinsamer Grundtenor für die kaum mehr zu überschauende Bandbreite der Arbeiterwohlfahrt lässt sich das Bemühen um gesellschaftlichen Zusammenhalt ausmachen. Allein schon die Titel ihrer übergeord-neten Tagungen verdeutlichen diese Ausrichtung: Mit dem Motto der Bundeskonferenz 2008 »... Gerechtigkeit, Zusammenhalt«, mit dem Titel der Fachkonferenz 2010 »Zusammenhalt stärken – Aus-grenzung verhindern«, die das neue Format von jährlichen Sozial-konferenzen eröffnete, und auch mit dem Motto der Bundeskonfe-renz 2016 »Solidarität für alle« verdeutlichte die Arbeiterwohlfahrt, welche Bedeutung sie der Notwendigkeit beimaß, gesellschaftliche Fliehkräfte abzubauen und für das Verbindende einzutreten. Auch die sozialpolitischen Zwischenrufe und die Studien dokumentier-ten diese Schwerpunktsetzung. In den Jahren 2008 und 2009 be-leuchtete die Arbeiterwohlfahrt im Rahmen einer umfassenden Untersuchung am Beispiel der fünf Bereiche Bildung und Erzie-hung, Arbeitsmarkt, Migration, Behindertenhilfe und Psychiatrie die aktuelle Lage der sozialen Arbeit in Deutschland. Der im Jahr 2009 veröffentlichte Bericht kam dabei zu dem Ergebnis, dass allzu

Die Bundeskonferenz 2016 in Wolfsburg stand unter dem Motto »Solidarität für alle«.

viele bürokratische Hemmnisse und ein kaum zu durchblickender Maßnahmendschungel, auch in der eigenen Organisation, integrativen und inklusiven Konzepten entgegenständen.[36]

Als wichtigen Bestandteil des gesellschaftlichen Zusammenhalts betrachtete die Arbeiterwohlfahrt das Eintreten für die Demokratie. In ihrem »Magdeburger Appell« aus dem Jahre 2007 rief sie dazu auf, sich gegen die Unterwanderung zivilgesellschaftlicher Strukturen durch antidemokratisches Gedankengut zu wehren und hob hervor: »Demokratie heißt Hinsehen und Gesicht zeigen!« In der Folge gaben Bundesverband und einzelne Gliederungen wiederholt öffentliche Stellungnahmen gegen Rassismus und Extremismus ab.

Einsatz für den gesellschaftlichen Zusammenhalt.

Diese Haltung wurde noch verstärkt, als die globale Migration zur Mitte der 2010er Jahre bis dahin nicht gekannte Ausmaße erreichte und dem *UN-Flüchtlingshilfswerk* zufolge mehr als 60 Millionen Menschen auf der Flucht waren. Im Bereich Migration konnte die Arbeiterwohlfahrt auf ihre langjährige Erfahrung mit Arbeitsmigranten, nicht zuletzt aus dem islamischen Kulturkreis, zurückgreifen. Aber auch bei Fragen

von Flucht und Asyl hatte sich die Arbeiterwohlfahrt seit langem mit Wohnunterkünften für Asylsuchende, Erstaufnahmeeinrichtungen für unbegleitete minderjährige Flüchtlinge sowie mit Beratungsstellen und Migrationsfachdiensten engagiert. Politisch bezog die Arbeiterwohlfahrt – im Einklang mit den anderen Verbänden der Freien Wohlfahrtspflege – eine offensive Position und erklärte, dass »jeder schutzsuchende Mensch [...] eine anständige, nicht ausgrenzende Behandlung und ein allen rechtsstaatlichen Ansprüchen genügendes Asylverfahren« verdiene.[37] Zugleich sprach man sich gegen eine Festlegung auf sichere Herkunftsländer, gegen quantitative Obergrenzen und gegen eine Begrenzung des Familiennachzugs aus.

Infolge der anhaltenden Flüchtlingszuwanderung nach Deutschlands sah sich die Arbeiterwohlfahrt verstärkt mit der Nachfrage nach Expertise und Koordination konfrontiert. Angaben des Bundesministeriums des Inneren zufolge wurden im Jahr 2015 fast 1,1 Millionen neu registrierte Geflüchtete gezählt. Den angesichts dieser Größenordnung vom Bundesvorsitzenden Wolfgang Stadler geforderten »Marshallplan zur Integration« hatte man jedoch nicht aufgelegt.[38] Vor diesem Hintergrund entwickelten zahlreiche Gliederungen in Deutschland vor Ort höchst individuelle Unterstützungsformen: von der »Willkommensklasse« des Ortsverbands Bremerhaven zur Vorbereitung von Flüchtlingskindern auf den Schulbesuch über das »Willkommenscafé« für Flüchtlinge des AWO Kreisverbandes Lahn-Dill bis hin zur Rückkehrberatung der AWO Nürnberg.[39] Letztere unterhielt in Priština sogar ein eigenes Büro zur Nachbetreuung von Rückkehrern im Kosovo, um zu vermeiden, dass

Präsentation der Kampagne des Jugendwerks »Ein offenes Herz kennt keinen Rassismus« auf der Bundeskonferenz 2016.

Die AWO versuchte mit ihren Angeboten, geflüchteten Menschen in Deutschland Perspektiven zu geben.

**Perspektiven
für Geflüchtete.**
Wie Menschen nach
den Strapazen der
Flucht das Ankommen
in Deutschland
erleichtert werden
kann.

Franziska Kučera ist eine
Freiwilligenkoordinatorin
für die AWO in einem
Aufnahmeheim für geflüchtete
Menschen in Frankfurt am Main.

diese erneut in Armut gerieten. Der Bundesverband richtete zudem
eine Projektgruppe »Menschen nach der Flucht« ein, in der mehrere
Fachbereiche zusammenarbeiteten, und kümmerte sich um die Verzahnung der Aktivitäten mit anderen Programmen, so etwa durch
den Rückgriff auf die Kinder- und Jugendhilfe oder die Einbeziehung
von Migranten mit psychischen Problemen.

In der humanitären Ausnahmesituation nach dem Tsunami von Dezember 2004 half AWO International in Südostasien.

In Anlehnung an die schon in den 1970er Jahren in der Ausländerpolitik verfolgte Politik setzte die Arbeiterwohlfahrt zwei besondere Schwerpunkte in der Asyl- und Flüchtlingspolitik: Zum einen bezog sie die Betroffenen selbst in die Arbeit mit ein. Im Verbandsbericht 2015 heißt es hierzu: »Geflüchtete, die selbst direkte Hilfe erfahren haben und die mit den neuen Lebensumständen einigermaßen gefestigt umgehen, sind am ehesten offen für ein Engagement.«[40] Zum anderen setzte sie frühzeitig auf Maßnahmen zur langfristigen Integration der Asylsuchenden. Während eine monate- oder gar jahrelange Unterbringung in Gemeinschaftsunterkünften als problematisch erachtet wurde, trat die Arbeiterwohlfahrt dafür ein, »nicht nur eine Erstversorgung sicherzustellen, sondern eine langfristige Integration geflüchteter Menschen in die Gesellschaft zu ermöglichen. Das unbedingte Ziel der AWO war und ist es dabei, die gesellschaftliche Teilhabe der Flüchtlinge zu befördern und ihre Ausgrenzung zu verhindern.«[41] Im Sinne dieser Zielsetzung stellte die Arbeiterwohlfahrt die Migrationsarbeit der Jahre 2016 und 2017 unter das Leitmotiv »Für Menschen nach der Flucht. Miteinander in Würde leben« und baute ihre Beratungsangebote für Flüchtlinge weiter aus. Ebenso wie in der Ausländerpolitik der 1970er Jahre wurden auch in der zweiten Hälfte der 2010er Jahre erneut verstärkt Multiplikatoren geschult, Informationsmaterialien erstellt und Patenschaften koordiniert. Allein im Jahr 2018 wurden 80.100 Fallberatungen an 230 Standorten geleistet.[42]

Die internationale Entwicklungszusammenarbeit der Arbeiterwohlfahrt wurde in den 2000er Jahren weiter ausgebaut. Bereits vor dem Rückzug aus dem Netzwerk *SOLIDAR*, das aus dem *Internationalen Arbeiterhilfswerk* hervorgegangen war, übernahm *AWO International* Anfang 2005 offiziell die Entwicklungszusammenarbeit der Arbeiterwohlfahrt. An die Spitze von *AWO International* rückte zu diesem Zeitpunkt mit Rudi Frick ein neuer Vorsitzender, der sich mit Nachdruck um die Weiterentwicklung des Fachverbands kümmerte. Angesichts humanitärer und umweltbezogener Katastrophen wie den Tsunami in Südasien Ende 2004 mit über 230.000 Opfern sowie zahlreicher weiterer Erdbeben und Hungersnöte stellten Hilfsmaßnahmen weiterhin den sichtbarsten Bereich der Aktivitäten von *AWO International* dar. Unverändert vermied die Arbeiterwohlfahrt zunächst die Anstellung von eigenem Personal im Ausland, sondern setzte auf die Begleitung von Strukturmaßnahmen im Verbund mit Partnern vor Ort sowie auf die Unterstützung von Projekten im Sinne der Verknüpfung von

Seit den 1960er Jahren engagierte sich die AWO mit Projekten für Kinder in Indien.

humanitärer Hilfe und nachhaltiger Entwicklung.[43] Zu diesen Projekten zählten im Jahr 2006 unter anderem die Vorbereitung einer sozialen Krankenversicherung auf den Philippinen und der Aufbau von Anlagen zur Wasserversorgung sowie die Errichtung einer integrativen Schule in Indien, das weiterhin das Schwerpunktland von *AWO International* bildete.[44] Als Strukturmaßnahmen wurde im Jahr 2006 sowohl das Fundraising verstärkt als auch ein Nothilfefonds unter Beteiligung aller Landes- und Bezirksverbände eingerichtet. Im Jahr 2008 erhielt *AWO International* mit Ingrid Lebherz, als Nachfolgerin von Hans-Wilhelm Pollmann, dann erstmals eine hauptamtliche Geschäftsführerin, die den Ausbau der Organisation weiter forcierte.

Im Jahresbericht 2012 erklärte *AWO International*, dass »aus einer Arbeitsstelle, in der ehrenamtlich humanitäre Hilfe geleistet wurde«, mittlerweile »ein Fachverband mit acht Mitarbeitenden in Berlin geworden« sei.[45] Mit dem Ausbau ging auch ein grundsätzlicher Strategiewandel einher. Nunmehr wurde betont, dass »Präsenz vor Ort und regionale Nähe zu den Projekten« dazu beitragen, »den Dialog auf Augenhöhe zwischen unseren Partnerorganisationen und uns als Fachverband für Entwicklungszusammenarbeit« zu ermöglichen.[46] Angesichts dieser Haltung richtete man Regionalbüros mit hauptamtlichen Mitarbeitern ein, die mit Blick

Die Zeitschrift *Weitblick* berichtet über die Hintergründe der internationalen Aktivitäten.

auf die neuen Schwerpunktregionen Zentralamerika/Mexiko, Südasien und Südostasien in Nepal (seit 2009) sowie in Indonesien (seit 2011, seit 2016 verlegt auf die Philippinen) und Guatemala unterhalten wurden. Ab 2013 gingen 2,3 Prozent des AWO-Mitgliedsbeitrags an *AWO International*. Damit konnte sich *AWO International* erstmals verstärkt auf Eigenmittel stützen, während man zuvor fast ausschließlich Projektmittel genutzt hatte. Wie umfassend *AWO International* seine Aktivitäten ausbaute, zeigt auch die seit 2009 zweimal jährlich unter dem Titel *Weitblick* erscheinende Mitgliederzeitschrift.

Zu einer Hauptaufgabe von *AWO International* entwickelten sich in den 2010er Jahren die Problemfelder Flucht, Vertreibung und Migration. Sowohl in Berlin als auch in den Regionalbüros entwickelte *AWO International* eine umfassende Aufklärungs- und Beratungstätigkeit; im nepalesischen Kathmandu wurde beispielsweise über Risiken der Arbeitsmigration nach Indien und in die Golfstaaten informiert. Ab 2015 engagierte sich die Organisation verstärkt in der Flüchtlingskrise, so etwa durch den Aufbau einer zivilen europäischen Seenotrettung im Rahmen der Organisation *SOS Méditerranée*,[47] aber auch durch Hilfsangebote in den Zeltsiedlungen syrischer Flüchtlinge im Libanon. Hier leistete man mittels Trinkwasseraufbereitung und der Bereitstellung von sanitären Anlagen unmittelbare Hilfe vor Ort. Zuletzt kam

AWO International wirbt um Spenden für die entwicklungspolitische Tätigkeit in Afrika.

auch ein verstärktes Engagement in Uganda hinzu, wohin zahlreiche Menschen aus dem Kongo und dem Südsudan geflüchtet waren. Konzeptionell spielen in jüngster Zeit auch sportbezogene Projekte bei AWO International eine Rolle, da mit niedrigschwelligen Angeboten der Zugang erleichtert wird. Trotz der zur Verfügung stehenden Eigenmittel und eines wachsenden Anteils an Freiwilligen kommt das Gros der Ressourcen von *AWO International* bis heute vom Bundesministerium für wirtschaftliche Zusammenarbeit und Entwicklung. Verstärkt bemüht man sich aber auch um finanzielle Mittel aus EU-Töpfen.

Als wichtigsten Schlüssel für erfolgreiche Aktivitäten – nicht nur in der Flüchtlingspolitik und der Entwicklungszusammenarbeit – betrachtete die Arbeiterwohlfahrt unvermindert das Engagement von freiwilligen Helferinnen und Helfern. Die Stärkung des ehrenamtlichen Engagements hatte bereits im Zuge der Verbandsreform eine zentrale Zielsetzung dargestellt; das Jahr 2008 war von der Arbeiterwohlfahrt sogar zum »Jahr der praktischen Verbandsentwicklung« erklärt worden, in dem die bisherigen Planungen realisiert werden sollten. Auch die seit 2008 in Berlin angesiedelte und im Zuge neuer Kooperationsformen umbenannte *AWO Bundesakademie* hatte ihre Angebote auf das »Management des bürgerschaftlichen Engagements« ausgeweitet. Die Praxis zeigte aber, dass angesichts sich verändernder gesellschaftlicher Rahmenbedingungen die Mobilisierung von Ehrenamtlichen eine immer größere Herausforderung darstellte. Infolge veränderter Arbeits- und Freizeitgewohnheiten engagierten sich zahlreiche Menschen nicht mehr – wie im traditionellen Ehrenamt – dauerhaft und milieugebunden in einer einzelnen Organisation mit stark intrinsischer Motivation und ohne Erwartung an eine Entlohnung. Stattdessen erfolgte das Engagement – im sogenannten neuen Ehrenamt – bei zahlreichen Menschen nunmehr in zunehmendem Maße zeitlich befristet, situativ an die jeweilige Lebenssituation angepasst und motiviert durch gewisse Erwartungen an Sinnstiftung, Bildung oder auch Entlohnung.[48]

Die Arbeiterwohlfahrt suchte in den 2010er Jahren ihren höchst eigenen Weg, um diesen Veränderungsprozessen Rechnung zu tragen und verabschiedete sich angesichts divergierender Zielsetzungen unter anderem aus dem 2002 unter Mitwirkung der AWO gegründeten *Bundesnetzwerk Bürgerschaftliches Engagement* (BBE). Grundsätzlich betrachtete die Arbeiterwohlfahrt bürgerschaftliches Engagement als »zentrale[n] Wert« und als »Wesensmerkmal der AWO«. Wenn auf dieses Element aber verzichtet wird, »handelt es sich letztlich nur um die Erledigung von Dienstleistungen.«[49] Sie wendete sich im selben Atemzug auch gegen die Auffassung, dass ehrenamtliches Engagement als »eine allgemeine Legitimationswirkung für die Existenz von Wohlfahrtsverbänden« verstanden wurde, sondern wertete ehrenamtliches Engagement »als Identitätsmerkmal und wesentliches Glaubwürdigkeitskriterium« bei der Umsetzung der eigenen »sozialpolitischen Verbandszwecke«.

Die von der Bundesregierung von der Bundesregierung verabschiedete »Nationale Engagementstrategie« bot mit ihrem funktionalen Verständnis von Engagement aus Sicht der Arbeiterwohlfahrt »keine Anknüpfungspunkte für Wohlfahrtsverbände«.[50] Um diese Fragen gliederungsübergreifend zu diskutieren und gemeinsame Positionierungen zu erarbeiten, hob der AWO Bundesverband gemeinsam mit Landes- und Bezirksverbänden sowie dem Bundesjugendwerk im Frühjahr 2010 den »Arbeitskreis Mitglieder und Engagementförderung« aus der Taufe.[51] Hier und vor allem im Grundsatzpapier von 2012 zum bürgerschaftlichen Engagement

betonte man, dass sich die ehrenamtliche Mitwirkung »aus der Übereinstimmung mit der ideellen
Zwecksetzung des Verbandes, insbesondere mit
den von ihm vertretenen sozialpolitischen Überzeugungen«, speise.[52] Hingegen sperrte man sich
dagegen, Ehrenamtliche als »Lückenbüßer« einzusetzen und erklärte: »Bürgerschaftliches Engagement bedeutet nicht die Gewährleistung öffentlicher Infrastruktur.« Vielmehr wurde gefordert,
dass bürgerschaftliches Engagement »gute Rahmenbedingungen« erhielt und dass Engagement
nicht zu Nachteilen für die Engagierten oder sogar
zur »Verstärkung sozialer Ungleichheit« führte.
Auch wenn vorwiegend auf »nicht-monetäre Formen der Wertschätzung und Anerkennung als

Dank und zur Förderung für Engagement« gesetzt wurde, war »eine
moderne praktizierte Anerkennungs- und Wertschätzungskultur
des Bürgerschaftlichen Engagements« für die AWO unverzichtbar.[53]
In dieser Haltung spiegelte sich einmal mehr der Gedanke des gesellschaftlichen Zusammenhalts wider. Statt mit neuen Formen der
Mildtätigkeit – bisweilen als zivilgesellschaftliches Engagement
ummantelt – einen Rückzug des Sozial- und Wohlfahrtsstaates zu
kaschieren, trat die Arbeiterwohlfahrt weiterhin für das grundlegende Prinzip der gesellschaftlichen Solidarität ein.

Nach der Abschaf-
fung des Zivil-
diensts wurden
die Freiwilligen-
dienste verstärkt
beworben.

 Eine wichtige Rolle im Bereich der Engagementarbeit kommt bis
heute den regionalen und lokalen AWO-Gliederungen zu, die unter
verschiedenen Bezeichnungen ihrerseits Ehrenamtsagenturen wie
etwa in Frankfurt am Main oder Wolfenbüttel, Büros für Bürgerengagement wie beispielsweise in Köln, Freiwilligen-Hilfen wie in
Dortmund oder Freiwilligenakademien wie in Ostwestfalen-Lippe
und Sachsen-Anhalt etabliert haben. Diese Einrichtungen wurden
gegründet, um die Gewinnung, Vermittlung und Begleitung von
Freiwilligen in sozialen Einrichtungen und Projekten zu professio-
nalisieren, Fortbildungen anzubieten und die Anerkennungskultur
für freiwilliges Engagement weiterzuentwickeln.

 Zum Engagement zählten auch die Freiwilligendienste als eine
stärker geregelte Form bürgerschaftlichen Engagements. Noch vor

der Aussetzung der Wehrpflicht im Jahr 2011 hatte sich die Arbeiterwohlfahrt aus dem damit verbundenen Zivildienst verabschiedet.
Nach der Absichtserklärung der schwarz-gelben Bundesregierung
vom November 2009, den Zivildienst von neun auf sechs Monate zu
reduzieren, sah man – vor allem mit Blick auf Betreuungsverhältnisse – die kurze Dienstzeit nicht mehr als ausreichend, um einen
sinnhaften Zivildienst durchzuführen. Der seit 2011 kompensatorisch eingerichtete Bundesfreiwilligendienst (BFD) wurde von der
Arbeiterwohlfahrt hingegen begrüßt und mit einer eigenen Kampagne unter dem Schlagwort »freiwillich!« beworben. Bis zum Jahresende 2011 konnten bereits knapp 2.000 Plätze eingerichtet und
besetzt werden. Dass der BFD nicht zuletzt jungen Erwachsenen der
Orientierung diente, zeigte der Umstand, dass im Jahre 2012 rund
86 Prozent aller Bundesfreiwilligen unter 27 Jahre alt waren.[54] Die
Arbeiterwohlfahrt wirkte vor allem darauf hin, dass die Zeit als
sinnhaft betrachtet wurde – »zur Horizonterweiterung, zur gesellschaftlichen Einmischung, als Engagement für andere und um Freiräume zu gestalten«.[55] Um diesen Ansprüchen Rechnung zu tragen,
wurde der Schulung und Bildungsbegleitung besondere Beachtung
gewidmet und die vom Verband für das Freiwillige Soziale Jahr (FSJ)
erprobten Standards auch auf den Bundesfreiwilligendienst übertragen. Im Jahr 2019 unterhielt die Arbeiterwohlfahrt insgesamt
18 Koordinierungsstellen für die Freiwilligendienste der Landes- und Bezirksverbände.

Die Verankerung im Quartier wurde als sozialpolitisches Feld ausgeweitet.

Das 2016 verabschiedete Präventionsgesetz
führte dazu, dass auch der Gesundheitsförderung
in der Arbeiterwohlfahrt verstärkte Beachtung gewidmet wurde. Verknüpft wurde dies mit einem
Ausbau der wohnortnahen Ansätze und der Quartiersarbeit. Bereits auf der Bundeskonferenz 2012
war ein entsprechendes Vorhaben verabschiedet worden, das dann in den (Modell)-Projekten
»AWO aktiv vor Ort« und »AWO stark im Quartier«
an verschiedenen Standorten erprobt wurde. Mit
Hilfe von sogenannten Quartiersmanagern wurden neue Formen der Kooperationen und des freiwilligen Engagements entwickelt, die später dann

auch auf die Altenhilfe ausgeweitet wurden. Als Quartiersarbeit vor Ort kann auch das Konzept der »aufsuchenden Sozialarbeit« betrachtet werden,[56] das seit Mitte der 2010er Jahre eingehender verfolgt wird.

Als Pendant steht der Arbeit vor Ort eine verstärkte Online-Beratung gegenüber, etwa in Form einer telemedizinischen Betreuung.[57] Zur Präventionsarbeit zählt auch das Engagement der Arbeiterwohlfahrt als Trägerin von Fanprojekten im Fußball. Im Jahr 2016 wurden von 60 Projekten insgesamt 12 Standorte seitens der Arbeiterwohlfahrt zur Jugend- und Fanarbeit koordiniert, an denen sich dafür eingesetzt wurde, Gewalt zu verhindern und Reflexionsarbeit zu leisten.[58] Gerade die zuletzt angeführten Beispiele dokumentieren die anhaltende Ausdifferenzierung der Wohlfahrts-

Mit den Fanprojekten wurden weitere zivilgesellschaftliche Akteure angesprochen.

politik und die Öffnung der Wohlfahrtsverbände. An die Stelle eines »versäulten Wohlfahrtskorporatismus« ist die in den beiden letzten Kapiteln beschriebene Wettbewerbs- und Dienstleistungsorientierung der Wohlfahrtspolitik getreten. Zugleich zeigen die Beispiele aber auch, dass die Werteorientierung der Arbeiterwohlfahrt nicht verloren gegangen ist und hier – unter veränderten Vorzeichen – weiterhin eine starke bürgerschaftliche beziehungsweise zivilgesellschaftliche Komponente zum Tragen kommt.[59] Nicht nur die Wissenschaft diagnostiziert angesichts dieser jüngeren Entwicklungen eine »übersichtliche Gemengelage« hinsichtlich der Rolle der Wohlfahrtsorganisationen, sondern auch die Verbände selbst befinden sich auf Orientierungssuche.[60] Als eine Folge der gravierenden Veränderungen der letzten Dekaden sah sich die Arbeiterwohlfahrt veranlasst, ihr Grundsatzprogramm einer grundsätzlichen Revision zu unterziehen.

Werte und Selbstvergewisserung: Debatten über das neue Grundsatzprogramm

Einhergehend mit den gesellschaftlichen Veränderungen und neuen Tätigkeitsfeldern im 21. Jahrhundert setzte in der Arbeiterwohlfahrt ein Reflexionsprozess ein, in dessen Kontext zahlreiche Mitglieder und Verantwortliche die Frage nach den programmatischen Prioritäten und den Werten des Verbandes aufwarfen. Bereits auf der Bundeskonferenz 2012, als der Verband die Selbstverpflichtung für die Wertebindung ihrer Unternehmen beschloss, vereinbarte man, dass die Arbeiterwohlfahrt ihr Grundsatzprogramm überarbeiten werde. Zu diesem Zweck wurde 2014 unter der Leitung von Thomas Beyer, Vorsitzender des Landesverbands Bayern und stellvertretender Vorsitzender des Bundespräsidiums, eine Grundsatzkommission gebildet, die in der Folge die Grundstrukturen des

Auf den Regionalkonferenzen wurde das neue Grundsatzprogramm diskutiert.

neuen Programms erarbeitete. Die auf einer öffentlich zugänglichen Webseite eingestellten Dokumente konnten in den einzelnen Gliederungen erörtert werden, die ihrerseits auch Vorschläge und Änderungen einbrachten. Auf der 7. Sozialkonferenz in Koblenz im Februar 2016 und auf verschiedenen Regionalkonferenzen in den Jahren 2017 und 2018 wurden die Programmvorschläge dann themenbezogen im größeren Rahmen diskutiert.

In den Debatten wurde deutlich, dass die Grundwerte Freiheit, Gerechtigkeit, Gleichheit, Solidarität und Toleranz auch im 21. Jahrhundert das Fundament der Arbeiterwohlfahrt bilden. Unumstritten war auch, dass die Arbeiterwohlfahrt sich weiterhin als Anwältin sozial schwacher Menschen in schwierigen Lebenslagen versteht und sie vor diesem Hintergrund gegenüber Gesellschaft und Politik gleichermaßen für ein soziales Miteinander eintritt. Unterhalb dieses Grundwertekanons zeichneten sich aber durchaus Zielkonflikte ab, so etwa hinsichtlich der Frage, in welchem Verhältnis etwa das Engagement in der Armutspolitik zur Jugendpolitik steht, inwieweit Qualifizierung und Gleichbehandlung, etwa in der Geschlechterfrage, den gleichen Stellenwert haben oder wie die Bedürfnisse von jüngeren und älteren Menschen auszubalancieren sind. Die Schwierigkeiten, mit dem neuen Grundsatzprogramm Orientierung zu vermitteln, zeigten sich auch bei Themen wie dem bedingungslosen Grundeinkommen, das kritisch vom Bundesverband betrachtet, aber vom Jugendwerk im Rahmen des sozialpolitischen Konzeptes »Wohlstand, Baby! Vom guten und schönen Leben« befürwortet worden war.

Die zentrale Bedeutung von gesellschaftlicher und politischer Teilhabe sowie das Leitbild einer Gesellschaft in Vielfalt markieren einen weitgehenden Konsens im Verband; die innerverbandliche Weiterentwicklung wurde demgegenüber kontroverser erörtert. Angesichts eines anhaltenden Mitgliederschwunds, siechender Ortsvereine und unbesetzter Vorstandsämter wurden die unterschiedlichsten Varianten von Mitwirkung und neuen Formen des Engagements diskutiert: von der Öffnung des Verbandes bis zur Unterstützung ohne formale Mitgliedschaft. Die Debatten zur innerverbandlichen Mitbestimmung, zur Tarifbindung und zu Steuerungs- und Managementaspekten haben zudem gezeigt, dass in

Stellungnahmen von Mitarbeiterinnen und Mitarbeitern der AWO Roth-Schwabach zu den Motiven ihres Engagements.

manchen Bereichen mehr Fragen als Antworten im Raum stehen. Vergleichbares gilt für die Frage, für wie viel Daseinsfürsorge und Subsidiarität die Arbeiterwohlfahrt eintritt. Es bleibt abzuwarten, welche gemeinsame Wertebasis das Grundsatzprogramm etablieren wird und welche Visionen es für die Zukunft der Arbeiterwohlfahrt entwirft. Vorgesehen ist die Verabschiedung des neuen Grundsatzprogramms auf einer Sonderkonferenz der Arbeiterwohlfahrt im Dezember 2019 in Berlin, auf der auch der 100. Jahrestag des Gründungsaktes gewürdigt wird.

Wachsendes historisches Bewusstsein

Ob das neue Grundsatzprogramm einen Meilenstein der Arbeiterwohlfahrtsgeschichte markiert oder eher einen weiteren Baustein in einem beständig im Umbau begriffenen Verband, wird erst in der Zukunft zu beurteilen sein. Dass die Verbandsreform der 2000er Jahre, die von Wilhelm Schmidt in Magdeburg als »Historischer Schritt«[61] bezeichnet wurde, zumindest eine wichtige Etappe in der Geschichte der Arbeiterwohlfahrt markierte, dies kann auch schon zum Ende der 2010er Jahre geschlussfolgert werden. Ob die Arbeiterwohlfahrt damit aber wirklich fit für die Zukunft gemacht wurde, wie es in zahlreichen Stellungnahmen der beteiligten Akteure hieß, darüber bestehen in der wissenschaftlichen Analyse kontroverse Ansichten. Während die einen von der »verfehlte[n] Modernisierung der Freien Wohlfahrtspflege schreiben«,[62] heben andere den wichtigen Beitrag der Arbeiterwohlfahrt für den Zusammenhalt der Gesellschaft hervor und bewerten die Verständigung über gemeinsame Werte und ihre »lebensweltliche Tauglichkeit« als Erfolg.[63] Dabei wird aber auch nicht übersehen, dass sich die Wohlfahrtsverbände im zweiten Jahrzehnt des 21. Jahrhundert eher in der Defensive als in der Offensive befinden, aus dieser Rolle heraustreten und sich neu orientieren müssen.[64]

Ein Stück weit zur Orientierungssuche trägt sicherlich die Geschichte bei. Bereits der 90. Gründungstag der Arbeiterwohlfahrt im Jahr 2009, der mit einem Festakt im Reichstag und einem Familienfest in Dortmund begangen wurde, hatte gezeigt, dass der Verband sich in verstärktem Maße seiner Wurzeln besann. In der Folge setzte eine rege Erinnerungsarbeit ein. Nicht nur der Bundesverband berief eine Historische Kommission, sondern auch viele Landes- und Bezirksverbände, so etwa Niederrhein, Mittelrhein, Sachsen oder Württemberg. Damit erhielt die Erinnerungskultur der Arbeiterwohlfahrt eine stärkere regionale Perspektive. Im Verbandsmagazin *AWO Ansicht* fanden sich zudem vermehrt historische Beiträge über Persönlichkeiten aus der Geschichte der Arbeiterwohlfahrt, die in bestimmten Problemfeldern wirksam waren.

Zum 90-jährigen Jubiläum veranstaltete die AWO eine großes Familienfest in der Dortmunder Innenstadt.

Rege innerverbandliche Resonanz erzielte im Jahr 2006 eine Foto- und Dokumentenausstellung des Bundesverbandes über Marie Juchacz, die als Wanderausstellung bundesweit gezeigt wurde. Anlässlich des 90. Verbandsjubiläums wurde von der Historischen Kommission der Arbeiterwohlfahrt die Wanderausstellung »AWO – 90 Jahre« konzipiert. Im KZ Sachsenhausen weihte der SPD-Vorsitzende

2017 wurde in
Berlin-Kreuzberg
ein Denkmal für
Marie Juchacz
enthüllt.

Franz Müntefering im Juni 2009 eine von Mitarbeiterinnen und
Mitarbeitern der AWO-Werkstätte für Behinderte in Dortmund ent-
worfene Steele als Mahnmal für die während der nationalsozialistischen Diktatur verfolgten und ermordeten AWO-Mitglieder ein.
Auch das am 18. August 2017 enthüllte Marie Juchacz-Denkmal, das
vom niedersächsischen Künstler Gerd Winner entworfen wurde,
weckte größeres Interesse. Die dreieinhalb Meter hohe Stahlskulp-
tur mit dem Portrait von Juchacz und den Maximen der Arbeiterwohlfahrt wurde im Park am Mehringplatz aufgestellt, womit auch
an den nah gelegenen einstigen ersten Sitz der Geschäftsstelle der
Arbeiterwohlfahrt im Gebäude des SPD-Parteivorstandes erinnert
wurde. Dass an Marie Juchacz mittlerweile sogar jenseits der deutschen Grenzen erinnert wird, dokumentiert die Umbenennung
eines Altenwohnheims in Gorzow, ihrem Geburtsort, dem früheren
Landsberg an der Warthe, am 29. Januar 2007. Mit einem Berliner
Stadtplan zur Geschichte der Arbeiterwohlfahrt wurden weitere
Ort der Geschichte der Arbeiterwohlfahrt in Erinnerung gerufen.

Das Jahr 2019, das 100. Gründungsjahr der Arbeiterwohlfahrt,
brachte dann einen regelrechten Veranstaltungsmarathon zur Verbandsgeschichte. Nicht nur der Bundesverband produzierte eine
rund 20-minütige Dokumentation zur Geschichte der Arbeiter-

wohlfahrt, sondern zahlreiche Gliederungen entwickelten eigene Projekte und neue Imagefilme.
Es gab kaum eine Landes- beziehungsweise Bezirksorganisation und kaum eine Kreis- oder
Ortsorganisation, die nicht in einer Festveran-
staltung an die eigene Geschichte erinnerte und
angesichts der weiteren Zäsuren 1949 und 1989
ebenfalls ein rundes Jubiläum feierte. In zahlreichen Fällen wurden auch weitere Dokumentationen zur Regionalgeschichte publiziert.

Mit dem Motto des Jubiläumsjahres – »Echt
AWO. Seit 1919. Erfahrung für die Zukunft.« –
lenkte der AWO Bundesverband den Blick auf
den Zusammenhang von historischen Errungenschaften und die anstehenden Aufgaben
der nächsten Jahre. Ganz im Sinne der positiv

beantworteten Frage des berühmten britischen Historikers Eric
Hobsbawm »Wieviel Geschichte braucht die Zukunft« wird so deutlich, dass Geschichtsarbeit »der gegenwärtigen Gesellschaft einige
Dinge sagen [kann], aus denen sie ihren Nutzen ziehen kann, auch
wenn sie sich dagegen sperrt«.[65] Die Arbeiterwohlfahrt hat mit der
Programmdebatte gezeigt, dass sie sich ihrer Wurzeln ebenso wie
ihrer Veränderungen bewusst ist, dass sie aber zugleich im Begriff
ist, den anhaltenden Herausforderungen Rechnung zu tragen und
sich, basierend auf ihren traditionellen Fundamenten, neu zu orientieren. Die Zielsetzung, ihre drei zentralen Rollen – den auf Engagement basierenden Mitgliederverband, den sozialpolitischen Anwalt und den sozialwirtschaftlichen Dienstleister – miteinander in
Einklang zu bringen, markiert dabei die zentrale Herausforderung.

Die meisten regionalen Gliederungen organisierten zum 100. Geburtstag eigene Feierlichkeiten.

Die große Kampagne des AWO Bundesverbands zum Jubiläum wurde regional aufgegriffen.

Quellen und Literatur

1 »Interview mit einer Engagierten. ›Wir müssen diesen Menschen jetzt helfen, weil sie jetzt da sind‹, in: AWO in Bayern 70 (2015), H. 4, S. 4–6.

2 Vgl. Der Spiegel, 19. November 2005.

3 Vgl. Christoph Strünck/Rolf G. Heinze: Aktivierender Staat (III) – Politik zur Entfaltung des bürgerlichen Engagements, in: Theorie und Praxis der sozialen Arbeit 52 (2001), H. 5, S. 163–166 und Stephan Lessenich: »Aktivierender« Sozialstaat: eine politisch-soziologische Zwischenbilanz, in: Reinhard Bispinck et al. (Hrsg.): Sozialpolitik und Sozialstaat, Wiesbaden 2012, S. 41–53.

4 Vgl. Heinz-Jürgen Dahme/Hans-Uwe Otto/Achim Trube/Norbert Wohlfahrt (Hrsg.): Soziale Arbeit für den aktivierenden Staat, Opladen 2003 und Irene Dingeldey: Aktivierender Wohlfahrtsstaat und sozialpolitische Steuerung, in: Aus Politik und Zeitgeschichte 56 (2006), H. 8–9, S. 3–9.

5 Institut der deutschen Wirtschaft Köln: Wohlfahrtsverbände in Deutschland: Auf den Schultern der Schwachen, Köln 2004.

6 Vorwärts vom Mai 2008, S. 4 f. Vgl. zur kritischen Reaktion der Arbeiterwohlfahrt das Editorial von Wilhelm Schmidt im AWOmagazin 53 (2008), H. 4, S. 3.

7 Vgl. grundlegend Markus Lehner/Michael Manderscheid (Hrsg.): Anwaltschaft und Dienstleistung. Organisierte Caritas im Spannungsfeld, Freiburg 2001; Karl-Heinz Boeßenecker: Spitzenverbände der Freien Wohlfahrtspflege. Eine Einführung in Organisationsstrukturen und Handlungsfelder der deutschen Wohlfahrtsverbände, Weinheim/München 2005 und Sven Neumann: Non-Profit-Organisationen unter Druck. Eine Analyse des Anpassungsverhaltens von Organisationen des Gesundheitswesens und der Sozialen Dienste in der Freien Wohlfahrtspflege, München 2005.

8 Stefan Scheytt: Helfer in Not, in: brand eins 7 (2005), H. 10. Siehe auch Wolfgang Klug: Wohlfahrtsverbände zwischen Markt, Staat und Selbsthilfe, Freiburg 1997; Lutz Worch (Hrsg.): Auf dem Weg zu einer pluralistischen Gesellschaft. Aktuelle Tendenzen im Verhältnis zwischen Staat, Markt und Wohlfahrtsverbänden, Berlin 1999 sowie Thomas Olk: Die Freie Wohlfahrtspflege auf dem Prüfstand (V): Gegenwart gestalten, um Zukunft zu gewinnen! Verbandspolitische Strategien für die Freie Wohlfahrtspflege, in: Theorie und Praxis der sozialen Arbeit 50 (1999), H. 4, S. 123–130.

9 Ebd.

10 Zit. nach einer erweiterten Fassung der Rede: Wilhelm Schmidt: Zukunft gestalten – Strukturwandel in der Arbeiterwohlfahrt. Verbandsentwicklung und bürgerschaftliches Engagement, in: Friedrich-Ebert-Stiftung (Hrsg.): Bürgergesellschaft 23 (Arbeitskreis Bürgergesellschaft und Aktivierender Staat), S. 1, 2 und 7. Die gekürzte Fassung der Rede findet sich im AWOmagazin 51 (2006), H. 1, S. 8–10.

11 Ulrike Meyer-Timpe: Eine große deutsche Lüge, in: Die Zeit vom 23.11.2007.

12 Vgl. Deutscher Caritasverband (Hrsg.): Leitlinien für das unternehmerische Handeln der Caritas (Beschluss der 6. Delegiertenversammlung), in: neue caritas 20 (2008), H. 13, S. 31–39.

13 AWO Bundesverband e.V.: Verbandsstatut der Arbeiterwohlfahrt. Beschlossen durch die Bundeskonferenz 2000 in Würzburg, geändert durch die Sonderkonferenz 2002 in Aachen, geändert durch die Bundeskonferenz 2005 in Hannover, geändert durch die Bundeskonferenz 2007 in Magdeburg, Bonn 2007, S. 3 f.

14 Vgl. AWO Bezirksverband Mittelrhein e.V. (Hrsg.): Der AWO Bezirksverband Mittelrhein e.V. 1989 bis 2019. Der Weg ins 21. Jahrhundert, Köln 2019, S. 90 ff.

15 Vgl. Wolfgang Stadler/Dagmar Howe: Bedarfe bundesweit decken trotz föderaler Struktur. Die ElternService AWO GmbH, in: Tobias Nowoczyn (Hrsg.): Die Wohlfahrtsverbände als föderale Organisationen. Das Leistungspotential durch Innovationen sichern, Wiesbaden 2017, S. 159–168.

16 Vgl. Westdeutsche Allgemeine Zeitung vom 8.8.2008.

17 Zit. nach: AWO Bundesverband e.V.: 90 Jahre Arbeiterwohlfahrt. 1919–2019. Chronik, Berlin 2009, S. 94.

18 Zit. nach: Westdeutsche Allgemeine Zeitung vom 4.11.2010.

19 Vgl. AWOmagazin 52 (2007), H. 1, S. 24 f.

20 Vgl. AWO Bundesverband e.V.: Grundsätze der Arbeiterwohlfahrt in Deutschland für eine verantwortungsvolle Unternehmensführung und -kontrolle, Berlin 2008.

21 Vgl. AWO Bundesverband e.V.: Verbindliche Richtlinien der AWO in Deutschland für eine verantwortungsvolle Verbands- und Unternehmensführung und -kontrolle, Berlin 2017.

22 »Der Verband hat sich die Unternehmen zurückgeholt«. Interview mit dem AWO-Bundesvorsitzenden Wolfgang Stadler, in: Theorie und Praxis der sozialen Arbeit 69 (2018), H. 1, S. 51–53.

23 Vgl. Kurt Beck/Franz Müntefering/Peter Struck: Der vorsorgende Sozialstaat, in: Frankfurter Allgemeine Zeitung vom 23.11.2006.

24 Hamburger Programm. Grundsatzprogramm der Sozialdemokratischen Partei Deutschlands, Berlin 2007, S. 58.

25 Zit. nach: AWOmagazin 51 (2006), H. 3, S. 10.

26 AWO Bundesverband e.V. (Hrsg.): Solidarität für alle. Bundeskonferenz 2016. Dokumentation, Berlin 2017, S. 50.

27 Vgl. zum Kontext Sebastian Nawrat: Agenda 2010 – ein Überraschungscoup? Kontinuität und Wandel in den wirtschafts- und sozialpolitischen Programmdebatten der SPD seit 1982, Bonn 2012 und Edgar Wolfrum: Rot-Grün an der Macht. Deutschland 1998–2005, München 2013.

28 Vgl. hierzu: das »Eckpunktepapier der Arbeiterwohlfahrt zur Zusammenlegung von Arbeitslosen- und Sozialhilfe«, Bonn 2003.

29 So Rainer Brückers in AWOmagazin 51 (2006), H. 1, S. 3.

30 Vgl. Der Spiegel vom 18.5.2006.

31 Zit. nach: Chronik 90 Jahre Arbeiterwohlfahrt, S. 90.

32 Pressemitteilung des AWO Bundesverbandes vom 18.5.2018. Vgl. auch AWO Bundesverband e.V.: 20 Forderungen für eine betroffenenzentrierte Reform des SGB II, Berlin 2018.

33 Presserklärung des AWO Bundesverbandes vom 20.11.2006.

34 Vgl. Bündnis Kindergrundsicherung: Kinder brauchen mehr! Unser Vorschlag für eine Kindergrundsicherung, Berlin 2010. Das Konzeptpapier wurde 2017 aktualisiert erneut vorgelegt.

35 Vgl. AWO Bundesverband e.V.: Grundpositionen für eine Sterbe- und Abschiedskultur in der Altenpflege der AWO, Berlin 2010.

36 Vgl. Arbeiterwohlfahrt Bundesverband e.V.: Was hält die Gesellschaft zusammen? Zur Zukunft der sozialen Arbeit in Deutschland. Standpunkte 2009, Berlin 2009.

37 Zit. nach der AWO-Online-Pressemitteilung »Ankommen in Deutschland – Solidarität ist unsere Stärke!«, 3. September 2015.

38 »Integration vorbereiten und sichern«. Interview mit Wolfgang Stadler, in: Ansicht 6 (2016), H. 1, S. 21.

39 Beispiele aus AWO Bundesverband e.V.: Verbandsbericht 2015, Berlin 2015 und Arbeiterwohlfahrt Landesverband Bayern: AWO in Bayern 71 (2016), H. 1, S. 4 ff.

40 AWO Bundesverband e.V.: Verbandsbericht 2015, Berlin 2015, S. 20.

41 Interview mit Brigitte Döcker, ebd. S. 19.

42 Vgl. AWO Bundesverband e.V.: Verbandsbericht 2018, Berlin 2018, S. 48.

43 Vgl. das Interview mit Rudi Frick in AWOmagazin 51 (2006), H. 1, S. 18.

44 Vgl. AWOmagazin 51 (2006), H. 6, S. 12 f.

45 So der Jahresbericht 2012 von AWO International, Berlin 2012, S. 1.

46 Ebd.

47 Vgl. Ansicht 6 (2016), H. 1, S. 12 f.

48 Vgl. Karin Beher/Reinhard Liebig/Thomas Rauschenbach: Strukturwandel des Ehrenamtes. Gemeinwohlorientierung im Modernisierungsprozess, Weinheim/München 2000; Sebastian Braun: Begriffsbestimmung, Dimensionen und Differenzierungskriterien von bürgerschaftlichem Engagement, in: Enquete-Kommission »Zukunft des Bürgerschaftlichen Engagements« Deutscher Bundestag (Hrsg.): Bürgerschaftliches Engagement und Zivilgesellschaft, Opladen 2002, S. 55–71 und ders.: Bürgerschaftliches Engagement – individuelle und gesellschaftliche Funktionen, in: Brigitte Dorst/ Christiane Neuen/Wolfgang Teichert (Hrsg.): Der verletzliche Mensch zwischen Freiheit, Mitgefühl und Verantwortung, Ostfildern 2015, S. 152–170 sowie Christoph Strünck: Freiwilliges soziales Engagement – Potentiale und Fördermöglichkeiten, in: Rolf G. Heinze/Thomas Olk (Hrsg.): Bürgerengagement in Deutschland. Bestandsaufnahme und Perspektiven, Opladen (2001), S. 233–253.

49 AWO Bundesverband e.V.: Bürgerschaftliches Engagement in der AWO. Eine Positionsbestimmung. Beschlossen auf dem AWO-Bundesausschuss Berlin, 25.8.2012, Berlin 2012, S. 8.

50 AWO Bundesverband e.V.: Verbandsbericht 2010, Berlin 2010, S. 44.

51 Ebd.

52 AWO Bundesverband e.V.: Bürgerschaftliches Engagement in der AWO. Eine Positionsbestimmung. Beschlossen auf dem AWO-Bundesausschuss Berlin, 25.08.2012, Berlin 2012, S. 6.

53 Ebd., S. 7.

54 Vgl. AWO Bundesverband e.V.: Verbandsbericht 2012, Berlin 2012, S. 52.

55 AWO Bundesverband e.V.: Verbandsbericht 2012, Berlin 2012, S. 53.

56 Vgl. Ansicht 5 (2015), H. 1, S. 20 f.

57 Vgl. ebd., S. 12.

58 Vgl. das Themenheft von Ansicht 6 (2016), H. 2.

59 Vgl. Christoph Strünck: Wohlfahrtsverbände als zivilgesellschaftliche Akteure, in: Rolf G. Heinze/Joachim Lange/Werner Sesselmeier (Hrsg.): Neue Governancestrukturen in der Wohlfahrtspflege. Wohlfahrtsverbände zwischen normativen Ansprüchen und sozialwirtschaftlicher Realität, Baden-Baden 2018, S. 129–151.

60 So Josef Schmid: Schwankende Riesen? Riesige Schwankungen. Die unklare Stellung der Wohlfahrtsverbände im deutschen Model, in: ebd., S. 39–54, hier S. 39.

61 Zit. nach: AWOmagazin 52 (2007), H. 4., S. 4 f.

62 Markus Jüsters: Die verfehlte Modernisierung der Freien Wohlfahrtspflege. Eine institutionalistische Analyse der Sozialwirtschaft, Baden-Baden 2015.

63 Vgl. Wolfgang Schroeder: Zukunft der AWO: in Ansicht 6 (2016), H. 4, S. 14 f

64 Vgl. Interview mit Claus Leggewie, in: Ansicht 5 (2015), H. 2, S. 18.

65 Eric Hobsbawm: Wieviel Geschichte braucht die Zukunft, München/Wien 1998, S. 56.

FAZIT UND AUSBLICK

Die Entwicklung der Moderne stellt einen vielschichtigen Prozess dar, dessen Konturen seit der Aufklärung immer deutlicher hervortraten. Die Französische Revolution – und ihre Losung Freiheit, Gleichheit und Brüderlichkeit – führte im 18. Jahrhundert nicht nur zur zunehmenden Freisetzung von Individuen aus ständischen Strukturen und religiös geprägten mentalen Bindungen, sondern bahnte auch dem Konzept universeller Werte den Weg. Die Gründung von Arbeiterbewegungen im 19. Jahrhundert hat grundlegend zur Durchsetzung dieser allgemein gültigen Werte, aber auch zur Emanzipation von immer größeren Teilen der Gesellschaft beigetragen. Die Sozialdemokratie setzte mit ihrer Grundwertetrias Freiheit, Gerechtigkeit und Solidarität dabei eigene Akzente zur politischen Ausgestaltung der humanitären Ideale der Französischen Revolution.

Die im 20. Jahrhundert immer bedeutsamer werdenden Wohlfahrtsorganisationen haben entscheidend dazu beigetragen, dass das Konzept der Menschenwürde nicht nur hehres Ziel und deklamatorisches Bekenntnis blieb, sondern im Lebensalltag von immer mehr Menschen verwirklicht wurde. Mit ihrem anhaltenden Engagement für Freiheit, Gerechtigkeit, Gleichheit, Solidarität und Toleranz verknüpfte die Arbeiterwohlfahrt die universellen Ideale der Französischen Revolution mit den Grundwerten der Arbeiterbewegung. Ihr Selbstverständnis zielte dabei von Anfang an darauf, dass Schwache, Kranke, Notleidende, Bedürftige oder Versehrte in die Lage versetzt werden, Not und Elend selbstständig, in Würde und als Teil der Gesellschaft zu überwinden, anstatt Armenfürsorge als gewährte Gnade und Almosen zu beziehen – oder gar stigmatisiert und ausgegrenzt zu werden. Damit setzte die Arbeiterwohlfahrt auf ein grundsätzlich anderes, neues Konzept im Umgang mit Hilfs- und Schutzbedürftigen. Ihren Gründerinnen und Gründern war von Anfang an bewusst: Soziale Gerechtigkeit speiste sich nicht nur aus Almosen und Wohltätigkeit, sondern auch und vor allem aus

Der Verband hat wichtige Richtungsentscheidungen getroffen, muss jedoch auch zukünftig auf Wandel vorbereitet sein.

der Verankerung sozialer Grundrechte. Nicht das Konzept Gnade vor Recht, sondern der Kampf für Chancengerechtigkeit und für ein Gesellschaftsmodell, in dem alle teilhaben können, bildete die Richtschnur des Handelns.

Um angesichts der Vielschichtigkeit der Geschichte der Arbeiterwohlfahrt zentrale Befunde festzuhalten, soll abschließend an die wichtigsten Etappen erinnert und auf die zu Beginn dieses Bandes vorgestellten Problemkomplexe nochmals rekurriert werden. Als ein Kind der Arbeiterbewegung und des sozialdemokratischen Milieus hat sich die Arbeiterwohlfahrt stets als ein besonderer Wohlfahrtsverband, als eine Organisation mit politischer Zielsetzung verstanden. Dieser Umstand hat dazu geführt, dass die Arbeiterwohlfahrt, in der Regel stärker als andere Wohlfahrtsverbände, von den großen politischen Umbrüchen des 20. Jahrhunderts beeinflusst wurde. Die Jahreszahlen 1919, 1933, 1945 oder 1989 stehen für gravierende Umbrüche und die Herausforderung der Arbeiterwohlfahrt, sich unter Druck neu zu orientieren und neue Strukturen aufzubauen.

Als sozialdemokratischer Spitzenverband der freien Wohlfahrtspflege nahm die Arbeiterwohlfahrt bereits in der Weimarer Republik Einfluss auf staatliche Akteure und trug zur Ausgestaltung der Wohlfahrtspolitik bei. Ihr Ansinnen war es, einen Rechtsanspruch auf umfassende soziale Absicherung durchzusetzen und primär die staatlichen Angebote auszubauen. Zugleich organisierte die Arbeiterwohlfahrt aber auch schon in den 1920er Jahren Kinderbetreuungs-, Nähstuben- und Beratungsangebote sowie die Aus- und Weiterbildung ihrer Mitglieder und Angestellten. Diesen Aktivitäten wurde ein Ende gesetzt, als die Nationalsozialisten 1933 die Arbeiterwohlfahrt verboten, ihr Eigentum beschlagnahmten und ihre Mitglieder verfolgten. Nach 1945 musste die Arbeiterwohlfahrt infolgedessen wieder von vorn beginnen. Sie konnte sich dabei auf zahlreiche frühere Mitstreiter aus dem sozialdemokratischen Milieu stützen, die in der inneren Emigration, im Widerstand oder im Exil die NS-Zeit überlebt hatten. Maßgeblich geprägt durch die Rahmenbedingungen der Besatzungszeit erfolgte der Wiederaufbau der Arbeiterwohlfahrt von unten. Es entstanden neue, dezentralere Strukturen und es wurden, zumindest formal, eigenständige, von der SPD losgelöste Statuten verankert. Trotz vielfältiger Anknüpfungspunkte an die Weimarer Republik erhielt die Organisation in diesen Jahren ein grundlegend anderes Erscheinungsbild. Wenn die Arbeiterwohlfahrt heute in einer in diesem Band nur in Ansätzen abzubildenden Breite in den einzelnen regionalen Gliederungen vertreten ist, lässt sich dies vor allem auf die Entwicklung der unmittelbaren Nachkriegszeit zurückzuführen.

Ihre Tätigkeitsfelder wurden mit Bereichen wie Altenhilfe, Erholungsfürsorge, Kindertagesstätten, Jugendwohnheime, Jugendzentren, Müttergenesung, familienpädagogische Arbeit, Behindertenhilfe, Suchtkrankenhilfe, ausländische Arbeitnehmer, Schulsozialarbeit, Horte und Hauspflegedienste auf immer mehr Arbeitsfelder ausgeweitet und bezogen eine immer größere Klientel ein. In der Folge entstand ein komplexes, dezentrales und zunehmend stärker ausdifferenziertes Organisationsgeflecht aus Vereinen, Gremien, Unternehmen und Einrichtungen. Mit der in diesem Rahmen gelebten Partikularität war die Arbeiterwohlfahrt eher ein lockeres Netzwerk als ein hierarchisch und straff organisierter Verband. Zeitweilig zählte die Arbeiterwohlfahrt über 600.000 Mitglieder, darunter zahlreiche Engagierte, auf deren ehrenamtlichem Einsatz die Bewältigung der Aufgaben beruhte. Immer stärker sah sich der Verband aber veranlasst, den gewachsenen Anforderungen fachlicher Professionalisierung, marktwirtschaftlicher Effizienzorientierung und organisatorischer Differenzierung Rechnung zu tragen. Zugleich wurde situative Nothilfe um systematische Sozialarbeit ergänzt, Krisenbewältigung um präventive Vorsorge und rechtliche Absicherung. Diese Ausweitung konnte auf Dauer nur durch festangestellte Mitarbeiterinnen und Mitarbeiter gewährleistet werden. Die Anzahl der Beschäftigten stieg vor allem seit den 1970er Jahren rasant an, während sich die Mitgliederzahl kontinuierlich verringerte. Angesichts des Spannungsverhältnisses von hauptberuflichen und ehrenamtlichen Strukturen, von divergierenden Zielsetzungen der Unternehmens- und Verbandslogik, aber auch von unterschiedlichen Anforderungen der einzelnen Gliederungen, war die Arbeiterwohlfahrt verstärkt mit der Vermittlung zwischen unterschiedlichen Interessen und Bedürfnissen befasst. Zudem galt es Probleme wie wirtschaftliche Schwierigkeiten einzelner Einrichtungen, individuelle und strukturelle Fehlentwicklungen wie Ausgliederungsprozesse mit Tarifflucht oder Leiharbeitsskandale, aber auch strukturelle Herausforderungen wie die neokorporatistische Verflechtung von staatlichen Akteuren und Wohlfahrtsverbänden zu überwinden.

Vor dem Hintergrund der zahlreichen und vielfältigen Einflüsse sah sich die Arbeiterwohlfahrt in ihrer Geschichte nahezu beständig mit der Notwendigkeit zu Reformen, Anpassungen und Veränderungen konfrontiert. Vor allem als Organisation unterlag sie einem anhaltenden Wandel, der als ein zentrales Leitmotiv ihrer mehr als 100-jährigen Geschichte auszumachen ist. Die AWO agierte dabei nicht nur reaktiv, war nicht nur Getriebene, sondern bisweilen auch Pionier und Motor sozialpolitischer Veränderungsprozesse. Mittlerweile allgemein akzeptierte Bereiche wie die Schwangerschaftskonfliktberatung und die Suchtberatung oder Konzepte wie die Pflegeversicherung oder die Entwicklungszusammenarbeit sind grundlegend auf Initiativen der Arbeiterwohlfahrt zurückzuführen.

Während die konkrete Organisations- und Verbandsentwicklung ebenso wie die Ausweitung der Tätigkeitsfelder der sozialen Arbeit Wandel und Veränderung dokumentieren, steht die Ideenwelt der sozialen Leitbilder für ein hohes Maß an Kontinuität. Die Werte der Arbeiterwohlfahrt haben auch nach über 100 Jahren nichts von ihrer Aktualität verloren. Der beharrliche Einsatz für ein besseres Leben, für Hilfe zur Selbsthilfe, für sozialen Fortschritt und für eine jedem einzelnen Menschen gerecht werdende Würde markieren ein Fundament, auf dem das verschachtelte Haus der Arbeiterwohlfahrt immer noch fest steht. Auch wenn im Einzelfall Positionen angepasst wurden oder Wertorientierungen zeitweilig in den Hintergrund traten – am deutlichsten wohl in der marktliberalen Phase um die Jahrtausendwende – sah sich die AWO nie gezwungen, ihre Leitbilder grundsätzlich zu revidieren. Vielmehr sind die Vorstellungen und Ideen der Arbeiterwohlfahrt zum allgemein akzeptierten Bestandteil gesellschaftlichen Miteinanders geworden. Ebenso wie die SPD, die bis 1933 als politischer Akteur eher als Gegenwelt verstanden – und deswegen auch ausgegrenzt – wurde, nahm auch die Arbeiterwohlfahrt sozial- und wohlfahrtspolitisch in ihren ersten Jahren eine Sonder- beziehungsweise Randstellung ein. Nach dem Zweiten Weltkrieg wurde die SPD zur Volkspartei und sozialdemokratisches Denken zum Kernbestand von Politik, sodass die Nachkriegsjahrzehnte sogar als sozialdemokratisches Zeitalter etikettiert wurden. Für die Arbeiterwohlfahrt gilt vergleichbares. Viele ihrer Vorstellungen und Gesellschaftskonzepte zählen heute zum Kernbestand des deutschen Sozialsystems.

Mit Blick auf die Menschen in der Arbeiterwohlfahrt dokumentiert dieser Band, dass sich einzelne Persönlichkeiten, zum Teil in Verbindung mit ihren Funktionen in der SPD, in Parlamenten oder in der Exekutive, vor allem aus Überzeugung für die Arbeiterwohlfahrt eingesetzt haben. Marie Juchacz und Lotte Lemke stehen dabei stellvertretend für diejenigen Frauen, die als erste Generationen von Führungspersönlichkeiten der Arbeiterwohlfahrt ihre ganz spezifische Prägung gegeben haben. Im Zuge der Verberuflichungsprozesse der Bundesrepublik wurden aus den späteren Generationen dann verstärkt Männer für Führungsfunktionen rekrutiert. Unabhängig vom Geschlecht zeigt die Geschichte der AWO aber, dass nicht zuletzt auf regionaler und kommunaler Ebene das Wirken der Organisation primär auf engagierten Menschen sowie solchen Mitarbeiterinnen und Mitarbeiter basiert, für die ihre Arbeit nicht nur Profession, sondern auch Lebenshaltung ist. Diejenigen, um die sich die Arbeiterwohlfahrt als Patienten, Betreute und Kunden gekümmert hat, sind im vorliegenden Band kaum zu Worte gekommen, ihre Geschichte muss noch geschrieben werden. Festzuhalten ist aber, dass sich die Arbeiterwohlfahrt als Anbieter von sozialen Dienstleistungen heute im Verbund mit den anderen Wohlfahrtsverbänden um das Wohl von Millionen von Menschen kümmert, deren Leben ohne diese Angebote schlechter und unwürdiger verlaufen würde. Die Verankerung vor Ort, bei den Menschen, macht dabei die Stärke der Arbeiterwohlfahrt aus.

Dieser Umstand findet auch in einer gewachsenen Erinnerungskultur seinen Ausdruck. Aufgrund der wechselhaften und veränderungsreichen Geschichte des Verbands gibt es indes nicht den einen Erinnerungsort der Arbeiterwohlfahrt, sondern vielmehr eine zunehmende Zahl an dezentralen Erinnerungsorten. Gerade die letzten Dekaden haben zu einer Institutionalisierung der regionalen Erinnerung an die Arbeiterwohlfahrt beigetragen. Diese Institutionalisierung erfolgt sowohl durch die zahlreichen Einrichtungen, die mit ihrem Namen an regionale Persönlichkeiten aus der AWO-Geschichte erinnern, als auch durch die historische Spurensuche, zu der nicht zuletzt Jubiläen den Anlass geben.

Welche Perspektiven sind für die Zukunft zu erwarten? Mit grundlegenden Organisationsreformen und einer programmatischen Erneuerung hat sich die Arbeiterwohlfahrt seit der Jahrtausendwende für die Zukunft gerüstet. Der AWO Bundesverband steht wirtschaftlich konsolidiert dar und richtet den Blick auf inhaltliche Kernaufgaben. Die regionalen Gliederungen haben jeweils spezifische Lösungen für das Spannungsverhältnis von eigenen Zielen und wirtschaftlichen Erfordernissen entwickelt. Dieser Prozess konnte nur mit regen Debatten, Reibungen und Konflikten bewältigt werden – und er ist auch noch nicht abgeschlossen. Um zukünftig bestehen zu können, wird sich die AWO weiterhin offen für Veränderungen zeigen müssen. Die sinkenden Mitgliederzahlen geben seit den 1990er Jahren Anlass zur Sorge. Ähnlich wie andere Großorganisationen ist auch die Arbeiterwohlfahrt damit konfrontiert, dass sich das gesellschaftspolitische Engagement in der Breite ausdifferenziert hat und zugleich unverbindlicher geworden ist, sodass langfristige Bindungen an eine bestimmte Organisation seltener werden. Es stellt sich angesichts dieser Entwicklung die Frage, ob der andauernde Ausbau der sozialen Dienstleistungen irgendwann einen Punkt erreicht, an dem die Zahl der hauptamtlichen Beschäftigten die Zahl der Mitglieder übersteigt. Damit verbunden ist die Überlegung, wie sich die Bindung an Grundwerte entwickeln wird, wenn es immer weniger Akteure gibt, die diese in strittigen Situationen einfordern und durchsetzen können.

Der generationelle Umbruch an der Verbandsspitze stellt eine weitere zukünftige Herausforderung dar. Die langjährige Führungsspitze um Wilhelm Schmidt und Wolfgang Stadler gilt als durchsetzungsstarkes Gespann. Die Diskussionen um Nachfolger und Nachfolgerinnen werden die nächsten Jahre begleiten. Auf fast allen Ebenen des Verbands sind Engagierte sowie Führungspersönlichkeiten in den 1970er und 1980er Jahren zur Arbeiterwohlfahrt gestoßen und bereits seit Jahrzehnten tätig. Welche Folgen wird es für den Verbandsalltag haben, wenn diese Generation sich zurückzieht? Und noch eine weitere Frage ist für die Zukunft der Arbeiterwohlfahrt maßgeblich: Welche Entwicklung nehmen die sozialdemokratischen Parteien und Bewegungen in Europa insgesamt? Die ideelle Bindung an das politische Projekt der sozialen Demokratie markierte für die AWO stets eine konstitutive Verbindungslinie, deren Beständigkeit aber durch die allgemein diagnostizierte Krise der Sozialdemokratie in den 2010er Jahren zumindest mit Fragezeichen versehen wird. Die Arbeiterwohlfahrt wird sich daher auch mit dem Gedanken auseinandersetzen müssen, inwieweit sie selbst eine Zukunft jenseits der Sozialdemokratie haben kann. Gleichzeitig könnte sie aus ihrer eigenen Geschichte und aus ihrer organisatorischen Stärke aber auch Ansätze entwickeln, die als Bausteine zur Erneuerung der sozialen Demokratie beitragen können.

In seiner Rede zum 100-jährigen Festakt des AWO Bundesverbands am 13. Dezember 2019 hat Bundespräsident Frank-Walter Steinmeier die Bedeutung der freien Wohlfahrtspflege für eine breit verankerte gesellschaftliche Teilhabe und die Stabilität der bundesrepublikanischen Demokratie hervorgehoben. Damit wird auch der Arbeiterwohlfahrt eine fundamentale Rolle für Staat und Gesellschaft zugesprochen. Zu ihrem Wirken gibt es keine Alternative. Unterbleibt es, werden die Grundlagen des gesellschaftlichen Zusammenhalts und der Demokratie in Frage gestellt.

DANKSAGUNG

Dieses Buch verdankt seine Entstehung vielfältiger Kooperation. Angesichts der mannigfachen Hinweise und der stets hilfreichen Zusammenarbeit sind die beiden verantwortlichen Autoren zahlreichen Personen und Organisationen in Dank verbunden, der hier nur stellvertretend zum Ausdruck gebracht werden kann.

Die Publikation basiert auf einem Forschungsprojekt zur 100-jährigen Geschichte der Arbeiterwohlfahrt (AWO), das vom AWO Bundesverband zwischen 2016 und 2019 gefördert wurde. Es war am *Institut für Europäische Sportentwicklung und Freizeitforschung* der *Deutschen Sporthochschule Köln* angesiedelt. Mit der Förderung waren keine inhaltlichen Vorgaben verbunden. Fragestellungen, Forschungsdesign und auch das Publikationskonzept wurden eigenständig entwickelt. Als Referentin des AWO Bundesverbands für historische Fragen war Maike Beutler eine äußerst hilfsbereite Ansprechpartnerin für eine Vielzahl von inhaltlichen und organisatorischen Fragen, darunter nicht zuletzt zum Zugang zu Dokumenten.

Ein wissenschaftlicher Beirat, der sich aus Vertreterinnen und Vertretern der Geschichts- und Sozialwissenschaft sowie der Arbeiterwohlfahrt zusammensetzte, unterstützte das Projektteam tatkräftig bei seinen Recherchen und beriet es in allen Phasen des Projekts. Wir sind Anja Kruke vom Archiv der sozialen Demokratie sehr dankbar, dass sie den Vorsitz dieses Gremiums übernahm und mit großem Einsatz das Projekt und die inhaltliche Diskussion vorantrieb. Als Mitglieder des Beirats trugen Maike Beutler, Thomas Rauschenbach, Michael Scheffler, Wilhelm Schmidt, Wolfgang Stadler, Lydia Struck, Dietmar Süß und Norbert Wohlfahrt zum konstruktiven Austausch bei. Ihnen sei ebenso herzlich für ihre Hinweise gedankt wie den zahlreichen Expertinnen und Experten aus der Wissenschaft und der sozialen Arbeit, die bei einem Workshop im Oktober 2017 in Bochum erste Ergebnisse zum Projekt diskutiert haben.

Dem *Archiv der sozialen Demokratie* (AdsD) und der *Bibliothek der Friedrich-Ebert-Stiftung* sind wir ebenfalls zu Dank verpflichtet. Der umfangreiche Bestand des AWO Bundesverbands wurde von Jens Just archivalisch erschlossen und durch ein Findbuch zugänglich gemacht. Dank des Einsatzes von Stephanie Kroeger wurden das Projektteam und der Beirat regelmäßig über den Fortschritt bei den Erschließungen unterrichtet und bei den Archivrecherchen unterstützt. Die FES-Bibliothek gewährte uns Zugang zu Verbandsberichten, Zeitschriften und weiteren schwer zugänglichen Publikationen und Protokollen der AWO. Bei der Drucklegung des Manuskripts gelang es dank der Fotoabteilung des AdsD und insbesondere dank Gabriele Lutterbeck als Ansprechpartnerin, trotz mitunter anspruchsvoller Fragen und Wünsche zu den Bildbeständen der AWO eine aussagekräftige Auswahl an Motiven für den Band auszuwählen. Ein herzliches Dankeschön für diese gelungene Kooperation.

Mitarbeiterinnen und Mitarbeiter von Archiven aus ganz Deutschland halfen uns bei den Recherchen vor Ort weiter. Auch bei der Bildauswahl gaben sie viele Hinweise und leisteten Hilfestellung. Daneben zeigten sich die Mitglieder der *Historischen Kommission* des AWO Bundesverbands sowie einige regionale Kommissionen sehr an einem Austausch über die Ergebnisse unserer Recherchen interessiert. Ihnen sei ebenso gedankt wie den zahlreichen Gliederungen, Einrichtungen und Mitgliedern der AWO, die uns Auskünfte und Hinweise zu Quellen und Dokumenten gegeben haben.

Der *Verlag J. H. W. Dietz Nachf.* zeigte großen Einsatz bei der Fertigstellung und Drucklegung des Manuskripts. Wir danken insbesondere Alexander Behrens und Flora Frank für ihre praktische Unterstützung und weiterführenden Ideen bei der Gestaltung des Buches, die durch Petra Strauch gelungen umgesetzt wurde. Trotz eines eng gesteckten Zeitplans behielten sie Umsicht und Flexibilität, um das pünktliche Erscheinen zu gewährleisten.

Felix Wolf unterstützte uns bei der Aufbereitung von Zahlen und Daten, Lisa Röseler, Jana Vinga Martins und Eva Bucher trugen beim abschließenden Korrektorat des gesamten Manuskripts dazu bei, die Zahl der Fehler deutlich zu reduzieren.

Diesen und allen weiteren Unterstützern und Kooperationspartnern sei gedankt, dass mit der nun vorliegenden Publikation idealerweise Anregungen vermitteltet werden, sich künftig weiter mit der Arbeiterwohlfahrt und ihrer Geschichte zu befassen.

PERSONENREGISTER

BILDNACHWEISE

Archiv der sozialen Demokratie: S. 35, 42, 75, 144, 145, 164, 232, 250, 255.

AWO/Archiv der sozialen Demokratie: S. 13, 43, 64, 90, 99, 100, 103, 105, 106, 156, 161, 176, 182, 185, 186, 192, 195, 198, 200, 214, 218, 220, 221, 223, 228, 241, 246, 249, 251, 261, 275, 302, 303, 304, 331.

AWO Bundesverband: S. 21, 68, 92, 95, 102, 108, 110, 139, 174, 194, 236, 268, 285, 286, 295, 296 oben, 309, 314, 316, 325, 327, 337, 342, 343, 356, 362, 363, 367, 371, 382, 383, 384, 385, 387, 388, 396, 397, 402, 410, 412, 415, 416, 417, 419, 420, 421, 422, 423, 427, 428, 431, 437, 438, 439, 445 unten.

Önder Ertogan/AWO Bundesverband: S. 19, 206, 234, 240, 276, 277, 279, 280, 284, 298, 300, 305, 306, 311, 313, 315, 317, 323, 330, 332, 335, 339, 340, 341, 359, 366, 374, 377.

J. H. Darchinger/Friedrich-Ebert-Stiftung: S. 201, 237, 294

AWO International: S. 393, 432, 433, 434, 435.

Jule Röhr/AWO Bundesverband: S. 429, 430, 444, 450.

A. Sommer/AWO Bundesverband: S. 150.

Schweizerisches Sozialarchiv: S. 14, 183, 188.

Scherl/Bundesarchiv: S. 54.

Ullstein Bild/Picture Alliance: S. 24, 172.

Alte Nationalgalerie, Staatliche Museen zu Berlin: S. 29.

Institut für Stadtgeschichte Frankfurt am Main, S. 47.

Peter Palm, Berlin: S. 77, 231, 352.

Georg Pahl/Bundesarchiv: 132.

Archiv der Münchner Arbeiterbewegung, S. 81.

Stadtarchiv Saarbrücken: S. 116, 142 oben.

SZ Photo: S. 122, 135, 137, 147.

Frank und Marc Darchinger: S. 370.

Landesarchiv Baden-Württemberg, Staatsarchiv Ludwigsburg: S. 128.

AWO Landesverband Schleswig-Holstein: S. 162.

AWO Landesverband Bayern: S. 287.

AWO Bezirksverband Potsdam: S. 424.

AWO Bezirksverband Württemberg: S. 88.

AWO Bezirksverband Ober- und Mittelfranken: S. 425.

AWO Kreisverband Roth-Schwabach: S. 441.

ÜBER DIE AUTOREN

Philipp Kufferath

Dr. phil., Referent der Friedrich-Ebert-Stiftung in Bonn. Er ist geschäftsführender Herausgeber der Zeitschrift Archiv für Sozialgeschichte.

Jürgen Mittag

Jean Monnet-Professor an der Deutschen Sporthochschule Köln und Leiter des Instituts für Europäische Sportentwicklung und Freizeitforschung. Er ist Vorstandsmitglied der Stiftung Geschichte des Ruhrgebiets.